十三經注疏

御注 唐 玄宗　疏 邢昺

책임번역 鄭太鉉　공동번역 姜珉廷

譯註 孝經注疏

효경주소

附 索引

전통문화연구회

東洋古典譯註叢書를 발간하면서

우리의 古典國譯事業은 민족문화 진흥의 기초사업으로 1960년대부터 政府 支援으로 古文獻 現代化 작업을 추진하여 많은 成果를 거두었다. 당시 이 사업 추진의 先行課題로 東洋古典이라 일컬어지는 중국의 基本古典을 먼저 飜譯하여야 한다는 學界의 주장이 있었음에도 불구하고 우리 고전이 아니라는 일부의 偏狹한 視角과 財政 事情 등으로 인하여 배제되어 왔다.

전통적으로 중국의 기본고전은 우리 歷史와 함께 숨쉬며 각종 교육기관의 教科書로 활용됨은 물론이고 지식인들의 必讀書가 되어 왔으며, 우리 文化의 基底에 자리잡고 거의 모든 방면의 體系와 根幹을 형성하여 왔다. 그래서 학문연구의 기본서 역할을 해 왔을 뿐만 아니라 오늘날에도 우리의 國學徒 및 東洋學 研究者들에게 같은 역할을 하고 있음은 주지의 사실이다. 그럼에도 불구하고 中國古典은 우리 것이 아니라 하여 專門機關의 飜譯對象에 포함하지 않음으로써, 대부분 原典에서의 직접 번역이 아닌 重譯이나 拔萃譯의 방식이 주를 이루면서 教養水準으로 出版되어 왔다.

오늘날 東洋 三國 중에서 우리의 東洋學 연구가 가장 부진한 이유는, 東洋基本古典에 대한 폭넓은 이해의 부족과 漢文古典 讀解力의 저하에 기인함을 우리는 솔직히 인정하여야 한다. 따라서 이들 중국고전에 대한 신뢰할 만한 國譯이 이루어지는 것이 한국학 연구를 촉진시키는 시급한 先行課題라 할 수 있다.

이에 韓國學 및 東洋學의 연구와 古典現代化의 基盤構築을 위해서는, 전문기관으로 하여금 동양고전을 단기간에 각 분야의 專門 研究者와 漢學者가 상호 협동하여 연구번역하여 飜譯의 傳統性과 效率性, 研究의 專門性을 높일 수 있도록 政策的 配慮가 있어야 한다.

이에 本會에서는 元老 및 中堅 漢學者와 斯界의 專攻者로 하여금 協同研究飜譯하여 공부하는 사람들이 믿고 引用하거나 깊이 있는 註釋 등을 활용할 수 있게 하고, 知識人들의 教養을 증진시켜 줄 수 있는 東洋古典의 國譯書 간행을 지속적으로 추진해 왔다. 근래에 다행히 이 사업에 대하여 각계 지도층의 폭넓은 이해와 지원에 힘입어 2001년도부터 國庫補助

를 받아 東洋古典譯註叢書를 간행하게 되었다. 이를 계기로 우리 先學의 註釋과 見解를 반영하는 등 국역사업의 內實을 기하게 되었음을 이 자리를 빌려 衷心으로 감사드리며, 아울러 國譯에 參與하신 관계자 여러분의 勞苦에 깊은 謝意를 표한다.

끝으로 우리의 이러한 작업은 오랜 역사 위에 축적된 先賢들의 業績과 現代學問을 이어주는 튼튼한 架橋와 礎石이 되어 진정한 韓國學과 東洋學 발전에 기여할 것을 굳게 믿으며, 21세기를 우리 文化의 世紀로 열어 가는 밑거름이 되도록 우리의 力量을 本 事業에 경주하고자 한다. 江湖諸賢의 부단한 관심과 지원을 기대해 마지않는다.

社團法人 傳統文化硏究會 會長 李啓晃

解題

鄭太鉉・姜珉廷*)

≪孝經≫은 儒家의 十三經 중 다른 경서에 비할 수 없을 만큼 짧은 편폭(今文 기준 1,799자)에 내용도 '孝'라는 단일 주제로 귀결되는 비교적 간단한 책이다.

태어남과 동시에 발생하여 단 한 사람도 예외일 수 없는 관계, 낳아 기른 인연만으로 거의 무조건 발현되는 자식에 대한 사랑, 그 관계와 감정의 본질성으로 인해, 전통사회에서는 부모에 대한 사랑과 報恩의 표현인 孝가 사람답기 위한 가장 기본적이고 보편적인 윤리규범이었다. 나아가 孝는 "충신을 구하려면 반드시 효자의 가문에서 찾는다.〔求忠臣 必於孝子之門〕"[1)]라는 말이 대표하듯이 忠과 연결되어 가정 내의 실천 윤리를 넘어선 국가 통치의 원리로 작동하기도 하였다.

이 때문에 ≪효경≫은 짧은 편폭에도 불구하고 제왕으로부터 여염의 부녀자와 아동에 이르기까지 독서층이 광범하였으며, 著者와 편찬 시기를 비롯하여 今・古文 논쟁과 章句의 변동 및 다양한 주석서의 출현 등 여느 경서에 못지않게 복잡한 논쟁이 전개되었다. 본 해제에서는 ≪효경≫의 성립과 今・古文 논쟁, 역대 주석서, 전근대 시기 한반도의 ≪효경≫ 전래와 간행, ≪효경주소≫의 내용 등을 차례로 살펴보고 ≪효경주소≫ 번역의 의의를 짚어보았다.

1. ≪효경≫의 성립과 今・古文

≪詩經≫・≪書經≫・≪易經≫ 등의 '經'은 伏羲・文王・周公・孔子 등 聖人이 저술 또는 정리했거나 성인의 언행이 주요하게 기록되어 항구적으로 典範 또는 綱領의 위치를 점하는

---

*) 鄭太鉉 : 韓國古典飜譯院 名譽漢學敎授, 傳統文化硏究會 顧問.
姜珉廷 : 韓國古典飜譯院 飜譯委員.

1) ≪後漢書≫ 卷56 〈韋彪列傳〉

儒家 典籍을 지칭하는 말이다.[2] 이는 先師의 저작에 대한 尊崇의 뜻을 담은 칭호로, 秦代까지 ≪詩≫·≪書≫·≪易≫ 등으로 부르던 것을 漢代에 비로소 '經'자를 붙여 부르기 시작하였다.[3] 이전까지는 諸子百家의 하나에 불과하던 유가 철학이 '獨尊儒術(오직 유가의 학술만을 존숭함)'을 표방한 漢代에 들어 유가의 테두리 안에 머물지 않고 국가의 통치와 백성의 교화를 위한 규범과 도구로 기능함[4]에 따라 나타난 현상이다.

≪孝經≫ 역시 유가의 주요 경전 중 하나이기에 '經'자의 의미를 위와 동일한 것으로 오해하여 '孝에 대한 經典'이라는 말로 생각하기 쉽다. 그러나 ≪효경≫의 '경'은 이와 무관하다는 것이 정설이다. B.C. 241년에 저술된 ≪呂氏春秋≫ 〈先識覽 察微〉에 ≪孝經≫ 〈諸侯章〉의 내용을 인용하면서 '孝經'이라는 명칭을 사용하는 등 ≪효경≫은 漢代 이전부터 이렇게 불려왔기 때문이다.

'孝經'이라는 명칭은 〈三才章〉의 "孝는 하늘의 항상됨〔經〕이고 땅의 義로움이며 백성이 변함없이 실천해야 할 行實이다."라는 말에서 유래하였다. 孝는 천·지·인 三才의 세 측면 중 가장 큰 하늘의 측면에서 '항상됨〔經〕'으로 규정되기 때문에 축약하여 '孝經'이라고 한 것이다. 〈古文孝經序〉에 "'孝經'이란 무엇인가? '孝'는 사람의 高尙한 행위이고, '經'은 항상됨이다."[5]라고 한 것과, 皇侃이 "'經'은 항상됨이요, 법도이다."라고 한 것,[6] 그리고 董鼎의 ≪孝經大義≫에 "'經'은 항상됨을 뜻하니, '孝經'이라 이름한 것은 이 책이 천하 만대의 不變의 法이라 이를 수 있기 때문이다."라고 한 것[7]이 모두 이와 통한다.

---

2) 張華(晉), ≪博物志≫ 卷4 "聖人制作曰經 賢者著述曰傳" 劉勰(南朝梁), ≪文心雕龍≫ 〈宗經〉 "經也者 恒久之至道 不刊之鴻教也" ≪四庫全書總目≫ 〈經部總敍〉 "蓋經者非他 卽天下之公理而已"

3) 이러한 의미의 '經'은 ≪莊子≫ 〈天運〉의 "孔子謂老聃曰 丘治詩書禮樂易春秋六經 自以爲久矣 孰知其故矣"에서 처음 보인다. ≪장자≫에는 莊周(B.C. 369~B.C. 286)와 후학들의 저술이 섞여 있으므로 그 저작연대를 전국시대부터 한초까지로 보고 있다.

4) 漢 武帝 때 董仲舒가 제자백가를 모두 물리치고 오직 유가의 학술만을 존숭할 것을 주장하였는데 무제가 이를 받아들였다. 이후 2000년 간 중국에서 유가 철학이 독보적인 위치를 점하게 되었다. ≪漢書≫ 〈董仲舒傳〉

5) ≪古文孝經≫ 〈序〉 "孝經者何也 孝者 人之高行 經 常也"

6) ≪孝經注疏≫ 〈御製序幷注〉 "皇侃曰 經者 常也 法也"

7) 鄭太鉉 譯註, ≪孝經大義≫, 傳統文化硏究會(2009), 22~23쪽

1) ≪효경≫의 저자

≪효경≫은 孔子와 曾子가 孝에 대해 一時에 주고받은 문답 형식을 취하고 있으나 ≪논어≫에 보이는 孝에 대한 문답과 차이가 있다. ≪論語≫ 〈爲政〉에서 공자는 "살아계실 때는 禮로 섬기고, 돌아가시면 禮로 장사 지내고, 禮로 제사 지내야 한다.(孟懿子)" "부모는 오직 자식이 병을 앓을까 걱정하신다.(孟武伯)" "말이나 개도 모두 길러줌이 있으니, 공경하지 않는다면 개와 말을 기름과 무슨 차이가 있겠느냐.(子游)" "안색을 좋게 갖는 것이 어려우니, 일이 있을 때 수고로움을 대신해드리고 술과 밥이 있을 때 먼저 드시게 하는 것만 가지고 孝라고 할 수 있겠느냐.(子夏)"라고 답하여 질문자에게 절실한 점만을 구체적이고 단편적으로 말하였다.[8)] 반면에 ≪효경≫에서는 증자 개인의 특성과는 무관하게 보편적이고 장황한 논설로 답하였다.

또 ≪논어≫에서는 자식이 부모의 뜻을 존중하여 함부로 벗어나지 말아야 함을 강조하였다. "부모를 섬길 때는 은근히 諫해야 하니, 諫言을 따르지 않으시거든 더욱 공경할 뿐 어기지 말아서, 고달프더라도 원망하지 말아야 한다." "부모가 살아계시면 멀리 나가 놀지 말아야 하며, 놀러 나가게 되면 반드시 일정한 方所가 있어야 한다." "아버지가 돌아가신 지 3년 동안은 아버지의 道를 바꾸지 말아야 孝라 할 수 있다." "孟莊子의 효행 중에 다른 것은 웬만하면 할 수 있는 일이지만, 아버지의 신하와 아버지의 政事를 바꾸지 않은 것은 웬만해선 하기 어려운 일이다."라고 한 것이 그것이다.[9)] 반면에 ≪孝經≫ 〈諫諍章〉에서는 부모로 하여금 一家를 넘어선 객관적 是非의 기준을 따르도록 적극적으로 간쟁하는 것이 효라고 하면서, 부모의 안색을 살피라거나 아버지의 처사를 고수하라는 등의 언급이 없다.

이 때문에 ≪효경≫은 孔子가 曾子에게 일러준 것을 증자가 기록한 것이라고 한 司馬遷의 기록에 많은 이설이 제기되었다. 역대의 이설을 정리하면 표 1과 같다.

---

8) ≪論語≫ 〈爲政〉 "孟懿子問孝 子曰 無違 樊遲御 子告之曰 孟孫問孝於我 我對曰 無違 樊遲曰 何謂也 子曰 生 事之以禮 死 葬之以禮 祭之以禮" "孟武伯問孝 子曰 父母唯其疾之憂" "子游問孝 子曰 今之孝者 是謂能養 至於犬馬 皆能有養 不敬 何以別乎" "子夏問孝 子曰 色難 有事弟子服其勞 有酒食先生饌 曾是以爲孝乎"

9) ≪論語≫ 〈里仁〉 "子曰 事父母幾諫 見志不從 又敬不違 勞而不怨" "子曰 父母在 不遠遊 遊必有方" "子曰 三年無改於父之道 可謂孝矣" ≪論語≫ 〈子張〉 "曾子曰 吾聞諸夫子 孟莊子之孝也 其他可能也 其不改父之臣與父之政 是難能也"

표 1. 《효경》의 저자에 대한 諸說

저자	근거 또는 주장	論者 또는 出處
孔子	공자가 "나의 뜻은 《春秋》에 있고, 행실은 《孝經》에 있다."라고 함.[10]	孝經緯 《鉤命訣》
曾子	공자가 曾參이 孝道에 밝다 여겨 孝에 대해 가르침. 증삼[11]이 가르침을 듣고 《효경》 저술.[12]	司馬遷(B.C. 145 또는 B.C. 135~?) 孔安國(西漢)
孔子의 제자	공자와 증자가 효에 대해 논한 것을 공자의 제자들이 기록.[13]	司馬光(1019~1086)
曾子의 제자	증삼을 '曾子'로 칭하여 높임.[14] 증삼이 공자에게 들은 것을 제자들에게 口述하고 제자들이 정리하여 《효경》 저술.	胡寅(1098~1156) 晁公武(宋)
子思	子思가 《中庸》을 짓고, 할아버지인 孔子의 말을 追述함. 공자의 字(仲尼)를 칭한 것은 이 때문.[15]	馮椅(宋)
齊·魯일대의 陋儒	〈三才章〉 이후는 모두 齊·魯 일대의 陋儒가 《春秋左氏傳》 등의 말을 모아 만든 것.[16]	朱熹(1130~1200) 熊禾(宋末元初)

---

10) 漢代의 緯書 孝經緯 《鉤命訣》 "昔者孔子有云 吾志在春秋 行在孝經 此二學者 聖人之極致 治世之要務也"

11) 증삼 : 曾參의 字가 子輿이므로 '參'은 '驂(곁마 참)'의 통용자로 보아 '참'으로 읽어야 한다는 설이 近理하다. 字는 이름자와 관련 있는 글자로 짓는 것이 통례이기 때문이다. 다만, 우리나라에서는 통상 '삼'으로 읽어왔으므로 본고에서는 우선 이에 따라 표기하였다.

12) 《史記》 卷67 〈仲尼弟子列傳 曾參〉 "孔子以爲能通孝道 故授之業 作孝經 死於魯" 《古文孝經》 〈序〉 "唯曾參躬行匹夫之孝 而未達天子諸侯以下揚名顯親之事 因侍坐而諮問焉 故夫子告其誼 於是曾子喟然知孝之爲大也 遂集而錄之 名曰孝經 與五經並行於世"

13) 司馬光, 《古文孝經指解》 〈序〉 "故孔子與曾參論孝 而門人書之 謂之孝經"

14) 《郡齋讀書志》 〈孝經類 孝經 1卷〉 "今其首章云 仲尼居 曾子侍 則非孔子所著明矣 詳其文義 當是曾子弟子所爲書也"

15) 《困學紀聞》 卷7 〈孝經〉 "馮氏曰 子思作中庸 追述其祖之語 乃稱字 是書當成於子思之手"
古禮에는 자손이 죽은 조상을 칭할 때 字를 칭하여 이름을 諱하였다는 설에 근거한 것인데, 이와 같은 설은 《儀禮義疏》 卷37 〈少牢饋食禮〉에서 '主人曰孝孫某……尙饗'에 대한 義疏의 '稱祖之字 諱名 不諱字 如子思作中庸 稱仲尼是也'에 보인다.

16) 《經義考》 卷222 〈孝經〉 "朱子曰 孝經獨篇首六七章爲本經 其後爲傳文 然皆齊魯間陋儒纂取左氏諸書之語爲之"

저자	근거 또는 주장	論者 또는 出處
先秦~漢初의 儒者	≪효경≫의 문장이 ≪禮記≫와 가까움. 원래 ≪예기≫의 한 편이었던 것이 떨어져 나옴.[17]	紀昀(1724~1805)
漢代의 儒者	공자의 저술이 아닐 뿐만 아니라 周秦時代의 말도 아님.[18]	姚際恒(1647~1715)
孟子의 제자	≪효경≫의 사상이 ≪맹자≫의 사상과 유사함.[19]	王正已(中國)
공자·증자 및 이들의 제자와 再傳 제자	戰國時代의 ≪효경≫ 원본이 유실되고 漢初에 ≪呂氏春秋≫에 인용된 ≪효경≫ 문구와 先秦時代 各書에서 뽑아 今本 ≪효경≫을 僞撰함.[20]	胡平生(中國)
呂不韋의 食客	≪呂氏春秋≫의 전 체계에서 '孝'가 매우 중시되었으며, 〈孝行覽 孝行〉은 ≪효경≫과 상통함.[21]	김용옥(韓國)
漢初 公孫弘류의 俗儒	'孝로 粉飾된 忠'을 강조한 ≪효경≫의 저술 의도가 법치를 儒術로 분식한 한초 유자들의 사상과 상통함.[22]	李成珪(韓國)

2) ≪효경≫의 성립시기

≪효경≫의 저자에 대한 설이 분분한 것과 달리, 그 저술 시기는 다른 古籍들과의 사상적 공통점 및 상호 引用 관계에 근거하여 대체로 전국시대 말기(B.C. 3C)부터 漢初까지로 보고 있다.[23] ≪효경≫에는 ≪춘추좌씨전≫·≪순자≫·≪여씨춘추≫와 유사한 문구들이 발견되는데 정리하면 표 2와 같다.

---

17) ≪四庫全書總目≫〈經部 孝經類敍〉"今觀其文 去二戴所錄爲近 要爲七十子徒之遺書 使河間獻王採入一百三十一篇中 則亦禮記之一篇 與儒行緇衣轉從其類 惟其各出別行 稱孔子所作"

18) 姚際恒, ≪古今僞書考≫ "案是書來歷 出于漢儒 不惟非孔子作 併非周秦之言也"

19) 王正已, 〈孝經今考〉 ≪古史辨≫ 第4冊, 海南出版社, 1933.

20) 胡平生, 〈孝經是怎樣的一本書〉 ≪孝經譯注≫, 中華書局, 2009.

21) 김용옥은 呂不韋가 秦帝國을 운영할 제1원리로 권위주의를 탈피하여 자연적이면서도 보편적 덕성인 '孝'에 주목했다고 하였다.(김용옥, ≪효경한글역주≫, 통나무, 2010, 243~245쪽, 250~265쪽)

22) 李成珪, 〈漢代 孝經의 普及과 그 理念〉 ≪韓國思想史學 10-1≫, 한국사상사학회(1998), 215쪽.

23) 胡平生, 〈孝經是怎樣的一本書〉 ≪孝經譯注≫, 中華書局, 2009.

표 2. ≪춘추좌씨전≫·≪순자≫·≪여씨춘추≫와 유사한 ≪효경≫의 문구

효경 三才章	夫孝 天之經也 地之義也 民之行也 天地之經 而民是則之 則天之明 因地之利	춘추좌씨전 昭公 25년	夫禮 天之經也 地之義也 民之行也 天地之經 而民實則之 則天之明 因地之性
효경 聖治章	以順則逆 民無則焉 不在於善 而皆在於凶德	춘추좌씨전 文公 18년	以訓則昏 民無則焉 不度於善 而皆在於凶德
효경 聖治章	君子則不然 言思可道 行思可樂 德義可尊 作事可法 容止可觀 進退可度 以臨其民	춘추좌씨전 襄公 31년	故君子在位可畏 施舍可愛 進退可度 周旋可則 容止可觀 作事可法 德行可象 聲氣可樂 動作有文 言語有章 以臨其下
효경 事君章	君子之事上也 進思盡忠 退思補過	춘추좌씨전 宣公 12년	林父之事君也 進思盡忠 退思補過
효경 諫諍章	曾子曰……敢問子從父之令　可謂孝乎 子曰……昔者 天子有爭臣七人 雖無道, 不失其天下 諸侯有爭臣五人 雖無道 不失其國 大夫有爭臣三人 雖無道 不失其家 士有爭友 則身不離於令名 父有爭子 則身不陷於不義	荀子 子道篇	魯哀公問於孔子曰 子從父命 孝乎……子貢曰……孔子曰……昔萬乘之國 有爭臣四人 則封疆不削 千乘之國 有爭臣三人 則社稷不危 百乘之家 有爭臣二人 則宗廟不毁 父有爭子 不行無禮 士有爭友 不爲不義
효경 諸侯章	高而不危 所以長守貴也 滿而不溢 所以長守富也　富貴不離其身　然後能保其社稷 而和其民人	呂氏春秋 先識覽 察微	孝經曰 高而不危 所以長守貴也 滿而不溢 所以長守富也 富貴不離其身 然後能保其社稷 而和其民人
효경 天子章	愛親者不敢惡於人　敬親者不敢慢於人 愛敬 盡於事親 而德敎加於百姓 刑于四海 蓋天子之孝也	呂氏春秋 孝行覽 孝行	故愛其親 不敢惡人 敬其親 不敢慢人 愛敬盡於事親 光燿加於百姓 究於四海 此天子之孝也

이와 같은 유사성은 ≪효경≫과 ≪춘추좌씨전≫·≪순자≫·≪여씨춘추≫의 강한 관련성을 추측케 한다. 특히 ≪孝經≫ 〈諫諍章〉과 ≪荀子≫ 〈子道篇〉의 사상적 공통성(절대적 服從보다 적극적인 諫諍을 장려하는 객관주의·합리주의)을 근거로 ≪효경≫의 성립 시기 상한선을 순자가 활동한 B.C. 280년 이후로 좁혀 볼 수 있다.[24]

또 ≪呂氏春秋≫ 〈先識覽〉에 "≪효경≫에 이르기를〔孝經曰〕"이라는 출전 제시와 함께 ≪孝經≫ 〈諸侯章〉의 내용이 그대로 인용되고 〈孝行覽〉에 출전 제시는 없으나 ≪孝經≫ 〈天子章〉의 내용과 거의 일치하는 서술이 있음에 근거할 때 ≪효경≫의 성립 시기 하한선

---

24) 김용옥, ≪효경한글역주≫, 통나무(2010), 217～222쪽.

을 ≪여씨춘추≫가 완성된 B.C. 241년 이전으로 좁혀 볼 수 있다. 다만, ≪여씨춘추≫에 後代의 僞撰이 섞여 있을 가능성과 함께 ≪효경≫의 문장이 ≪禮記≫와 가까운 점, 그리고 '孝로 粉飾된 忠'을 강조한 저술 의도를 고려하여 하한선을 漢初까지로 늦춰 잡기도 한다.

3) ≪今文孝經≫과 ≪古文孝經≫

유가의 많은 경전들과 마찬가지로 ≪효경≫도 今文과 古文의 양대 계통이 있다. 今文經은 漢代의 隸書로 쓰여진 경서이고, 古文經은 先秦時代의 蝌蚪文字로 쓰여진 경서이다. 秦始皇의 焚書坑儒를 거친 후 漢 惠帝 때 挾書律이 폐지됨에 따라 그 동안 비밀리에 口傳되거나 보관되었던 경서가 다시 세상에 모습을 드러내었다.

≪금문효경≫과 ≪고문효경≫ 중 먼저 재출현한 것은 ≪금문효경≫이다. 秦나라 때 河間의 顔芝가 협서율을 피해 은밀히 보관해두었던 18장의 ≪효경≫을 漢 武帝 建元(B.C.140~B.C. 135) 初[25]에 그의 아들 顔貞이 꺼내어 바쳤는데, 河間獻王(?~B.C. 130)[26]이 이를 무제에게 바쳤다. 이것이 ≪금문효경≫이다.[27] 長孫氏, 博士 江翁, 小府 后倉, 諫議大夫 翼奉, 安昌侯 張禹 등이 ≪금문효경≫을 연구하여 일가를 이루었으며,[28] 成帝 때 劉向(B.C. 77~B.C. 6)이 황실 典籍을 校勘 정리할 때 ≪금문효경≫을 바탕으로 ≪고문효경≫과 비교하여 번잡하거나 난해한 부분을 삭제하고 18장의 定本을 만들었다. 이 定本을 가지고 鄭衆(?~83)·馬融(79~166)·鄭玄(172~200) 등이 注를 내었는데, 그 중 정현의 ≪孝經注≫를 ≪금문효경≫ 계열의 대표 주석서로 일컫는다.[29]

정현의 ≪今文孝經注≫는 東晉 穆帝 永和 11년(355)과 孝武帝 太元 원년(376)에 왕명으

---

25) 文帝 때 혹은 惠帝 때로 올려잡기도 한다.

26) 漢 景帝의 아들 劉德으로, 儒術을 좋아하고 先秦의 舊書 모으기를 좋아하여 藏書 규모가 황실과 비등했다고 한다.

27) ≪隋書≫ 卷32 〈經籍志〉"遭秦焚書 爲河間人顔芝所藏 初 芝子貞出之 凡十八章" ≪古文孝經≫ 〈序〉"至漢興 建元之初 河間王得而獻之 凡十八章"

28) ≪漢書≫ 卷30 〈藝文志〉에 "孝經一篇 十八章"에 이어 기록된 "長孫氏說二篇 江氏說一篇 翼氏說一篇 后氏說一篇 安昌侯說一篇"이 그것이다.

29) 그러나 ≪孝經≫ 鄭氏注의 내용이 여타 전적에 대한 정현의 주석과 다르다는 이유로 일찍부터 회의적인 시각이 있었다. ≪隋書≫ 卷32 〈經籍志〉"至劉向典校經籍 顔本比古文 除其繁惑 以十八章爲定 鄭衆馬融 幷爲之注 又有鄭氏注相傳 或云 鄭玄其立義 與玄所注餘書不同 故疑之"

로 ≪효경≫에 대해 토의할 때 박사 荀昶에 의해 처음 최고의 ≪효경≫ 주석서로 인정받았다.[30] 이 책은 梁나라 말기의 혼란 속에도 유실되지 않았으나, 南朝 齊나라의 국자감 박사 陸澄(425~494)이 僞作說을 제기하며 尙書令 王儉에게 小學類로 취급하도록 요구하면서 위기를 맞았다. 그러나 왕검이 ≪효경≫은 전통적으로 경전의 지위를 인정받아 왔으며 정현 僞作說이 前代에는 문제 되지 않았다는 이유로 國學의 교과목으로 존치시킴에 따라 보존될 수 있었다.[31]

≪고문효경≫은 漢 昭帝(재위 B.C. 86~B.C. 74) 때 獻上되었다. 武帝 말년에 魯 恭王이 집을 넓히기 위해 孔子의 옛 講堂을 허물다가 벽 속의 돌로 된 함에서 竹簡에 과두문자로 쓰여진 22장의 ≪효경≫을 발견하였다.[32] 노나라의 三老(지방의 원로로서 교화를 담당한 관리)인 孔子惠가 소제에게 바치자 소제가 학자들을 시켜 隸書로 옮겨 쓰게 하였다.

≪고문효경≫ 계열의 대표적인 古注로는 孔安國(西漢)의 傳을 꼽는다. 그 序文의 다음과 같은 말이 ≪고문효경≫ 출현 이후의 상황을 짐작케 한다. "황실 도서관에서 ≪고문효경≫을 정본으로 삼고 있는데, 다만 ≪금문효경≫이 먼저 알려졌기 때문에 오류가 많은데도 여전히 세상에 통행되고 있다. 漢나라 先帝(文帝·景帝·武帝)의 조칙에서 ≪효경≫을 인용할 때면 모두 '傳曰'이라고 했는데, 실은 ≪금문효경≫의 字句이다."[33]

공안국의 ≪古文孝經傳≫은 南朝 梁나라까지 정현의 ≪今文孝經注≫와 함께 國學에 나란히 채택되다가 양나라 말엽 혼란 중에 다시 유실되었다.[34] 隋 文帝 開皇 14년(594)에 秘書

---

30) ≪唐會要≫ 卷77 〈論經義〉 "至晉穆帝永和十一年及孝武帝太元元年 再聚群臣 其論經義 有荀昶者 撰集孝經諸說 始以鄭氏爲宗"

31) ≪南齊書≫ 卷39 〈陸澄列傳〉 "澄謂尙書令王儉曰 孝經 小學之類 不宜列在帝典……世有一孝經 題爲鄭玄注 觀其用辭 不與注書相類 案玄自序所注衆書 亦無孝經 儉答曰……疑孝經非鄭所注 僕以此書明百行之首 實人倫所先 七略藝文竝陳之六藝 不與蒼頡凡將之流也 鄭注虛實 前代不嫌 意謂可安 仍舊立置"

32) ≪漢書≫ 卷30 〈藝文志〉 "武帝末 魯共王壞孔子宅 欲以廣其宮 而得古文尙書及禮記論語孝經凡數十篇 皆古字也" ≪晉書≫ 卷36 〈衛恒列傳〉 "漢武時 魯恭王壞孔子宅 得尙書春秋論語孝經 時人以不復知有古文 謂之科斗書" ≪古文孝經≫ 〈序〉 "魯恭王使人壞夫子講堂 於壁中石函 得古文孝經二十二章 載在竹牒 其長尺有二寸 字科斗形 魯三老孔子惠抱詣京師 獻之天子 天子使金馬門待詔學士與博士群儒從隷字寫之"

33) ≪古文孝經≫ 〈序〉 "今中祕書皆以魯三老所獻古文爲正 河間王所上雖多誤 然以先出之故 諸國往往有之 漢先帝發詔稱其辭者 皆言傳曰 其實今文孝經也"

34) ≪隋書≫ 卷32 〈經籍志〉 "古文孝經一卷 孔安國傳 梁末亡逸 今疑非古本" "梁代 安國及鄭氏

監 王劭가 京師에서 우연히 이 책을 발견하여 河間의 劉炫에게 보내자 유현이 이를 바탕으로 ≪古文孝經述義≫를 짓고 민간에서 강의하여 유포시켰는데, 이 일이 조정에 알려져 다시 정현의 ≪금문효경주≫와 함께 국학의 정식 교과로 채택되었다. 그러나 유현이 입수했다는 공안국의 ≪고문효경전≫은 애초부터 유현의 僞作이라는 회의적인 시각이 있다.[35)]

≪금문효경≫과 ≪고문효경≫은 18장과 22장이라는 편장의 차이가 있으나, 내용의 차이는 크지 않다. ≪고문효경≫ 22장은 ≪금문효경≫의 18장에서 〈庶人章〉이 두 장으로, 〈聖治章〉이 세 장으로 나뉘고 24字의 〈閨文章〉이 더 들어간 것이다. 〈廣至德章〉 뒤부터는 금·고문의 章次가 어긋나며, 대체로 고문의 표현이 금문보다 다소 길다.[36)] 표 3에 이를 정리하였다.

표 3. ≪고문효경≫과 ≪금문효경≫의 章次와 字句 비교

금문효경			고문효경			(고문-금문) 字數
章次	章名	대조 자구	章次	章名	대조 자구	
1	開宗明義章	▷仲尼居 ▷曾子侍	1	開宗明義章	▷仲尼閒居 ▷曾子侍坐 ▷參	+3
2	天子章	▷而	2	天子章	▷然後	+1
3	諸侯章		3	諸侯章	▷子曰	+2
4	卿大夫章	▷能守其宗廟	4	卿大夫章	▷子曰 ▷能保其祿位而守其宗廟	+5
5	士章		5	士章	▷子曰	+2
6	庶人章		6	庶人章	▷子曰	+4
		▷故自天子	7	孝平章	▷故自天子以下	

二家 幷立國學 而安國之本 亡於梁亂 陳及周齊 唯傳鄭氏"

35) ≪隋書≫ 卷32 〈經籍志〉"至隋 秘書監王劭於京師訪得孔傳 送至河間劉炫 炫因序其得喪 述其議疏 講於人間 漸聞朝廷 後遂著令 與鄭氏幷立 儒者喧喧 皆云炫自作之 非孔舊本 而秘府又先無其書"

최근에는 일본 학자 林秀一(하야시 히데이찌)이 일본에 전해지는 관련 문헌을 토대로 劉炫의 ≪古文孝經述義≫를 일부 복원하여, 위작자는 王肅 일파의 한 사람이며, 유현은 교정자에 불과하다는 설을 발표하였다.(김용옥, ≪효경한글역주≫, 통나무(2010), 282쪽)

36) 내용상의 차이가 크지 않기 때문에 黃震은 ≪금문효경≫과 ≪고문효경≫이 별개의 책이 아니라고 하였다.≪經義考≫ 卷222 〈孝經〉"非今文與古文 各爲一書也"

<table>
<tr><th colspan="3">금문효경</th><th colspan="3">고문효경</th><th rowspan="2">(고문 - 금문) 字數</th></tr>
<tr><th>章次</th><th>章名</th><th>대조 자구</th><th>章次</th><th>章名</th><th>대조 자구</th></tr>
<tr><td>7</td><td>三才章</td><td></td><td>8</td><td>三才章</td><td></td><td></td></tr>
<tr><td>8</td><td>孝治章</td><td>▷臣妾</td><td>9</td><td>孝治章</td><td>▷臣妾之心</td><td>+2</td></tr>
<tr><td rowspan="3">9</td><td rowspan="3">聖治章</td><td></td><td>10</td><td>聖治章</td><td></td><td rowspan="3">+3</td></tr>
<tr><td></td><td>11</td><td>父母生績章</td><td>▷子曰</td></tr>
<tr><td>▷故</td><td>12</td><td>孝優劣章</td><td>▷子曰</td></tr>
<tr><td>10</td><td>紀孝行章</td><td>▷三者</td><td>13</td><td>紀孝行章</td><td>▷此三者</td><td>+1</td></tr>
<tr><td>11</td><td>五刑章</td><td></td><td>14</td><td>五刑章</td><td></td><td></td></tr>
<tr><td>12</td><td>廣要道章</td><td></td><td>15</td><td>廣要道章</td><td></td><td></td></tr>
<tr><td>13</td><td>廣至德章</td><td>▷日見之也</td><td>16</td><td>廣至德章</td><td>▷日見之</td><td>-1</td></tr>
<tr><td>14</td><td>廣揚名章</td><td></td><td>18</td><td>廣揚名章</td><td></td><td></td></tr>
<tr><td>15</td><td>諫諍章</td><td>▷子曰是何言與是何言與</td><td>20</td><td>諫爭章</td><td>▷子曰參是何言與是何言與言之不通邪</td><td>+6</td></tr>
<tr><td>16</td><td>感應章</td><td></td><td>17</td><td>感應章</td><td>▷必有長也</td><td>+4</td></tr>
<tr><td>17</td><td>事君章</td><td></td><td>21</td><td>事君章</td><td></td><td></td></tr>
<tr><td>18</td><td>喪親章</td><td>▷以死傷生
▷孝子之事親</td><td>22</td><td>喪親章</td><td>▷以死傷生也
▷孝子之事</td><td>0</td></tr>
<tr><td>없음</td><td></td><td></td><td>19</td><td>閨門章</td><td>▷子曰 閨門之內 具禮矣乎 嚴親嚴兄 妻子臣妾 猶百姓徒役也</td><td>+24</td></tr>
<tr><td colspan="6">고문효경이 금문효경에 비해 많은 글자의 총수</td><td>56</td></tr>
</table>

≪고문효경≫의 글자수에 대해 唐 玄宗의 서문에는 桓譚의 ≪新論≫을 인용하여 1,872자라 하고, 阮元의 교감기에는 '宋本 ≪고문효경≫ 말미에 1,810자, 日本 信陽 太宰純이 교감한 ≪擬古文孝經孔傳≫ 말미에 1,861자로 기록되어 있다.'라고 하였다. 판본에 따라 글자수의 차이가 적지 않음을 알 수 있다. 표 3의 작성에 사용한 ≪금문효경≫은 1816년 阮元 校刻 ≪十三經注疏≫본(中華書局, 2009)이고, ≪고문효경≫은 1241년 日本 淸原敎隆(키요하라노 노리타가)이 校點한 仁治本(김용옥, ≪효경한글역주≫, 통나무(2010), 324~403쪽)이다.

2. ≪효경≫의 주석서

梁末에 공안국의 ≪고문효경전≫이 유실된 뒤로 南朝 陳, 北齊·北周 때는 정현의 ≪금문효경주≫만 전해지다가[37] 五代의 전란 중에 정현의 注마저 유실되었다. 그 후 중국에 재출현한 정현의 주는 雍熙 원년(984)에 일본 東大寺의 승려 奝然(조연, 쵸오넨, ?~1016)이 北宋 太宗에게 바친 것이다.[38]

표 4는 隋·唐·宋의 正史 〈藝文志〉 또는 〈經籍志〉에 기록된 ≪효경≫ 주석서를 정리한 것이다. 正史名 뒤의 '(亡)' 표시는 해당 志에 이미 유실되었다고 기록되었음을 나타낸 것이고, 그 밖에 참고할 만한 기록을 '( )' 속에 부기하였다. 주석가와 주석 양식이 기록되지 않은 경우는 '?' 등의 표시로 대체하지 않고 비워두었다.

표 4. 隋·唐·宋의 正史 〈藝文志〉 또는 〈經籍志〉에 기록된 ≪효경≫ 주석서

주석가	書名	주석양식	卷數	正史名	주석가	書名	주석양식	卷數	正史名
孔安國	古文孝經	傳	1	隋書(梁末亡逸, 今疑非古本) 舊唐書·宋史	釋 慧始	孝經	注	1	隋書(梁撰, 亡)
鄭玄	孝經	注	1	隋書 舊唐書·宋史	陶弘景	集注孝經		1	隋書(梁撰, 亡)
馬融·鄭衆	孝經	注	2	隋書(梁有, 亡)	諸葛循	孝經序		1	隋書(梁撰, 亡)
王肅	孝經	解	1	隋書	釋 慧林	孝經	注	1	隋書
		注	1	舊唐書					
蘇林	孝經	注	1	隋書(梁有, 亡) 舊唐書		晉孝經		1	隋書(晉穆帝時撰, 亡)
何晏	孝經	注	1	隋書(梁有, 亡)		送總明館孝經講		1	隋書(晉武帝時撰, 亡)
劉邵	孝經	注	1	隋書(梁有, 亡)		送總明館孝經議		1	隋書(晉武帝時撰, 亡)
	古文孝經	注	1	舊唐書					
孫熙	孝經	注	1	隋書(梁有, 亡) 舊唐書	何約之	孝經義疏	執經	1	隋書(宋大明中東宮講, 亡) 舊唐書

37) 앞의 주 34) 참조.

38) ≪宋史≫ 卷491 〈日本傳〉 "其國多有中國典籍 奝然之來 復得孝經一卷 越王孝經新義第十五一卷……孝經卽鄭氏注者 越王者乃唐太宗子越王貞 新義者記室參軍任希古等撰也"

주석가	書名	주석 양식	卷數	正史名
韋昭	孝經解贊	解	1	隋書
	孝經	注	1	舊唐書
徐整	孝經默注	注	1	隋書
		撰	2	舊唐書
謝萬	集解孝經	集	1	隋書
	孝經	注	1	舊唐書
荀昶	集議孝經	撰	1	隋書(晉撰, 亡)
	孝經	注	2	隋書(晉撰, 亡)
袁敬仲	集議孝經	集	1	隋書
宋均	孝經皇義	撰	1	隋書(梁有, 亡)
楊泓	孝經	注	1	隋書(晉撰, 亡)
虞槃佐	孝經	注	1	隋書(晉撰, 亡) 舊唐書
孫氏	孝經	注	1	隋書(晉撰, 亡) 舊唐書
殷仲文	孝經	注	1	隋書(晉撰, 亡) 舊唐書
殷叔道	孝經	注	1	隋書(晉撰, 亡) 舊唐書
車胤	孝經	注	1	隋書(晉撰, 亡)
	講孝經義	注	4	舊唐書(車胤等)
孔光	孝經	注	1	隋書(晉撰, 亡)
何承天	孝經	注	1	隋書(宋撰, 亡)
費沈	孝經	注	1	隋書(宋撰, 亡)
王玄載	孝經	注	1	隋書(齊撰, 亡)
明僧紹	孝經	注	1	隋書(齊撰, 亡)
嚴植之	孝經	注	1	隋書(梁撰, 亡)

주석가	書名	주석 양식	卷數	正史名
	孝經義疏		1	隋書(齊永明三年東宮講, 亡)
	孝經義疏		1	隋書(齊永明中諸王講, 亡)
	孝經義疏		1	隋書(賀綖講, 亡)
	孝經義疏		1	隋書(賀綖議, 亡)
	孝經義疏		2	隋書(齊臨沂令李玉之爲始興王講, 亡)
梁 武帝	孝經義疏		18	隋書
	孝經疏		18	舊唐書
	孝經義		3	隋書(梁皇太子講, 亡)
	孝經義		1	隋書(梁天監八年皇太子講, 亡)
梁 簡文帝	孝經義疏		5	隋書(亡)
蕭子顯	孝經義疏		1	隋書(亡)
	孝經敬愛義	撰	1	隋書(梁撰)
無名先生	孝經私記	撰	4	隋書
	孝經義		1	隋書
趙景韶	孝經義疏	撰	1	隋書
皇侃	孝經義疏	撰	1	隋書
			3	舊唐書
周弘正	孝經私記	撰	2	隋書
劉炫	古文孝經述義	撰	5	隋書
	孝經述義	撰	5	舊唐書
徐孝克	孝經講疏	撰	6	隋書

주석가	書名	주석양식	卷數	正史名	주석가	書名	주석양식	卷數	正史名
曹思文	孝經	注	1	隋書(梁撰, 亡)	叔明	孝經義	撰	1	隋書(梁撰)
江繫之	孝經	注	1	隋書(梁撰, 亡)		孝經發題	撰	4	舊唐書
江遜	孝經	注	1	隋書(梁撰, 亡)		孝經玄		1	隋書(梁有, 亡)
魏克己	孝經	注	1	舊唐書		孝經圖		1	隋書(梁有, 亡)
唐 玄宗	孝經	注	1	舊唐書・宋史		孝經孔子圖		2	隋書(梁有, 亡)
賈公彦	孝經疏	撰	5	舊唐書		國語孝經		1	隋書
	孝經應瑞圖		1	舊唐書	荀勖	講孝經集解	撰	1	舊唐書
元行沖	孝經疏	撰	3	舊唐書・宋史	任希古	越王孝經新義	撰	10	舊唐書
邢昺	孝經正義		3	宋史	張士儒	演孝經	撰	13	
趙克孝	孝經傳		1	宋史	蘇彬	孝經疏		1	宋史
張元老	講義		1	宋史	司馬光	古文孝經指解		1	宋史
						古文孝經指解[39]		1	宋史
呂惠卿	孝經傳		1	宋史	任奉古	孝經講疏		1	宋史
家滋	解義		2	宋史	范祖禹	古文孝經說		1	宋史
林椿齡	全解		1	宋史	吉觀國	孝經新義		1	宋史
趙湘	孝經義		1	宋史	王文獻	詳解		1	宋史
張九成	解		4	宋史	沈處厚	解		1	宋史
黃干	本旨		1	宋史	張師尹	通義		3	宋史
馮椅	古孝經輯注		1	宋史	朱熹	刊誤		1	宋史
	古文孝經解		1	宋史	項安世	孝經說		1	宋史
王行	孝經同異		3	宋史	袁甫	孝經說		3	宋史

39) ≪宋史≫ 卷202 〈예문지〉에 "司馬光 古文孝經指解一卷 又古文孝經指解一卷"이라고 하여 동일한 서명이 기록되어 있다. 사마광이 이 책을 仁宗 皇祐 연간(1049~1053)에 올리고 至和 元年(1054)에 다시 올렸는데 두 본의 내용이 달랐던 것인지, 이 중 하나는 范祖禹의 ≪古文孝經說≫과 合編한 본을 지칭한 것인지 분명치 않다.

≪수서≫ 〈경적지〉에 기록된 61家의 ≪효경≫ 주석서 가운데 18종이 隋代에 實在하는 책이었다. 書名마저 유실되어 기록되지 못한 주석서도 없지 않을 터이다. "각종 유파의 주석서들이 큰 수레로도 다 실을 수 없을 정도였다."[40]라는 말이 지나친 과장은 아닐 듯하다. ≪효경≫에 대한 연구 熱氣를 상상해볼 수 있다.

≪구당서≫ 〈경적지〉에는 모두 26家가 기록되었다. 유실 여부가 표시되지 않아 實在 여부는 알 수 없으나 ≪수서≫ 〈경적지〉에 비해 魏克己·唐 玄宗·荀勖·賈公彦·任希古·張士儒·元行沖 등 7家의 주석서가 추가되었으며, 隋代에 존재했던 10家의 주석서를 포함하여 19家가 ≪수서≫ 〈경적지〉의 기록과 겹친다. ≪송사≫ 〈예문지〉에는 26家가 기록되었는데, ≪수서≫ 〈경적지〉·≪구당서≫ 〈경적지〉와 겹치는 것은 공안국의 傳과 정현의 注뿐이고, ≪구당서≫와만 겹치는 것도 唐 玄宗 注와 元行沖 疏뿐이다.

隋·唐의 왕조 교체는 唐 高祖가 隋 恭帝한테 제위를 선양받아 비교적 순조롭게 이루어졌다. 이에 비해 唐 멸망에서 宋 건국까지는 70여 년간 전란이 연속된 五代十國의 시기가 가로지르고 있다. 위 표에서 볼 수 있는 수-당, 당-송의 典籍 傳承 규모의 상이함은 일차적으로 이 같은 시대적 상황에 기인한 것이라 할 수 있다.

이와 같이 隋·唐의 주석서가 대부분 유실되었지만, 孔安國·鄭玄·王肅·謝萬·嚴植之·梁 武帝·劉炫·皇侃 등의 설은 다행히 唐 玄宗의 御注와 元行沖 疏를 이어받은 宋 邢昺의 ≪孝經正義≫에 일부 실려 지금까지 전해지고 있다. 아래에서는 대표적인 ≪효경≫ 주석서 4종을 자세히 살펴보았다.

1) 唐 玄宗의 ≪御注孝經≫

≪효경≫은 西漢 때부터 통치자들의 존숭을 받았다. 서한 文帝 때는 중앙의 국립대학에 孝經博士를 설치하였고, 宣帝 때는 지방 학교에도 효경 經師를 1명씩 배치하여 전국적으로 교육을 실시하였으며, 東漢 光武帝는 유생들뿐만 아니라 궁궐을 수비하는 병사들도 반드시 ≪효경≫을 읽게 하였다.[41] ≪효경≫을 국가 차원에서 중시한 사례는 앞의 표 4에서도 볼 수 있다. 梁 武帝와 唐 玄宗 같은 제왕들이 손수 ≪효경≫ 주석서를 낸 사실, 그리고 황태자

---

40) ≪古文孝經≫ 〈序〉 "今文十八章 諸儒各任意巧說 分爲數家之誼 淺學者以當六經 其大車載不勝"

41) ≪後漢書≫ 卷79 〈儒林列傳〉 "中元元年……自期門羽林之士 悉令通孝經章句"

와 諸王이 ≪효경≫을 講하고 그 내용을 책으로 편찬한 사례들이 그것이다. 앞서 언급했듯이 東晉 穆帝와 孝武帝 때 왕명으로 ≪효경≫ 今·古文에 대한 토의가 이루어진 사실도 ≪효경≫에 대한 통치자들의 큰 관심을 보여준다.

≪효경≫ 今·古文의 경쟁은 唐代에도 이어져, 開元 7년(719)에 당 현종의 명으로 공안국 傳과 정현 注의 眞僞를 議定하기 위한 토의가 벌어졌다.[42] 이때 劉知幾(661~721)는 劉炫이 교정한 공안국 傳의 정통성을 옹호하며 정현 注가 위작임을 증명하는 12가지 증거를 제시하였고, 司馬貞은 劉炫이 교정한 공안국 傳이 위작임을 주장하였다. 이 토의가 결론을 내지 못함에 따라 현종은 금문과 고문을 병행하도록 하였다.[43]

그러나 이때의 토의가 발판이 되어 ≪효경≫ 주석의 역사에 한 획을 긋는 주석서가 나오게 되었다. 현종이 손수 18장의 ≪금문효경≫을 바탕으로 금문파와 고문파의 주석을 절충하여 ≪御注孝經≫을 만든 것이다. 현종은 위 토의가 있은 지 3년 만인 開元 10년(722)에 孔安國·鄭玄·韋昭·王肅·魏克己 등의 注를 채용하여 1차로 開元始注를 저술하고, 21년이 지난 天寶 2년(743)에 개원시주의 미비점을 보완하여 2차로 天寶重注를 저술하였다. 2년 뒤인 천보 4년(745)에는 천보중주를 八分體로 친히 필사하고 돌에 새겨 長安의 太學 앞에 세우게 하였는데, 이를 石臺孝經이라고 한다.[44] 이는 국가 차원의 권위를 지닌 定本을 수립한 것으로, 이를 계기로 사실상 ≪今文孝經≫이 독주하게 되었다.

이후로는 ≪어주효경≫이 유행하면서[45] 정현의 注와 공안국의 傳 등 이전 주석서들의 사

---

42) 唐 玄宗(685~762, 713~755 재위)은 당나라의 5대 황제로, 姚崇(650~721)·宋璟(663~737) 같은 어진 재상을 임용하여 '貞觀之治(唐 太宗 때 번영을 이룩한 정치)'에 비견되는 '開元盛世'를 이룩하는 등 비교적 開明한 정치를 하였다. 그러나 天寶(742~755) 연간에 楊貴妃(719~756)에 고혹되어 李林甫(?~752)·楊國忠(?~756)을 임용하다가 安祿山·史思明의 亂을 부르는 失政을 행하였다. 현종이 ≪효경≫에 관심을 쏟은 것은 개원 연간과 천보 초년의 일로, '開元盛世'의 일환이었다.

43) ≪唐會要≫ 卷77 〈論經義〉"其年四月七日左庶子劉子元上孝經註議曰 謹按今俗所行孝經 題曰鄭氏註 爰自近古皆云鄭卽康成 而魏晉之朝無有此說……其驗十二也……國子祭酒司馬貞議曰……其古文二十二章 元出孔壁 先是安國作傳 緣遭巫蠱 世未之行 荀昶集注之時 尙有孔傳 中朝遂亡其本 近儒欲崇古學 妄作此傳 假稱孔氏 輒穿鑿改更 又僞作閨門一章 劉炫詭隨妄稱其善……准式孝經鄭注與孔傳依舊俱行……"

44) 石臺孝經은 지금 西安의 碑林博物館에 보존되어 있다.

45) 開元始注는 중국에서 유실되고 天寶重注가 유행하였으니, 이후에 '御注'라고 한 것은 모두 천보중주를 말한다. 다만 최근 일본에 개원시주가 보존되어 있다는 보고가 있었다.(김용옥,

회적 효용이 점차 떨어져 五代 이후 대부분의 ≪효경≫ 주석서가 유실되는 중요한 배경 중 하나가 되었다.

그림 1. 西安 碑林에 보존된 石臺孝經

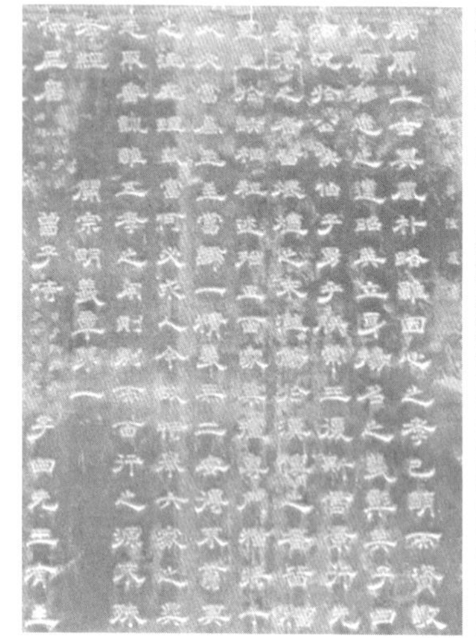

玄宗의 친필 서문

肅宗의 篆額과 開宗明義章 첫 부분

肅宗의 篆額과 全身

2) 邢昺의 ≪孝經正義≫

당 현종은 開元 10년(722) 開元始注를 간행할 때 元行沖(653~729)에게 명하여 御注를 부연하는 疏를 짓게 하였는데, 원행충은 그 후 7년 만인 개원 17년에 별세하였다. 따라서 그는 다시 17년 뒤인 천보 5년(746)의 天寶重注 疏 작업에는 참여하지 못하였다. 이 때문에 疏에 미비한 점이 있었는데, 宋 眞宗이 咸平 3년(1000)에 邢昺(932~1010)에게 조령을 내려 杜鎬·舒雅·孫奭과 함께 疏를 개정하도록 하였다.

형병은 北宋의 저명한 經學家로 字는 叔明이다. 眞宗의 명을 받아 위 세 사람과 함께 ≪論語正義≫·≪爾雅正義≫도 편찬하였다. 형병이 왕명으로 편찬한 ≪효경정의≫는 뒤에 ≪十三經注疏≫[46]에 포함되어 ≪孝經注疏≫로도 불린다. 이 책으로 인해 당 현종의 御注가

≪효경한글역주≫, 통나무(2010), 286쪽)

46) ≪易≫·≪書≫·≪詩≫·≪禮記≫·≪周禮≫·≪儀禮≫·≪春秋左氏傳≫·≪春秋公羊傳≫·≪春秋穀梁傳≫·≪孝經≫·≪論語≫·≪爾雅≫·≪孟子≫ 등 儒家의 13經에 대한 '經-注-疏'를 合刻한 叢書名이다. 南宋 光宗 紹熙(1190~1194) 연간에 三山(지금의 福州)의 黃唐(字는 雍甫·信厚)이 그 이전까지 注와 疏가 따로 간행되던 것을 처음으로 합하여 간

≪효경≫의 여타 注를 제치고 더욱 확고한 위상을 차지하게 되었다.

형병의 疏에는 원행충의 소와 천보중주 때 개정된 소 및 형병 자신의 소가 공존하는데, 각 부분에 특별한 표시를 하지 않았기 때문에 각각의 疏를 구분할 수 없게 되어 있다. 唐代의 疏는 御注의 撰者인 玄宗의 명에 의해 동시대에 이루어진 것이므로 御注의 의미를 贊者의 의도에 맞게 충실히 부연했을 것이다.[47)]

그림 2. ≪孝經注疏≫ 서문

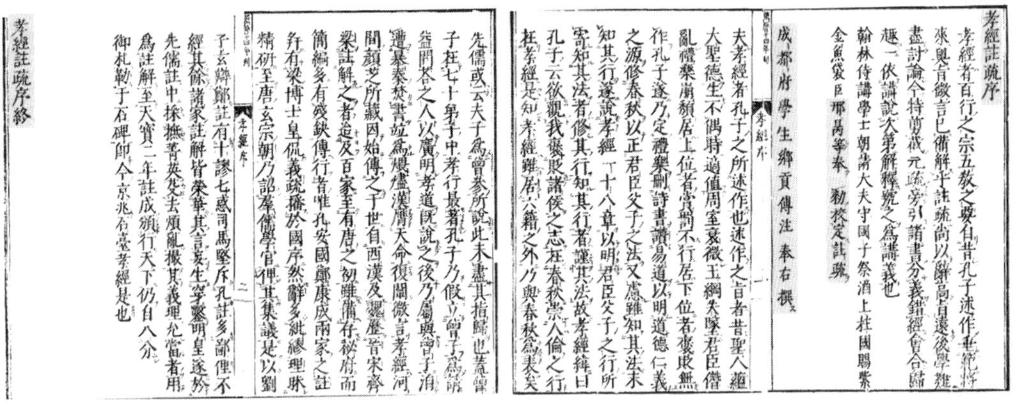

孝經注疏序

孝經者百行之宗五教之要自昔孔子述作垂範將來奧旨微言已備解乎注疏尚以辭高旨遠後學難盡討論今特翦截元疏旁引諸書分義錯經會合歸趣一依講說次第解釋號之爲講義也

翰林侍講學士朝請大夫守國子祭酒上柱國賜紫金魚袋臣邢昺等奉勑校定注疏

成都府學主鄉貢傅注奉右撰

夫孝經者孔子之所述作也述作之旨者昔聖人蘊大聖德生不偶時適値周室衰微王綱失墜君臣僭亂禮樂崩頹居上位者賞罰不行居下位者褒貶無作孔子遂乃定禮樂刪詩書讚易道以明道德仁義之源修春秋以正君臣父子之法又慮雖知其法未知其行遂說孝經一十八章以明君臣父子之行所寄知其法者修其行知其行者謹其法故孝經緯曰孔子云欲觀我褒貶諸侯之志在春秋崇人倫之行在孝經是知孝經雖居六籍之外乃與春秋爲表矣

先儒或云夫子爲曾參所說此未盡其指歸也蓋曾子在七十弟子中孝行最著孔子乃假立曾子爲請益問答之人以廣明孝道既說之後乃屬與曾子洎遭暴秦焚書並爲煨燼漢膺天命復闡微言孝經河間顏芝所藏因始傳之于世自西漢及魏歷晉宋齊梁注解之者迨及百家至有唐之初雖備存祕府而簡編多有殘缺傳行者唯孔安國鄭康成兩家之注并有梁博士皇侃義疏播於國序然辭多紕繆理昧精研至唐玄宗朝乃詔群儒學官俾其集議是以劉子玄辨鄭注有十謬七惑司馬堅斥孔注多鄙俚不經其餘諸家注解皆榮華其言妄生穿鑿明皇遂於先儒注中採摭菁英芟去煩亂撮其義理允當者用爲注解至天寶二年注成頒行天下仍自八分御札勒于石碑即今京兆石臺孝經是也

孝經注疏序終

형병의 小引과 傳注의 序로 구성되었다. 형병은 스스로 '註疏를 校定'했다고 밝히고 있다.

형병은 〈孝經注疏序〉 小引에서 "원래의 疏를 經文과 注에 따라 分節하고 여러 가지 책에서 폭넓게 관련 자료를 인용하여, 내용별로 나누어 經文 사이사이에 끼워 넣음으로써 의미가 모아지도록 하였다."라고 하였다. 자신의 疏 작업은 새로이 의미를 밝혔다기보다 '經文 - 御注'와 별도로 존재하던 疏를 경문과 어주에 맞게 분절하여 끼워 넣는 편집 작업과 자료의 보충에 국한되었다는 말인데, 이는 형병의 작업에 대해 自他가 공히 '校定'이라 표현하고,[48)] 이렇게 만들어진 책의 서문을 형병이 직접 작성하지 않고 원래의 疏本에 있던

행하였는데, 그의 刻本이 元·明 때까지 보존되었다. 明·淸 때는 새로운 판본이 다수 출현하였는데, 淸 阮元(1764~1849)이 교감하여 판각한 阮刻本이 善本으로 일컬어진다.

47) 이는 십삼경주소 중 다른 經에 대한 注疏와 구별되는 ≪효경주소≫만의 특징이다.

48) 〈孝經注疏序〉의 小引 뒤에 "臣 邢昺 등이 勅令을 받들어 ≪孝經注疏≫를 校定함."이라고 하였고, ≪宋史≫ 卷431 〈邢昺列傳〉에도 "형병에게 ≪효경≫ 등을 교정하도록 명했다."라고 하였다. "二年始置翰林侍講學士 以昺爲之 受詔與杜鎬 舒雅 孫奭 李慕淸 崔偓佺等 校定周禮 儀禮 公羊穀梁春秋傳 孝經論語爾雅義疏"

唐나라 傳注의 서문을 존치한 채 자신의 말은 이에 앞선 75자의 간단한 小引으로 갈음한 사실과도 부합한다.[49]

형병은 ≪효경정의≫의 편찬 경위에 대해 〈효경주소서〉의 小引에 "한결같이 講論했던 내용에 따라 차례로 해석하여 ≪孝經講義≫라고 이름 붙였다."라고 밝혔다. 형병은 東宮과 內庭에서 眞宗를 모시고 ≪孝經≫·≪禮記≫·≪論語≫·≪書≫·≪易≫·≪詩≫·≪春秋左氏傳≫을 강론한 바 있는데,[50] 이 중 ≪효경≫ 강론 내용을 정리하여 ≪효경강의≫를 저술했다는 것이다. ≪효경강의≫와 ≪효경주소≫의 관계는 淸 周中孚(1767~1831)의 "형병이 저술한 ≪孝經注疏≫의 본래 명칭은 ≪孝經講義≫였다. 여러 書目書들에서 이를 '孝經講義'라고 칭하지 않고 '孝經正義'라고 칭한 것은 ≪논어≫ 및 ≪이아≫에 대한 그의 疏本과 같은 명칭을 쓰기 위함이다."[51]라는 설명을 통해 알 수 있다.

3) 朱熹의 ≪孝經刊誤≫

성리학을 집대성한 朱熹(1130~1200)는 57세(1186)에 ≪고문효경≫의 원문 22장을 새로이 편집하여 經 1장, 傳 14장으로 만들고 각 장 말미에 있던 ≪시경≫·≪서경≫의 인용문 등 총 223자를 삭제하였다. 여기에 덧붙여 각 장 말미에 編次 이유와 대의를 밝히고,[52] 권말에 저술 경위를 스스로 밝힌 책이 ≪孝經刊誤≫이다.

주희는 ≪禮記≫에서 〈大學〉을 떼어내어 經 1장, 傳 10장으로 재편집하고 格物致知 補傳을 창작하여 傳 제5장에 끼워 넣은 바 있는데, ≪효경간오≫도 이와 양상이 유사하다. 그러나 〈대학〉에 대해서는 상세히 주석하여 완결된 讀本 ≪大學章句≫를 만듦으로써 四書 중 하나로 격상시킨 데 반해, ≪효경≫에 대해서는 상세히 주석하는 데까지 나아가지 않고 校勘書 성격의 ≪孝經刊誤≫를 내는 데 그쳤다. 주희는 45~46세에 ≪대학장구≫를 편찬하

---

49) 본 역주서 55쪽 〈孝經注疏序〉의 주 1), 2) 참조.

50) ≪宋史≫ 卷431 〈邢昺列傳〉 "昺在東宮及內庭 侍上講孝經 禮記 論語 書 易 詩 左氏傳"

51) ≪鄭堂讀書記≫ 卷1 〈經部 孝經注疏九卷〉 "至叔明奉勅校定 其序稱翦截元疏 旁引諸書 分義錯經 會合歸趣 一依講說 次第解釋 號之爲講義也　是此疏本名議義 諸家書目不稱爲講義而稱爲正義者　蓋欲與論語 爾雅之疏畫一耳"

52) ≪孝經刊誤≫는 淸 康熙 연간에 中呂氏가 寶語堂에서 간행한 朱子遺書本 등의 淸代 본과 明 朱鴻이 編한 孝經十書本이 있다. ≪四庫大辭典 孝經刊誤≫. 朱熹가 사용한 ≪효경≫은 宋本孝經이었다고 한다.(김용옥, ≪효경한글역주≫, 통나무(2010), 287쪽)

고 나서 11년이 흐른 57세에 ≪효경간오≫를 저술했으며 그 뒤로 별세할 때까지 14년의 기간이 더 있었다. 따라서 ≪효경≫을 章句로까지 발전시키지 않고 刊誤에 그친 것은 力量 또는 시간의 부족이 아니라 ≪효경≫에 대한 근본적인 懷疑에 기인한 것이었다. 그는 傳 14장의 내용을 두고 "이 책은 대부분 後人이 傅會한 것"[53]이라고 하여 ≪효경≫의 학문적 권위를 인정하지 않았다.

그림 3. ≪孝經刊誤≫ 經 1章 후반부와 注

故非法不言非道不行口無擇言身無擇行言滿天下
無口過行滿天下無怨惡三者備矣然後能守其宗廟
蓋卿大夫之孝也詩云夙夜匪懈以事一人資於事父
以事母而愛同資於事父以事君而敬同故母取其愛
而君取其敬兼之者父也故以孝事君則忠以敬事長
則順忠順不失以事其上然後能保其爵祿而守其祭
祀蓋士之孝也詩云夙興夜寐無忝爾所生子曰用天
之道因地之利謹身節用以養父母此庶人之孝也故
欽定四庫全書 孝經刊誤
自天子以下至於庶人孝無終始而患不及者未之有
也
此一節夫子曾子問答之言而曾氏門人之所記也
疑所謂孝經者其本文止如此其下則或者雜引傳
記以釋經文乃孝經之傳也竊嘗考之傳文固多傅
會而經文亦不免有離析增加之失顧自漢以來諸
儒傳誦莫覺其非至或以為孔子之所自著則又可
笑之尤者蓋經之首統論孝之終始中乃敷陳天子
諸侯卿大夫士庶人之孝而其末結之曰故自天子
以下至於庶人孝無終始而患不及者未之有也其
首尾相應次第相承文勢連屬脈絡通貫同是一時
之言無可疑者而後人妄分以為六七章(今文作六章古文作
七章)又增子曰及引詩書之文以雜乎其間使其文意
分斷間隔而讀者不復得見聖言全體大義為害不
細故今定此六七章者合為一章而刪去子曰者二
引書者一引詩者四凡六十一字以復經文之舊其

본문의 ≪詩經≫ 인용문을 삭제하도록 지시하고 있다.

≪효경≫에 대한 주희의 해석은 ≪효경간오≫의 체재에서부터 대략 드러난다. ≪효경≫은 본디 '천자 - 제후 - 경대부 - 사 - 서인'의 계급별 孝를 논한 것인데, ≪효경간오≫는 천자와 士의 孝만을 중심에 두었다. 그는 傳 열네 장의 내용 대부분을 〈開宗明義章〉에 대한 해설로 간주하면서, 제10장은 천자의 효를, 제9・11・12장은 士의 효를, 제13・14장은 별도의 의미를 밝힌 것으로 해석하였다. 중간 세 계급의 효에 대응하는 傳은 설정하지 않아 제후・경대부・서인의 효의 의미를 퇴색시킨 것이다. 봉건제의 요소가 잔존했던 秦・漢代와 달리 宋代는 공고한 중앙집권 관료제 사회였다. 이에 따라 유가 경전의 이념을 군주와 관료의 修己治人으로 정의하려 한 그는 ≪효경≫ 역시 그러한 이념에 복무하는 책으로 개조하려고 시도하였다.[54]

그러나 ≪효경≫은 漢代 陰陽家의 냄새가 짙은 〈感應章〉, ≪효경≫ 전체에 法家의 분위

53) ≪孝經刊誤≫ 〈跋文〉 "此書多出後人傅會"

54) 김용옥, ≪효경한글역주≫, 통나무(2010), 39~45쪽.

기를 짙게 드리운 〈五刑章〉, ≪論語≫에 드러난 孔子의 태도와 배치되는 〈諫諍章〉 등 四書를 중심으로 한 성리학 체계와 어긋나는 점이 적지 않다. 이 때문에 주희는 ≪효경간오≫에 담은 ≪효경≫ 재해석의 구상을 章句로 구체화하여 위상을 제고하는 데까지 나아가지는 못했던 것이다.

4) 董鼎의 ≪孝經大義≫

宋末元初의 經學家이자 朱熹의 再傳 제자인 董鼎이 ≪효경간오≫의 체재('經文 - 傳文')와 注를 근간으로 하여 상세 주석을 가한 책이 ≪효경대의≫이다. 앞에서 ≪효경간오≫는 ≪고문효경≫에서 총 223자를 삭제했다고 했는데, 그것은 삭제 표시만 하고 글자는 그대로 둔 것이었다. 董鼎은 주희의 표시에 따라 글자를 삭제하여 판면을 정리하고, 주희의 뜻에 충실히 주해를 가하였다. 古·今文의 相異한 字句를 注記한 것 외에 ≪효경간오≫와 다르게 새로이 의미를 천명하거나 논란을 벌인 것은 없다.

이 때문에 ≪효경대의≫는 ≪효경≫에 대한 가장 권위 있는 성리학적 주해서로 통하여, 성리학이 대세이던 조선에서는 ≪효경≫이라 하면 곧 이 책의 略稱으로 통용될 정도였다. 그러나 元 成宗 大德 9년(1305) 熊禾의 서문에 그의 族兄이 처음으로 글방〔書塾〕에서 이 책을 간행해 준 사실이 보이고, 明 憲宗 成化 22년(1486) 徐貫의 발문에 "애석하도다! 이 책이 간행된 것이 적어서 궁벽한 시골이나 작은 고을의 선비들이 다 볼 수 없음이여."[55]라고 한 것으로 볼 때 중국에서는 활용도가 그리 높지 않았던 것으로 생각된다.

≪明史≫ 〈藝文志〉 孝經類에는 35家의 ≪효경≫ 주석서가 기록되어 있다. 淸代에는 ≪효경≫ 주석서가 많지 않은 가운데 順治帝(世祖)가 ≪御注孝經≫을 내고 雍正帝(世宗)가 ≪御纂孝經集註≫를 내는 등 제왕의 관심이 여전하였다.

3. ≪효경≫ 의 한반도 전래와 간행

본 장에서는 ≪효경≫이 한반도에 끼친 영향을 고찰하기 위해 우선 이 책이 한반도에 언

---

55) 鄭太鉉 譯註, ≪孝經大義≫, 傳統文化硏究會(2009), 17~19쪽, 122쪽.

제 전래되었지 살펴보고, 삼국시대와 고려・조선에서 이 책의 위상이 어떠했으며 어떤 시대적 변화를 겪었는지 조사하였다. 나아가 한반도에서 이 책의 간행 양상을 一瞥하였다.

1) ≪효경≫의 한반도 전래와 삼국・고려・조선에서의 위상

≪효경≫은 늦어도 삼국시대에 이미 한반도에 전래되어 있었다. 백제에 五經子史의 서적이 있었다는 기록이 있는데, 여기에 ≪효경≫도 포함되었을 가능성이 있고,[56] 4~5세기 백제의 博士 王仁이 ≪논어≫・≪천자문≫과 함께 ≪효경≫을 일본에 전했다고 사료되며,[57] 신라의 强首(삼국통일 시기에 활동)가 스승에게서 ≪孝經≫・〈曲禮〉・≪爾雅≫・≪文選≫을 배웠다는 기록이 있다.[58] 신라 元聖王 4년(788)에 설치한 讀書三品科에서는 ≪논어≫・≪춘추좌씨전≫・≪예기≫・≪문선≫과 함께 ≪효경≫에 밝은 자를 上品으로 선발하도록 하였고,[59] 신라 國學의 필수공통 과목에 ≪논어≫와 더불어 ≪효경≫이 들어 있었다.[60]

고려에서도 ≪효경≫은 신라 때와 같이 관리 양성과 선발의 필수 과목으로서 위상이 유지되었다. 중국의 後周 世宗 6년(959)에 고려 光宗(王昭)이 ≪別敍孝經≫ 1권, ≪越王新義≫ 8권, ≪皇靈孝經≫ 1권, ≪孝經雌圖≫ 1권을 바쳤다는 기록이 있는 것[61]으로 보아 당시 고려에는 ≪효경≫ 관련 서적이 다양하게 존재했던 것으로 보인다. 또 成宗 때 설립된 國子監의 필수공통 과목으로 ≪논어≫와 함께 ≪효경≫이 선정되었다.[62]

그러나 조선에서는 ≪효경≫이 成均館 교육이나 科擧의 고시 과목에 들지 못하였다. 太

---

56) ≪舊唐書≫ 卷211 〈百濟列傳〉 "其書籍有五經子史 又表疏并依中華之法"

57) 이러한 사실이 ≪삼국사기≫, ≪삼국유사≫ 등에는 보이지 않으나 ≪日本書紀≫, ≪古史記≫ 등 일본 사료를 통해 추정되고 있다.(김용옥, ≪효경한글역주≫, 통나무(2010), 22쪽)

58) ≪三國史記≫ 卷46 〈强首列傳〉 "遂就師讀孝經曲禮爾雅文選"

59) ≪三國史記≫ 卷10 〈新羅本紀〉 '元聖王'조 "○ 四年 春 始定讀書三品 以出身 讀春秋左氏傳若禮記若文選 而能通其義 兼明論語孝經者爲上 讀曲禮論語孝經者爲中 讀曲禮孝經者爲下 若博通五經三史諸子百家書者 超擢用之"

60) ≪三國史記≫ 卷38 〈雜志7 職官上〉 '新羅國學'조 "教授之法……或以禮記周易論語孝經 或以春秋左傳毛詩論語孝經 或以尙書論語孝經文選敎授之"

61) ≪新五代史≫ 〈四夷附錄3〉 '高麗'조 "高麗俗知文字 喜讀書 昭進別敍孝經一卷 越王新義八卷 皇靈孝經一卷 孝經雌圖一卷 別敍 敍孔子所生及弟子事迹 越王新義 以越王爲問目 若今正義 皇靈 述延年辟穀 雌圖 載日食星變 皆不經之說"

62) ≪高麗史≫ 卷74 〈志28 選擧2〉 "仁宗朝式目都監詳定學式 國子學生……凡經周易尙書周禮禮記毛詩春秋左氏傳公羊傳穀梁傳各爲一經 孝經論語必令兼通"

宗 4년(1404)에 사간원에서 올린 學制 개선책에 漢城 五部의 生徒들 중 ≪小學≫・≪四書≫・≪文公家禮≫와 함께 ≪효경≫에 능통한 자를 小學에 입학시키는 방안이 건의되고,[63] 承文院의 提調가 열흘마다 관원들과 講讀하는 과목에 들어 있었지만[64] 이미 주변으로 밀려났음을 볼 수 있다. 經筵에서 ≪효경≫을 進講한 왕은 재위 8개월 만에 승하한 仁宗의 뒤를 이어 12세에 급작스레 즉위한 明宗뿐이고, ≪효경≫ 관련 저술은 尹鑴(1617~1680)의 ≪孝經章句考異≫・≪孝經外傳≫・≪孝經外傳續篇≫, 黃德壹(1748~1800)의 ≪孝經外傳≫, 金榥(1896~1978)의 ≪孝經章句≫, 崔世珍(1473~1542)의 ≪女孝經≫, 朴齊賢(1521~1575)의 ≪孝經論≫ 정도가 널리 알려졌을 뿐이다.

다만 이 책이 世子 書筵의 과목으로 꾸준히 읽히고, 많은 문인・학자들이 어린 시절에 ≪효경≫을 읽었다는 기록이 전해지며, 사대부가의 부인들이 자제를 가르칠 만큼 ≪효경≫에 능통했다는 기록들로 보아 조선에서도 ≪효경≫이 애독되기는 마찬가지였으나, 학문적・사회정치적 영역에서 멀어진 것이다.

이 같은 위상의 변화는 두 가지 측면에서 원인을 찾을 수 있다.

첫째, 사회 체제의 변화이다. 중국에서는 宋代를 전후하여 ≪효경≫의 위상이 크게 바뀌었다. 漢代부터 唐代까지는 대체로 官學 교육과 明經科의 필수 과목이었다가 明・淸代에는 관학과 科擧에서 ≪효경≫이 제외되었다. 또 淸代 사대부들은 ≪효경≫에 대한 관심이 저조하여 ≪皇淸經解≫와 ≪續皇淸經解≫ 중에 ≪효경≫ 관련 저술은 많지 않다.

이러한 현상은 唐末 이후로 문벌귀족이 해체됨에 따른 것으로 해석된다. 이전의 문벌귀족들은 宗黨 內의 孝悌 윤리를 명분으로 삼아 國法과 군주가 요구하는 忠에 실질적으로 대립할 수 있는 사회적 실체였다. 秦・漢 이후로 꾸준히 관료제로의 전환이 이루어지긴 했으나 唐代까지는 여전히 귀족과 有力戶를 중심으로 한 近隣 친족들의 결속이 잔존하여 지방의 하부 단위까지는 국가의 지배력이 직접 미치지 못하였다. 이 때문에 一族 내의 孝悌는 국법과 갈등할 수 있는 현실적인 기반을 갖게 되었으며 이러한 현실을 무시한 일방

63) ≪朝鮮王朝實錄≫ 太宗 4년 8월 20일 "五部教授官……其生徒之能通孝經小學四書文公家禮者 升之小學 令成均正錄所 敦加教養 其通三經已上 孝悌謹厚 許赴監試 升于成均 擇其能通五經通鑑而德行著聞者 方許赴試"

64) ≪大典會通≫ 〈禮典 獎勸〉 "○ 承文院官員每旬提調講所讀書(詩書四書 魯齋大學 直解小學 成齋孝經 少微通鑑 前後漢吏學指南 忠義直言 童子習 大元通制 至正條格 御製大誥 朴通事 老乞大吏文謄錄)"

적인 법치의 강행은 사실상 불가능하였다. 이것이 '私家의 孝'의 완성을 '公家의 事君'을 통해 실현하도록 설파한 ≪효경≫을 국가에서 적극적으로 보급하여 유가 최고의 경전으로 격상시킨 배경이었다.[65] 宋代 이후에도 孝는 인간의 당연하고 기초적인 규범으로 확고한 위치를 유지했지만, 公的 활동과 직결시키던 이전과 달리 私家의 영역에 묶이는 색채의 변화를 겪었다.

고려 말 조선 초의 상황 변화는 위와 같은 중국의 체제 변화와 유사하였다. 고려는 4대 光宗 때 과거제를 도입하고 6대 成宗 때 3성6부의 중앙관제를 확립하고 지방에 12목을 설치하는 등 중앙집권적 행정체제를 갖추었다. 그럼에도 불구하고 지방의 豪族 세력이 강고하여 통치의 안정을 위해서는 이들의 동의를 끌어내야만 했는데, 忠을 통한 孝의 완성을 설파한 ≪효경≫이 훌륭한 정신적 기반을 제공해주었다. 그러나 지방 호족이 해체되고 완전한 중앙집권 관료제 사회가 구현된 조선에서는 더 이상 ≪효경≫의 그와 같은 사회 정치적 효용이 필요치 않았고 따라서 공적인 영역에서 ≪효경≫의 위상이 약화된 것은 자연스러운 귀결이었다.

둘째, 朱熹의 ≪孝經刊誤≫에 담긴 ≪효경≫ 해석의 영향이다. 앞서 살펴보았듯이 주희는 ≪효경≫의 대부분을 後人이 傅會한 것으로 규정하고 校勘書를 내는 데 그치는 등 이 책의 학문적 권위를 인정하지 않았다. 그 이유는 앞서 살펴보았듯이 성리학 체계와 맞지 않는 부분이 적지 않기 때문이었다. ≪효경간오≫를 계승한 董鼎의 ≪孝經大義≫ 서문에 "이 책은 初學들을 위해 만든 것이다."[66]라고 하여 아예 아동용 학습서로 못박은 것은 ≪효경≫에 대한 주희의 이 같은 입장을 충실히 반영한 것이다. 성리학이 대세로 자리잡은 조선에 ≪효경대의≫가 유행하면서 ≪효경≫의 위상은 결국 童蒙敎材로 굳어져갔다.

2) 고려와 조선에서 ≪효경≫의 간행

고려는 ≪효경≫의 위상과 활용도가 높았던 만큼 印行도 상당한 정도로 이루어졌을 테지만 확인되는 것은 거의 없다. 다만 최근에 洪武 6년(공민왕22, 1373)의 跋文과 刊行記가 붙어 있는 목판본 ≪효경≫이 발견되었다는 보고가 있었다.[67] 이는 한반도에서 간행된 ≪효

---

65) 李成珪, 〈漢代 孝經의 普及과 그 理念〉 ≪韓國思想史學 10-1≫ 한국사상사학회(1998) 216~217쪽.

66) 鄭太鉉 譯註, ≪孝經大義≫, 傳統文化硏究會(2009), 17쪽.

67) 李宰榮, ≪朝鮮時代 孝사상의 전개와 孝經의 간행≫, 경북대학교 석사학위논문(2007),

경≫ 판본 중 현존하는 가장 오래된 것으로, 唐 玄宗의 御注本 ≪금문효경≫ 계열로 사료되고 있다. 여기에는 延祐 3년(1216) 林華甫의 自序와 이듬해(1217) 青氏 進德齋의 서문, 그리고 당 현종의 서문이 있고, 寧海郡守 韓冲浩가 1373년에 쓴 발문에 3인이 각기 가지고 있던 落帙을 한 데 합쳐 간행했다는 경위가 기록되어 있다. 또 孔子부터 당 현종에 이르는 孝經類 저자 계통을 나타낸 도표와, ≪금문효경≫에 대한 여러 주석서의 저자와 서명, ≪고문효경≫과 ≪금문효경≫의 구성 비교 등 ≪효경≫에 대한 계통적 접근을 위한 참고사항이 기록되어 있으며, 본문은 각 장의 제목 뒤에 그 장에 해당하는 ≪孝經正義≫의 내용을 간략히 설명한 다음 대문을 쓰고 雙行小字로 注를 달았다고 한다. 이에 따르면 고려 말까지는 당 현종의 注와 邢昺의 疏가 달린 ≪효경정의≫ 계열의 판본이 유통되었음을 알 수 있다.

조선의 ≪효경≫ 간행 사실은 해당 서책의 刊行記와 朝鮮王朝實錄에서 다음과 같이 일부 확인된다.[68]

世宗 5년(1423) 鑄字所에서 ≪直解孝經≫ 인출[69]

世宗 11년(1429) 주자소에서 經筵의 ≪句解孝經≫ 250질 간행[70]

成宗 6년(1475) 全州府에서 ≪효경≫ 開板[71]

中宗 16년(1521) 大・小字 ≪효경≫ 각 30건 인출[72]

中宗 25년(1530) 南原府에서 ≪효경≫ 重刊(成宗 6년 全州府 開板本)[73]

77~78쪽.

68) 현존하는 冊版目錄에 의거하면 조선 16세기부터 19세기까지 ≪효경≫과 ≪효경언해≫의 간행은 校書館과 경기 1곳, 강원 2곳, 경상 6곳, 충청 1곳, 함경 2곳, 전라 11곳, 평안 1곳, 황해 1곳 등 전국적으로 이루어졌다.(李宰榮, 위 논문, 71쪽)

69) ≪世宗實錄≫ 5년 6월 23일 "禮曹據司譯院牒呈啓 老乞大朴通事前後漢直解孝經等書 緣無板本 讀者傳寫誦習 請令鑄字所印出 從之"

70) ≪世宗實錄≫ 11년 3월 22일 "判府事許稠啓 孝經小學 皆初學所當先習之書也 而小學講於科擧之時 故儒者皆不得已而讀之 若孝經則世之初學 專不讀習 請出經筵句解孝經刊行 以教初學 上曰 然 命左代言許誠曰 可令鑄字所印出二百五十(秩)〔帙〕頒行"

71) 계명대학교 동산도서관 소장(180.79-효ㄱ) 卷末 刊記 "成化十一年乙未 全州府開板"

72) ≪中宗實錄≫ 16년 2월 4일 "傳曰 昨日入內孝經乃中字 而非大字也 其令有板本處 三十件急速印出 且小字孝經三十件 并旁求印納 可也【大字在全州 小字在外館】"

73) 국립중앙도서관 소장(BA1236-30) 卷末 刊記 "歲在庚寅十二月日 南原府重刊" 跋文 "成化十

조선에서 간행된 본은 표제가 ≪효경≫이더라도 실제 내용은 대체로 ≪孝經大義≫이다. 다만 세종 5년에 인출된 ≪直解孝經≫과 세종 11년에 간행한 ≪句解孝經≫은 承文院의 강독 과목이었던 ≪成齋孝經≫과 유사한 부류의 책으로 생각된다.

조선에서는 또 대중용으로 ≪효경언해≫를 편찬했는데, 대체로 ≪효경대의≫에서 經과 傳만을 언해한 것이다. 현존하는 가장 오래된 ≪효경언해≫ 판본은 庚辰字本으로, 일본 동경 尊經閣에 소장되어 있으며 ≪효경대의≫와 ≪효경언해≫의 합본이다. 熊禾의 서문과 徐貫·柳成龍(1542~1607)의 발문 그리고 內賜記가 붙어 있다. 발문은 선조 22년(1589), 내사기는 선조 23년(1590)에 쓴 것이므로 간행 시점을 추정할 수 있다. 顯宗 7년(1666)과 哲宗 14년(1863)의 중간본 등이 있다.[74)]

그림 4. ≪효경언해≫ 卷首와 卷末

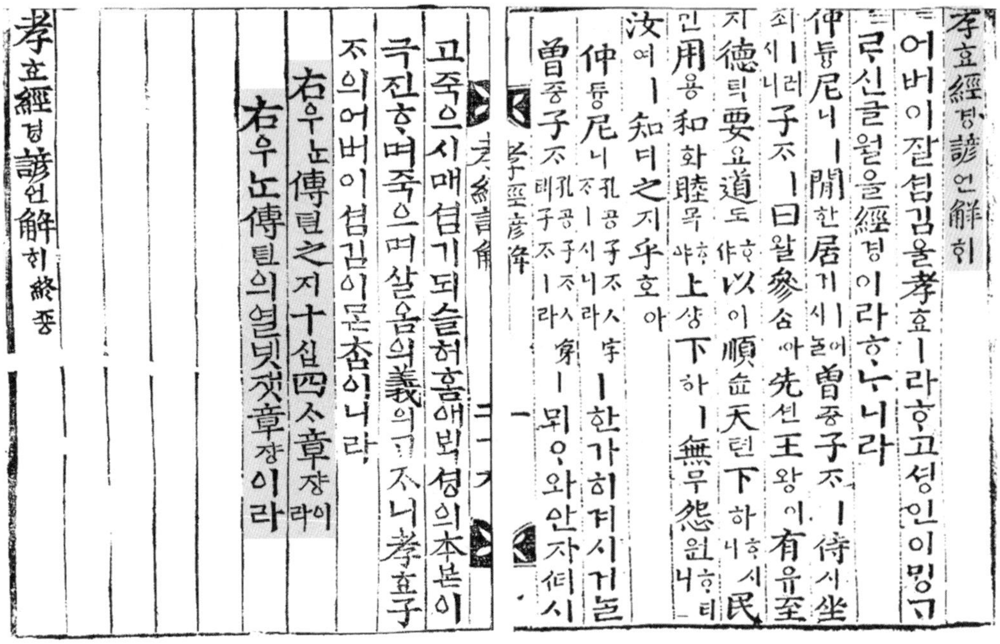

'右는 傳 14章이다.'라는 말이 ≪孝經大義≫에 근간했음을 알려준다.

有一年乙未五月下澣 守府尹通政大夫南原尹孝孫有慶謹跋"

74) 李宰榮, ≪朝鮮時代 孝사상의 전개와 孝經의 간행≫, 경북대학교 석사학위논문(2007), 80~81쪽.

종합하면 고려에서는 ≪효경정의≫ 계열의 판본이, 조선 세종 때는 ≪直解孝經≫과 ≪句解孝經≫이, 성종 이후로는 ≪효경대의≫와 그 언해본들이 간행되었다. 여기에 고려 光宗(王昭)이 중국의 後周에 ≪別敍孝經≫ 등을 바쳤다는 기록과, 조선 承文院의 提調가 每旬에 ≪成齋孝經≫을 관원들과 강독한다는 ≪大典會通≫의 규정[75]을 함께 놓고 보면 고려와 조선에서 유통된 ≪효경≫이 어떤 책들이었는지 대체로 알 수 있다.

≪別敍孝經≫은 鄭玄의 注가 달린 ≪효경≫으로 보고 있다.[76] ≪成齋孝經≫은 元 貫雲石(1286~1324, 본명 : 小雲石海涯)이 元代의 구어체 漢語로 ≪효경≫을 풀이한 ≪新刊全相成齋孝經直解≫[77]인데, 承文院은 외교 문서를 담당하는 부서이기 때문에 이 책을 외국어 교본으로 사용했던 것이다.

4. ≪효경주소≫의 내용

≪효경주소≫는 經文-注-疏로 구성되어 있다. 경문은 금문 ≪효경≫이고, 注는 당 현종의 天寶重注이며, 疏는 元行沖 등이 지은 唐代의 소와 宋 邢昺의 소가 합쳐진 것이다. 注와 疏에 대해서는 앞에서 언급했으므로 여기서는 경문을 중심으로 注疏에서 풀이한 의미에 따라 ≪효경≫ 전체의 의미 구조를 살펴보기로 한다.

≪효경≫은 孝道를 전문적으로 논술한 책으로, 핵심 내용은 孝는 인류 보편의 덕행이며 事父와 事君에는 공통된 덕성인 義가 있으므로, 통치자가 효를 솔선하고 또 피치자들의 부형을 존중해주면 피치자들은 이를 본받아 효를 실천하고 또 통치자를 좋아하여 자발적으로 통치자의 事親을 돕게 되는데, 그 결과로 통치자가 先親을 하늘에 배향하고 피치자가 입신양명하게 되면 이것이 효의 완성이라는 것이다. 각 장의 내용을 핵심어 중심으로 요약하면 다음과 같다.

---

75) 앞의 주 64) 참조.

76) 韓致奫의 ≪海東繹史≫ 卷44 〈藝文志3 經籍3 中國書目1〉 '別敍孝經'조 ≪宋三朝藝文志≫를 인용하여 이와 같이 비정하였다.

77) 중국 廈門大學圖書館古籍庫(http://libs.xmu.edu.cn/cn/guji/list)에 "新刊全相成齋孝經直解一卷, 貫雲石(元) 撰, 民國二十七年(1938) 北平琉璃廠來薰閣影印本, 검색번호 181.7/771"로 수록되어 있다.

1) 開宗明義章

○ 제왕의 教化에 있어서 孝의 역할 : 孝는 제왕이 민심을 따라 화목한 사회를 이룰 수 있는 기본 德性〔至德〕이자 簡要한 方道〔要道〕.

○ 효의 始終 : 事親 → 事君 → 立身揚名.

2) 天子章

천자의 효 : 부모에 대한 사랑과 공경 → 타인에 대한 사랑과 공경으로 확장 → 德教.

3) 諸侯章

제후의 효 : 겸손과 절약 → 社稷 보전 → 민심 和平.

4) 卿大夫章

경・대부의 효 : 예법에 맞는 服裝과 언행 → 宗廟 보전.

5) 士章

사의 효 : 父에 대한 愛敬 → 上官에 대한 忠順으로 확장 → 爵祿 보전 → 제사 보전.

6) 庶人章

서인의 효 : 謹身과 절약 → 부모 봉양.

7) 三才章

○ 효는 천・지의 객관 법칙과 이로움을 따르는 인류의 보편적 덕행.

○ 효의 보편성에 기반한 孝治의 원리 : 제왕의 仁義禮智 솔선 → 백성이 본받음.

8) 孝治章

孝治의 구조 : 통치자가 被治者 존중 → 被治者가 좋아함 → 통치자의 事親・事先이 가능해짐 → 통치자의 부모가 평안하고 조상이 흠향 → 천하 화평.

9) 聖治章

○ 聖治(孝治의 궁극 모델) : 제왕이 제후들의 자발적 도움으로 先親을 하늘에 배향하는 경지에 도달.

○ 聖治의 구조 : 인류 보편의 事親 감정을 근간으로 군주에 대한 愛敬을 끌어냄.

○ 聖治의 원리 : 事君과 事父에 공통으로 義가 존재.

○ 聖治의 핵심 방법 : 솔선. 悖德과 悖禮(솔선 없이 德과 禮를 강요)는 호응을 얻을 수 없음.

10) 紀孝行章

○ 事親의 방법 : 공경과 사랑, 근심과 슬픔, 엄숙함 등 상황에 맞게 진심을 다하는 것.

○ 중대한 불효 : 망국, 패가, 망신.

11) 五刑章

불효죄 : 五刑에 속하는 3천 가지 죄목 중 가장 중대한 것. 大亂을 초래하므로 임금 겁박죄, 聖人 비방죄와 동급.

12) 廣要道章

○ 교화의 방법 : 제왕이 효와 공경 솔선 → 피치자가 자발적으로 통치자 사랑·공순.

○ 簡要한 통치 방도〔要道〕: 통치자가 피치자의 아버지·형·임금 공경 → 그 자식·아우·신하들이 좋아함.

13) 廣至德章

지극한 덕을 지닌 제왕의 통치 : 효와 공경 솔선 → 피치자의 자발적인 부형·군주 공경.

14) 廣揚名章

부형에 대한 공경 → 군주·上官에 대한 충성과 공순으로 확장 → 입신양명.

15) 諫諍章

부모와 군주가 불의에 빠지지 않고 지위와 명예를 보존할 수 있도록 간쟁하는 것이 진정한 효와 충.

16) 感應章

지극한 효도와 공경은 신명과 통하므로 종묘에 공경을 다하면 귀신의 감응이 나타남.

17) 事君章

事君의 올바른 방법 : 군주의 좋은 점은 따르고 나쁜 점은 바로잡아 소통하는 것.

18) 喪親章

事親의 마무리 : 부모상을 당했을 때 슬픔을 다하여 喪禮를 잘 치루는 것.

이상은 ○제1단락(開宗明義章 : 대전제) ○제2단락(天子章~庶人章 : 계급별 효의 내용) ○제3단락(三才章~聖治章 : 孝治의 원리와 궁극 모델) ○제4단락(紀孝行章 · 五刑章 : 효행과 불효의 要目, 불효죄의 중대함) ○제5단락(廣要道章~廣揚名章 : 제왕의 要道 · 至德과 제후 이하의 揚名) ○제6단락(諫諍章~喪親章 : 간쟁과 효, 효와 신명, 事君의 도리, 居喪의 준칙) 등 크게 6단락으로 이루어져 있다.

요약하자면 인류 보편의 덕행인 孝를 매개로 私的 영역의 事親에서 출발하여 公的 영역의 통치와 事君을 자연스럽게 이룰 수 있고, 또 거꾸로 공적 영역의 성공적 통치와 입신양명을 통해 私的 영역의 事親을 완성할 수 있음을 설파한 것이 ≪효경≫이다.

5. ≪효경주소≫ 번역의 의의

전통시대를 이해하기 위해서는 전통시대 종법제도와 忠孝를 핵심으로 한 뿌리 깊은 봉건사상을 이해해야 한다. 이를 위해서는 ≪효경≫ 연구가 필수적인데, 전통문화연구회에서는 1996년에 ≪효경대의≫[78]를 대본으로 國譯한 바 있다. 당시 대본 선정의 주요 이유

78) ≪孝經大義≫ 內閣本(保景文化社 영인본, 1987)을 국역대본으로 하고, 輔養廳 重刊本(甲戌)과 四庫全書本을 참고하였다. 鄭太鉉 譯註, ≪孝經大義≫, 傳統文化硏究會(2009), 7쪽.

는 우리 先人들이 주로 읽은 책이 ≪효경대의≫였고 또 ≪효경대의≫가 孝를 추상적으로 해석한 감이 없지 않으나 전체적으로 볼 때 孝의 本旨를 천명한 점은 평가할 만하기 때문이었다.[79)]

그런데 앞서 살펴본 바와 같이 ≪효경대의≫는 ≪효경≫의 성리학적 주해서이므로, 성리학의 범주를 넘어서는 先學들의 해석을 볼 수 없는 한계가 있었다. 이번에 漢·唐의 古注를 아우른 ≪孝經注疏≫를 번역하는 것은 ≪효경≫ 이해의 넓은 시야를 확보한다는 데 의의가 있다.

阮元의 ≪孝經正義≫ 해제와 邢昺·傅注의 〈孝經注疏序〉, 그리고 당 현종의 〈御製序幷注〉를 통해 ≪효경≫의 今·古文 논쟁과 ≪효경주소≫ 성립 과정에 대한 각 시대 碩學들의 해설을 살펴볼 수 있다. 또 ≪효경주소≫는 ≪효경대의≫와 금·고문의 차이에 따른 상이한 편제를 보일 뿐만 아니라 경문을 판이하게 해석한 부분들도 있다. 일례를 들면 다음 표 5와 같다.

표 5. 동일한 경문을 ≪효경주소≫와 ≪효경대의≫에서 판이하게 해석한 사례

구 분	≪효경대의≫	≪효경주소≫
위 치	經1장 말미	庶人章 후반
원문과 현토	故自天子已下로 至于庶人히 孝無終始요 而患不及者 未之有也니라	故自天子로 至於庶人히 孝無終始니 而患不及者는 未之有也니라
번 역	그러므로 천자로부터 아래로 庶人에 이르기까지 孝에 終(立身行道 以顯父母)·始(身體髮膚 不敢毁傷)가 없고서, 몸에 患亂이 미치지 않는 자 있지 않다.	그러므로 천자로부터 庶人에 이르기까지 孝는 끝(서인)과 처음(천자)의 차이가 없으니, 효에 도달하지 못할까 걱정하는 사람은 있지 않다.

經文의 '終始'와 '患'에 대한 해석이 두 책에서 서로 다르기 때문에 위와 같이 확연히 다른 번역으로 귀결되었다. 양자 간에 어떤 해석을 취할 것인지는 연구자와 독자의 몫이지만, 이와 같은 해석의 차이가 옛 碩學들부터 존재했음을 아는 것은 사고의 확장이라는 점에서 긍정적이라 하지 않을 수 없다. ≪효경주소≫ 전체를 살펴보면 이와 유사한 차이를 보이는 지점이 심심찮게 발견된다.

---

79) 鄭太鉉 譯註, ≪孝經大義≫, 傳統文化硏究會(2009), 6쪽.

변화하는 시대에 따라 새롭게 해석되어 시대정신에 근원적 통찰을 불어넣는 것이 고전이다. ≪효경≫ 역시 시대적 소명을 다한 과거의 해석에 매이지 말고 시대정신에 발맞추어 읽을 수 있다면 부모-자녀 및 가정-국가의 관계에 대한 더욱 깊은 이해를 끌어낼 수 있을 것이다.

한 예를 들자면 ≪효경≫에는 자식의 생존이 아버지의 사회경제 활동에 전적으로 달렸던 시대의 가치관이 투영되어 시대를 초월한 보편성을 지니기에 부족한 측면이 있는 것이 사실이지만, 자식이 어머니에 대해 느끼는 감정과 아버지에 대해 느끼는 감정을 구분하여 해석한 것은 父子 간에 권위적 관계보다 친밀한 관계를 중시하는 현대[80]에도 여전히 주목할 만한 점이다.

최근 유아 교육 연구에서는 아버지가 유아의 인지학습·성역할·성취동기·사회성 발달 등 제반 영역에서 어머니보다 더 결정적인 역할을 하는데, 아버지와의 관계에서 얻는 자극은 어머니로부터 받는 자극에 비해 유아의 사회적 발달에 더 긍정적인 영향을 미친다는 보고[81]가 이어지고 있다. 대체 아버지와의 관계는 어머니와의 관계와 무엇이 다르기에 유아의 사회적 발달에 더 큰 영향을 미치는 것일까? 그 해답에 다가가는 통찰을 2000년 전의 ≪효경≫이 이미 품고 있다.

≪효경≫이 설파한, 私的 영역의 事親과 私的 영역의 事君·통치의 긴밀한 연관은 事父와 事君에 공통으로 '義'가 존재한다는 분석에 기반하고 있다. 이를 '義'에 대한 古註의 풀이 '만물을 이롭게 함〔利物〕'과 함께 놓고 볼 때, 자식과 아버지의 관계는 어머니와의 관계보다 기본적으로 객관성을 농후하게 지닌다고 할 수 있다. 그렇다면 아버지와의 유대와 소통의 경험이 향후 사회적 관계맺기에 原型으로 작용하는 것은 자연스러운 귀결이라 할 것이다. 이와 같이 ≪효경≫을 시대정신에 맞추어 새롭게 해석해 내려 할 때도 옛 석학들의 古注를 통해 시야를 확장하는 일은 의미 있는 일이라 할 수 있다.

≪효경≫의 孝가 전통시대에 가부장적 봉건윤리의 근간을 이루었던 것은 사실이다. 경직

---

80) 이숙현, 〈장년기 아버지의 일과 가족생활-아버지의 일과 가족생활〉, '95 가정복지세미나 자료집 3-34, 1995. 한경혜, 〈남성의 부모기로의 전이와 직업 역할-전이시기와의 관련을 중심으로〉 ≪대한가정학회지≫ 34(2), 1996, 231~244. 곽은영, ≪아버지의 부모역할 만족도와 양육태도가 유아의 사회성에 미치는 영향≫, 충북대학교 석사학위논문(2012), 18쪽에서 재인용.

81) 박광균, ≪아버지의 자녀 양육태도와 유아의 사회적 능력과의 관계≫, 경희대학교 석사학위논문(2000). 곽은영(2012), 19쪽에서 재인용.

된 봉건 위계질서에 반쪽은 가려진 채 나머지 반쪽만이 전부인 것처럼 오인되어 온 세월이 길었다. 그러나 그것은 객관적 是非의 기준을 기반으로 부자간, 군신간의 쌍방향 소통을 강조한 ≪효경≫의 진정한 孝의 정신과는 거리가 있는 것이었다. 가정과 사회 전반이 유연한 소통을 중시하는 현대 사회에서조차 ≪효경≫을 봉건윤리의 그늘 속에서 읽는다면 그것은 너무나 타성에 젖은 시대착오적 讀法이라 하지 않을 수 없다. ≪효경≫은 현대에 비로소 온전히 이해될 수 있는 여건을 만났다고도 할 수 있다. 평등하고 자유로운 가정과 사회 질서 아래 자애와 사랑, 돌봄과 공경, 상호 부조와 소통의 관계 맺기를 찾아보며 ≪효경≫을 새롭게 읽어보면 좋을 것이다.

참고문헌

1. 原典

〔韓國〕

- ≪三國遺事≫
- ≪高麗史≫
- ≪世宗實錄≫
- ≪中宗實錄≫
- ≪大典會通≫
- 韓致奫, ≪海東繹史≫

〔中國〕

- ≪史記≫
- ≪漢書≫
- ≪後漢書≫
- ≪南齊書≫
- ≪隋書≫
- ≪舊唐書≫
- ≪唐會要≫

- ≪新五代史≫
- ≪宋史≫
- ≪論語≫
- 孝經緯 ≪鉤命訣≫
- ≪莊子≫
- 晉 張華, ≪博物志≫
- 南宋 王應麟, ≪困學紀聞≫
- 宋 朱熹, ≪孝經刊誤≫
- 宋 司馬光・范祖禹, ≪古文孝經指解≫
- 淸 朱彝尊, ≪經義考≫
- 淸 周中孚, ≪鄭堂讀書記≫
- 淸 姚際恒, ≪古今僞書考≫
- 淸 永瑢・紀昀, ≪四庫全書總目提要≫

2. 譯註와 論著

〔韓國〕

- 鄭太鉉 譯註, ≪孝經大義≫, 傳統文化硏究會, 2009.
- 김용옥, ≪효경한글역주≫, 통나무, 2010.
- 곽은영, ≪아버지의 부모역할 만족도와 양육태도가 유아의 사회성에 미치는 영향≫, 충북대학교 석사학위논문, 2012.
- 李宰榮, ≪朝鮮時代 孝사상의 전개와 孝經의 간행≫, 경북대학교 석사학위논문, 2007.
- 강문식, 〈조선전기의 효경 이해〉 ≪정신문화연구≫ 35-1, 2012.
- 이지영, 〈孝經諺解 이본에 대한 비교 연구〉 ≪정신문화연구≫ 35-1, 2012.
- 옥영정, 〈효경간오, 효경대의, 효경언해의 간행본과 그 계통 연구〉 ≪정신문화연구≫ 35-1, 2012.
- 이재영, 〈朝鮮時代 孝經의 刊行과 그 刊本〉 ≪서지학연구≫ 제38집, 2007.
- 여찬영, 〈효경언해의 원문에 대한 연구〉 ≪어문학≫ 제84집, 2004.
- 정호훈, 〈朱子 孝經刊誤와 그 성격〉 ≪東方學志≫ 제116집, 2002.
- 李成珪, 〈漢代 孝經의 普及과 그 理念〉 ≪韓國思想史學 10-1≫, 한국사상사학회,

1998.
• 金東仁, 〈아동용 교재로서 孝經과 小學〉 ≪教育史學硏究≫ 제2 · 3집, 1990.

〔中國〕

• 胡平生, 〈孝經是怎樣的一本書〉 ≪孝經譯注≫, 中華書局, 2009.
• 王正己, 〈孝經今考〉 ≪古史辨≫ 第4冊, 海南出版社, 1933.

3. 전자문헌과 웹사이트

• 文淵閣 四庫全書 전자판
• 中國基本古籍庫 전자판
• 한국고전번역원 고전종합DB(http://db.itkc.or.kr)
• 尙友千古(http://www.s-sangwoo.kr)
• 중국 廈門大學圖書館古籍庫(http://libs.xmu.edu.cn/cn/guji/list)

參考書目

◇ 底本 및 주요 참고도서

- ≪孝經注疏≫, 阮元(淸) 校刻, 十三經注疏(淸 嘉慶刊本), 中華書局, 2009.
- ≪孝經注疏≫, 十三經注疏整理委員會 整理(李學勤 主編), 北京大學出版社, 1999.

◇ 十三經注疏

- ≪周易正義≫, 十三經注疏整理委員會 整理(李學勤 主編), 北京大學出版社, 1999.
- ≪尙書正義≫, 十三經注疏整理委員會 整理(李學勤 主編), 北京大學出版社, 1999.
- ≪毛詩正義≫, 十三經注疏整理委員會 整理(李學勤 主編), 北京大學出版社, 1999.
- ≪周禮注疏≫, 十三經注疏整理委員會 整理(李學勤 主編), 北京大學出版社, 1999.
- ≪儀禮注疏≫, 十三經注疏整理委員會 整理(李學勤 主編), 北京大學出版社, 1999.
- ≪禮記注疏≫, 十三經注疏整理委員會 整理(李學勤 主編), 北京大學出版社, 1999.
- ≪春秋左傳正義≫, 十三經注疏整理委員會 整理(李學勤 主編), 北京大學出版社, 1999.
- ≪春秋公羊傳注疏≫, 十三經注疏整理委員會 整理(李學勤 主編), 北京大學出版社, 1999.
- ≪春秋穀梁傳注疏≫, 十三經注疏整理委員會 整理(李學勤 主編), 北京大學出版社, 1999.
- ≪論語注疏≫, 十三經注疏整理委員會 整理(李學勤 主編), 北京大學出版社, 1999.
- ≪孟子注疏≫, 十三經注疏整理委員會 整理(李學勤 主編), 北京大學出版社, 1999.
- ≪爾雅注疏≫, 十三經注疏整理委員會 整理(李學勤 主編), 北京大學出版社, 1999.

◇ 기타 원전자료

- ≪孝經文獻集成≫, 吳平 等 主編, 廣陵書社, 2011.
- ≪唐會要≫, 王溥(宋) 撰, (影印)文淵閣四庫全書 第606・607冊, 臺灣商務印書館, 1986.
- ≪鄭堂讀書記≫, 周中孚(淸) 撰, 續修四庫全書 第924・925冊, 上海古籍出版社, 1999.
- ≪欽定四庫全書總目(整理本)≫ 紀昀・陸錫熊・孫士毅(淸) 等 撰, 四庫全書硏究所 整理,中華書局, 1997.

- ≪孝經義疏補≫, 阮福(淸) 撰, 續修四庫全書 第152冊, 上海古籍出版社, 1995.
- ≪經義考≫, 朱彛尊(淸) 撰, (影印)文淵閣四庫全書 第677～680冊, 臺灣商務印書館, 1986.
- ≪玉函山房輯佚書≫, 馬國翰(淸) 輯, 續修四庫全書 第1200～1205冊, 上海古籍出版社, 1995.
- ≪五經文字≫, 張參(唐) 撰, (影印)文淵閣四庫全書 第224冊, 臺灣商務印書館, 1986.
- ≪釋名≫, 劉熙(漢) 撰, (影印)文淵閣四庫全書 第221冊, 臺灣商務印書館, 1986.
- ≪孝經問≫ 毛奇齡(淸) 撰, (影印)文淵閣四庫全書 第182冊, 臺灣商務印書館, 1986.
- ≪十三經注疏正字≫, 沈廷芳(淸) 撰, (影印)文淵閣四庫全書 第192冊, 臺灣商務印書館, 1986.
- ≪五百家注昌黎文集≫, 韓愈(唐) 撰, 魏仲擧(宋) 集注, (影印)文淵閣四庫全書 第1074冊, 臺灣商務印書館, 1986.
- ≪重修廣韻≫, 陸法言(隋) 撰, 陳彭年・丘雍(宋) 等 奉勅撰, (影印)文淵閣四庫全書 第236冊, 臺灣商務印書館, 1986.
- ≪初學記≫, 徐堅(唐) 撰, (影印)文淵閣四庫全書 第890冊, 臺灣商務印書館, 1986.
- ≪孔子家語≫ 王肅(魏) 注, (影印)文淵閣四庫全書 第695冊, 臺灣商務印書館, 1986.
- ≪大戴禮記≫ 戴德(漢) 撰, 盧辯(北周) 注, (影印)文淵閣四庫全書 第128冊, 臺灣商務印書館, 1986.
- ≪獨斷≫, 蔡邕(漢) 撰, (影印)文淵閣四庫全書 第850冊, 臺灣商務印書館, 1986.
- ≪文苑英華≫, 李昉(宋) 等 奉勅編, (影印)文淵閣四庫全書 第1333～1342冊, 臺灣商務印書館, 1986.
- ≪鄭志≫, 鄭小同(魏) 撰, (影印)文淵閣四庫全書 第182冊, 臺灣商務印書館, 1986.
- ≪小學紺珠≫ 王應麟(宋), (影印)文淵閣四庫全書 第948冊, 臺灣商務印書館, 1986.
- ≪冊府元龜≫ 王欽若・楊億(宋) 等 奉勅 撰, (影印)文淵閣四庫全書 第902～919冊, 臺灣商務印書館, 1986.
- ≪白虎通義≫ 班固(漢) 撰, (影印)文淵閣四庫全書 第850冊, 臺灣商務印書館, 1986.
- ≪玉海≫, 王應麟(南宋) 撰, (影印)文淵閣四庫全書 第943～948冊, 臺灣商務印書館, 1986.

- ≪風俗通義≫, 應劭(東漢) 撰, (影印)文淵閣四庫全書 第862冊, 臺灣商務印書館, 1986.
- ≪漢藝文志考證≫, 王應麟(宋) 撰, (影印)文淵閣四庫全書 第675冊, 臺灣商務印書館, 1986.
- ≪文心雕龍≫, 劉勰(梁) 撰, (影印)文淵閣四庫全書 第1478冊, 臺灣商務印書館, 1986.
- ≪知不足齋叢書≫, 鮑廷博(淸) 輯, 中華書局, 1999.
- ≪尙書古文疏證≫, 閻若璩・毛奇齡(淸) 撰, 黃懷信・呂翊欣 校點, 上海古籍出版社, 2010.
- ≪兩浙金石志≫, 阮元(淸) 編, 阮福(淸) 補遺, 續修四庫全書 第911冊, 上海古籍出版社, 1999.
- ≪史記索隱≫, 司馬貞(唐) 撰, (影印)文淵閣四庫全書 第246冊, 臺灣商務印書館, 1986.
- ≪毛詩詁訓傳定本≫ 段玉裁 撰, 續修四庫全書 第64冊, 上海古籍出版社, 1995.
- ≪經義述聞≫, 王引之(淸) 輯, 續修四庫全書 第175冊, 上海古籍出版社, 1995.
- ≪韓詩外傳≫, 韓嬰(漢) 撰, (影印)文淵閣四庫全書 第89冊, 臺灣商務印書館, 1986.
- ≪說苑≫, 劉向(漢) 撰, (影印)文淵閣四庫全書 第696冊, 臺灣商務印書館, 1986.
- ≪周禮漢讀考≫, 段玉裁(淸) 撰, 續修四庫全書 第80冊, 上海古籍出版社, 1995.
- ≪廣雅≫, 張揖(魏) 撰, (影印)文淵閣四庫全書 第221冊, 臺灣商務印書館, 1986.
- ≪春秋繁露≫, 董仲舒(漢) 撰, (影印)文淵閣四庫全書 第181冊, 臺灣商務印書館, 1986.
- ≪周易乾鑿度≫, 鄭玄(漢) 撰, (影印)文淵閣四庫全書 第53冊, 臺灣商務印書館, 1986.
- ≪太平御覽≫, 李昉(宋) 等 奉勅撰, (影印)文淵閣四庫全書 第893~901冊, 臺灣商務印書館, 1986.
- ≪朱子語類≫, 黎靖德(宋) 編, (影印)文淵閣四庫全書 第700~702冊, 臺灣商務印書館, 1986.
- ≪尙書大傳≫, 伏勝(漢) 撰, 鄭玄(漢) 注, 孫之騄(淸) 輯, (影印)文淵閣四庫全書 第68冊, 臺灣商務印書館, 1986.
- ≪陳氏禮記集說≫, 陳澔(原) 撰, (影印)文淵閣四庫全書 第121冊, 臺灣商務印書館, 1986.
- ≪鄭氏佚書≫, 鄭玄(漢) 撰, 袁鈞(淸) 輯, 浙江書局, 光緖 14(1888), 서울대학교 중앙도서관 고문헌자료실(1320 11).
- ≪古經解彙函≫, 鍾謙鈞(淸) 輯, 蜚英館, 光緖14年(1888), 규장각한국학연구원 규장각 서고(古書)(奎중 5634).

• ≪儀禮經傳通解續≫, 黃榦・楊復(宋), 廣雅書局, 光緒 24(1898), 서울대학교 중앙도서관 고문헌자료실(화한서분류)(1325 19).

◇ 譯注書・注釋書

〔한국〕

• 김용옥, ≪효경한글역주≫, 통나무, 2010.
• 길훈섭・정병섭 옮김, ≪효경주소≫, 문사철, 2011.
• 鄭太鉉 譯註, ≪譯註 春秋左氏傳≫, 傳統文化硏究會, 2006.
• ――――――, ≪懸吐完譯 孝經大義≫, 傳統文化硏究會, 2009.
• 鄭太鉉・李聖敏 共譯, ≪譯註 論語注疏≫, 傳統文化硏究會, 2013.
• 辛承云 譯註, ≪譯註 禮記集說大全≫, 傳統文化硏究會, 2009.
• 安炳周・田好根 共譯, ≪譯註 莊子≫, 傳統文化硏究會, 2008.
• 許鎬九 등 譯註, ≪譯註 國語≫, 傳統文化硏究會, 2006.
• 成百曉 譯註, ≪懸吐完譯 周易傳義≫, 傳統文化硏究會, 1998.
• ――――――, ≪懸吐完譯 書經集傳≫, 傳統文化硏究會, 1998.
• ――――――, ≪懸吐完譯 詩經集傳≫, 傳統文化硏究會, 1996.
• ――――――, ≪懸吐完譯 大學中庸集註≫, 傳統文化硏究會, 1992.
• 김원중 옮김, ≪사기 본기≫, 민음사, 2011.
• 임창순 외 역, ≪국역 성호사설≫, 한국고전번역원(민족문화추진회), 1977~1979.

〔중국〕

• 胡平生 譯注, ≪孝經譯注≫, 中華書局, 2009.
• 汪受寬 譯注, ≪孝經譯注≫, 上海古籍出版社, 2006.
• 王夢鷗 註譯, ≪禮記今註今譯≫, 臺灣商務印書館, 1998.
• 楊天宇 撰, ≪儀禮譯注≫, 上海古籍出版社, 2004.
• ――――, ≪禮記譯注≫, 上海古籍出版社, 2004.
• ――――, ≪周禮譯注≫, 上海古籍出版社, 2004.
• 湯可敬 撰, ≪說文解字今釋≫, 岳麓書社, 2009.
• 許嘉璐 主編, ≪二十四史全譯 史記≫, 漢語大詞典出版社, 2004.

- ————, ≪二十四史全譯 漢書≫, 漢語大詞典出版社, 2004.
- ————, ≪二十四史全譯 後漢書≫, 漢語大詞典出版社, 2004.
- ————, ≪二十四史全譯 三國志≫, 漢語大詞典出版社, 2004.
- ————, ≪二十四史全譯 晉書≫, 漢語大詞典出版社, 2004.
- ————, ≪二十四史全譯 南齊書≫, 漢語大詞典出版社, 2004.
- ————, ≪二十四史全譯 北史≫, 漢語大詞典出版社, 2004.
- ————, ≪二十四史全譯 隋書≫, 漢語大詞典出版社, 2004.
- ————, ≪二十四史全譯 舊唐書≫, 漢語大詞典出版社, 2004.
- ————, ≪二十四史全譯 新唐書≫, 漢語大詞典出版社, 2004.
- ————, ≪二十四史全譯 宋史≫, 漢語大詞典出版社, 2004.
- 周秉高 著, ≪楚辭解析≫, 內蒙古大學出版社, 2003.
- 張啓成・徐達 等 譯注, ≪文選全譯≫, 貴州人民出版社, 1994.
- 湯可敬 撰, ≪說文解字今釋≫, 岳麓書社, 2009.
- 許惟賢 整理, ≪說文解字注≫, 鳳凰出版社, 2009.
- 中國孔子基金會 編, ≪中國儒學百科全書≫, 中國大百科全書出版社, 1996.

◇ 전자문헌과 웹사이트

- 文淵閣 四庫全書 전자판
- 中國基本古籍庫 전자판
- 한국고전번역원 한국고전종합DB(http://db.itkc.or.kr)
- 尙友千古(http://www.s-sangwoo.kr)
- 諸子百家 中國哲學書電子化計劃(http://ctext.org)
- 搜韻(http://sou-yun.com)
- 東京大學 東洋文化研究所所藏 漢籍善本全文影像資料庫(http://sou-yun.com)

凡 例

1. 본서는 十三經注疏 중 ≪譯註 孝經注疏≫이다.
2. 본서의 底本은 阮元 校刻本 ≪孝經注疏≫(淸 嘉慶 20년(1815) 阮元 校刻 十三經注疏, 中華書局, 2009, 이하 '阮刻本'으로 약칭)로 하되, 北京大 整理本 ≪孝經注疏≫(十三經注疏整理委員會 整理, 北京大學出版社, 2000, 이하 '北京大本'으로 약칭)와 上海古籍 整理本 ≪孝經注疏≫(金良年 整理, 上海古籍出版社, 2009)를 참고하였다.
3. 原文의 經과 注는 우리나라 전통 방식으로 懸吐하고, 疏는 간략히 標點하였다.
4. 原文은 저본의 體制에 따라 經, 注, 疏를 구분하고, 注에는 【注】, 疏에는 【疏】로 표시하여 經과 구분하였다.
5. 대체로 저본의 分節을 따르되, 분량이 많은 疏는 의미 단락에 따라 역자 재량으로 분절하였다.
6. 저본의 反切 注는 생략하되, 讀音이 특수하거나 僻字인 경우는 원문의 해당 글자 뒤 ( ) 속에 한글 音을 달아주었다.
7. 譯注는 인용문의 出典, 역사사건, 전문용어, 難解한 字句, 人物, 制度, 官職, 典籍, 異說, 校勘 등에 대한 사항 및 저본과 다른 ≪古文孝經≫ 經文의 字句와 體制를 밝혔다.
8. 校勘은 원문의 誤字, 脫字, 衍字, 倒文 등을 대상으로 하였다.
9. 저본인 阮刻本에서 이미 본문 校勘이 이루어진 사항은 校勘 결과만 원문에 반영하고, 阮刻本에 校勘記는 있으나 본문 교감이 이루어지지 않은 사항은 교감이 꼭 필요한 것만 선택적으로 취하였다.
10. 阮刻本과 北京大本 등의 先行 校勘 및 異本 상의 근거가 있는 경우는 원문 교감까지 하고, 그렇지 않은 경우는 校勘記만 제시하고 원문은 그대로 두었다.
11. 飜譯은 앞 제9항의 모든 교감 사항을 반영하여 수행하였다.
12. 飜譯은 原義에 충실하게 하되, 이해가 어려운 부분은 意譯하거나 補充譯을 가하였다.
13. 飜譯文 표기는 한글과 漢字를 混用하였으며, 맞춤법과 띄어쓰기는 한글 맞춤법과 표준

어 규정을 따르는 것을 원칙으로 하였다.

14. 疏의 설명 대상으로 제시한 經이나 注의 字句는 번역하지 않고 〔 〕 속에 원문 그대로 보였다.

예) 〔言能立身 行此孝道〕 사람이 立身하려면 먼저 이 孝道를 행해야 한다는 말이다. 孝道를 행하는 일은……

15. 阮刻本의 校勘에 사용된 주요 異本의 판본 사항에 대해서는 본서 〔附錄 2〕의 〈引據各本目錄〉에 상세하다.(阮刻本 卷首에 실렸던 阮元의 〈孝經注疏校勘記序〉와 〈引據各本目錄〉을 본서에서는 卷末의 〔부록 1〕과 〔부록 2〕로 옮겨 싣고 번역함)

16. 阮刻本의 校勘에 참고한 書目의 略稱은 다음과 같으며, 본서의 校勘註에도 약칭으로 표기하였다.

- 石臺本 : 唐나라 天寶 4년(745)의 石刻本
- 熙寧石刻本 : 宋나라 熙寧年間(1068~1077)의 石刻本
- 岳本 : 南宋 相臺(지금의 하북성 臨漳縣)의 岳珂(1183~1234) 刊行本
- 正德本 : 明나라 正德 6년(1511) 刊行本
- 閔本 : 明나라 嘉靖年間(1522~1566)에 閩中의 監察御史 李元陽 校刊本
- 監本 : 明나라 萬曆 14년(1586) 國子監 刻本
- 毛本 : 明나라 崇禎 2년(1629)에 常熟(지금의 강소성 常熟市)의 汲古閣 毛晉 校刊本

17. 阮刻本의 校勘에 참고한 書目 이외에 譯者가 교감에 참고한 書目의 약칭은 다음과 같다.

- 嘉靖本 : 明나라 嘉靖(1522~1566) 年間本. 日本東京大學 東洋文化硏究所 所藏本
- 汲古閣本 : 明나라 崇禎 2년(1629) 毛晉의 汲古閣 校刊本. 日本東京大學 東洋文化硏究所 所藏本
- 薈要本 : 乾隆御覽四庫全書薈要本. 中國哲學書電子化計劃 서비스판
- 四庫全書本 : 문연각 ≪四庫全書≫ 전자판
- 武英殿本 : 淸나라 同治重刊 武英殿 校勘本. 中國哲學書電子化計劃 서비스판
- 浦鏜의 ≪十三經注疏正字≫ : 문연각 ≪四庫全書≫ 전자판

18. 본서의 校勘에 사용한 符號는 다음과 같다.

( )〔 〕 : (저본의 誤字)〔교감한 正字〕

〔 〕 : 저본의 脫字 補充

( ) : 저본의 衍字

19. 본서의 飜譯文과 譯注에 사용한 부호는 다음과 같다.

“ ” : 對話, 각종 引用

‘ ’ : “ ” 안에서 再引用, 强調

「 」: ‘ ’ 안에서 再引用, 强調

( ) : 번역문 안에 삽입된 夾注 형식의 譯注, 譯注에서 人物의 生沒年, 譯注 典據 표시

〔 〕: 번역문과 뜻은 같으나 音이 다른 漢字 字句, 譯注에서 번역된 引用文의 原文, 疏의 설명 대상으로 제시한 經이나 注의 字句

≪ ≫ : 書名

〈 〉: 篇名, 章名, 補充譯

【 】: 注와 疏의 導入部 표시

○ : 저본에 사용된 단락 구분 표시 遵用

· : 역주 표제어에서 대등한 명사나 구절의 병렬 표시

20. 본서의 疏 原文에 사용한 標點은 다음과 같다.

. : 문장의 종결

, : 한 문장 안에서 句나 節의 구분이 필요한 곳

· : 대등한 명사나 구절의 병렬

“ ” : 인용, 대화

‘ ’ : “ ” 안의 재인용

「 」: ‘ ’ 안의 재인용

: : 疏의 내용을 포괄하는 ‘正義曰’ 뒤

目 次

欽定四庫全書總目 孝經正義三卷

唐(元)〔玄〕[1]宗明皇帝御注하고 宋邢昺疏라 案唐會要컨대 開元十年六月에 上注孝經하야 頒天下及國子學하고 天寶二年五月에 上重注하야 亦頒天下라하니라 舊唐書經籍志에 孝經一卷 (元)〔玄〕宗注라하고 唐書藝文志에 今上孝經制旨一卷이라하니 注曰 (元)〔玄〕宗이라하니라 其稱制旨者는 猶梁武帝中庸義之稱制旨[2]니 實一書也라 趙明誠金石錄[3]에 載明皇注孝經四卷하고 陳振孫書錄解題[4]에도 亦稱家有此刻하니 爲四大軸이라하니라 蓋天寶四載九月에 以御注刻石於太學하야 謂之石臺孝經이라하니 今尙在西安府學中이라 爲碑凡四라 故拓本稱四卷耳라

1) (元)〔玄〕: 저본에는 '元'으로 되어 있으나, 淸나라 聖祖 康熙帝의 성명 愛新覺羅 玄燁의 '玄'자를 避諱한 것이므로 원글자인 '玄'으로 돌려놓았다. 이 글에 보이는 '玄宗'과 '鄭玄'의 '玄'은 모두 마찬가지이다.

2) 梁武帝中庸義之稱制旨 : ≪隋書≫ 〈經籍志 1〉에 양 무제의 저술로 기록된 ≪私記制旨中庸義≫ 5권을 두고 한 말이다.

3) 趙明誠金石錄 : 宋나라의 관료・학자 조명성(1081~1129)이 송나라 이전의 청동기 銘文과 石刻 등 2,000종을 시대 순으로 기록한 ≪金石錄≫을 말한다.

4) 陳振孫書錄解題 : 南宋의 관료・藏書家 진진손(?~약1261)이 자신이 소장한 51,000여 권의 서적을 53류로 분류하여 그 내용과 학술의 내력을 논술한 목록서 ≪直齋書錄解題≫를 말한다.

〈≪孝經正義≫ 3권은〉 唐나라 玄宗 明皇帝가 注를 내고 宋나라 邢昺이 疏를 단 것이다. 살펴보건대, ≪唐會要≫에 "開元 10년(722) 6월에 上께서 ≪孝經≫에 注를 내어 천하와 國子學에 반포하셨고, 天寶 2년(743) 5월에 상께서 다시 注를 내어 그 또한 천하에 반포하셨다."라고 하였고, ≪舊唐書≫ 〈經籍志〉에 "≪孝經≫ 1권, 玄宗이 주를 냄."이라고 하였으며, ≪新唐書≫ 〈藝文志〉에 "今上의 ≪孝經制旨≫ 1권"이라는

기록이 있는데, 그 注에 "〈今上은〉 玄宗이다."라고 하였다. '制旨'라는 명칭은 梁 武帝의 ≪中庸義≫를 '制旨'라고 칭한 것과 같으니, 실은 〈≪구당서≫에 기록된 것과〉 동일한 책이다.

趙明誠의 ≪金石錄≫에는 "明皇이 주를 낸 ≪효경≫ 4권"이 기재되어 있고, 陳振孫의 ≪直齋書錄解題≫에도 "집안에 이 刻本이 있는데, 큰 卷軸으로 4卷이다."라고 하였다. 천보 4년(745) 9월에 현종의 注本을 太學의 비석에 새기고 ≪石臺孝經≫이라 했는데, 지금도 西安府學 안에 있다. 비석이 모두 4基이기 때문에 그 탁본을 4권이라 한 것이다.

(元)〔玄〕宗御製序末에 稱一章之中에 凡有數句하고 一句之內에 義有兼明하니 具載則文繁하고 略之則義闕일새 今存於疏하야 用廣發揮라하니라 唐書元行沖傳에 稱(元)〔玄〕宗自注孝經하고 詔行沖爲疏하야 立於學官이라하니라 唐會要에 又載天寶五載에 詔孝經書疏가 雖麤發明이나 未能該備니 今更敷暢하야 以廣闕文하야 令集賢院寫頒中外하라하니라 是注凡再修하고 疏亦再修[1]라 其疏가 唐志엔 作二卷이요 宋志엔 則作三卷[2]이니 殆續增一卷歟ㄴ저 宋咸平中에 邢昺所修之疏는 卽據行沖書爲藍本이라 然孰爲舊文이요 孰爲新說을 今已不可辨別矣라

1) 注凡再修 疏亦再修 : 두 번의 注는 당 현종의 始注(개원 10년, 722)와 重注(천보 2년, 743)를 말하고, 두 번의 疏는 당 현종의 명으로 개원 10년에 이루어진 元行沖(653~729)의 疏와 이를 바탕으로 원행충 사후인 천보 5년(746)에 교정 증보한 疏를 말한다.
2) 其疏……則作三卷 : ≪신당서≫ 〈예문지〉의 '元行沖의 ≪御注孝經疏≫ 2권'과 ≪송사≫ 〈예문지〉의 '元行沖의 ≪孝經疏≫ 3권'을 두고 한 말이다.

현종의 御製序 끝에 "한 章 안에 총 몇 句가 있고 한 句 안에 여러 의미가 함께 설명되어 있으니, 모두 기재하면 글이 번잡해지고 생략하면 의미가 누락되겠기에, 이제 疏에 〈이전의 주해를〉 보존하여 폭넓게 〈경문의 의미를〉 드러내었다."라고 하였다.

≪新唐書≫ 〈元行沖傳〉에는 "현종이 스스로 ≪효경≫에 주를 내고 원행충에게 소를 달도록 명하여 국립학교〔學官〕의 정식 과목으로 채택하였다."라고 하였다.

≪唐會要≫에는 또 다음과 같은 기록이 실려 있다.

"천보 5년(746)에 詔令을 내리기를, '≪효경≫의 소가 대략은 〈경문의〉 의미를 드러내어 밝히고 있으나 완전하지 못하다. 이제 다시 부연하여 의미를 소통시킴으로써 빠진 내용을 폭넓게 보충한 다음, 集賢院에서 필사하여 京鄕 각지에 반포케 하라.'라고 하였다."

이로 볼 때 注도 두 차례 撰修되고 疏도 두 차례 찬수되었다. 그 소가 ≪신당서≫ 〈예문지〉에는 2권으로 기록되고 ≪宋史≫ 〈예문지〉에는 3권으로 기록되었으니, 〈개원 연간의 疏에〉 이어 〈천보 연간의 疏는〉 1권을 늘린 듯하다.

송나라 咸平年間(998~1003)에 邢昺이 찬수한 소는 원행충의 책을 底本으로 삼았다. 그러나 어떤 것이 舊文(원행충의 疏)이고 어떤 것이 新說(형병의 글)인지 지금은 변별할 수 없다.

孝經有今文古文二本이라 **今文稱鄭(元)〔玄〕注**하니 **其說傳自荀昶**(창)[1]이나 **而鄭志**[2] **不載其名**이요 **古文稱孔安國注**하니 **其書出自劉炫**이나 **而隋書已言其僞**[3]라 **至唐開元七年三月**하야 **詔令群儒質定**하니 **右庶子劉知幾主古文**하야 **立十二驗以駁鄭**하고 **國子祭酒司馬貞主今文**하야 **摘閨門章文句凡鄙**와 **庶人章割裂舊文**하고 **妄加子曰字**와 **及注中脫衣就功諸語**하야 **以駁孔**이라 **其文具載唐會要中**이라 **厥後**에 **今文行而古文廢**하니라

1) 其說傳自荀昶 : ≪隋書≫ 〈經籍志 1〉에 "≪集議孝經≫ 1卷, 晉나라 中書郞 荀昶이 지음. 유실됨."이라는 기록이 있다.

2) 鄭志 : 鄭玄의 문인들이, 五經(≪詩≫·≪書≫·≪易≫·≪禮≫·≪春秋≫)에 대한 제자들의 질문에 대해 그가 답한 말을 기록하고 ≪論語≫의 체재를 따라 9편으로 편찬한 책이다. (≪後漢書 卷65 鄭玄列傳≫)

3) 隋書已言其僞 : ≪수서≫ 〈경적지 1〉에 "≪古文孝經≫ 1卷, 孔安國 傳. 南朝 梁나라 말기에 유실됨. 지금 〈학자들〉은 그 책이 古本이 아니라고 의심함."이라고 하였다.

≪효경≫은 今文과 古文 2가지 本이 있다. 今文本은 鄭玄의 注本을 일컫는데, 이러한 설은 荀昶으로부터 전해졌다. 그러나 ≪鄭志≫에는 그 書名이 실려 있지 않다. 고문본은 孔安國의 注本을 일컫는데, 이 책은 劉炫에게서 나왔다. 그러나 ≪隋書≫에

이미 이 책은 僞書라고 하였다.

당나라 開元 7년(719) 3월에 詔令을 내려 뭇 유학자들에게 〈금문과 고문의 眞僞를〉 고증하여 판정하도록 하였다. 右庶子 劉知幾(661~721)는 古文의 신빙성을 주장하면서 12가지 증거를 내세워 정현〈이 ≪효경≫에 주를 내었다는 설〉을 논박하였고, 國子祭酒 司馬貞은 今文의 신빙성을 주장하면서 〈閨門章〉의 문구가 평범하고 비루한 점, 〈庶人章〉의 원래 문장을 쪼개어 〈별도의 장으로 만들고〉 멋대로 '子曰'을 붙인 점, 注 중에 '웃통을 벗고 일한다'는 등의 말〈이 속된 점〉을 지적하여 공안국〈이 주해한 고문본은 僞書라고〉 논박하였다. 이들이 올린 문장이 ≪唐會要≫ 속에 구체적으로 실려 있다. 그 뒤로 ≪금문효경≫이 통용되고 ≪고문효경≫은 폐기되었다.

元熊禾作董鼎孝經大義序에 **遂謂貞去閨門一章**하야 **卒啓(元)〔玄〕宗無禮無度之禍**라하고 **明孫本作孝經辨疑**에도 **併謂唐宮闈不肅**이어늘 **貞削閨門一章**하니 **乃爲國諱**라하니라 **夫削閨門一章**하야 **遂啓幸蜀之釁**[1]이라하니 **使當時行用古文**이면 **果無天寶之亂乎**아 **唐宮闈不肅**은 **誠有之**어니와 **至於閨門章二十四字**하얀 **則絶與武韋**[2]**不相涉**이어늘 **指爲避諱**하니 **不知所避何諱也**라 **況知幾與貞兩議幷上**가 **會要載當時之詔**하니 **乃鄭依舊行用**하고 **孔注傳習者稀**나 **亦存繼絶之典**이라 **是未因知幾而廢鄭**이며 **亦未因貞而廢孔**이라

1) 幸蜀之釁 : 唐 玄宗이 집권 후반에 楊貴妃에게 미혹되어 국정 운영을 소홀히 하다가 安祿山・史思明의 반란으로 蜀으로 피신했던 일을 말한다. 天寶 14년(755)에 일어난 일이라 '天寶之亂'이라고도 한다.

2) 武韋 : 唐 高宗의 황후 武后(武則天, 624~705)와 唐 中宗의 후비 韋后(?~710)이다.

武后는 고종의 병이 위중했을 때(660) 攝政을 시작하여 고종이 죽고 中宗이 즉위한 뒤 및 중종을 폐위시키고 睿宗을 즉위시킨 후까지 섭정을 이어가다가 결국 690년에 국호를 周로 바꾸고 황제에 즉위하여, 張柬 등의 政變에 밀려 臨終 때 中宗의 복위를 허락하는 遺命을 내리기까지 16년 동안 帝位에 있었다.

韋后는 중종이 복위된 뒤에 자신의 딸 安樂公主를 武三思의 아들에게 시집보내고 무삼사를 내세워 국정을 전횡하다가 결국 안락공주와 함께 중종을 독살하고 어린 황제를 세워 武后처럼 섭정하였다. 그러나 1년도 못되어 李隆基(玄宗)가 擧兵함에 따라 죽임을 당하고

庶人으로 강등되었다.

元나라 熊禾(1253~1312)가 지은 董鼎(宋)의 ≪孝經大義≫ 서문에 마침내 "사마정이 〈閨門章〉 1章을 삭제하여 결국 당 현종의 無禮無度한 재앙을 야기했다."라고 하였고, 明나라 孫本이 지은 ≪孝經辨疑≫에도 "당나라의 궁중이 정숙하지 못하였기에 사마정이 〈규문장〉 1장을 삭제하였으니, 이는 바로 나라를 위한 禁忌로 삼은 것이다."라고 하였다.

〈규문장〉 1장을 삭제하여 마침내 〈당 현종이〉 蜀으로 피신하는 재앙을 야기했다는 것인데, 만약 당시에 고문본을 통용했더라면 과연 天寶의 亂이 없었겠는가. 당나라의 궁중이 정숙치 못한 일이 정말로 있기는 했지만, 〈규문장〉 24자로 말하면 武后・韋后와 전혀 상관이 없다. 그런데도 금기로 삼아 언급을 피했다고 지적했으니, 그 피한 것이 어떤 금기인지 알 수 없다.

더구나 유지기의 주장과 사마정의 주장이 나란히 상주되었음에랴. ≪唐會要≫에 당시의 詔書가 실려 있는데, 그것은 바로 '정현〈의 금문본〉은 예전대로 통용하고, 공안국이 주〈를 단 고문본〉은 익히는 사람이 드물기는 하나 그 역시 단절된 전통을 잇는 규례에 따라 보존하도록 했다.'는 것이다. 이로 볼 때 유지기로 인해 정현〈의 금문본〉이 폐기되지도 않았고, 또한 사마정으로 인해 공안국〈의 고문본〉이 폐기되지도 않았다.

迨時閱三年하야 **乃有御注太學刻石**이니 **署名者三十六人**에 **貞不預列**이라 **御注旣行**에 **孔鄭兩家遂併廢**하니 **亦未聞貞更建議廢孔也**라 **禾等徒以朱子刊誤偶用古文**일새 **遂以不用古文爲大罪**하고 **又不能知唐時典故**하야 **徒聞中興書目**[1]에 **有議者排毁**하야 **古文遂廢之語**하야 **遂沿其誤說**하야 **憒憒然歸罪於貞**이라 **不知以注而論**컨댄 **則孔佚鄭亦佚**하니 **孔佚罪貞**이면 **鄭佚又罪誰乎**아 **以經而論**컨댄 **則鄭存孔亦存**하니 **古文幷未因貞一議亡也**어늘 **貞又何罪焉**가 **今詳考源流**하야 **明今文之立**은 **自(元)〔玄〕宗此注始**요 **(元)〔玄〕宗此注之立**은 **自宋詔邢昺等修此疏始**라 **衆說喧呶**는 **皆揣摩影響之談**이니 **置之不論不議**가 **可矣**라

1) 中興書目：南宋의 國家藏書目錄 ≪中興館閣書目≫을 줄인 말이다. 1178년에 祕書少監 陳騤가 ≪崇文總目≫을 모방하여 70권으로 편찬하였다. 지금은 유실되었으나, 趙士煒가 집일한 ≪中興館閣書目輯考≫ 5권이 있다.

3년이 지난 뒤에 御注本을 太學의 비석에 새겼는데, 서명한 36人 중에 사마정은 끼어 있지 않다. 어주본이 통행되고 나서 공안국과 정현의 注本이 모두 폐기되었는데, 사마정이 공안국〈의 注本〉을 폐기하도록 다시 건의했다는 말은 듣지 못하였다.

熊禾 등은 그저 朱子의 ≪孝經刊誤≫가 우연히 고문본을 채용했기 때문에, 마침내 고문본을 사용하지 않는 것을 큰 죄로 삼았다. 그는 또 당나라 때의 故事를 알지 못한 채 한낱 ≪中興書目≫에 "논의하는 자가 배격하고 비난하여 ≪고문효경≫은 마침내 폐기되었다."라고 한 말만 듣고서 그 잘못된 설을 따라 분명한 논거도 없이 사마정에게 죄를 돌렸다.

그러나 注를 가지고 논하자면 공안국의 注도 유실되고 정현의 注도 유실되었으니, 공안국의 주가 사마정 탓으로 유실되었다고 한다면 정현의 주는 또 누구 탓으로 유실되었다고 할 것인가. 經文을 가지고 논하자면 정현〈이 다루었던〉 금문본도 남아있고 공안국〈이 다루었던〉 고문본도 남아있다. 고문본이 결코 사마정의 한 번 비판으로 인해 유실되지 않았는데 사마정에게 또 무슨 죄를 돌리겠는가.

지금 기원과 내력을 상세히 고찰하여 금문본이 확고히 자리 잡은 것은 당 현종의 이 注에서 시작되었고, 당 현종의 이 注가 확고히 자리 잡은 것은 송나라 때 邢昺 등에게 이 疏를 찬수하도록 명한 데서 시작되었음을 밝혔다. 시끄럽게 떠드는 뭇 설들은 모두 그림자와 메아리를 가지고 〈실체를〉 추측한 듯한 말들이니, 내버려두고 논의하지 않는 것이 좋다.

孝經注疏序

孝經者는 百行之宗이요 五教之要니라 自昔孔子述作하야 垂範將來로 奧旨微言이 已備解乎注疏[1)]나 尙以辭高旨遠일새 後學難盡討論이라 今特翦截元疏하고 旁引諸書하야 分義錯經하야 會合歸趣하고 一依講說하야 次第解釋하야 號之爲講義也[2)]라

1) 注疏 : 당 현종의 注와 당나라 元行沖의 疏이다.

2) 一依講說……號之爲講義也 : 형병은 東宮과 內庭에서 황제를 모시고 ≪孝經≫, ≪禮記≫, ≪論語≫, ≪書≫, ≪易≫, ≪詩≫, ≪左氏傳≫을 강론하였다. 이 중 ≪효경≫의 강론 내용을 정리하여 ≪孝經講義≫를 저술한 것을 말한다.(≪宋史≫ 卷431 〈邢昺列傳〉) ≪효경강의≫라고 칭했다는 말은 일견 이 서문의 제목 '孝經注疏序'와 상치되는 듯이 보이지만, 淸나라 周中孚(1767~1831)가 "형병이 저술한 ≪孝經注疏≫의 본래 명칭은 ≪孝經講義≫였다. 여러 書目書들에서 이를 ≪孝經講義≫라고 칭하지 않고 ≪孝經正義≫라고 칭한 것은 ≪논어≫ 및 ≪이아≫에 대한 그의 疏本과 같은 명칭을 쓰기 위함이었다."라고 하였다.(≪鄭堂讀書記≫ 卷1 經部 孝經注疏九卷)

≪효경≫〈에서 논한 孝〉는 온갖 행실 중 으뜸이요 五倫의 가르침 중 簡要한 것이다. 옛날에 孔子가 저술하여 장래에 모범을 전한 뒤로 깊은 뜻과 미묘한 말이 이미 ≪孝經注疏≫에 자세히 풀이되었다. 그러나 여전히 말이 고상하고 뜻이 심원하기 때문에 후학들이 남김없이 토론하기 어려웠다. 이제 특별히 元行沖의 疏를 〈經文과 注에 따라〉 分節하고 여러 가지 책에서 폭넓게 〈관련 자료를〉 인용하여, 내용별로 나누어 經文 사이사이에 끼워 넣음으로써 의미가 모아지도록 하였다. 그리고 한결같이 講論했던 내용에 따라 차례로 해석하여 ≪孝經講義≫라고 이름을 붙였다.

翰林侍講學士 朝請大夫 守國子祭酒 上柱國 賜紫金魚袋 臣 邢昺等이 奉勅校定注

疏[1)]하다

1) 邢昺等奉勅校定注疏 : 형병 등이 疏를 작성했다고 하지 않고 기존의 注疏를 교정했다고 한 것이다. 이는 十三經注疏에 포함된 ≪효경주소≫의 疏가 형병의 疏라는 ≪四庫全書總目提要≫ '孝經正義 三卷'조의 언급과 상치되는 듯이 보인다. 그러나 淸나라 阮福(약 1820~?)이 '≪新唐書≫ 〈元行沖列傳〉에는 원행충에게 疏를 짓도록 명했다고 한 반면에 ≪宋史≫ 〈邢昺列傳〉에는 형병에게 ≪효경≫ 등을 교정하도록 명했다고 한 점', 그리고 '이 서문에서 형병이 원행충의 疏를 分節하고 자신의 의견을 끼워 넣었다고 한 점' 등을 들어 ≪효경주소≫의 疏에는 원행충의 소와 형병의 소가 뒤섞여 있다고 하였다. 곧 형병이 교정했다고 하는 말이 실제에 부합하며, ≪효경주소≫의 疏를 형병의 독자적인 疏인 것처럼 표기한 것은 원행충의 소와 형병의 소를 구별할 수 없기 때문에 편의상 나중에 정리한 사람을 내세운 것뿐이라고 하였다.(≪孝經義疏補≫ 卷首 〈孝經注疏序〉) 여기에서 이 말을 한 것은 '孝經注疏序' 본문에 앞서 기록된 小引, 곧 앞의 "孝經者……號之爲講義也"의 서술자를 형병으로 밝힌 것이다.

翰林侍講學士 朝請大夫 守國子祭酒 上柱國 賜紫金魚袋 臣 邢昺 등이 勅令을 받들어 ≪孝經注疏≫를 校定함.

成都府學 主鄕貢 傅注奉右가 撰[1)]하다

1) 傅注奉右撰 : '孝經注疏序' 본문, 곧 뒤의 "夫孝經者 孔子之所述作也……"의 서술자를 밝힌 것이다. 이 행 전체가 毛本에는 이 서문 맨 마지막의 "卽今京兆石臺孝經是也" 뒤에 배치되어 있다. 朱彛尊(1629~1709)의 ≪經義考≫에는 서술자가 孫奭(962~1033)으로 표기되기도 하였으나, 阮福이 손석은 형병과 함께 ≪효경주소≫를 교정한 사람인데 ≪효경주소≫의 疏에는 송대에 볼 수 없었던 ≪孝經制旨≫를 인용한 곳들이 있다는 이유로 주이준을 반박하였다.(≪孝經義疏補≫ 卷首 〈孝經注疏序〉) 형병의 ≪효경주소≫가 원행충 등의 疏를 계승했기 때문에, 형병이 이 책의 서문을 작성함에 있어서도 이전의 ≪효경주소≫에 원래 있었던 唐나라 傅注의 서문을 존치하고 자신의 말은 이를 제시하기에 앞서 간단한 小引으로 갈음한 것으로 해석된다.

傅注의 인적 사항은 상세하지 않다. '奉右'는 傅注의 字이다. 다만 ≪直齋書錄解題≫ 卷3 '孟子音義 二卷'조에 '龍圖閣學士侍讀博平孫奭宗右撰'이라고 하여 孫奭의 字 '宗古'가 '宗右'로 잘못 표기된 예를 참고할 때 이곳의 '奉右'도 '奉古'의 誤記일 수 있다. '奉

右'보다는 '奉古'가 이름자 '注'와 의미 관련성이 훨씬 크기 때문이다.

成都府學主鄕貢 傳注 奉右가 〈≪孝經注疏≫의 서문을〉 지음.

夫孝經者는 孔子之所述作也라 述作之旨者는 昔聖人蘊大聖德이나 生不偶時하야 適値周室衰微하야 王綱失墜하야 君臣僭亂하고 禮樂崩頹하야 居上位者는 賞罰不行하고 居下位者는 褒貶無作하니 孔子遂乃定禮樂하고 刪詩書하고 讚易道하야 以明道德仁義之源하고 修春秋하야 以正君臣父子之法하며 又慮雖知其法이라도 未知其行하야 遂說孝經一十八章하야 以明君臣父子之行하니 所寄[1]는 知其法者修其行하고 知其行者謹其法이라 故孝經緯曰 孔子云 欲觀我褒貶諸侯之志ㄴ댄 在[2]春秋하고 崇人倫之行인댄 在孝經[3]하라하니 是知孝經雖居六籍之外나 乃與春秋爲表矣라 先儒或云 夫子[4]爲曾參所說이라하나 此未盡其指歸也라 蓋曾子在七十弟子中에 孝行最著일새 孔子乃假立曾子하야 爲請益問答之人하야 以廣明孝道하고 旣說之後에 乃屬與曾子니라

1) 寄 : 사상 감정, 이상, 희망 따위를 어떤 사람이나 사물에 붙여 둔다는 말이다. 이 같은 용례로 ≪晉書≫ 권79 〈謝朗列傳〉의 "新婦少遭艱難 一生所寄唯在此兒(신부(본인)는 젊은 시절에 어려움을 겪어, 평생의 소망이 오직 이 아이에게 있다.)"를 들 수 있다.

2) 在 : 審察(살피다)의 뜻이다. 이 같은 용례로 ≪尙書≫ 〈舜典〉의 "在璿璣玉衡 以齊七政(璿璣玉衡으로 天象을 살펴 曆書와 時令을 日月과 五星의 운행에 맞게 한다.)"를 들 수 있다.

3) 孝經緯曰……在孝經 : 漢代에 유가 경전의 뜻을 부회하여 人事의 길흉, 治亂, 흥망 등을 예언하는 緯書가 성행하여 ≪易≫·≪書≫·≪詩≫·≪禮≫·≪樂≫·≪春秋≫·≪孝經≫에 대한 위서가 나왔는데, 孝經緯는 이 중 ≪효경≫에 부회한 것이다. 여기에는 ≪援神契≫·≪鉤命決≫·≪中契≫·≪左契≫·≪右契≫·≪內事圖≫·≪章句≫·≪雌雄圖≫·≪古秘≫ 등 9종이 포함된다. 여기에 인용된 문구의 출전이 毛奇齡의 ≪孝經問≫·≪春秋毛氏傳≫과 鄭方坤의 ≪經稗≫ 등에는 ≪구명결≫로 표기되었다.

4) 夫子 : 春秋時代에 有德者 또는 先生을 존경의 뜻으로 부르던 호칭이다. 여기서는 孔子를 가리킨다.

≪효경≫은 孔子가 저술한 것이다. 저술의 취지는 다음과 같다. 옛 성인이 위대

한 聖德을 지녔으나 태어난 때가 좋지 못하였다. 마침 周나라가 쇠미하여 천자의 권위가 실추된 나머지 君臣간의 위계질서가 어지럽고 禮樂이 무너졌다. 위에 있는 사람은 상벌을 〈제대로〉 시행하지 않고 아래에 있는 사람은 포폄을 가하지 않았다. 공자가 마침내 예악을 제정하고 《詩》·《書》를 刪削하고, 《易》의 원리를 부연하여 道德과 仁義의 근원을 밝히고, 《春秋》를 찬수하여 君臣과 父子의 법도를 바로잡았다. 그리고 법도를 알더라도 실천 방도를 모를까 염려하여 《효경》 18장을 講說하여 군신과 부자의 행실을 밝혔다. 〈이 같은 저술들을 통해 공자가〉 바란 것은, 법도를 아는 사람은 그 행실을 수양하고, 행할 줄 아는 사람은 그 법도를 엄정히 지키는 것이었다. 이 때문에 孝經緯 《鉤命決》에 다음과 같이 말하였다.

"공자가 말하기를, '제후들을 포폄한 나의 뜻을 보려면 《춘추》를 살펴보고, 인륜을 숭상한 나의 행실을 보려면 《효경》을 살펴보라.'라고 하였다."

여기에서 《효경》이 六經(《易》, 《書》, 《詩》, 《禮》, 《樂》, 《春秋》) 밖에 있기는 하나 《춘추》와 서로 表裏가 됨을 알 수 있다.

先儒들 중에 어떤 이는 '〈이 책이〉 夫子께서 曾參을 위해 강설한 것'이라고 하지만, 이 말로는 저술의 취지를 온전히 다 드러내지 못한다. 曾子가 공자의 70 제자들 중에 효행이 가장 두드러졌기 때문에 공자가 증자를 내세워 '더 말해 달라고 청하고 함께 문답하는 사람'으로 가정하고서 孝의 도리를 폭넓게 밝히고, 강설이 끝난 뒤에 〈기록을〉 증자에게 맡긴 것이다.

洎遭暴秦焚書하야 竝爲煨燼이러니 漢膺天命하야 復闡微言이라 孝經은 河間顏芝所藏이 因始傳之于世[1)]하야 自西漢及魏하고 歷晉宋齊梁하야 注解之者가 迨及百家니라 至有唐之初하야 雖備存祕府나 而簡編多有殘缺하야 傳行者는 唯孔安國鄭康成兩家之注요 幷有梁博士皇侃義疏[2)]하야 播於國序[3)]하니라 然辭多紕繆하고 理昧精研이라 至唐玄[4)]宗朝하야 乃詔群儒學官하야 俾其集議하니 是以劉子玄辨鄭注有十謬七惑하고 司馬(堅)〔貞〕[5)]斥孔注多鄙俚不經[6)]하니라 其餘諸家注解는 皆榮華其言하고 妄生穿鑿이라 明皇遂於先儒注中에 採摭菁

英하고 芟去煩亂하야 撮其義理允當者하야 用爲注解하니라 至天寶二年하야 注成하니 頒行天下하고 仍自八分[7]御(扎)〔札〕[8]하야 勒于石碑하니 卽今京兆石臺孝經이 是也라

1) 河間顔芝所藏 因始傳之于世 : 顔芝의 아들 顔貞이 아버지가 소장하던 ≪효경≫ 18장을 나라에 바친 것을 시작으로 ≪今文孝經≫의 전수가 재개되었다. 漢代에 ≪금문효경≫을 전수한 학자로는 長孫氏・江翁・后蒼・翼奉・孔安國・董仲舒・張禹 등이 있다.

2) 梁博士皇侃義疏 : 皇侃(488~545)은 남조 梁나라의 경학가로, 특히 ≪三禮≫・≪孝經≫・≪論語≫에 밝아 ≪論語義疏≫・≪禮記義疏≫・≪禮記講疏≫・≪孝經義疏≫ 등을 저술하였다. 淸나라 馬國翰(1794~1857)의 ≪玉函山房輯佚書≫에 이 책의 輯佚本이 있다.

3) 國序 : 序는 학교로, 國序는 옛날 국가에서 서울에 설치한 최고 學府, 곧 太學이다.

4) 玄 : 저본에는 우하측 점이 없는 총 4획의 못 갖춘 글자로 표기되어 있으나, 淸나라 聖祖 康熙帝의 성명 愛新覺羅 玄燁의 '玄'자를 避諱한 것이므로 갖춘 글자로 돌려놓았다. 阮刻本에서 이전 글의 '玄'자를 옮긴 곳은 대부분 이와 같다.

5) (堅)〔貞〕: 저본에는 '堅'으로 되어 있으나, ≪新唐書≫ 卷132 〈劉子玄列傳〉 및 본서 51쪽과 84쪽의 ≪효경≫ 고금문 논쟁에 대한 내용에 의거하여 '貞'으로 바로잡았다.

6) 劉子玄辨鄭注有十謬七惑 司馬(堅)〔貞〕斥孔注多鄙俚不經 : 상세한 내용은 본서 77~83쪽에 인용된 劉知幾의 말과 84쪽에 인용된 司馬貞의 말 참조.
'辨'이 閔本・監本・毛本에는 '辯'으로 되어 있다. 張參의 ≪五經文字≫에 "辯은 理(다스리다)이고, 辨은 別(구별함)이다."라고 하여 두 글자의 뜻을 구분했지만, 經書에서는 통용하기도 하므로, 교감하지 않았다.(阮元의 〈校勘記〉 참조)

7) 八分 : 隸書 2分과 篆書 8分을 섞어서 장식적인 효과를 낸 서체이다. 漢代의 蔡邕(132~192)이 만들었다고 한다.

8) (扎)〔札〕: 저본에는 '扎(뺄 찰)'로 되어 있으나, 閔本・監本・毛本에 의거 '札(패 찰)'로 바로잡았다.(阮元의 〈校勘記〉 참조)

포악한 秦나라의 焚書坑儒를 만나 모든 경전이 다 잿더미가 되었는데, 漢나라가 天命을 받아 심오한 말을 다시 드러내었다. ≪효경≫은 河間의 顔芝가 간직하던 것이 비로소 세상에 전해져서, 西漢에서 시작하여 魏에 이르고 晉・宋・齊・梁을 거치면서 注解한 사람이 거의 100家에 이르렀다.

唐나라 초기에 〈이들 注解書들이〉 비록 祕府(황실 도서관)에 모두 보존되기는 했으나 簡編에 殘缺된 곳이 많아서 〈널리〉 전파된 것은 오직 孔安國・鄭康成(鄭玄)

두 학자의 注뿐이었다. 이와 더불어 梁나라의 博士 皇侃의 ≪孝經義疏≫가 있어 太學에 전파되었지만 문장에 오류가 많고 이치가 정밀하게 연구되지 않았다.

唐 玄宗 때에 이르러 뭇 유학자들과 국립학교〔學官〕에 詔令을 내려 논의를 모으도록 하였다. 이리하여 劉子玄(劉知幾)은 鄭玄이 〈≪효경≫에〉 注를 달았다는 설에 10가지 오류와 7가지 의혹이 있음을 밝히고, 司馬貞은 공안국의 注에 저속하고 常法에 어긋난 점이 많음을 지적하였다. 그밖에 여러 학자의 주해는 모두 문장을 화려하게 꾸미고 함부로 견강부회한 것들뿐이었다.

明皇(당 현종)이 마침내 先儒의 注 중에서 精華를 모으고 번잡하거나 혼란스러운 것을 제거하고 내용이 타당한 것을 모아 주해를 만들었다. 天寶 2년(743)에 注가 완성되자 천하에 반포하고, 이어 八分體로 친히 필사하여 비석에 새겼으니, 곧 지금 京兆(長安 일대)에 있는 石臺孝經이 이것이다.

孝經正義

翰林侍講學士 朝請大夫 守國子祭酒 上柱國 賜紫金魚袋 臣 邢昺等 奉勅校定

御製序幷注[1]

1) 御製序幷注 : 당 현종이 서문을 짓고 아울러 ≪효경≫에 注를 냈다는 말이다.

〈당 현종의〉 御製序와 注

【疏】[1]正義[2]曰 : 孝經者, 孔子爲曾參陳孝道也. 漢初, 長孫氏・博士江翁・少府后倉[3]・諫大夫翼奉・安昌侯張禹傳之, 各自名家, 經文皆同, 唯孔氏壁中古文爲異. 至劉炫, 遂以古孝經庶人章分爲二, 曾子敢問章分爲三[4], 又多閨門一章, 凡二十二章. 桓譚新論[5]云 "古孝經千八百七十二字[6], 今異者四百餘字."

1) 疏 : 古書의 주해에 다시 주해를 달 때 2차 주해를 말한다. 여기서는 ≪효경≫에 대한 당 현종의 注에 唐代 元行沖 등이 가한 주해와 宋代 邢昺이 다시 더한 주해를 모두 아울러 표시한 것이다.
2) 正義 : '正確한 뜻'으로, 古書의 注疏를 일컫는다. 여기서는 형병의 ≪孝經正義≫를 말한다.
3) 后倉 : 前漢의 관료이자 ≪시≫와 ≪예≫에 밝았던 학자이다. 자료에 따라 '后蒼'으로 표기된 곳도 있다.(阮元의 〈校勘記〉 참조)
4) 曾子敢問章分爲三 : '曾子曰 敢問'으로 시작하는 금문본의 〈聖治章〉이 고문본에는 〈聖治章〉, 〈父母生績章〉, 〈孝優劣章〉의 3장으로 나뉘어 있는 것을 말한다.
5) 桓譚新論 : 桓譚(약 B.C. 24~56)은 後漢의 관료・학자이다. ≪新論≫은 讖緯說과 귀신의 존재를 반박하기 위해 저술한 책이다. 오래전에 유실되어 전하지 않으나, 孫馮翼・嚴可均의 輯佚本이 있다.
6) 古孝經千八百七十二字 : 宋本 ≪古文孝經≫ 말미에는 "경문은 총 1,810자이다."라고 기록되어 있고, 日本 信陽 太宰純이 교감한 ≪擬古文孝經孔傳≫ 말미에는 "경문을 통틀어 헤아리면 1,861자이다."라고 기록되어 있다.(阮元의 〈校勘記〉 참조)

正義曰：≪효경≫은 孔子가 曾參을 위해 孝의 道理를 진술한 책이다. 漢初에 長孫氏, 博士 江翁, 少府 后倉, 諫大夫 翼奉, 安昌侯 張禹가 전수하여 각자 名家가 되었지만 經文은 모두 같았다. 오직 공자가 살았던 집의 壁 속에서 나온 古文만 달랐다.

劉炫에 이르러 마침내 ≪고문효경≫의 〈庶人章〉을 2개의 장으로 나누고, 〈曾子敢問章〉을 3개의 장으로 나누었으며, 또 〈금문본에 없는〉 〈閨門章〉 1장이 더 많았으니, 총 22장이 되었다. 桓譚의 ≪新論≫에 "≪고문효경≫은 1,872자이니, 금문본과 다른 것이 400여 자이다."라고 하였다.

孝者, 事親之名, 經者, 常行之典. 按漢書藝文志云 "夫孝, 天之經, 地之義, 民之行也. 擧大者言, 故曰孝經." 又按禮記祭統云 "孝者, 畜(휵)也."[1] 畜, 養也. 釋名[2]云 "孝, 好也." 周書謚法, "至順曰孝."[3] 摠而言之, 道常在心, 盡其色養[4], 中情悅好, 承順無怠之義也. 爾雅曰 "善父母爲孝." 皇侃曰 "經者, 常也, 法也. 此經爲教, 任重道遠, 雖復時移代革, 金石可消, 而爲孝事親常行, 存世不滅, 是其常也. 爲百代規模, 人生所資, 是其法也." 言孝之爲教, 使可常而法之. 易有上經・下經, 老子有道經・德經. 孝爲百行之本, 故名曰孝經.

1) 禮記祭統……畜也：≪禮記≫ 〈祭統〉에 "제사는 〈부모님이 돌아가신〉 뒤에 봉양하여 孝를 잇는 것이다. 孝는 畜(기름, 봉양)이다. 도리를 따르고 인륜을 거스르지 않는 것, 이것을 畜이라 한다."라고 하였으니, 〈제통〉의 '畜'은 본디 '孝順'의 뜻이다. 그러나 邢昺은 여기서 이를 인용하면서 '畜'의 본래 의미인 '기르다'의 뜻으로 사용하였다.

2) 釋名：漢나라 말기 劉熙(일설에는 劉珍)의 저술로, 어휘를 27종으로 분류하고 해석하여 사물 명칭의 유래와 기원을 탐구한 책이다.

3) 周書謚法 至順曰孝：현존 ≪周書(逸周書)≫의 〈謚法解〉에는 이런 말이 없다.(≪十三經注疏正字≫ 卷75 〈孝經 孝經正義〉)

4) 色養：和悅한 얼굴로 어버이를 모시는 것이다.(≪論語≫ 〈爲政〉)

孝는 어버이를 섬긴다는 말이고, 經은 항상 실천하는 준칙이다. 살펴보건대, ≪漢書≫ 〈藝文志〉에 "孝는 하늘의 經(常道)이요, 땅의 義(正義)요, 백성의 行(品行)이다. 〈이 중에〉 큰 것을 들어 말했기 때문에 孝經이라 한 것이다."라고 하였다. 또 살펴보건대 ≪禮記≫ 〈祭統〉에 "孝는 畜(기름, 봉양)이다."라고 했는데, 이때 '畜'은 '봉양[養]'의 뜻이다. ≪釋名≫에는 "孝는 好(좋음, 좋아함)이다."라고 하였고, ≪周書(逸周書)≫의 〈謚法解〉에는 "지극히 공순한 것을 孝라고 한다."라고 하였다. 종합하여 말하면, 〈부모에 대한〉 도리를 항상 마음속에 생각하여 늘 좋은 표정으로 모시고 마음속으로 좋아하여, 받들고 따르는 데에 나태함이 없다는 뜻이다.

≪爾雅≫에 "부모에게 잘하는 것이 孝이다."라고 하였고, 皇侃이 "經은 常(항상됨)이요 法(법도, 준칙)이다. 이 經의 가르침은 所任이 무겁고 갈 길이 멀다. 시대가 바뀌어 쇠와 돌이 부서지더라도 효도하여 어버이를 섬기는 불변의 행동은 세상에 남아 사라지지 않을 것이니, 이것이 '常(항상됨)'이다. 〈이는 또〉 百代 후손의 규범이 되어 사람들이 살아가면서 의거하는 바가 될 것이니, 이것이 法(법도, 준칙)이다."라고 하였다. 이는 孝라는 가르침은 항상적이고 또 준칙으로 삼을 수 있다는 말이다. ≪周易≫에 上經·下經이 있고, ≪老子≫에 道經·德經이 있듯이, 孝는 온갖 행실의 근본이기 때문에 이름을 '孝經'이라 하였다.

經之創制, 孔子所撰也.[1] 前賢以爲"曾參雖有至孝之性, 未達孝德之本, 偶於閒居, 因得侍坐, 參起問於夫子, 夫子隨而答, 參是以集錄, 因名爲孝經". 尋繹再三, 將[2]未爲得也, 何者. 夫子刊緝[3]前史而修春秋, 猶云筆則筆, 削則削, 四科十哲[4], 莫敢措辭.[5] 按鉤命決[6]云 "孔子曰 '吾志在春秋, 行在孝經.'[7]" 斯則修春秋·撰孝經, 孔子之志·行也. 何爲重其志而自筆削, 輕其行而假他人者乎.

1) 經之創制 孔子所撰也 : ≪효경≫의 經文을 공자의 저술이라고 한 것이다. ≪효경≫의 저자에 대해서는 대체로 8가지 설이 존재한다.(胡平生, 〈孝經是怎樣的一本書〉 ≪孝經譯注≫, 中華書局, 2009, p.2~3)

2) 將 : 殆(대개, 대체로, 거의, 아마도)의 뜻으로 쓰였다.

3) 刊緝 : '緝'은 '輯'의 뜻으로 쓰였다. 毛本에는 '輯'으로 되어 있다.(阮元의 〈校勘記〉 참조) '刊輯'은 校刊編輯을 줄인 말이다. 校刊은 오류를 교정하는 것이고, 編輯은 자료를 모아 엮는 것이다.

4) 四科十哲 : 공자의 뛰어난 제자 10명을 특장점에 따라 德行(顔淵·閔子騫·冉伯牛·仲弓), 言語(宰我·子貢), 政事(冉有·季路), 文學(子遊·子夏)의 4분야로 분류하여 지칭한 말이다.(≪論語≫ 〈先進〉)

5) 夫子刊緝前史而修春秋……莫敢措辭 : 본디 孔子가 訟事를 처결할 때는 독단으로 결정하지 않고 사람들과 함께 논의했다는 사실과 대비하여, ≪춘추≫를 편수할 때는 독단으로 하였음을 말한 것이다.(≪史記≫ 卷47 〈孔子世家〉)

6) 鉤命決 : 漢代에 ≪효경≫의 뜻을 부회하여 人事의 길흉, 治亂, 흥망 등을 논한 9종의 緯書 중 하나이다. 57쪽 주3) 참조.

7) 吾志在春秋 行在孝經：毛奇齡에 따르면 孝經緯 ≪鉤命決≫에는 본디 "欲觀我褒貶諸侯之志在春秋 崇人倫之行在孝經"으로 되어 있었다.(≪孝經問≫)

처음에 만들어진 經文은 孔子가 지은 것이다. 先學들은 〈≪효경≫의 저술에 대해〉 다음과 같이 말하였다.

"曾參이 지극한 효성을 지니기는 했으나 孝德의 근본을 알지 못하였다. 한가로이 지낼 때 우연히 공자를 모시고 앉은 틈을 타서, 증삼이 일어나 공자에게 묻고 공자가 질문에 따라 답하였다. 증삼이 이를 모아 기록하고 '효경'이라고 이름하였다."

〈그러나 이 설은〉 두 번 세 번 곱씹어 보아도 거의 옳다고 할 수가 없다. 어째서인가?

공자는 이전의 역사서에서 오류를 교정하고 자료를 수집하여 ≪春秋≫를 편수할 때 가필할 것은 직접 가필하고 삭제할 것은 직접 삭제하여, 10명의 뛰어난 제자들도 감히 〈≪춘추≫의〉 문장을 지을 수 없었다. 살펴보건대, ≪鉤命決≫에 "공자가 말하기를 '내 뜻은 ≪춘추≫에 담겨 있고, 행실은 ≪효경≫에 담겨 있다.'라고 하였다." 하였다. 그렇다면 ≪춘추≫를 편수하고 ≪효경≫을 찬술한 것은 각기 공자의 뜻과 행실〈을 담기 위해서〉였는데, 어찌 뜻은 중시하여 가필과 삭제를 직접 하면서 행실은 경시하여 다른 사람의 손을 빌렸겠는가.

按劉炫述義[1], 其略曰 "炫謂孔子自作孝經, 本非曾參請業而對也. 士有百行, 以孝爲本. 本立而後道行, 道行而後業就, 故曰 明王之以孝治天下也[2]. 然則治世之要, 孰能非乎. 徒以敎化之道, 因時立稱, 經典之目, 隨事表名, 至使威儀禮節之餘盛傳當代, 孝悌德行之本隱而不彰. 夫子運偶陵遲, 禮樂崩壞, 名敎將絶, 特感聖心, 因弟子有請問之道, 師儒有敎誨之義. 故假曾子之言以爲對揚之體, 乃非曾子實有問也. 若疑而始問, 答以申辭, 則曾子應每章一問, 仲尼[3]應每問一答. 按經, 夫子先自言之, 非參請也. 諸章以次演之, 非待〔問〕[4]也.

1) 劉炫述義：劉炫(약 546~약 613)은 隋代의 經學家로, ≪尙書述義≫·≪毛詩述義≫·≪孝經述義≫·≪春秋左氏傳述義≫ 등을 지었는데 여기서는 ≪효경술의≫를 말한다. 淸나라 馬國翰이 집일한 ≪玉函山房輯佚書≫에 ≪古文孝經述義≫가 들어있다. 이 집일본에 따르면, 여기서 ≪효경술의≫를 인용한 말은 이 문단 서두의 '孔子自作孝經'부터 아래 셋째 문단의 '躬行匹夫之孝也'까지이다. 이렇게 보아야 그 뒤에 이어지는 말 '審攷經言 詳稽炫釋'과 文勢가 순통한다.(吳平 등 주편, ≪孝經文獻集成 1≫, 廣陵書社, 2011, p65~70)

2) 明王之以孝治天下也 : 본서 제4권 〈孝治章 第八〉에 보인다.
3) 仲尼 : 孔子의 字이다. 姓은 孔이고 이름은 丘이다. 魯 襄公 22년(B.C. 551)에 魯나라에서 태어나, 魯 哀公 16년(B.C. 479)에 73세로 일생을 마쳤다.(≪史記≫ 卷47 〈孔子世家〉) 단, 공자의 생년이 ≪春秋穀梁傳≫·≪公羊傳≫에는 B.C. 552년(노 양공 21)으로 기록되어 있고, 근래에는 공자가 태어난 날 일식이 있었다는 기록에 따라 현대 천문학의 방법으로 계산하여 B.C. 552년에 무게를 두기도 한다.(夏乃儒, ≪孔子辭典≫, 上海辭書出版社(2008), 390쪽)
4) 〔問〕 : 저본에는 '問'이 없으나 浦鏜의 ≪十三經注疏正字≫에 따라 '問'을 보충하였다. (阮元의 〈校勘記〉 참조)

劉炫의 ≪孝經述義≫를 살펴보면, 그는 대체로 다음과 같이 말하였다.

"내 생각에는 공자가 독자적으로 ≪효경≫을 지은 것이지, 본디 증삼이 배우기를 청하자 응대한 것이 아니다. 선비의 온갖 행동 중에 孝가 근본이다. 근본이 바로 선 뒤에 道(실천 방도)가 실행되고, 道가 실행된 뒤에 사업이 성취된다. 그래서 〈〈孝治章〉에〉 '영명한 제왕이 孝로 천하를 다스릴 적에'라고 한 것이니, 그렇다면 세상을 다스리는 요체(孝)를 누가 부정할 수 있겠는가.

다만 교화의 방도는 시대에 따라 명칭을 정하고, 경전의 명목은 일에 따라 이름을 드러낸다. 이에 따라 禮節의 말단에 불과한 威儀(위엄 있고 예법에 맞는 행동거지)가 當代에 성대히 전해지게 하면서도 덕행의 근본인 孝悌는 숨겨져 드러나지 않게 하는 데에 이르렀다.

공자는 時運이 쇠퇴한 때를 만났으니, 예악이 무너지고 名敎가 끊기려는 상황이 성스러운 마음에 특별한 감회를 일으켰다. 그런데 제자에게는 질문할 도리가 있고 스승에게는 가르쳐 주는 의리가 있기에 曾子의 말을 가설하여 대답하는 체재를 취한 것이지 증자가 실제로 질문을 한 것이 아니다.

만약 〈증자가〉 의심하여 비로소 질문하고 〈공자가 그에 대한〉 대답으로 말한 것이라면 증자는 응당 每章에서 한 번씩 물었어야 하고 仲尼(孔子)는 응당 질문마다 한 번씩 답했어야 한다. 그러나 경문을 살펴보면 夫子(孔子)가 먼저 자발적으로 말한 것이지 증자가 청한 것이 아니며, 이후의 章들도 〈맥락에 따라〉 순차적으로 전개해 나간 것이지 질문을 기다려 답한 것이 아니다.

且辭義血脈, 文連旨環, 而開宗[1]題其端緒, 餘音廣而成之, 非一問一答之勢也. 理有所極, 方始發問, 又非請業請答之事. 首章言 先王有至德要道[2], 則下章云 '此之謂要道也[3]', '非至德 其孰能順民'[4], 皆遙結道本[5], 〔非〕[6]答曾子也. 擧此爲例, 凡有數科, 必其主爲曾子言. 首章答曾子已了, 何由不待曾子問, 更自述而脩之. 且三起曾參侍坐, 與之別,[7] 二者是問也, 一者歎之也.[8] 故[9]假言乘間曾子坐也, 與之論孝. 開宗明義, 上陳天子, 下陳庶人, 語盡無更端, 於曾子未有請. 故假參歎孝之大, 又說以孝爲理之功. 說之以[10]終, 欲言其聖道莫大於孝, 又假參問, 乃說聖人之德不加於孝. 在前論敬順之道, 未有規諫之事, 慇懃在悅色, 不可頓說犯顔. 故須更借曾子言, 陳諫諍之義. 此皆孔子須參問, 非參須問孔子也.

1) 開宗 : 본서의 첫 장 〈開宗明義章〉을 略稱한 것이다. '開宗'은 혈족의 支派를 처음 세우거나 教界 또는 學界의 教派 또는 學派를 창립한다는 뜻으로도 쓰이지만 여기서는 '宗旨를 처음 밝히다'의 뜻으로 쓰였다.
2) 先王有至德要道 : 〈開宗明義章〉의 말이다.
3) 此之謂要道也 : 〈廣要道章〉의 말이다.
4) 非至德 其孰能順民 : 〈廣至德章〉의 말이다.
5) 遙結道本 : 遙結은 '멀리서 종결했다'는 말로, 제1장에서 제기한 문제를 제12장과 제13장에서 종결했기 때문에 한 말이다. 道는 〈개종명의장〉에서 언급한 '簡要한 道〔要道〕'이고, 本 역시 〈개종명의장〉에서 언급한 '덕행의 근본〔德之本〕'을 말한다.
6) 〔非〕 : 저본에는 '非'가 없으나 浦鏜의 ≪十三經注疏正字≫와 兪樾의 ≪古書疑義擧例≫에 의거하여 '非'를 보충하였다.(上海古籍出版社 정리본 ≪孝經注疏≫ 교감기)
7) 三起曾參侍坐 與之別 : 공자를 모시고 앉은 증삼을 세 번 일으켰다는 것은 〈廣要道章〉 이후에 증삼이 일어서는 상황이 세 번 설정되었다는 말이고, '與之別'은 분위기를 전환하여 각각의 상황에서 그 직전까지의 말과 구별시켰다는 뜻이다. ≪효경≫의 文面에 '증자가 일어섰다'는 말이 드러나지는 않으나, 옛날에는 스승의 말을 듣다가 제자가 자신의 말을 꺼낼 때면 반드시 일어섰기 때문에, 세 번 일어선 것이 된다.
8) 二者是問也 一者歎之也 : 〈三才章〉의 "曾子曰 甚哉 孝之大也"는 감탄한 것이고, 〈聖治章〉의 "曾子曰 敢問聖人之德 無以加於孝乎"와 〈諫諍章〉의 "曾子曰 若夫慈愛恭敬 安親揚名 則聞命矣 敢問子從父之令 可謂孝乎"는 질문한 것이다.
9) 故 : 본서의 疏에 이 같은 용례의 '故'가 종종 쓰였는데, 특별한 뜻이 없으므로 번역하지 않았다.
10) 以 : '已(이미)'의 뜻으로 쓰였다. 고대에는 이 두 글자가 흔히 통용되었다.(阮元의 〈校勘記〉 참조)

그리고 글의 형식과 내용이 血脈처럼 통하여 문장이 연결되고 의미가 이어져서, 〈開宗

明義章〉에서 단서를 제기하고 그 여운이 넓게 퍼져 〈전체 의미가〉 완성되었으니, 一問一答의 형국이 아니다. 또 지극한 이치가 있어 처음에 〈공자가〉 질문을 꺼낸 것이지, 〈증자가〉 배우기를 청하거나 대답을 청한 일이 아니다.

첫 장에서 '先王들은 지극한 德과 簡要한 道가 있으시어'라고 했으니, 뒷장에서 '이것을 일러 간요한 道라고 한다', '지극한 덕〈을 갖춘 임금〉이 아니라면 그 누가 〈이처럼 크게〉 백성의 마음을 따라 〈다스릴〉 수 있겠는가'라고 한 것은 모두 〈첫 장에서 언급한〉 '간요한 道'와 '덕행의 근본'을 멀리서 종결한 것이지 증자에게 답한 것이 아니다. 이를 類例로 삼는다면, 전체에서 몇 조항은 틀림없이 주로 증자에게 말한 것이긴 하나, 첫 장에서 증자에 대한 대답은 이미 끝났는데 어떤 방법으로 증자의 질문을 기다리지 않고 〈공자가〉 다시 스스로 진술하여 논지를 전개해나간 것일까?

우선 모시고 앉은 증자를 세 번 일으켜 세워 〈그 직전까지의 말과〉 구별했는데, 두 번은 질문한 것이고 한 번은 감탄한 것이다. 〈≪효경≫은〉 한가한 틈을 타 증자가 공자를 모시고 앉은 상황을 가설하여 공자가 그와 함께 孝에 대해 논한 말〈을 기록한 것〉이다. 〈〈개종명의장〉에서〉 宗旨를 처음 말하고 孝의 의미를 밝힌 다음 〈그 이하 〈廣要道章〉까지〉 위로 천자〈의 孝부터〉 진술하고 아래로 일반 백성〈의 孝까지〉 진술하여 할 말을 다하자 더는 〈말을 이어갈〉 꼬투리가 없었고, 증자의 입장에서도 질문할 만한 점이 없었다. 이 때문에 증자가 孝의 위대함에 감탄하는 상황을 가설하여, 孝로 다스리는 功效를 말하였다.

그 말이 끝난 뒤에는 聖人의 道는 孝보다 큰 것이 없음을 말하고자 또 증자의 질문을 가설하여 성인의 덕은 孝보다 더한 것이 없다고 하였다.

그리고 앞에서 恭敬과 恭順의 도리를 논한 데에는 바른 말로 諫諍하는 일이 들어있지 않았으니, 간절함이 기쁜 표정 속에 들어있어야 함을 〈말하면서〉 갑자기 부모의 顔色에 개의치 않고 간쟁하는 일을 말할 수는 없기 때문이다. 이 때문에 다시 증자의 말을 가설하여 간쟁의 도리를 진술할 필요가 있었다.

이는 모두 공자가 증자의 질문을 필요로 한 것이지, 증자가 공자에게 물을 필요가 있었던 것이 아니다.

莊周之斥鷃笑鵬・罔兩問影[1], 屈原之漁父鼓枻・大卜拂龜[2], 馬卿之烏有・無是[3], 楊雄之翰林・子墨[4], 寧非師祖[5]製作以爲楷模者乎. 若依鄭注, 實居講堂, 則廣延生徒,侍坐非一, 夫子豈凌人侮衆, 獨與參言邪. 且云'汝知之乎', 何必直[6]汝曾子, 而參先避席乎. 必其徧告諸生, 又有對者, 當[7]參不讓儕輩而獨答乎. 假使獨與參言, 言畢, 參自集錄, 豈宜稱師字[8]者乎. 由斯言之, 經教發極, 夫子所撰也. 而漢書藝文志云'孝經者, 孔子爲曾子陳孝道也.' 謂其爲曾子特說此經. 然則聖人之有述作, 豈[9]爲一人而已. 斯皆誤本其文, 致玆乖謬也. 所以先儒注解, 多所未行. 唯鄭玄之六藝論曰'孔子以六藝[10]題目不同, 指意殊別, 恐道離散, 後世莫知根源, 故作孝經以摠會之.' 其言雖則不然, 其意頗近之矣.

1) 莊周之斥鷃笑鵬罔兩問影 : 전국시대 道家 학자 莊周(약 B.C. 369~B.C. 286 또는 약 B.C. 368~B.C. 268)가 지은 ≪莊子≫에 나오는 일화들이다. 斥鷃笑鵬은 〈逍遙遊〉에 보이는데, 九天으로 날아올라 머나먼 南海로 날아가는 鵬새를 쑥대 사이의 메추라기〔斥鷃〕가 바라보며 쓸데없는 짓이라고 비웃는다는 내용이다. 罔兩問影은 〈齊物論〉에 보이는데, 罔兩〔곁그림자, 그림자의 그림자〕이 그림자에게 왜 걷다 멈추다 앉았다 일어섰다 하며 지조 없이 구는지 묻자, 그림자가 자신은 실체의 상태에 따를 뿐이라면서, 그 실체의 상태 역시 또 다른 무엇에 따르는 것은 아닐까 하고 의문을 제기하는 내용이다.

2) 屈原之漁父鼓枻大卜拂龜 : 전국시대 楚나라의 관료·문인 屈原(약 B.C. 339~약 B.C. 278)이 지은 ≪楚辭≫에 보이는 일화들이다. 漁父鼓枻는 〈漁父〉에 보이는데, 굴원이 관직에서 쫓겨난 뒤에 자신은 介潔한데 세상은 혼탁하여 한데 어울릴 수 없다는 불만을 드러내자, 隱者인 어부가 빙그레 웃고 '뱃전을 두드리며〔鼓枻〕' 떠나가면서 '자신에게 오는 모든 결과는 자신의 상태에 따라 類類相從으로 自招되는 것'이라는 내용의 〈滄浪歌〉를 불렀다는 일화이다. 大卜拂龜는 〈卜居〉에 보이는데, 굴원이 관직에서 쫓겨난 뒤에 심란하여 太卜 鄭詹尹에게 가서 의뢰하자 太卜이 蓍草를 정돈하고 '거북 껍질에서 먼지를 털어낸〔拂龜〕' 다음 굴원에게 사정을 진술하게 하여 점을 치고는, 점괘의 無用性을 말했다는 내용이다.

3) 馬卿之烏有無是 : 馬卿은 前漢의 관료·문인 司馬相如(B.C. 179~B.C. 117)를 字 長卿과 姓氏 司馬를 결합하여 부르는 칭호이다. 烏有와 無是는 그의 〈子虛賦〉에 등장하는 허구의 인물들 烏有先生과 亡是公이다. 〈자허부〉는 이 두 사람과 또 다른 허구의 인물 子虛가 상호 문답하며 각기 자기 나라 임금의 넓은 정원과 성대한 사냥 행사를 자랑하다가 결국은 節儉의 필요성으로 귀결되는 내용이다.

4) 楊雄之翰林子墨 : 전한의 관료·학자 양웅(B.C. 53~B.C. 18)의 〈長楊賦〉는 가공의 인물 翰林을 主人으로 설정하고 子墨을 客卿으로 설정하여, 長楊宮에서의 사냥을 소재로 두 사람의 문답을 통해 漢 成帝의 荒淫奢侈를 풍자한 내용이다.

'楊'이 毛本에는 '揚'으로 되어 있으나, '楊'이 옳다. ≪廣韻≫의 '揚'조 注에는 姓氏로 쓰인다는 말이 없는 반면, '楊'조 注에는 姓氏로 쓰임을 밝히고 周 幽王이 楊에 邑治를 두어 楊侯로 불린 데서 유래했다고 하였다. 또 ≪史記≫ 〈楊雄列傳〉에 "〈그의 선조가 처음에〉 楊을 采邑으로 삼았기 때문에 이를 氏로 삼았다."라고 하였다.(阮元의 〈校勘記〉 참조)

5) 師祖 : 祖師와 같은 말로, 創始者를 뜻한다. 여기서는 앞에 예를 든 각 작품의 저자들을 가리킨다. 모두 허구의 인물과 상황을 창안해 냈기 때문에 이렇게 칭한 것이다.

6) 直 : 다만〔但, 特〕의 뜻이다.

7) 當 : 承接을 표시하는 접속사 '則'과 같은 뜻이다.

8) 稱師字 : 〈개종명의장〉 서두에서 孔子를 '仲尼'라고 칭한 것을 말한다.

9) 豈 : '其(그래……란 말인가)'의 뜻으로 쓰였다.

10) 六藝 : 六經을 말한다. ≪易≫ · ≪書≫ · ≪詩≫ · ≪禮≫ · ≪春秋≫ · ≪樂≫이다. 다만 輯佚되어 전하는 정현의 ≪六藝論≫에는 이 중 ≪樂≫이 빠지고 ≪孝經≫이 들어 있다.

莊周가 말한 '메추라기가 鵬새를 비웃은 일'과 '罔兩(곁그림자)이 그림자에게 물은 일', 屈原이 말한 '어부가 뱃전을 두드리며 떠나간 일'과 '太卜이 거북 껍질에서 먼지를 털어낸 일', 馬卿(司馬相如)의 작품에 나오는 烏有先生과 無是公, 楊雄의 작품에 나오는 翰林과 子墨 등이 어찌 著者가 지어내어 典型으로 삼은 것이 아니겠는가.

만약 鄭氏의 注대로 〈공자와 증자가〉 실제로 강당에 있었다면 생도들을 널리 불러 모시고 앉은 자가 한둘이 아니었을 것이다. 〈그런 상황에서〉 공자가 어찌 다른 사람들을 모두 무시하고 오직 증자하고만 말했겠는가. 그리고 '너는 이것을 아느냐?'라고 물었는데, 〈그런 상황이라면 공자가〉 어찌 굳이 증자만을 지적하여 '너'라고 했겠으며 증자가 〈어찌 남들보다〉 먼저 자리를 피해 〈일어서서 대답했겠는가.〉 틀림없이 공자는 여러 생도들에게 두루 말했을 것이다. 또 〈증자 외에도〉 대답하는 자가 있었을 터인데, 증자가 동료들에게 사양하지 않고 홀로 답했겠는가.

설사 공자가 오직 증자하고만 말했다 하더라도, 말이 끝난 다음 증자가 스스로 문답을 모아 기록할 때 어찌 스승의 字를 칭했겠는가. 이를 근거로 말하면, 지극한 〈도리를〉 밝힌 ≪효경≫의 가르침은 공자가 지은 것이다.

≪漢書≫ 〈藝文志〉에, '≪효경≫은 공자가 증자를 위해 孝의 도리를 진술한 책이다.'라고 하였으니, 공자가 증자를 위해 특별히 이 經(文의 내용)을 일러 주었다는 말이다. 그렇다면 聖人의 저술이 그래 한 사람만을 위한 것이란 말인가. 이들은 모두 〈상황을 살피지 못하고〉 文面에만 근본한 결과 이 같은 오류를 부른 것이다. 이 때문에 선유들의 주해는

통행되지 못한 것이 많다.

鄭玄의 ≪六藝論≫에 '공자는 六經의 주제가 서로 같지 않고 의미가 달라서, 道가 흩어져 후세에는 그 근원을 알지 못하게 될까 염려하였다. 그래서 ≪효경≫을 지어 모두 모았다.'라고 하였다. 이 말 〈자체는〉 비록 옳지 않지만 그 의미는 상당히 近理하다.

然入室[1]之徒不〔一〕[2], 獨假曾子爲言, 以參偏得孝名也. 老子曰 '六親[3]不和, 有孝慈.' 然則孝慈之名, 因不和而有. 若萬行俱備, 稱爲人聖, 則凡聖無不孝也[4]. 而家有三惡, 舜稱大孝.[5] 龍逢・比干, 忠名獨彰, 君不明也.[6] 孝以伯奇之名偏著, 母不慈也.[7] 曾子性雖至孝, 蓋有由而發矣. 藜蒸不熟, 而出其妻,[8] 家法嚴也. 耘瓜傷苗, 幾殞其命,[9] 明父少恩也. 曾子孝名之大, 其或由玆, 固非參性遲朴, 躬行匹夫之孝也."

1) 入室 : 공자가 학문의 조예를 '사람이 집안에 들어가는 순서'에 빗대어 어느 정도 성취한 것을 '升堂〔대청에 오름〕'이라 하고 깊은 성취를 이룬 것을 '入室〔방에 들어감〕'이라 하였다.(≪論語≫ 〈先進〉)

2) 〔一〕 : 저본에는 '一'이 없으나 문맥에 의거하여 '一'을 보충하였다.(阮元의 〈校勘記〉 참조)

3) 六親 : 王弼의 ≪老子注≫에 '六親은 父・子・兄・弟・夫・婦라고 하였다.

4) 凡聖無不孝也 : 온갖 좋은 행실을 다 갖춘 聖人은 누구나 효성스럽다는 뜻이다.

5) 家有三惡 舜稱大孝 : 舜임금의 아버지 瞽瞍는 완악하고 繼母는 미련하고 동생 象은 오만했다고 한다.(≪書經≫ 〈虞書 堯典〉) 공자가 舜임금을 大孝라고 칭한 바 있다.(≪中庸≫ 第17章)

6) 龍逢比干……君不明也 : 夏나라의 폭군 桀王의 신하 關龍逢과 殷나라의 폭군 紂王의 숙부 比干이 모두 충직하게 간언하다가 죽임을 당하였다.

7) 孝以伯奇之名偏著 母不慈也 : 伯奇는 周 宣王 때 大臣 尹吉甫의 長子로, 계모의 모함을 받고 쫓겨났다가 거문고 곡 〈履霜操〉에 담긴 진심이 알려져 복귀되었다.(≪初學記≫ 卷2 〈霜 第3〉)

8) 藜蒸不熟 而出其妻 : 증자는 계모에게 박대당하면서도 극진히 공양하였다. 그는 아내가 명아주를 제대로 삶지 못하자 계모에 대한 공양이 극진하지 못함을 염려하여 쫓아냈다고 한다.(≪孔子家語≫ 卷9 〈七十二弟子解 第38〉)

9) 耘瓜傷苗 幾殞其命 : 증자가 실수로 오이 뿌리를 꺾자, 아버지 曾晳이 큰 몽둥이로 증자가 쓰러져 의식을 잃을 정도로 때렸다고 한다.(≪孔子家語≫ 卷4 〈六本 第15〉)

그런데 학문적 조예가 깊은 門徒가 한둘이 아닌데 유독 曾子만 〈문답의 대상으로〉 가설하여 말한 것은 증자가 특히 효자로서 명성을 얻었기 때문이다.

≪老子≫에 '六親이 화목하지 않게 되자 孝慈의 덕목이 있게 되었다.'라고 하였다. 그렇다면 孝慈의 명칭은 不和로 인하여 있는 것이다. 온갖 행실을 다 갖추어 聖人으로 불리는 사람으로 말하면, 모든 성인은 효성스럽지 않은 사람이 없다.

집안에 惡人 셋이 있었기에 舜임금이 大孝로 일컬어지고, 關龍逢과 比干이 유독 충성으로 이름난 것은 임금이 현명하지 못했기 때문이며, 孝로 伯奇의 이름이 유독 드러난 것은 계모가 자애롭지 못했기 때문이다. 증자의 성품이 비록 지극히 효성스럽기도 했지만 〈그 역시〉 까닭이 있어 이름이 났다.

〈계모에게 공양할〉 명아주 삶은 것이 제대로 익지 않자 아내를 내쫓았으니, 〈그의〉 집안은 법도가 엄격하였다. 오이 밭의 김을 매다가 싹을 손상시키자 죽도록 매질했으니, 〈그의〉 아버지는 매정했음이 분명하다. 증자가 효성으로 크게 이름난 것은 아마도 이 때문일 것이니, 실로 증자의 성품이 노둔하고 질박하여 匹夫의 효도를 몸소 실천했기 때문이 아니다."

審攷經言, 詳稽炫釋, 貴藏理於古而獨得之於今者與. 元氏[1)]雖同炫說, 恐未盡善, 今以藝文志及鄭氏所說爲得.[2)] 其作經年, 先儒以爲"魯哀公十四年西狩獲麟, 而作春秋, 至十六年夏四月己丑, 孔子卒, 爲證", 則作在魯哀公十四年後・十六年前. 案鉤命決云"孔子曰'吾志在春秋, 行在孝經'". 據先後言之, 明孝經之文同春秋作也.[3)] 又鉤命決云"孔子曰'春秋屬商, 孝經屬參'". 則孝經之作在春秋後也.[4)]

1) 元氏 : 당 현종의 ≪孝經注≫에 疏를 낸 元行沖이다.
2) 元氏雖同炫說……今以藝文志及鄭氏所說爲得 : 이 말은 형병이 원행충의 疏를 정리할 때 원행충의 소에 대해 비판적으로 검토한 정황을 담고 있다.
3) 案鉤命決云……明孝經之文同春秋作也 : 魯 哀公 14년(B.C. 481)부터 ≪춘추≫를 지었고, 그로부터 공자가 죽기(B.C. 479)까지는 2년의 기간밖에 되지 않는데, ≪鉤命決≫에서 ≪효경≫을 ≪춘추≫ 뒤에 말했으므로 ≪효경≫ 역시 이 2년의 기간 중에 지었다고 본 것이다.
4) 又鉤命決云……則孝經之作在春秋後也 : 商(子夏, B.C. 507~?)에 비해 參(曾子, B.C. 505~B.C. 436)의 연배가 다소 어리고 孔子의 門下에 들어온 순서로 보아도 參이 후배이기 때문에 한 말이다.

경문의 말을 자세히 검토하고 劉炫의 풀이를 상세히 살펴보면 〈유현은〉 옛날에 감추어진 이치를 소중히 여겨 오늘날에 홀로 터득한 사람인 듯하다. 元氏의 설이 유현의 설과 같기는 하나 완전무결하지는 못한 듯하니, 지금 〈살펴보면 그는〉 ≪한서≫ 〈예문지〉와 鄭氏의 설을 옳다고 했다.

경문을 지은 연도에 대해 先儒는 "魯 哀公 14년에 〈애공이〉 서쪽 〈들판〉에서 사냥〈하던 중 叔孫氏의 御者가〉 기린을 잡자 공자가 ≪춘추≫를 지은 사실과 16년 여름 4월 己丑日에 공자가 죽은 사실이 증거가 된다."고 하였다. 곧 ≪효경≫이 지어진 것은 노 애공 14년 후, 16년 전이라는 것이다.

≪鉤命決≫을 살펴보면 "공자가 '나의 뜻은 ≪춘추≫에 담겨 있고 행실은 ≪효경≫에 담겨 있다.'라고 하였다." 하였으니, 先後를 따져 말하면 ≪효경≫의 문장은 ≪춘추≫와 유사한 시기에 지어졌음이 분명하다. 또 ≪구명결≫에 "공자가 '≪춘추≫는 商(子夏)에게 맡기고 ≪효경≫은 參(증자)에게 맡긴다.'라고 하였다." 하였으니, 그렇다면 ≪효경≫의 저술은 ≪춘추≫ 뒤에 이루어졌다.

○ 御者, 按大戴禮盛德篇云 "德法[1]者, 御民之本也. 古之御政以治天下者, 冢宰之官以成道, 司徒之官以成德, 宗伯之官以成仁, 司馬之官以成聖, 司寇之官以成義, 司空之官以成禮. 故六官以爲轡, 司會均入以爲軜.[2] 故曰 '御四馬者執六轡, 御天地與人與事者亦有六政[3]'. 是故善御者, 正身同轡, 均馬力, 齊馬心, 唯其所引而之, 以取長道[4], 遠行可以之, 急疾可以御. 天地與人事, 此四者, 聖人之所乘也. 是故天子, 御者. 內史[5]・太史[6], 左右手也. 六官, 亦六轡也. 天子・三公[7]合以執六官, 均五政[8], 齊五法[9], 以御四者. 故亦爲其所引而之, 以之道則國治, 以之德則國安, 以之仁則國和, 以之聖則國平, 以之義則國成, 以之禮則國定, 此御政之體也." 然則御者, 治天下之名, 若柔轡之御剛馬也. 家語亦有此文[10]. 是以秦・漢以來, 以御爲至尊之稱. 又蔡邕獨斷[11]曰 "御者, 進也, 凡衣服加於身, 飮食入於口, 妃妾接於寢, 皆曰御." 至於器物製作, 亦皆以御言之. 故此云御也.

1) 德法 : ≪大戴禮記≫ 〈盛德篇〉에 대한 王聘珍(淸)의 解詁에 "德法은 마음의 덕을 실천하여 겉으로 드러난 法象(禮儀 規範에 부합하는 儀表와 행동)이다."라고 하였다.

2) 六官以爲轡 司會均入以爲軜 : 수레 1대를 끄는 네 마리 말 좌우에 각기 고삐가 1개씩 모두 8개의 고삐가 있는데, 이 중 바깥 두 말의 안쪽 고삐 1개씩 2개는 수레 가로대에 매어두고 御者는 나머지 6개의 고삐를 손에 잡는다. 轡는 御者가 손에 잡는 6개의 고삐이고, 軜은 수레 가로대에 매어두는 2개의 고삐이다. 轡는 御者가 상황에 따라 조절하고, 軜은 상황 변화에 무관하게 일정하게 유지된다. 六官은 冢宰・司徒・宗伯・司馬・

司寇·司空이다. 司會는 《周禮》〈天官〉의 관직으로, 국가의 財務 會計와 관원들의 考課 성적 검찰을 담당하였다. 이 두 구가 《孔子家語》〈執轡〉에는 "六官在手以爲轡 司會均仁以爲納"으로 되어 있어 '均入'의 의미를 파악하는 데 참고가 된다.

3) 六政 : 《大戴禮記》〈盛德篇〉의 盧辯(北周) 注에 "六政은 道·德·仁·聖·義·禮를 말한다."라고 하였다.

4) 長道 : 큰 길이다. 《詩經》〈泮水〉의 "順彼長道 屈此群醜"에 대해 朱熹의 集傳에 "長道는 大道와 같다."라고 하였다.

5) 內史 : 《周禮》〈春官〉의 속관으로, 太宰를 도와 임금의 8가지 권한(爵·祿·廢·置·殺·生·予·奪)을 운용하는 법을 관장하여 국가 법령의 副本을 보관하고 관원의 행정과 회계를 검증하며, 제후와 경·대부에 대한 策命書를 작성하고 신하의 奏本을 임금에게 읽어 올리는 등의 일을 담당하였다.

6) 太史 : 《周禮》〈春官〉의 속관으로, 국가의 여러 법전을 관장하여 國家·官府·采邑의 행정을 검증하고, 국가와 관부와 채읍의 계약서 副本을 보관하여 계약 이행 여부를 검증하며, 큰 제사의 날짜를 택하고, 祭祀와 朝覲 및 喪事가 예법에 맞게 진행될 수 있도록 지도하는 등의 일을 담당하였다.

7) 天子三公 : 아래 주 10)에 밝혔듯이 이 글은 《孔子家語》에도 표현을 달리 하여 나온다. 이 부분이 《공자가어》에는 "天子……以六官爲轡 已而與三公爲執六官"으로 되어 있는 것을 참고할 때 '천자와 삼공'임을 알 수 있다. 삼공은 옛날 중앙의 최고 관직 셋으로, 그 구체적인 관직명은 시대에 따라 달랐는데, 여기서는 周나라의 삼공 太師·太傅·太保이다.

8) 五政 : 다섯 가지 농사철에 행하는 農政이다. 孝經緯 《鉤命決》에 "봄의 농정을 그르치지 않으면 五穀이 싹트고, 초여름의 농정을 그르치지 않으면 단비가 때맞춰 내리며, 늦여름의 농정을 그르치지 않으면 묵정밭이 사라지고, 가을철 농정을 그르치지 않으면 백성들이 번성하며, 겨울철 농정을 그르치지 않으면 질병이 사라진다. 이 다섯 가지 농정을 그르치지 않으면……."이라고 하였다.

9) 五法 : 《대대례기》〈성덕편〉 盧辯의 注에 "五法은 仁·義·禮·智·信을 말한다."라고 하였다.

10) 家語亦有此文 : '德法者御民之本……此御政之體也'가 《孔子家語》〈執轡〉에도 보이는데, 두 자료의 字句와 표현은 다소 다르다.

11) 蔡邕獨斷 : 채옹(133~192)은 後漢의 관료·문장가이자 術數·天文·音律에도 밝은 학자로, 《後漢書》 편수의 주축이었으나 董卓(?~192)의 逆亂에 가담했다가 동탁의 실각 후에 獄死하여 완성을 보지 못한 인물이다. 《獨斷》은 漢 高祖 원년(B.C. 206)부터 靈帝 熹平 원년(172)까지 370여 년 동안 漢代의 전장제도, 사물과 그 명칭, 故事·法令·諡法, 황제의 계보, 후궁의 칭호, 周代와 秦代의 禮制와 傳說 등을 기록한 저술

이다. 여기에 인용된 글은 ≪獨斷≫ 卷上에 보인다.

○ '御'〈에 대해 설명하면 다음과 같다.〉 살펴보건대 ≪大戴禮記≫ 〈盛德篇〉에 다음과 같은 내용이 있다.

"德法(德에 기반한 모범적 몸가짐)이 백성을 다스리는〔御〕 근본이다. 옛날에 정치를 주관하여〔御〕 천하를 다스린 방법은, 冢宰의 관직으로 道를 이루고 司徒의 관직으로 德을 이루고 宗伯의 관직으로 仁을 이루고 司馬의 관직으로 聖을 이루고 司寇의 관직으로 義를 이루고 司空의 관직으로 禮를 이루었다. 그래서 이 여섯 관직을 고삐〔轡〕로 삼고 司會가 〈財務 會計와 관원 考課에 대한 통계 자료를〉 공평하게 작성해 들이도록 하여 안고삐〔軜〕로 삼았다. 이 때문에 '네 마리 말을 모는 사람은 여섯 고삐를 잡고, 天地와 사람과 일을 다스리는 사람에게는 여섯 政務가 있다.'라고 하였다.

그러므로 수레를 잘 모는 사람은 몸을 바르게 하고 〈여섯〉 고삐를 똑같이 잡아서 말의 힘을 고르게 조절하고 말의 마음을 통일시킨다. 그리하여 오직 〈자신이〉 인도하는 대로 〈말들이〉 가도록 하여 큰 길로 가서, 먼 길을 갈 수 있고 빠르게 몰 수 있다.

하늘과 땅과 사람과 일, 이 네 가지는 성인이 타는〔乘〕 것이다. 그러므로 천자는 御者이고, 內史와 太史는 왼손과 오른손이며, 여섯 관직은 여섯 고삐이다. 천자와 三公이 함께 여섯 관직을 통솔하여 다섯 〈농사철의〉 農政을 고루 시행하고 다섯 가지 준칙을 조화시켜 네 가지(하늘·땅·사람·일)를 다스린다. 그래서 이 역시 인도하는 대로 가는데, 道로 가면 나라가 다스려지고, 德으로 가면 나라가 편안하며, 仁으로 가면 나라가 화합하고, 聖으로 가면 나라가 균평하며, 義로 가면 나라〈의 질서〉가 완성되고, 禮로 가면 나라가 안정된다. 이것이 정치를 주관하는 체재이다."

그렇다면 '御'는 천하를 다스린다는 말로, 부드러운 고삐가 강한 말을 부리는 것과 같다. ≪孔子家語≫에도 이 글이 있다. 이 때문에 秦·漢 이래로 '御'를 至尊의 칭호로 삼았다. 또 蔡邕의 ≪獨斷≫에 "御는 進(나아감)이다. 의복을 몸에 걸치는 것, 음식을 입에 넣는 것, 妃妾과 잠자리에서 교접하는 것을 모두 '御'라고 한다."라고 하였다. 〈마찬가지로〉 器物을 제작하는 것도 모두 御라고 하기 때문에 〈현종의 서문 첫머리에〉 '御'라고 한 것이다.

○ 製者, 裁翦述作之謂也. 故左傳曰 "子有美錦, 不使人學製焉."[1] 取此美名, 故人之文章述作, 皆謂之製. 以此序唐玄宗所撰, 故云御製也. 玄宗, 唐弟六帝也, 諱隆(著)〔基〕[2],

睿宗之子, 以延和元年卽位, 時年三十三. 在位四十五年, 年七十八登遐, 謚曰明孝皇帝, 廟號玄宗. 開元十年, 製經序弁注. 序者, 按詩頌云 "繼序思不忘"[3). 毛傳[4)云 "序, 緖也." 又釋詁[5)云 "敍, 緖也." 是序與敍音義同. 郭璞[6)云 "又爲端緖."[7) 然則此言緖者[8), 擧一經之端緖耳.

1) 子有美錦 不使人學製焉 : ≪춘추좌씨전≫ 襄公 31년조에 보인다. 封邑의 수령을 경륜이 부족한 연소한 자에게 맡기는 것은 경솔한 일임을 말하기 위해 든 비유이다.
2) (著)〔基〕: 저본에는 '著'로 되어 있으나, 당 현종의 이름이 隆基이므로 閔本과 毛本에 의거하여 '基'로 바로잡았다.(阮元의 〈校勘記〉 참조)
3) 繼序思不忘 : ≪詩經≫ 〈周頌 閔予小子〉에 보인다. 周 成王이 文王과 武王을 잊지 못한다고 스스로 말한 것이다.
4) 毛傳 : 漢代의 毛亨 또는 毛萇이 ≪시경≫을 訓釋한 주해서 ≪毛詩詁訓傳≫의 줄임말이다. ≪毛詩故訓傳≫으로도 표기한다.
5) 釋詁 : ≪爾雅≫의 篇名이다. ≪이아≫는 고대의 훈고학 전문서로, 전체 19편 중 앞의 〈釋詁〉·〈釋言〉·〈釋訓〉은 일반 어휘를 해석한 것이고, 뒤의 16편은 사물과 그 명칭 등에 관한 전문용어를 해석한 것이다.
6) 郭璞 : 276~324. 晉나라의 관료·문장가·학자로, 많은 古書에 주석을 내었다. ≪爾雅≫·≪穆天子傳≫·≪山海經≫에 대한 주석이 전해지는데, 그의 ≪爾雅注≫는 ≪爾雅≫에 대한 현존하는 유일한 古注로 ≪십삼경주소≫에 포함되었다.
7) 又爲端緖 : ≪爾雅注≫에 보인다.
8) 此言緖者 : '御製序弁注'의 '序'를 가리킨다. 그 訓이 '실마리〔緖〕'이기 때문에 의미를 가지고 말한 것이다.

'製'는 마름질하여 지음을 말한다. 이 때문에 ≪春秋左氏傳≫에 "그대에게 아름다운 비단이 있다면 남이 〈그것을 재료로 삼아〉 마름질〔製〕을 배우게 하지는 않을 것이다."라고 하였다. 이 말의 아름다운 표현을 취하여, 사람들이 문장 짓는 것을 모두 '製'라고 한다. 이 서문은 唐 玄宗이 지은 것이기 때문에 '御製'라고 하였다.

현종은 당나라의 6번째 황제로 諱는 隆基이고 睿宗의 아들이다. 延和 元年(712)에 즉위했는데 당시 나이가 33세였다. 45년 동안 在位하고 78세에 승하하였다. 시호는 明孝皇帝이고 廟號는 玄宗이다. 開元 10년(722)에 ≪효경≫ 서문과 注를 지었다.

'序'〈에 대해 설명하면 다음과 같다.〉 ≪詩經≫ 〈周頌 閔予小子〉를 살펴보면 "차례〔序〕를 이음을 생각하여 잊지 못하리로다."라고 하였는데, ≪毛詩詁訓傳≫에 "序는 緖(실마리)이다."라고 하였다. 또 ≪爾雅≫ 〈釋詁〉에 "敍는 緖(실마리)이다."라고 하였으니, 이로 볼 때 序와 敍는 음과 뜻이 같다. 郭璞이 말하기를 "〈敍는〉 또 端緖이다."라고 하였다. 그렇다면 여기('御製序幷注')서 말한 실마리〔緖〕는 전체 經文의 단서를 들어 말한 것이다.

○ 幷注者. 幷, 兼也. 注, 著也, 解釋經指, 使義理著明也. 言非但製序, 兼亦作注, 故云幷也. "案今俗所行孝經[1], 題曰鄭氏注. 近古皆謂康成, 而(晉·魏)〔魏·晉〕[2]之朝無有此說. 晉穆帝永和十一年, 及孝武太元元年, 再聚群臣, 共論經義. 有荀昶[3]者, 撰集孝經諸說, 始以鄭氏爲宗. 晉末以來[4], 多有異論. 陸澄[5]以爲非玄所注, 請不藏於祕省[6]. 王儉[7]不依其請, 遂得見傳. 至魏·齊則立學官, 著(作)〔在〕[8]律令. 蓋由虜俗無識, 故致斯訛舛. 然則經非鄭玄所注, 其驗有十二焉.

1) 案今俗所行孝經 : 이 구부터 아래 넷째 단락의 '因著古文孝經稽疑一篇'까지 그리고 그 단락의 '以爲孔鄭二家雲泥致隔……於義爲允'은 모두 劉子玄(劉知幾)의 글에서 인용한 것이다.(≪文苑英華≫ 卷766 〈孝經老子注易傳議(劉子玄)〉) 邢昺은 이를 인용하면서 대부분 자신의 논설처럼 처리하였으나 번역문은 생략된 내용을 보충하여 인용문임을 알 수 있도록 처리하였다.

2) (晉魏)〔魏晉〕: 저본에는 '晉'이 '魏' 앞에 있으나, ≪文苑英華≫·≪唐會要≫에 의거하여 두 글자의 순서를 바로잡았다.(阮元의 〈校勘記〉 참조)

3) 荀昶 : ?~?. 南朝 宋 武帝 永初 원년(420) 전후의 관료·문인이다. ≪隋書≫ 권32 〈經籍 1〉에 "≪集議孝經≫ 1권. 晉나라 中書郎 荀昶이 지음. 지금은 유실됨."이라는 기록이 있다.

4) 晉末以來 : ≪文苑英華≫·≪唐會要≫에는 '自齊梁已來'로 되어 있다.(阮元의 〈校勘記〉 참조) 이어지는 陸澄의 일화가 南朝 齊 高帝 때의 일이므로 이 두 자료의 기록이 비교적 타당한 것으로 생각된다.

5) 陸澄 : 425~494. 南朝 齊나라에서 祕書監 등을 지낸 관료로, 학문을 좋아하여 폭넓게 독서하였다.

6) 祕省 : 祕書省을 줄인 말이다. 비서성은 남북조시대 이후에 後漢 때 국가의 도서를 관장한 祕書監의 전통을 이어 설치한 관서로, 장관인 비서감 및 少監·丞·祕書郎·校書郎·正字 등의 관원을 두고 國史와 著作을 담당하는 두 부서를 통솔하였다.

7) 王儉 : 452~489. 南朝 齊나라의 관료·학자·장서가로, 劉歆(?~23)의 ≪七略≫ 체재를 따라 만든 目錄書 ≪七志≫로 유명하다.

8) (作)〔在〕: 저본에는 '作'으로 되어 있으나, ≪文苑英華≫·≪唐會要≫에 의거하여 '在'로 바로잡았다.(阮元의 〈校勘記〉 참조)

'幷注'〈에 대해 설명하면 다음과 같다.〉 '幷'은 兼함이고, 注는 著(드러냄)이니, 경문의 뜻을 해석하여 의미가 밝게 드러나도록 하는 것이다. 〈'幷注'는 곧〉 서문을 지었을 뿐만 아니라 겸하여 注도 내었다고 말한 것이다. 그래서 '幷'이라고 한 것이다. 〈≪금문효경≫ 鄭氏注에 대해 劉知幾는 다음과 같이 논하였다.〉

"지금 세상에 통행되고 있는 ≪효경≫을 살펴보면, '鄭氏注(정씨가 注를 냄)'라고 표기되어 있다. 〈이 '정씨'를〉 近古에는 모두 鄭康成(鄭玄)이라고 하는데, 魏代와 晉代에는 이런 설이 없었다.

晉 穆帝 永和 11년(355)과 孝武帝 太元 元年(376) 두 차례에 걸쳐 신하들을 소집하여 경문의 뜻을 함께 토론하도록 하였다. 그때 荀昶이란 사람이 ≪효경≫의 여러 설들을 撰集하면서 처음으로 鄭氏의 설을 으뜸으로 자리매김했는데, 晉末 이래로 異論이 많았다. 陸澄은 정현이 주를 낸 것이 아니라면서 祕書省(왕실 도서관)에 보관하지 말기를 청하였다. 그러나 王儉이 그 청을 따르지 않아서 결국 전해질 수 있었다.

北朝 魏나라와 南朝 齊나라에 이르러서 국립학교〔學官〕의 정식 과목으로 채택되어 律令에 기재되었으니, 북방의 풍속이 무식함으로 인해 이 같이 잘못된 일이 발생한 것이다. 그렇다면 정현이 경문에 주를 낸 것이 아님〈은 어떻게 알 수 있을까?〉 이에 대해 〈다음과 같은〉 12가지 증거가 있다.

據鄭自序云 '遭黨錮之事[1], 逃難〔注禮〕[2], 至黨錮事解, 注古文尙書·毛詩·論語, 爲袁譚所逼[3], 來至元(誠)〔城〕[4], 乃注周易', 都無注孝經之文. 其驗一也. 鄭君[5]卒後, 其弟子追論師所注述及應對時人, 謂之鄭志[6]. 其言鄭所注者, 唯有毛詩·三禮·尙書·周易, 都不言注孝經. 其驗二也. 又鄭志·目錄[7], 記鄭之所注, 五經之外, 有中候[8]·大傳[9]·七政論[10]·乾象曆[11]·六藝論[12]·毛詩(譜)〔譜〕[13]·答臨碩難禮[14]·〔駁〕許愼異(議)〔義〕[15]·釋廢疾·發墨守·箴膏(盲)〔肓〕[16]·答甄守然[17]等書.[18] 寸紙片言, 莫不悉載. 若有孝經之注, 無容匿而不言. 其驗三也.

1) 黨錮之事 : 後漢 桓帝(132~167)·靈帝(156~189) 때 환관들이 정권을 장악하여 국정을 농단하자 陳蕃(?~168)·李膺(110~169) 등의 학자와 태학생들이 환관들을 탄핵했다가 도리어 환관들의 반격을 받아 벼슬길이 막힌 일을 말한다. 환제와 영제 때 각각 한 번씩 일어났는데, 정현은 1차에 연루되었다가 靈帝 말년에 禁錮가 풀렸다.

2) 〔注禮〕 : 저본에는 '注禮'가 없으나, ≪文苑英華≫·≪唐會要≫에 의거하여 '注禮' 2자를 보충하였다.(阮元의 〈校勘記〉 참조) 여기서 말한 '禮'는 뒤에서 ≪鄭志≫의 기록을 언급할 때 정현이 ≪三禮≫에 주를 내었다고 한 것과 비교해 보면 禮學을 다룬 경전

≪周禮≫·≪儀禮≫·≪禮記≫를 총칭한 것일 수도 있고, 또 뒤에 언급된 ≪鄭志≫와 ≪目錄≫의 '五經'과 비교해 보면 ≪의례≫를 지칭한 것일 수도 있다. 오경에 포함된 ≪예≫가 漢代에는 ≪의례≫를, 후대에는 ≪예기≫를 일컫기 때문이다.

3) 爲袁譚所逼 : 정현이 74세 되던 해 봄에 후한 말의 군웅 중 하나인 袁紹(?~202)가 아들 袁譚(?~205)을 시켜 정현에게 從軍을 강요한 일을 말한다. 그는 할 수 없이 병든 몸으로 종군하였으나, 元城縣에 이르러 병이 위독해지자 더는 나아가지 못하고 그해 6월에 죽었다.(≪後漢書≫ 卷35 〈鄭玄列傳〉)

4) (誠)〔城〕: 저본에는 '誠'으로 되어 있으나, ≪後漢書≫ 권35 〈鄭玄列傳〉에 '元城縣'이라고 한 것에 의거하여 '城'으로 바로잡았다.

5) 君 : ≪唐會要≫에는 '玄'으로 되어 있다.(阮元의 〈校勘記〉 참조) 이곳의 '鄭君'은 곧 鄭玄임을 드러낸 것이다.

6) 鄭志 : 정현의 손자 鄭小同(三國 魏)이 ≪논어≫의 체재를 따라 정현이 문인 趙商·張逸 등과 문답한 말을 기록한 책으로, 대부분 경전의 의심스러운 뜻을 풀이한 내용이다. 청나라 鍾謙鈞의 ≪古經解彙函≫에 집일본이 있다.

7) 鄭志目錄 : 84쪽 원문 상단의 '鄭志及目錄'에 의거하여 두 가지 책으로 판단하였다. 이 문장에 거론된 책들이 ≪鄭志≫에는 언급되지 않았다. 淸나라 袁鈞이 집일한 ≪鄭氏佚書二十三種≫에 ≪三禮目錄≫·≪孔子弟子目錄≫이라는 제목의 책이 수록되어 있는 것으로 보아 여기의 '目錄' 역시 이 같은 書名을 약칭한 것으로 생각된다.

8) 中候 : 孔子가 黃帝의 玄孫인 帝魁의 글을 얻고는, 전체 3,240편 중 120편을 모범적인 것으로 정하여 그중 102편은 ≪尙書≫로, 18편은 ≪中候≫로 만들었다고 한다.(≪尙書正義≫ 孔穎達疏) 이 책에 대한 정현의 注本은 ≪尙書中候鄭注≫로, 청나라 孔廣林의 집일본이 있다.

9) 大傳 : 漢나라 伏勝이 진 시황의 분서갱유 때 벽 속에 숨겨두었던 ≪尙書≫를 漢나라 건립 후에 꺼내어 傳을 단 ≪尙書大傳≫으로, 淸나라 孫之騄의 집일본이 있다. 이 책에 대한 정현의 注本은 ≪尙書大傳注≫이다.

10) 七政論 : ≪天文七政論≫이다. 日·月·五星의 운행에 대한 천문서이다.

11) 乾象曆 : 후한 말 靈帝 때 劉洪이 저술하여 삼국시대 吳나라에서 사용된 曆法書이다.

12) 六藝論 : 정현의 저술로, 六經의 기원과 발전 및 경학의 傳授 과정을 서술하고 여러 경전에 대한 注를 실었다. 청나라 袁鈞이 집일한 ≪鄭氏佚書二十三種≫에 총 1권이 들어 있다. 육경은 ≪易≫, ≪書≫, ≪詩≫, ≪禮≫, ≪樂≫, ≪春秋≫이지만 집일서에 ≪樂≫에 대한 注는 없고 대신 ≪孝經≫에 대한 注가 있다.

13) 毛詩(譜)〔譜〕: 저본에는 '毛詩譜'로 되어 있으나, 閩本·監本·毛本에 의거 '毛詩譜'로 바로잡았다.(阮元의 〈校勘記〉 참조) 이 책은 정현의 저술로, 내용상 작품의 主旨와 저술 경위 등을 진술한 序流의 책이지만 子夏의 ≪詩序≫와 겹치는 것을 피하기 위해 이름을

이와 같이 지었다고 한다. ≪鄭氏佚書二十三種≫에 총 3권이 들어 있다.

14) 答臨碩難禮 : 제목으로 보아 '禮에 대해 문제를 제기한 臨碩(臨孝存)에게 답한 글'이다. ≪鄭氏佚書二十三種≫에 총 1권이 들어 있다. ≪答臨孝存周禮難≫이라고도 한다.

15) 〔駁〕許愼異(議)〔義〕 : 저본에는 '許愼異議'로 되어 있으나, ≪文苑英華≫·≪唐會要≫에 의거하여 '駁'을 보충하고 '議'를 '義'로 바로잡았다.(阮元의 〈校勘記〉 참조) ≪駁許愼五經異義≫라고도 한다.

16) 釋廢疾發墨守箴膏(盲)〔肓〕 : ≪鄭氏佚書二十三種≫에 각기 1권씩 들어 있다. 肓은, 저본에는 '盲(소경 맹)'으로 되어 있으나, 監本·毛本에 의거하여 '肓(명치끝 황)'으로 바로잡았다.(阮元의 〈校勘記〉 참조)

17) 答甄守然 : 劉知幾는 '守'를 '子'의 오자라고 하였다. 후한의 孔融(153~208)이 北海를 다스릴 때 甄子然과 臨孝存(앞의 주 14) 참조)이 고을의 賢者였음을 알고 고을 사당에 배향시킨 바 있다.(≪後漢書≫ 卷100 〈孔融列傳〉)

18) 目錄記鄭之所注五經之外……答甄守然等書 : ≪鄭志≫ 卷下 말미에 보인다. ≪四庫全書≫ 편수관들은 이를 後人이 ≪孝經注疏≫의 이 부분에서 따다 붙인 것이라고 주석을 붙였다.

鄭玄의 〈自序〉에 '黨錮의 일을 만나 환난을 피해 〈은거하면서〉 ≪禮≫에 注를 내었고, 당고의 일이 풀렸을 때 ≪古文尙書≫·≪毛詩≫·≪論語≫에 주를 내었으며, 袁譚의 핍박으로 元城 고을에 와서 ≪주역≫에 주를 내었다.'라고 한 것에 의거하면, ≪효경≫에 주를 내었다는 말이 전혀 없으므로 이것이 그 첫째 증거이다.

정현이 죽은 뒤에 제자들이, 스승이 典籍을 주해한 글과 당대 사람들에게 응답한 말들을 論纂하여 ≪鄭志≫라고 일컬었는데, 이 책에서 정현이 주를 냈다고 한 것은 오직 ≪毛詩≫·≪三禮≫·≪尙書≫·≪周易≫뿐이고 ≪효경≫에 주를 냈다고는 전혀 말하지 않았으니, 이것이 그 둘째 증거이다.

또 ≪鄭志≫와 ≪목록≫에 정현이 주를 낸 책을 기록하였는데 五經 이외에도 ≪中候≫·≪尙書大傳≫·≪七政論≫·≪乾象曆≫·≪六藝論≫·≪毛詩譜≫·≪答臨碩難禮≫·≪駁許愼異義≫·≪釋廢疾≫·≪發墨守≫·≪箴膏肓≫·≪答甄守然≫ 등의 책이 있다. 〈이와 같이〉 적은 분량의 글도 모두 기재했으니, 만약 ≪孝經≫에 주를 내었다면 숨기고 말하지 않았을 리가 없다. 이것이 그 셋째 증거이다.

鄭之弟子分授門徒, 各述(所)〔師〕[1]言, 更(爲)〔相〕[2]問答, 編錄其語, 謂之鄭記[3]. 唯載〔詩·書〕[4]·禮·易·論語, 其言不及孝經. 其驗四也. 趙商[5]作鄭玄碑銘, 具(載諸)〔稱其〕所注箋(驗)〔駁〕[6]論, 亦不言注孝經. 晉中經簿[7], 周易・尙書・中候[8]・尙書大傳・毛詩・周禮・儀禮・禮記・論語凡九書, 皆云'鄭氏注, 名玄.' 至於孝經, 則稱'鄭氏解', 無'名玄'二字. 其驗五也. 春秋緯演孔圖注[9]云'康成注三禮・詩・易・尙書・論語, 其春秋・孝經則有評論.' 宋均詩譜[10]序云'我先師北海鄭司農.' 則均是玄之傳業弟子, 師有注述, 無容不知. 而云春秋・孝經唯有評論, 非玄所注時[11]明. 其驗六也.

1) (所)〔師〕: 저본에는 '所'로 되어 있으나, ≪文苑英華≫・≪唐會要≫에 의거하여 '師'로 바로잡았다.(阮元의 〈校勘記〉 참조)
2) (爲)〔相〕: 저본에는 '爲'로 되어 있으나, ≪文苑英華≫・≪唐會要≫에 의거하여 '相'으로 바로잡았다.(阮元의 〈校勘記〉 참조)
3) 鄭記 : 鄭玄의 제자들이 정현의 말 및 서로 문답한 말을 기록한 책으로, ≪鄭氏佚書二十三種≫에 총 1권이 들어 있다.
4) 〔詩書〕: 저본에는 '詩書'가 없으나, ≪文苑英華≫・≪唐會要≫에 의거하여 '詩書'를 보충하였다.(阮元의 〈校勘記〉 참조)
5) 趙商 : 鄭玄의 제자이다. 정현이 60세 되던 해에 먼 데서 찾아와 배웠다고 한다.
6) (載諸)〔稱其〕所注箋(驗)〔駁〕: 저본에는 '載諸所注箋驗'으로 되어 있으나, ≪文苑英華≫・≪唐會要≫에 의거하여 '載諸'를 '稱其'로 바로잡고 '驗'을 '駁'으로 바로잡았다.(阮元의 〈校勘記〉 참조)
7) 晉中經簿 : 西晉의 荀勗(?~289)과 張華(232~300) 등이 편찬한 국가 장서 목록으로, 삼국 魏나라 鄭默(213~280)이 편찬한 ≪中經≫을 계승했다는 뜻으로 ≪中經新簿≫라고도 한다.
8) 中候 : ≪文苑英華≫・≪唐會要≫에는 '尙書中候'로 되어 있다. 宋나라 王應麟(1223~1296)의 ≪小學紺珠≫ 권4 '鄭氏九書' 등에도 마찬가지이다.
9) 注 : 宋均의 注이다. 宋均은 鄭玄의 제자이다.
10) 詩譜 : ≪文苑英華≫에는 '詩緯'로 되어 있고, ≪冊府元龜≫에는 '詩譜'로 되어 있다.(阮元의 〈校勘記〉 참조)
11) 時 : '是'의 통용자로 쓰였다. 監本・毛本, 그리고 ≪文苑英華≫에는 '特'으로 되어 있는데, 이는 '是'의 의미가 강조된 표현으로 볼 수 있다.(阮元의 〈校勘記〉 참조)

정현의 제자들이 〈사방에 흩어져〉 나뉘어 살면서 門徒들을 가르치며 스승의 말을 각기 서술하고 서로 문답을 주고받고는 그 말을 엮어 기록하여 ≪鄭記≫라고 칭하였는데, 오직 ≪시≫・≪서≫・≪예≫・≪역≫・≪논어≫에 대한 것만 실려 있고 ≪효경≫은 언급하지 않았다. 이것이 그 넷째 증거이다.

趙商이 지은 鄭玄의 碑銘에도 정현이 저술한 注・箋・駁・論을 구체적으로 언급하면서

≪효경≫에 주를 내었다는 말은 하지 않았다. ≪晉中經簿≫에서는 ≪周易≫·≪尚書≫·≪尚書中候≫·≪尚書大傳≫·≪毛詩≫·≪周禮≫·≪儀禮≫·≪禮記≫·≪論語≫ 등 총 9종의 책에 모두 '鄭氏가 주를 내었다. 이름은 玄이다.'라고 하면서 ≪효경≫에 대해서는 '鄭氏가 解를 달았다.'라고만 하고 '이름은 玄이다.'라는 말을 하지 않았다. 이것이 그 다섯째 증거이다.

春秋緯 ≪演孔圖≫의 注에 '鄭康成이 ≪삼례≫·≪시≫·≪역≫·≪상서≫·≪논어≫에는 주를 내었고, ≪춘추≫·≪효경≫에는 평론을 달았다.'라고 하였다. 宋均은 〈詩譜序〉에서 '나의 스승이신 北海 鄭司農'이라고 하였으니, 그렇다면 송균은 정현에게서 배운 제자이므로 스승의 주석서를 몰랐을 리 없다. 그런데 '≪춘추≫와 ≪효경≫에는 오직 평론을 달았다고 하였으니, 정현이 주를 낸 것이 아님이 분명하다. 이것이 그 여섯째 증거이다.

又宋均孝經緯注[1], 引鄭六藝論敍孝經云'「玄又爲之注」, 司農[2]論如是而均無聞焉. 有義無辭, 令予昏惑.' 擧鄭之語而云無聞, 其驗七也. 宋均春秋緯注云 '爲春秋·孝經略說', 則非注之謂. 所言'又爲之注'者, 汎辭耳, 非事實. 其敍春秋亦云 '玄又爲之注', 寧可復責以實注春秋乎. 其驗八也. 後漢史書存於代[3]者, 有謝承·薛瑩·司馬彪·袁山松[4]等, 其所注皆無孝經, 唯范氏書[5]有孝經. 其驗九也. 王肅孝經傳[6]首有司馬宣王[7]奉詔, 令諸儒注述孝經, 以肅說爲長. 若先有鄭注, 亦應言及, 而不言鄭. 其驗十也. 王肅注書, 好發鄭短, 凡有小失, 皆在聖證[8], 若孝經此注亦出鄭氏, 被肅攻擊, 最應煩多, 而肅無言. 其驗十一也. 魏晉朝賢辯論時事, 鄭氏諸注, 無不撮引, 未有一言孝經注者. 其驗十二也.

1) 宋均孝經緯注 : 宋均이 孝經緯에 낸 注가, 淸나라 趙在翰이 編輯한 ≪孝經緯≫에 부록되어 있다.
2) 司農 : 정현이 建安年間(196~200)에 大司農을 지냈기 때문에 그를 이렇게 칭하기도 한다.
3) 代 : 세상〔世〕의 뜻으로 쓰였다. ≪唐會要≫ 권77 〈論經義〉에는 '世'로 되어 있다.
4) 謝承薛瑩司馬彪袁山松 : 사승(三國 吳)의 ≪後漢書≫, 설영(?~282)의 ≪後漢記≫, 사마표(?~약306)의 ≪續漢書≫, 원산송(?~401)의 ≪後漢書≫를 두고 한 말이다.
5) 范氏書 : 范曄(398~445)의 ≪後漢書≫를 말한다.
6) 王肅孝經傳 : 왕숙(195~256)은 삼국시대 魏나라의 관료·학자인데, 賈逵와 馬融의 학

문에 능통하였고 鄭玄을 싫어하였다. 僞書 《孔子家語》의 저자로 유명하다. 그는 금문과 고문을 구분하지 않고 많은 학자의 설을 종합하여 여러 경서에 두루 注를 내었는데, 《孝經傳》은 그중 하나이다.

7) 司馬宣王 : 후한 말에 曹操의 策士로 활약하고 삼국시대 魏나라에서 曹丕의 절대적 신임을 받았던 司馬懿(179~251)이다. 손자 司馬炎이 晉나라를 세운 뒤에 宣帝로 추존되었기 때문에 宣王이라고 칭한 것이다.

8) 聖證 : 왕숙이 편찬한 《聖證論》을 줄인 말로, '성인의 말씀을 취하여 증거로 삼는다.'라는 뜻이다. 왕숙은 이 책을 짓고는 《공자가어》 등의 僞書를 만들어 뒷받침하였다.

또 宋均이 孝經緯에 낸 注에 정현의 《六藝論》 중 《孝經》에 대한 논설의 '내(玄)가 또 注를 내었다.'라는 말을 인용하고 '司農(정현)의 말씀은 이와 같으나 나는 그런 말을 〈직접〉 들은 바 없다. 〈정황상〉 그럴 만은 하나 〈구체적으로〉 말씀한 적이 없으니, 나를 혼란스럽게 한다.'라고 하였다. 〈정현에게 직접 배운 송균이〉 정현의 말에 대해 '〈직접〉 들은 바 없다.'라고 하였으니, 이것이 그 일곱째 증거이다.

송균이 春秋緯에 낸 注에 '〈鄭玄이〉 《춘추》와 《효경》을 위해서는 간략히 논설하였다.'라고 하였는데, 이는 注를 내었다는 말이 아니다. 따라서 '또 注를 내었다.'라고 한 것은 범범한 말일 뿐 사실이 아니다. 정현의 《육예론》 중 《春秋》에 대한 논설에도 '내(玄)가 또 注를 내었다.'라고 하였지만, 〈이 말을 가지고〉 어찌 또 그가 실제로 《春秋》에 주를 냈어야 한다고 따질 수 있겠는가. 이것이 그 여덟째 증거이다.

後漢의 역사서 중 세상에 남아 있는 것으로는 謝承·薛瑩·司馬彪·袁山松 등의 저작이 있는데, 〈이들의 책에는〉 모두 정현이 注를 낸 책들 중에 《효경》이 없고 오직 范氏의 책에만 〈정현이 注를 낸 책들 중에〉 《효경》이 기록되어 있다. 이것이 그 아홉째 증거이다.

王肅의 《孝經傳》 서두에는 司馬宣王이 조칙을 받들어 여러 儒者들에게 《효경》을 注解하도록 한 일이 기록되어 있는데, 〈이때 유자들이〉 왕숙의 설을 가장 좋다고 하였다. 만약 이보다 앞서 정현의 주가 있었다면 그것도 언급했을 텐데 정현을 언급하지 않았으니, 이것이 그 열째 증거이다.

왕숙은 서적에 注를 내면서 정현의 단점을 들춰내기를 좋아하여, 사소한 실수라도 있으면 모두 그의 《聖證論》에 언급하였다. 만약 《효경》의 이 注가 정현이 낸 것이라면 왕숙의 공격을 받은 곳이 매우 많았을 텐데 왕숙이 그런 말을 한 적이 없으니, 이것이 그 열한째 증거이다.

魏晉時代에 조정의 신하들은 時事를 논변할 때 정현의 여러 注들을 모두 인용하였는데 ≪효경≫에 대한 정현의 注를 언급한 곳은 하나도 없으니, 이것이 그 열두째 증거이다.

(以)〔凡〕[1]此證驗, 易爲討覈. 而代[2]之學者不覺其非, 乘(後)〔彼〕[3]謬說, 競相推擧, 諸解不立學官. 此注獨行於世, 觀言語鄙陋, 義理乖謬, 固不可示彼後來, 傳諸不朽. 至古文孝經孔傳, 本出孔氏壁中, 語甚詳正, 無俟商搉. 而曠代亡逸, 不被流行, 隋開皇十四年, 祕書學生王逸[4]於京市陳人處買得一本, 送與著作王劭[5]. 以示河間劉炫, 仍令校定. 而此書更無兼本[6], 難可依憑, 炫輒以所見率意刊改, 因著古文孝經稽疑一篇."[7] 故開元七年勅議之際, 劉子玄等議以爲 "孔·鄭二家雲泥致隔, 今綸旨煥發, 校其短長. 必謂行孔廢鄭, 於義爲允."

1) (以)〔凡〕: 저본에는 '以'로 되어 있으나, ≪文苑英華≫·≪唐會要≫에 의거하여 '凡'으로 바로잡았다.(阮元의 〈校勘記〉 참조)
2) 代 : 세상〔世〕의 뜻으로 쓰였다.
3) (後)〔彼〕: 저본에는 '後'로 되어 있으나, ≪文苑英華≫·≪唐會要≫에 의거하여 '彼'로 바로잡았다.(阮元의 〈校勘記〉 참조)
4) 王逸 : 미상이다. ≪楚辭章句≫의 저자로 유명한 安帝(재위 107~124)·順帝(재위 126~143) 때의 王逸과는 다른 사람이다.
5) 王劭 : 隋나라의 관료·문인으로 開皇年間(581~600)에 劉炫과 함께 ≪隋書≫를 편수한 인물이다.
6) 兼本 : 동일한 板에서 인출한 본 또는 複本을 말한다.
7) 因著古文孝經稽疑一篇 : 여기까지가 劉子玄의 글에서 인용한 것이다. 76쪽 주 1) 참조.

이 모든 증거들은 그 眞僞를 쉽게 조사하여 밝힐 수 있다. 그런데도 세상의 학자들은 그 설이 잘못되었음을 깨닫지 못한 채 저 그릇된 설에 편승하여 서로들 추어주며 다른 여러 注解들은 국립학교〔學官〕에 정식 교과로 채택하지 않았다. 그리하여 이 注만이 세상에 통행되었지만, 언어의 비루함과 의미의 불합리함을 살펴볼 때 실로 저 후학들에게 보여주어 영원히 전해지게 해서는 안 된다.

孔安國이 傳을 단 ≪古文孝經≫으로 말하면 본디 孔子가 살던 집의 벽 속에서 나왔는데, 말이 매우 상세하고 정확하여 깊이 헤아리고 따질 필요도 없었다. 그러나 오랫동안 사라져 세상에 쓰이지 못하다가 隋나라 開皇 14년(594)에 祕書省의 學生 王逸이 서울에 있는 시장의 촌구식(시대에 뒤떨어진 케케묵은 사람)에게서 한 본을 매입하여 著作郎 王劭

에게 보내었다. 〈王劭는〉 이를 河間(지금의 河北省 河間市 일대)의 劉炫에게 보여주어 校定하게 하였다.

그러나 이 책은 동일한 판본의 책이 전혀 없어서 근거할 만한 것을 찾기 어려웠다. 유현은 번번이 〈자신이 이전에〉 본 것에 따라 뜻 가는 대로 자구를 수정하고 이어서 ≪古文孝經稽疑≫ 1편을 저술하였다."

이 때문에 開元 7년(719) 칙명에 의해 논의할 때 劉子玄(劉知幾) 등이 의견을 내기를 "공안국과 정현 두 학자의 설은 하늘과 땅 만큼이나 차이가 큰데 지금 환히 빛나는 윤음을 내리시어 그 장단점을 비교하게 하셨으니, 반드시 '공안국의 설을 통행시키고 정현의 설은 폐기한다.'라고 해야 사리에 맞을 것입니다."라고 하였다.

國子博士司馬貞議曰 "今文孝經是漢河間王所得顔芝本, 至劉向, 以此參校古文, 省除繁惑, 定此一十八章. 其注相承云 '是鄭玄所作'. 而鄭志及目錄等不載, 故往賢共疑焉. 唯荀昶・范曄[1]以爲鄭注, 故昶集解孝經[2], 具載此注爲優. 且其注縱非鄭玄, 而義旨敷暢, 將爲得所, 雖數處小有非穩, 實亦未爽經言. 其古文二十二章, (無)〔元〕[3]出孔壁. 先是安國作傳, 緣遭巫蠱[4], 未之行也. 昶集注之時, (尙未)〔有〕[5]見孔傳, 中朝[6]遂亡其本. 近儒欲崇古學, 妄作(傳學)〔此傳〕[7], 假稱孔氏, 輒穿鑿改更, 又僞作閨門一章. 劉炫詭隨, 妄稱其善. 且閨門之義, 近俗之語, 必非宣尼[8]正說. 案其文云 '閨門之內具禮矣. 嚴親・嚴兄・妻子・臣妾, 繇百姓徒役也.' 是比妻子於徒役, 文句凡鄙, 不合經典. 又分庶人章, 從'故自天子'已下別爲一章, 仍加'子曰'二字. 然故者(建下)〔連上〕[9]之辭, 旣是章首, 不合言故. 是古人旣沒, 後人妄開此等數章, 以應二十二之數. 非但經(久)〔文〕[10]不眞, 抑亦傳文淺僞. 又注用天之道[11]分地之利, 其略曰 '脫之應功[12], 暴其肌體, 朝暮從事, 露髮徒足, 少而習之, 其心安焉.' 此語雖旁出諸子[13], 而引之爲注, 何言之鄙俚乎. 與鄭氏所云'分別五土, 視其高下', 高田宜黍稷, 下田宜稻麥, 優劣懸殊, 曾[14]何等級. 今議者欲取近儒詭說而廢鄭注, 理實未可. 請准令式, 孝經鄭注與孔傳, 依舊俱行." 詔鄭注仍舊行用, 孔傳亦存. 是時蘇・宋[15]文吏拘於流俗, 不能發明古義, 奏議排子玄, 令諸儒對定. 司馬貞與學生郗(치)常等十人盡非子玄, 卒從諸儒之說. 至十年, 上自注孝經, 頒于天下, 卒以十八(年)[16]章爲定.

1) 范曄 : 398~445. 남조 宋나라의 관료・역사가로, ≪後漢書≫의 저자로 유명하다.

2) 昶集解孝經 : 荀昶의 ≪集議孝經≫이다. 76쪽 주 3) 참조.

3) (無)〔元〕: 저본에는 '無'로 되어 있으나, ≪文苑英華≫·≪唐會要≫에 의거하여 '元'으로 바로잡았다.(阮元의 〈校勘記〉 참조)

4) 巫蠱 : 漢 武帝(재위 B.C. 141~B.C. 87) 때 巫蠱(남을 해치기 위해 저주하는 巫術 행위)로 인해 일어난 권력 다툼을 말한다. 무제가 만년에 병이 잦자 누군가 자신을 巫蠱한다고 의심하고 있었는데, 征和 2년(B.C. 91) 太子와 사이가 벌어진 江充이 태자가 太子宮 안에 나무 인형을 묻어 무제를 저주했다고 거짓 고변하였다. 이에 태자가 두려워 강충 등을 죽이자 무제가 군사를 일으켜 체포하려 하였다. 태자는 군사를 동원하여 5일 동안 항거하다 패하여 자살하였고, 승상부터 서인까지 수만 명이 연루되어 죽임을 당하였다.(≪漢書≫ 卷6 〈武帝紀〉)

5) (尙未)〔有〕: 저본에는 '尙未'로 되어 있으나, ≪文苑英華≫·≪唐會要≫에 의거하여 '有'로 바로잡았다.(阮元의 〈校勘記〉 참조)

6) 中朝 : 중국 南北朝 시대의 南朝를 일컫는다. 南朝 宋나라 사람인 荀昶까지만 해도 공안국의 傳을 보았는데, 그 이후로 사라졌기 때문에 한 말이다.

7) (傳學)〔此傳〕: 저본에는 '傳學'으로 되어 있으나, ≪文苑英華≫·≪唐會要≫에 의거하여 '此傳'으로 바로잡았다.(阮元의 〈校勘記〉 참조)

8) 宣尼 : 漢 平帝 元始 원년(1)에 孔子에게 '褒成宣尼公'이라는 시호를 추증한 뒤로 공자에 대한 호칭이 되었다. 宣父·宣聖으로도 칭한다.

9) (建下)〔連上〕: 저본에는 '建下'로 되어 있으나, ≪文苑英華≫·≪唐會要≫에 의거하여 '連上'으로 바로잡았다.(阮元의 〈校勘記〉 참조)

10) (久)〔文〕: 저본에는 '久'로 되어 있으나, 監本·毛本에 의거하여 '文'으로 바로잡았다.(阮元의 〈校勘記〉 참조)

11) 天之道 : ≪文苑英華≫에 '天之時'로 되어 있는 것이 의미 파악에 참고 된다.(阮元의 〈校勘記〉 참조)

12) 脫之應功 : ≪文苑英華≫·≪唐會要≫ 및 日本에서 판각한 ≪僞書孝經孔傳≫에 모두 '脫衣就功'으로 되어 있는 것이 이 구를 이해하는 데 참고 된다.(阮元의 〈校勘記〉 참조)

13) 此語雖旁出諸子 : ≪國語≫ 권6 〈齊語〉의 '管仲對桓公以霸術'에 "令夫農……以旦暮從事於田野 脫衣就功……霑體塗足 暴其髮膚……以從事於田野 少而習焉 其心安焉"을 두고 한 말이다.

14) 曾 : '乃'·'又'의 뜻으로 쓰였다. 이와 같은 용례로 王粲(177~217)의 〈登樓賦〉의 "비록 참으로 아름답기는 하나 내 고향이 아니니, 또〔曾〕 어찌 잠시인들 머물 가치가 있으랴."를 들 수 있다.

15) 蘇宋 : 蘇頲(670~727)과 宋璟(663~737)을 병칭한 것으로 추정된다. 송경은 당 현종 開元 初에 刑部尙書에 오르고 開元 4년(716)에 정승이 되어 어진 정승으로 일컬어진 인물이고, 소정은 개원 연간에 同紫微黃門平章事에 올라 송경과 함께 政事를 다스리며

문장으로 명성이 높았던 인물이다. 개원 7년(719) 太子의 입학식을 거행하고 문묘에 謁聖할 때 이 두 사람이 亞獻과 終獻을 담당하고 褚无量(645~719 또는 646~720)이 ≪효경≫을 講한 일(≪新唐書≫ 卷15 〈禮樂 5〉) 등에서 이러한 추정이 가능하다.

16) (年) : 저본에는 '年'이 있으나 嘉靖本・汲古閣本에 의거하여 衍文으로 처리하였다.

國子博士 司馬貞은 다음과 같은 의견을 내었다.

"≪금문효경≫은 한나라 때 河間王이 얻은 顔芝의 본입니다. 劉向에 이르러 이 본을 참고로 ≪고문효경≫을 교정하여 번다한 부분을 생략하고 의심스러운 부분을 삭제하여 이 18장을 확정하였습니다. 그 책의 注에 대해, 사람들이 서로 전하기를 '이는 鄭玄이 지은 것이다.'라고 하였지만, ≪鄭志≫와 ≪目錄≫ 등에 기재되지 않았기 때문에 옛 현인들은 모두 그 말을 의심하였습니다.

오직 荀昶과 范曄만은 정현의 주라고 했습니다. 이 때문에 순창이 여러 설을 모아 ≪효경≫을 풀이할 때 이 주를 우수한 것으로 평가하여 온전히 실었습니다. 그리고 그 주가 설사 정현이 낸 것이 아니라 하더라도, 의미가 부연되어 통창하므로 장차 그에 걸맞은 지위를 얻게 될 것입니다. 비록 몇 군데 온당치 않은 점이 조금 있기는 하나 실로 경문의 말과 어긋나지는 않습니다.

≪고문효경≫ 22장은 원래 孔子가 살던 옛 집의 벽 속에서 나왔습니다. 예전에 공안국이 傳을 지었으나 巫蠱의 옥사에 연루되어 통행되지 못하였습니다. 순창이 여러 注들을 모을 때는 공안국의 傳을 볼 수 있었으나, 南朝에서도 결국 그 책이 유실되었습니다. 근래의 儒者가 古文經學을 높이려고 이 傳을 위조하고는 孔氏(공안국)의 저작이라고 사칭했는데, 걸핏하면 의미를 억지로 끌어다 붙여 자구를 고치고 또 〈閨門章〉 1장을 위조해 넣었습니다. 劉炫은 그에 아첨하여 맹종하며 맹랑하게도 좋다고 칭찬하였습니다.

또 〈閨門章〉의 내용은 천근하고 통속적인 말이니, 결코 宣尼(孔子)의 바른 말이 아닙니다. 그 글을 살펴보면 '閨門 안에 禮가 갖추어져 있다. 嚴父와 嚴兄이 있고, 妻子와 臣妾이 있는 것이 나라에 백성과 徒役이 있는 것과 같다.'라고 하였습니다. 이는 처자식을 徒役에 빗댄 것으로, 문구가 범속하고 너절하여 經書에 맞지 않습니다. 또 〈庶人章〉을 나누어 '故自天子'부터 그 이하를 별도의 한 장으로 만들고 '子曰' 2자를 덧붙였습니다. 그러나 '故'는 윗 문장과 이어주는 말인데, 〈이와 같이 장을 나누면 '故自天子'는〉 이미 章의 첫머리가 되므로 '故'라고 말하는 것은 합당하지 않습니다. 이는 옛사람이 죽은 뒤에 후인이 이들 몇 장을 함부로 고쳐 22라는 수(≪古文孝經≫의 章數)에 맞춘 것입니다.

〈이 ≪僞古文孝經孔傳≫은〉 비단 경문이 원래의 모습을 잃었을 뿐만 아니라 傳文도 천박하여 원래의 공안국 傳이 아닙니다. 또 '하늘의 道를 이용하고 땅의 이로움을 분별하며〔用天之道 分地之利〕'에 注를 내면서 대략 '웃통을 벗고 일하며 맨살을 드러내고 아침부터 저녁까지 일하면서 맨머리와 맨발인 것을, 어려서부터 익히면 마음이 편안하다.'라고 했습니다. 이 말이 비록 다른 諸子書에서 뽑아 인용하여 注로 삼은 것이기는 하나, 어쩌면 말이 이리도 비속하단 말입니까. 鄭氏(鄭玄)의 '다섯 가지 토지를 분별하고 〈지대의〉 높고 낮음을 살펴'라는 注가 '높은 〈지대의〉 밭에는 기장과 피가 적합하고 낮은 〈지대의〉 밭에는 벼와 밀이 적합함'을 뜻하는 것과는 우열이 현격히 다르니, 또 어찌 같은 級이겠습니까.

지금 논의하는 자들은 근래 유자의 詭說을 취하고 정현의 주를 폐기하려고 하는데, 이는 실로 사리상 옳지 않습니다. 청컨대 〈기존의〉 규정대로 ≪효경≫의 정현 注와 공안국 傳을 변함없이 함께 통행시키소서."

〈이에 현종이〉 조령을 내려 정현의 주를 이전대로 통행시키고 공안국의 전도 보존시켰다. 이때 蘇頲과 宋璟 등의 문신이 流俗에 얽매여 옛 뜻을 밝히지 못하고 유자현을 배척하는 의견을 상주하자 〈현종이〉 여러 유자들에게 서로 대면하여 시비를 정하게 하였다. 이에 司馬貞이 학생 郗常 등 10인과 함께 유자현을 여지없이 비판하자 〈현종이〉 마침내 여러 유자들의 설을 따랐다.

10년(722)에 上(현종)이 스스로 ≪효경≫에 주를 내어 천하에 반포하여 마침내 〈≪효경≫의 章數를〉 18장으로 정하였다.

孝經序

朕聞호니 上古엔 其風朴略하야

집이 듣건대, 상고시대에는 교화가 질박하고 疏略하여

【疏】'朕聞 上古'至'德之本歟' ○ 正義曰 : 自此以下, 至於序末, 凡有五段明義, 當段自解其指, 於此不復繁文. 今此初段, 序[1]孝之所起及可以教人而爲德本也.

1) 序 : 敍(서술함, 표달함)의 뜻으로 쓰였다.

〔朕聞 上古〕부터 〔德之本歟〕까지

○ 正義曰 : 여기부터 아래로 이 서문의 말미까지 모두 5단락의 분명한 뜻이 있는데, 각 단락마다 나름대로 그 가리키는 바를 풀이하였으므로 여기서는 다시 번다하게 글을 쓰지 않는다. 지금 이 첫 단락은 孝의 기원 및 〈孝로〉 사람을 가르칠 수 있으며 〈孝가〉 德의 근본임을 서술하였다.

【疏】○ 朕者, 我也. 古者尊卑皆稱之, 故帝舜命禹曰 "朕志先定." 禹曰 "朕德罔克."[1] 皐陶曰 "朕言惠, 可底行."[2] 又屈原亦云 "朕皇考曰伯庸."[3] 是由古人質, 故君臣共稱. 至秦始皇二十六年, 始定爲天子之稱. 聞者, 目之不覩, 耳之所傳. 曰'聞上古'者, 經典所說不同. 案禮運鄭玄注云 "中古未有釜甑", 則謂神農爲中古. 若易歷三古, 則伏羲爲上古, 文王爲中古, 孔子爲下古[4]. 若三王對五帝[5], 則五帝亦爲上古. 故士冠記[6]云 "大古冠布." 下云 "三王共皮弁.[7]" 則大古, 五帝時也, 大古亦上古也. 以其文各有所對, 故上古・中古不同也. 此云'上古'者, 亦謂五帝以上也. 知者, 以下云 "及乎仁義既有". 以禮運及老子言之, 仁義之盛在三王之世, 則此上古自然當五帝以上也. 云'其風朴略'者, 風, 教也. 朴, 質也. 略, 疏也. 言上古之君, 貴尚道德, 其於教化, 則質朴疏略也.

1) 故帝舜命禹曰……朕德罔克 : ≪尙書≫ 〈大禹謨〉에 보인다.

2) 皐陶曰……可底行 : ≪상서≫ 〈皐陶謨〉에 보인다.

3) 朕皇考曰伯庸 : ≪楚辭≫ 〈離騷〉에 보인다.

4) 伏羲爲上古……孔子爲下古 : ≪漢書≫ 〈藝文志〉의 다음과 같은 내용에 대한 孟康의 注를 인용한 것이다. "伏羲氏가……처음 八卦를 만들고……文王이……敷衍하여 ≪易≫의 六爻를 만들고 상편과 하편을 만들었으며, 孔子가 ≪彖≫·≪象≫·≪繫辭≫·≪文言≫·≪序卦≫ 등 10편의 傳을 만들었다. 이 때문에 ≪易≫의 이치가 매우 깊어졌다고 하니, 복희·문왕·공자의 3대 성인을 거치고, 상고·중고·하고의 三古를 거쳤기 때문이다."

5) 三王對五帝 : 三王은 夏나라의 禹王, 商나라의 湯王, 周나라의 武王·文王을 말한다. 五帝는 伏羲·神農·黃帝·唐堯·虞舜을 말한다.

6) 士冠記 : ≪儀禮≫ 〈士冠禮〉의 말미에 있는 '記'이다. 이는 後人이 지어 붙여서 經文의 의미를 해석하거나 경문에 미비한 내용을 보충한 글이다.(楊天宇, ≪儀禮譯注≫, 上海古籍出版社, p.22)

7) 皮弁 : 사슴가죽으로 만든 冠이다.

○ 朕은 我(나)이다. 옛날에는 높은 사람과 낮은 사람이 모두 자신을 이렇게 칭하였다. 이 때문에 舜임금이 禹에게 "朕의 뜻이 먼저 정해졌다."라고 명하고, 禹가 "朕의 德은 〈帝位를〉 감당할 수 없습니다."라고 하였으며, 皐陶가 "朕의 말은 事理에 맞아 실행될 수 있습니다."라고 하였다. 또 屈原도 "朕의 훌륭하신 先考께서는 字가 伯庸이시다."라고 하였다. 옛사람은 질박했기 때문에 임금과 신하가 같은 호칭을 함께 사용했던 것인데, 秦始皇 26년(B.C. 221)에 이르러 처음으로 〈朕을〉 천자의 호칭으로 정하였다.

聞은 눈으로 보지는 못하고 귀로 전해 들었다는 말이다.

'聞上古'〈의 上古〉는 여러 經書들에서 말한 뜻이 서로 같지 않다. ≪禮記≫ 〈禮運〉의 정현 주를 살펴보면 "中古時代에는 가마솥과 시루가 없었다."라고 하였으니, 이는 神農時代를 中古라고 한 것이다.

≪易≫이 지나온 三古를 말하자면 伏羲時代가 上古이고 文王時代가 中古이고 孔子時代가 下古이니, 三王을 五帝와 대비하면 五帝時代 또한 上古가 된다. 이 때문에 ≪儀禮≫ 〈士冠禮〉의 '記'에 "太古에는 베로 만든 관을 썼다."라고 하고 그 아래에 "三王은 모두 皮弁을 썼다."라고 하였다. 그렇다면 태고는 五帝 때인데, 태고는 上古라고도 한다.

글마다 각기 상대되는 것이 있기 때문에 상고와 중고의 의미가 서로 같지 않은 것인데, 여기서 말한 '상고'는 오제 이상의 시대를 말한다. 이를 알 수 있는 까닭은, 뒤에 "仁義가 생기고 나자"라는 말이 있기 때문이다. ≪禮記≫ 〈禮運〉과 ≪老子≫를 가지고 말하자면

仁義가 융성한 때는 삼왕의 시대이므로, 여기서 상고는 자연히 오제 이상에 해당한다.

〔其風朴略〕 風은 教(교화)이고, 朴은 質(질박함)이며, 略은 疏(소략함)이다. 상고시대의 임금은 道德을 숭상하면서도 교화에 있어서는 질박하고 소략했다는 말이다.

雖因心之孝已萌이나 而資敬之禮猶簡이러니

비록 친애하는 마음의 효는 이미 싹텄지만 공경을 取한 예절은 아직 간소하였다.

【疏】 正義曰：因猶親也, 資猶取也. 言上古之人, 有自然親愛父母之心, 如此之孝, 雖已萌兆, 而取其恭敬之禮節, 猶尙簡少也. 周禮大司徒教六行, 云"孝・友・睦・姻・任・恤." 注云"因[1], 親於外親." 是因得爲親也. 詩大雅皇矣云"惟[2]此王季, 因心則友." 士章云"資於事父, 以事君, 而敬同." 此其所出之文也, 故引以爲序耳.

1) 因：≪周禮≫ 〈大司徒〉의 정현 注에는 '姻'으로 되어 있다.
2) 惟：≪詩經≫ 〈大雅 皇矣〉에는 '維'로 되어 있다.

正義曰：因은 親(친애함)과 같고, 資는 取(취함)와 같다. 상고시대 사람들은 저절로 부모를 친애하는 마음이 있었으니, 이 같은 효가 비록 이미 싹터 조짐이 있기는 했으나 공경을 取한 예절은 아직 간소하였다는 말이다.

≪周禮≫에 大司徒가 가르치는 여섯 가지 행실을 "부모에 대한 효도〔孝〕, 형제간의 우애〔友〕, 친족에 대한 친애〔睦〕, 외척에 대한 친애〔姻〕, 붕우간의 신뢰〔任〕, 구휼〔恤〕"이라고 하였는데, 〈정현의〉 주에 "因은 外親을 친애하는 것이다."라고 하였다. 그러므로 因은 親의 뜻이 될 수 있다. ≪詩經≫ 〈大雅 皇矣〉에도 "이 王季가 친애하는〔因〕 마음으로 곧 우애하시어"라고 하였다.

본서 〈士章〉에 "아버지 섬기는 마음에서 취하여〔資〕 임금을 섬기므로 그 공경〔敬〕이 같다."라고 하였으니, 이것('資'자)은 본서(≪효경≫)에 나오는 글자이다. 이 때문에 서문에 끌어다 쓴 것이다.

及乎仁義既有하야 親譽益著하야

仁義가 생기고 나자 자애로운 마음과 아름다운 명성이 더욱 부각되어

【疏】 正義曰：及乎者, 語之發端, 連上逮下之辭也. 仁者, 兼愛之名. 義者, 裁非之謂.

‘仁義既有’, 謂三王時也. 案曲禮云 “太上貴德.” 鄭注云 “大古[1], 帝皇之世.” 又禮運云 “大道之行也.” 鄭注云 “大道謂五帝時.” 老子德經云 “失道而後德, 失德而後仁, 失仁而後義.” 是道德當三皇五帝時, 則仁義當三王之時, 可知也. 慈愛之心曰親, 聲美之稱曰譽. 謂三王之世, 天下爲家, 各親其親, 各子其子[2], 親譽之道, 日益著見(현). 故曰 “親譽益著”也.

1) 大古 : ≪禮記≫ 〈曲禮〉의 정현 주에는 ‘太上’으로 되어 있다. 大古와 太上은 모두 太古・上古와 같은 말이다.
2) 三王之世……各子其子 : ≪禮記≫ 〈禮運〉의 “今大道既隱 天下爲家 各親其親 各子其子”를 변형하여 인용한 말로, 본디 하・은・주 三代를 그 이전의 太古時代와 대비하여 말한 것이다. 〈예운〉에 태고시대에 대해서는 “大道之行也 天下爲公……故人不獨親其親 不獨子其子(大道가 행해지던 시대에는 천하가 公的인 것이었다.……이 때문에 사람들이 자기 어버이만을 친애하지 않았고 자기 자식만을 자애하지 않았다.)”라고 하였다.

正義曰 : 及乎는 말을 꺼낼 때 위를 이어 아래에 미침을 표시하는 말이다. 仁은 두루 사랑한다는 말이고, 義는 그릇된 것을 制裁한다는 말이다.

‘인의가 생기고 나자’는 삼왕시대를 말한다. 살펴보건대 ≪禮記≫ 〈曲禮〉에 “태고〔太上〕적에는 덕을 귀히 여겼고”라고 하였는데, 정현의 주에 “태고는 帝皇의 시대이다.”라고 하였다. 또 ≪禮記≫ 〈禮運〉에 “大道가 실행되던 시대에는〔大道之行也〕”이라고 하였는데, 정현의 주에 “大道〈가 실행되던 시대〉는 五帝 때를 일컫는다.”라고 하였다. ≪老子≫ 〈德經〉에는 “道가 없어진 뒤에 德이 드러나고, 덕이 없어진 뒤에 仁이 드러나고, 인이 없어진 뒤에 義가 드러났다.”라고 하였다. 이에 따르면 道와 德이 〈실행된 것은〉 삼황오제 때에 해당하므로 仁과 義가 생긴 것은 삼왕 때에 해당함을 알 수 있다.

慈愛의 마음을 親이라 하고 명성이 아름답게 일컬어지는 것을 譽라고 한다. 하・은・주 三王의 시대에는 천하가 사사로운 집안이 되어 사람들이 각기 자기 어버이만 친애하고 자기 자식만 자애한 나머지 자애와 명성의 도리가 날로 더욱 부각되었다는 말이다. 이 때문에 “자애로운 마음과 아름다운 명성이 더욱 부각되었다.”라고 한 것이다.

聖人知孝之可以教人也라

聖人은 孝로 사람을 교화할 수 있음을 아셨다.

【疏】 正義曰：聖人謂以孝治天下之明王也. 孝爲百行之本・至道之極, 故經文云 "聖人之德, 又何以加於孝乎."[1)]

1) 聖人之德 又何以加於孝乎：본서 〈聖治章〉에 보인다.

正義曰：聖人은 孝로 천하를 다스리는 영명한 제왕을 말한다. 효는 온갖 행실의 근본이자 지극한 道의 궁극이다. 이 때문에 경문에 "聖人의 덕 중에 또 무엇이 효보다 더하겠는가."라고 하였다.

故因嚴以敎敬하시고 **因親以敎愛**[1)]하시니라

1) 因嚴以敎敬 因親以敎愛：본서 〈聖治章〉에 보인다.

이 때문에 〈아버지에 대한 자식의〉 존경심을 말미암아 공경을 가르치시고 친밀함을 말미암아 사랑을 가르치셨다.

【疏】 正義曰：引下經文, 以證義也.

正義曰：뒤에 나오는 경문을 인용하여 〈앞에 한 말의〉 뜻을 증명하였다.

於是에 **以順移忠之道昭矣**하야 **立身揚名之義彰矣**라

이에 〈어버이에 대한〉 순종을 〈임금에 대한〉 충성으로 옮기는 길이 드러나서〔昭〕, 立身하여 이름을 드날리는 도리가 밝아졌다〔彰〕.

【疏】 正義曰：經云 "君子之事親孝, 故忠可移於君."[1)] 又曰 "立身行道, 揚名於後世."[2)] 言人事兄能悌, 以之事長則爲順, 事親能孝, 移之事君則爲忠. 然後立身揚名, 傳於後世也. 昭・彰皆明也.

1) 君子之事親孝 故忠可移於君：본서 〈廣揚名章〉에 보인다.
2) 立身行道 揚名於後世：본서 〈開宗明義章〉에 보인다. 立身은 학문을 닦고 심신을 수양하여 어떠한 경우에도 흔들리지 않고 의연히 자신을 지킬 수 있도록 인격을 완성함을 말한다.(鄭太鉉 譯註, ≪孝經大義≫, 傳統文化硏究會, 2009, 28쪽) 天道(陰・陽)와 地道(剛・柔)에 대하여 人道는 仁・義로 일컬어지므로(≪周易≫〈說卦傳〉), 인격 완성의 내용은 곧 仁・義로 대표되는 人道(인간의 도리)이며, '道를 행한다〔行道〕'는 것은 사회에 진출하여 人道를 펼침으로써 국가・사회의 경영에 기여함을 말한다.

正義曰 : 경문에 "君子는 어버이를 효성으로 섬기므로 〈효성을〉 임금에 대한 忠誠으로 〈바꾸어〉 옮길 수 있다."라고 하였고, 또 "立身하여 道를 행하여 후세에 이름을 드날린다."라고 하였으니, '사람이 형을 공경〔悌〕으로 잘 섬겨서 그 마음으로 上官을 섬기면 恭順이 되고, 어버이를 효성으로 잘 섬겨서 그 마음을 옮겨 임금을 섬기면 충성이 된다. 그런 뒤에 立身하여 이름을 드날려서 후세에 전할 〈수 있〉다.'라는 말이다. 昭와 彰은 모두 明(밝게 드러남)이다.

子曰 吾志在春秋요 行在孝經이라하시니

공자께서 말씀하시기를 "나의 뜻은 ≪春秋≫에 담겨 있고, 행실은 ≪효경≫에 담겨 있다."라고 하셨으니

【疏】 正義曰 : 此鉤命決文也. 言褒貶諸侯善惡, 志在於春秋, 人倫尊卑之行, 在於孝經也.

正義曰 : 이는 ≪鉤命決≫의 문장이다. '제후의 선악을 포폄한 뜻은 ≪춘추≫에 담겨 있고, 인간관계의 尊卑에 따른 행실은 ≪효경≫에 담겨 있다.'라는 말이다.

是知孝者德之本歟ㄴ저

여기에서 알 수 있다. 孝가 德의 근본임을!

【疏】 正義曰 : 論語云 "孝弟也者, 其爲仁之本歟."[1] 今言 "孝者, 德之本歟." 歟者, 歎美之辭.[2] 擧其大者而言, 故但云孝. 德則行之摠名, 故變仁言德也.

1) 孝弟也者 其爲仁之本歟 : ≪論語≫ 〈學而〉에 보인다. 〈학이〉에는 '歟'가 '與'로 되어 있다.
2) 歟者 歎美之辭 : ≪논어≫ 〈학이〉의 邢昺 疏에서는 '歟'에 대해 "謙讓을 중시하여 감히 단정적으로 말하지 않는 것이 禮이다. 그러므로 與라고 한 것이다."라고 하여 여기와는 달리 해석하였다.

正義曰 : ≪논어≫에 "부모에게 효도하고 兄은 공경하는〔悌〕 것이 仁을 행하는 근본이로다!"라고 하였는데, 지금 여기에는 "孝가 德의 근본임을!"이라고 하였다. '歟'는 감탄하고 찬미하는 말이다. 〈여기서는 ≪논어≫에서 말한 '부모에 대한 효도와 형에 대한 공경'

중에〉 큰 것을 들어 말하려 했기 때문에 '효'만을 말한 것이고, 덕은 온갖 행실의 摠稱이기 때문에 〈≪논어≫에서 말한〉 仁을 德으로 바꾸어 말한 것이다.

經曰 昔者에 **明王之以孝理**[1]**天下也**에 **不敢遺小國之臣**이온 **而況於公侯伯子男乎**아하니

1) 理 : 본서 〈孝治章〉에는 '治'로 되어 있다. 唐 高宗 李治(628~683)의 이름자를 避諱한 것이다.

경문에 이르기를 "옛날에 영명한 제왕이 孝로 천하를 다스릴 적에 감히 작은 나라〈에서 온〉 신하도 소홀히 하여 잊지 않았는데, 하물며 公·侯·伯·子·男이겠는가."라고 하였으니

【疏】 '經曰'至'形於四海' ○ 正義曰 : 此第二段, 序己仰慕先世明王, 欲以博愛廣敬之道, 被四海也.

〔經曰〕부터 〔形於四海〕까지

○ 正義曰 : 이 대목은 제2단락으로, 〈당 현종〉 자신이 선대의 영명한 제왕을 仰慕하여 널리 사랑하고 두루 공경하는 도리를 四海(사방의 미개 민족 지역)에까지 펼치고자 한다고 서술하였다.

【疏】 ○ '經曰'至'男乎' ○ 此孝治章文也, 故言'經曰'. 言小國之臣尙不敢遺棄, 何況於五等列爵之君乎. 公·侯·伯·子·男, 五等之爵也. 白虎通曰 "公者, 通也, 公正無私之意也. 春秋傳曰 '王者之後稱公.'[1] 侯者, 候也, 候順逆也. 伯者, 長也, 爲一國之長也. 子者, 字也, 常行字愛於人也. 男者, 任也, 常任王事也. 王制云 '公·侯地[2]方百里, 伯七十里, 子·男五十里.'"[3] 至於周公時, 增地益廣, 加賜諸侯之地, 公五百里, 侯四百里, 伯三百里, 子二百里, 男一百里. 公爲上等, 侯·伯爲中等, 子·男爲下等. 言小國之臣, 謂子·男之臣也.

1) 王者之後稱公 : ≪春秋公羊傳≫ 隱公 5년의 "황제의 후예를 公이라 칭하고, 그 나머지 큰 나라의 임금을 侯라 칭하고, 작은 나라의 임금을 伯·子·男이라 칭한다."에서 발췌한 것이다.
2) 地 : ≪禮記≫ 〈王制〉에는 '田'으로 되어 있다.

3) 白虎通曰……子男五十里 : ≪白虎通≫ 권1 〈爵〉의 "公者 通 公正無私之意也 侯者 候也 候逆順也 春秋傳曰 王者之後稱公……王制曰 公侯田方百里 伯七十里 子男五十里 伯者 百也 子者 孳也 孳孳無已也 男者 任也"와 권3 〈封公侯〉의 "伯 長也"를 근간으로 한 말이다. ≪백호통≫은 ≪白虎通德論≫·≪白虎通義≫라고도 하는데, 후한의 班固 등이 漢 章帝(56~88) 때 白虎觀에서 있었던 五經의 同異에 관한 토론 기록을 정리한 책으로, 당시 經學 문제에 대한 금문경학의 표준 답안이 되었다.

○ 正義曰 : 〔經曰〕부터 〔男乎〕까지

○ 이 대목은 〈孝治章〉의 문구이다. 이 때문에 '경문에 이르기를〔經曰〕'이라고 한 것이다. '작은 나라〈에서 온〉 신하도 감히 버리지 않았는데, 하물며 다섯 등급의 작위를 지닌 임금임에랴.'라는 말이다.

公·侯·伯·子·男은 다섯 등급의 작위이다. ≪白虎通≫에 다음과 같은 기록이 있다. "公은 通(통합)으로, 공정하여 私心이 없다는 뜻이다. ≪春秋公羊傳≫에 '제왕의 후손을 公이라 칭한다.'라고 하였다. 侯는 候(살핌)로, 순종하는지 거역하는지를 살핀다는 뜻이다. 伯은 長(우두머리)으로, 한 나라의 우두머리라는 뜻이다. 子는 字(자애함)로, 남에게 늘 자애를 행한다는 뜻이다. 男은 任(맡음)으로, 王事(國事)를 늘 맡는다는 뜻이다. ≪禮記≫ 〈王制〉에 '公·侯의 땅은 사방 100리이고 伯은 70리, 子·男은 50리이다.'라고 하였다."

周公 때에 이르러서는 땅(疆域)을 늘린 것이 더욱 넓어져서 제후들에게 땅을 더 내려주었으니, 公〈의 영토〉는 사방 500리, 侯는 400리, 伯은 300리, 子는 200리, 男은 100리였다. 公은 上等, 侯·伯은 中等, 子·男은 下等이므로, 작은 나라〈에서 온〉 신하라고 한 것은 子·男의 신하를 일컫는다.

朕嘗[1]三復斯言하야 景行先哲하노라

1) 嘗 : '常'의 뜻으로 쓰였다. 石臺本에는 '常'으로 되어 있다.(阮元의 〈校勘記〉 참조)

짐은 늘 이 말을 세 번씩 반복하여 읽으며 先代의 명철하신 황제를 밝은 길로 삼는다.

【疏】 正義曰 : 復猶覆也. 斯, 此也. 景, 明也. 哲, 智也. 言每讀經至此科, 三度反覆重讀, 庶幾法則. 此有明行者, 先世聖智之明王也. 論語云 "南容三復白圭"[1], 詩云 "高山仰止, 景行行止." 是其類也.

1) 南容三復白圭 : ≪논어≫ 〈先進〉에 보인다. 白圭는 ≪詩經≫ 〈大雅 抑〉의 "흰 옥홀의 티는 갈아낼 수 있지만, 이 말의 허물은 어찌할 수 없네."를 말한다.

正義曰 : 復은 覆(반복함)과 같다. 斯는 此이고, 景은 明(밝음)이며, 哲은 智(지혜)이다. '경문을 읽다가 이 대목에 이르면 늘 세 번 반복하여 거듭 읽으며 본받으려고 한다.'라는 말이다. 여기에서 말한 '밝은 길'은 선대의 성스럽고 지혜로운 영명한 제왕이다.

≪논어≫에 "南容이 매일 세 번씩〔三復〕 白圭詩를 외웠다."라고 하였고, ≪詩經≫ 〈小雅 車舝〉에 "높은 산을 우러르며, 밝은 길〔景行〕을 걸어가네."라고 하였는데, 이들 문구의 〈三復과 景行이 경문과〉 유사한 용례이다.

雖無德教加於百姓이나

〈짐이〉 비록 백성에게 끼친 德教는 없지만

【疏】 正義曰 : 上遜辭也.

正義曰 : 황제(당 현종)의 겸사이다.

庶幾廣愛形于四海하노라

큰 사랑이 四海(사방의 미개 민족 지역)에까지 드러나기를 바라노라.

【疏】 正義曰 : 此上意思行教也. 庶幾猶幸望. 既謙言'無德教加於百姓', 唯幸望以廣敬博愛之道著見於四夷也. 案經作'刑'[1], 刑, 法也. 今此作'形', 則形猶見(현)也. 義得兩通, 無繁改字. 四海卽四夷也, 又經別釋.

1) 經作刑 : 본서 〈天子章〉의 "愛敬盡於事親 而德教加於百姓 刑于四海"를 말한다.

正義曰 : 이는 황제(당 현종)가 교화를 행하고자 생각한 것이다. 庶幾는 幸望(바라다)과 같다. 〈앞에서〉 "백성에게 끼친 德教가 없다."라고 겸손하게 말하고 나서, 오직 널리 공경하고 두루 사랑하는 도리가 사방의 미개 민족 지역에까지 드러나기를 바랐다.

살펴보건대, 〈〈天子章〉의〉 경문에는 '刑'으로 되어 있는데, 刑은 法(모범)이다. 지금 여기에는 '形'으로 되어 있는데, 形은 見(드러남)과 같다. 두 가지 모두 뜻이 통하므로 번거롭게 글자를 고치지 않는다. 四海는 곧 四夷(사방의 미개 민족 지역)이다. 〈《천자장》의〉 경문은 또 별도로 풀이하였다.

嗟乎라 夫子沒而微言絶하고 異端起而大義乖하니라

아, 夫子(공자)께서 돌아가시자 심오한 말이 끊기고, 異端이 일어나자 大義(세상을 경영하는 법도)가 〈원칙에〉 어그러졌다.

【疏】'嗟乎'至'樞要也' ○正義曰：此第三段, 歎夫子沒後, 遭世陵遲, 典籍散亡, 傳注踳駁, 所以撮其樞要, 而自作注也. '嗟乎', 上歎辭也. '夫子', 孔子也. 以嘗爲魯大夫, 故云夫子. 案史記云 "孔子生魯國昌平陬(추)邑, 魯襄公二十二年生, 年七十三, 以魯哀公十六年四月己丑卒, 葬魯城北泗上."[1] '而微言絶'者, 藝文志文. 李奇[2]曰 "隱微不顯之言也." 顔師古[3]曰 "精微要妙之言耳." 言夫子沒後, 妙言咸絶, 七十子旣喪, 而異端竝起, 大義悉乖.

1) 案史記云……葬魯城北泗上：≪史記≫ 권47 〈孔子世家〉에서 발췌한 것이다.
2) 李奇：≪漢書≫의 주석가 중 한 사람으로, 그의 注는 顔師古의 ≪漢書注≫에 채록되었다.
3) 顔師古：581~645. 당나라의 관료·학자이다. ≪한서≫의 대표적인 주석가로, ≪漢書注≫를 저술하였다.

〔嗟乎〕부터 〔樞要也〕까지

○正義曰：이 대목은 제3단락으로, 부자(공자)가 별세한 뒤에 쇠퇴한 세상을 만나 典籍이 흩어져 사라지고 傳注(經籍의 풀이)가 뒤섞임을 탄식하고, 이 때문에 핵심을 잡아 〈당 현종〉 스스로 注를 지었다〈고 말한〉 것이다.

'嗟乎'는 황제가 탄식한 말이다.

'夫子'는 孔子이다. 일찍이 魯나라 大夫였기 때문에 夫子라고 칭한 것이다. ≪史記≫를 살펴보면 "孔子는 魯나라 昌平鄕 陬邑에서 태어났다. 魯 襄公 22년(B.C. 551)에 태어나고 향년 73세인 魯 哀公 16년(B.C. 479) 4월 己丑日에 별세하여, 魯나라 도성 북쪽의 泗水 가에 묻혔다."라고 하였다.

〔而微言絶〕≪漢書≫ 〈藝文志〉의 문구이다. 〈微言에 대해〉 李奇는 '隱微하여 〈의미가 분명히〉 드러나지 않는 말'이라고 하였고, 顔師古는 '정밀하고 오묘한 말'이라고 하였다.

〈이 대목은〉 夫子가 별세한 뒤에 오묘한 말이 모두 끊기고 70명의 제자가 죽은 뒤에 〈여러 가지〉 異端이 함께 일어나 大義(세상을 경영하는 법도)가 모두 〈원칙에〉 어그러졌다는 말이다.

況泯絶於秦하야 得之者는 皆煨燼(외신)之末이요

더구나 秦나라 때 깡그리 없어져서 〈그 후에〉 찾은 것은 모두 타다 남은 것뿐이었고,

【疏】 正義曰：泯, 滅也. 秦者, 隴西谷名也, 在雍州鳥鼠山之東北. 昔皐陶之子伯翳, 佐禹治水有功, 舜命作虞, 賜姓曰嬴(영). 其左孫[1]非子爲周孝王養馬於汧(견)·渭之間, 封爲附庸, 邑于秦谷. 及非子之曾孫秦仲, 周宣王又命爲大夫. 仲之孫襄公討西戎, 救周. 周室東遷, 以岐·豐之地賜之, 始列爲諸侯, 春秋時稱秦伯. 至孝公子惠文君, 立, 是爲惠王[2]. 及莊襄王, 爲秦質子於趙, 見呂不韋姬, 說(열)而取之, 生始皇. 按秦昭王四十八年正月生於邯鄲, 及生, 名爲政, 姓趙氏. 年十三, 莊襄王死, 政代立爲秦王. 至二十六年, 平定天下, 號曰始皇帝. 三十四年, 置酒咸陽宮, 博士齊人淳于越進曰 "臣聞殷·周之王千餘歲, 封子弟, 立功臣, 自爲枝輔. 今陛下有海內, 而子弟爲匹夫. 卒有田常·六卿[3]之臣, 無輔拂(필), 何以輔政[4]哉." 丞相李斯曰 "五帝不相復, 三代不相襲, 非其相反, 時變異也. 今陛下創大業, 建萬世之功, 固非愚儒之所知. 臣請史官非秦記皆燒之, 非博士官所職, 天下敢有藏詩·書·百家語者, 悉詣守尉雜燒之." 制曰 "可." 三十五年, 以爲諸生誹謗, 乃自除犯禁者四百六十餘人, 皆阬之咸陽. 是經籍之道, 滅絶於秦. 說文云 "煨, 盆火[5]也." "燼, 火餘也." 言遭秦焚阬之後, 典籍滅亡, 雖僅有存者, 皆火餘之微末耳. 若伏勝尚書·顔貞孝經之類是也.

1) 左孫：後孫과 같은 말이다. 사당에서 서쪽이 윗자리이고 동쪽이 아랫자리이므로, 남쪽을 향했을 때를 기준으로 오른쪽이 윗자리가 되고 왼쪽이 아랫자리가 된다. 이 때문에 祖孫을 右祖左孫으로 표현하기도 한다.(≪韓昌黎文集≫ 卷26 〈烏氏廟碑銘〉)

2) 惠王：B.C. 356~B.C. 311. 惠文王이라고도 한다.

3) 田常六卿：국정을 전횡하는 신하의 대표적 사례로 든 것이다. 田常은 춘추시대 齊 簡公 때 정승으로서 민심을 얻은 후 簡公을 시해하고 平公을 세워 제나라에서 田氏의 專權정치를 연 陳恒으로, 陳成子 또는 田成子라고도 한다. 본디 陳나라의 왕족이던 그의 선조 陳完이 齊나라로 망명한 뒤로 田氏 姓을 사용하였다.

六卿은 춘추시대 晉 昭公 때 권력을 행사하여 왕실을 약화시키고 頃公 때 왕실의 혼

란을 평정한 다음 땅을 10개 縣으로 분할하여 자신들의 아들들을 縣大夫로 세웠던 韓氏・趙氏・魏氏・范氏・中行氏・智氏를 말한다.

4) 輔政 : ≪史記≫ 권6 〈秦始皇本紀〉에는 '相救'로 되어 있으므로, 이에 따라 번역하였다.

5) 盆火 : ≪說文解字≫ '煨'조에는 '盆中火'로 되어 있으므로, 이에 따라 번역하였다.

正義曰 : 泯은 滅(완전히 없어짐)이다. 秦은 隴西 지방의 골짜기 이름으로, 雍州 鳥鼠山 동북쪽에 있다.

옛날 皐陶의 아들 伯翳(伯益)가 禹를 도와 治水 사업에 功을 세우자, 舜임금이 虞官(山林과 川澤을 관리하는 관원)으로 임명하고 嬴氏 姓을 하사하였다.

그의 후손 非子가 周 孝王을 위해 汧水와 渭水 일대에서 말을 기르며 附庸國(제후국에 종속된 약소국)에 봉해져 秦谷에 도읍하였다.

非子의 曾孫 秦仲에 이르러 周 宣王이 또 大夫로 임명하였다.

秦仲의 손자 襄公이 西戎을 토벌하여 周나라를 구원한 일이 있는데, 周나라가 동쪽으로 천도한 다음 岐 땅과 豐 땅을 하사하였다. 이에 비로소 제후의 반열에 들어, 춘추시대에 秦伯으로 칭해졌다.

孝公의 아들 惠文君에 이르러 帝位에 올랐으니, 이 사람이 惠王이다.

莊襄王에 이르러 趙나라에 秦나라의 인질로 있었는데, 呂不韋의 여자를 보고 좋아하여 취해서 始皇을 낳았다.

살펴보건대 〈시황은〉 秦 昭王 48년 정월에 邯鄲에서 태어났다. 태어났을 때 이름은 政이고 성은 趙氏였다. 13살이 되었을 때 장양왕이 죽자 政이 대신 즉위하여 秦나라 왕이 되었다. 26살에 천하를 평정하고 '始皇帝'라는 칭호를 사용하였다.

34살에 咸陽宮에서 주연을 베풀었는데, 博士인 齊 지방 사람 淳于越이 나아가 다음과 같이 아뢰었다.

"신이 듣건대, 殷나라와 周나라는 천하를 다스린 천여 년 동안 子弟들을 제후국에 봉해주고 功臣들을 제후왕으로 세워 자신의 羽翼으로 삼았다고 합니다. 지금 폐하께서는 천하를 소유하셨지만 자제들은 〈아무런 권한도 없는〉 匹夫들이니, 갑자기 〈齊나라의〉 田常이나 〈晉나라의〉 六卿 같은 신하가 나온다면 〈폐하를〉 보필할 사람이 없는데 어떻게 구원할 수 있겠습니까."

이에 승상 李斯가 다음과 같이 말하였다.

"五帝는 〈이전 제왕의 제도를〉 반복하지 않았고, 三代는 〈이전 시대의 체제를〉 인습하지 않았습니다. 〈이는 일부러 이전과〉 반대로 하려 해서가 아니라 시대가 달라졌기 때문입니다. 지금 폐하께서 大業을 開創하시어 萬代 不朽의 공을 세우신 것은 실로 어리석은 儒者들이 이해할 수 있는 일이 아닙니다. 신은 청원합니다. 史官은 秦나라의 역사 기록이 아니면 모두 불사르고, 博士官이 직무로 담당하는 것이 아니라면 천하 사람들이 감히 지니고 있는 ≪詩≫·≪書≫·제자백가의 서적들을 모두 郡守와 郡尉에게 보내어 불태우게 하소서."

〈이에 진 시황이〉 "그리 하라."라고 명하였다.

35살에 학자들이 〈국가에 대한〉 비방을 일삼는다며, 마침내 금령을 범한 460여 명을 스스로 골라내어 모두 함양에서 생매장하였다. 이리하여 經籍을 전수하는 길이 秦나라에서 완전히 끊겼다.

≪說文解字≫에 "烬는 동이〔盆〕 속의 불이다." "燼은 타고 남은 재이다."라고 하였다. 〈이 대목은〉 秦나라의 焚書坑儒를 당한 뒤에 典籍이 깡그리 사라져서 비록 가까스로 남은 것이 있더라도 모두 타다 남은 자질구레하고 대수롭지 않은 것에 불과했다는 말이다. 伏勝의 ≪尙書≫와 顔貞의 ≪孝經≫ 따위가 그것이다.

濫觴於漢이나 傳之者는 皆糟粕之餘아

漢나라 때 비로소 微量의 典籍이 다시 전수되기 시작했지만 전하는 것은 모두 술찌끼 같은 것들뿐이었음에랴.

【疏】 正義曰：案家語 "孔子謂子路曰 '夫江始於岷山, 其源可以濫觴, 及其至江津也, 不舫舟, 不避風雨[1], 不可以涉.'" 王肅曰 "觴, 所以盛酒者, 言其微也."[2] 又文選郭景純江賦曰 "惟岷山之導江, 初發源乎濫觴." 臣翰[3]注云 "濫謂氾濫, 小流貌. 觴, 酒醆也. 謂發源小如一醆."[4] 漢者, 巴·蜀之間地名也. 二世元年, 諸侯叛秦, 沛人共立劉季, 以爲沛公. (二)〔三〕[5]年八月入秦, 秦相趙高殺二世, 立二世兄子子嬰. 冬十月, 爲漢元年. 子嬰二年春正月, 項羽尊楚懷王爲義帝, 羽自立爲西楚霸王, 更立沛公爲漢王. 王巴·蜀·漢中四十一縣, 都南鄭. 五年, 破項羽, 斬之. 六年二月, 卽皇帝位于氾水之陽, 遂取漢爲天下號, 若商·周然也. 漢興, 改秦之政, 大收篇(藉)〔籍〕[6]. 言從始皇焚燒之後, 至漢氏尊學, 初除挾書之律[7], 有河間人顔貞出其父芝所藏凡一十八章, 以相傳授. 言其至少, 故云濫觴於漢也. 其後復盛, 則如江矣. 釋名云 "酒滓曰糟, 浮米曰粕."[8] 旣以濫觴況其少, 因取糟粕比其微, 言醇粹旣喪, 但餘此糟粕耳.

1) 雨 : 통행본 ≪孔子家語≫에는 '則'으로 되어 있으나, '雨'로도 의미가 통하므로 교감하지 않았다.
2) 家語……言其微也 : ≪孔子家語≫ 〈三恕〉의 본문과 王肅 注이다.
3) 臣翰 : 당나라 開元年間에 呂向이 李善의 ≪昭明文選≫ 注는 번잡하다 하여 呂延濟·劉良·張銑·李周翰과 함께 새로 注解하여 玄宗에게 올렸는데, 당시에 이를 ≪五臣注≫라고 칭하였다. '臣翰' 이하에 인용된 내용은 이 중 李周翰의 注를 인용한 것이다.
4) 濫謂汎濫……謂發源小如一醆 : 현행본 ≪六臣註文選≫에는 '謂初發源小如一盞'으로 되어 있고, 당나라 丘光庭의 ≪兼明書≫ 권4 〈文選〉의 '濫觴' 조에는 "濫謂泛濫 水流貌 觴 酒盃也 謂江之發源 流如一盃也"로 되어 있다.
5) (二)〔三〕: 저본에는 '二'로 되어 있으나, 劉邦이 武關을 함락하여 秦으로 들어간 일과 趙高와 二世황제를 죽음으로 몰고 간 일이 모두 秦 二世 3년(B.C. 207) 8월의 일이므로 '三'으로 바로잡았다.(≪史記≫ 卷16 〈秦楚之際月表 第4〉)
6) 大收篇(藉)〔籍〕: 漢 成帝 3년(B.C. 49)에 謁者인 陳農을 시켜 전국을 돌며 그 동안 흩어졌던 서적을 수집하게 하였다.(≪漢書≫ 卷10 〈成帝本紀〉)
저본에는 '篇'자 뒤의 글자가 '藉'로 되어 있으나, 閔本·監本·毛本에 의거하여 '籍'으로 바로잡았다.(阮元의 〈校勘記〉 참조)
7) 挾書之律 : 정부 시책에 대한 비판을 봉쇄하기 위해 醫藥·卜筮·農事 분야 이외의 책을 禁書로 지정하고, 官學의 교수들인 博士官이 직무를 위해 소지·열람하는 것 외에 기타 사람이 금서를 소유할 경우 刺字(얼굴이나 팔뚝의 살을 따고 홈을 내어 먹물로 죄명을 찍어 넣던 벌)와 徒形(중노동에 종사시키던 형벌)에 처하던 刑法으로, 진 시황 34년(B.C. 213) 李斯의 건의에 따라 제정되었다가 漢 惠帝 4년(B.C. 191)에 혁파되었다.
8) 酒滓曰糟 浮米曰粕 : 현행본 ≪釋名≫에는 보이지 않는다. '浮米'는 쌀이 발효되어 술이 만들어질 때 양분이 다 삭고 섬유질만 남아서 위로 떠오르는 쌀을 말한다.

正義曰 : 살펴보건대 ≪孔子家語≫에 다음과 같은 기록이 있다.

"孔子가 子路에게 이르기를 '長江은 岷山에서 시작되는데, 그 근원에서는 〈물의 깊이가〉 술잔이나 띄울 만하다. 그러나 강나루〈가 있는 곳〉에 이르러서는 배를 타지 않고는, 비바람을 피하지 않고는 건널 수 없다.'라고 하였다."

王肅이 이에 대해 "觴은 술을 담는 그릇이니, 미미함을 말한 것이다."라고 하였다.

또 ≪文選≫에서 郭景純의 〈江賦〉에 이르기를 "岷山이 장강 물길을 끌어내는데, 처음 發源하는 곳에서는 술잔이나 띄울 만하네."라고 하였는데, 李周翰의 注에 "濫은 흘러넘침을 이르니, 조금 흐르는 모양이다. 觴은 술잔이다. 발원 지점의 물길이 작아서 한 잔과 같다는 말이다."라고 하였다.

漢은 巴·蜀 일대의 지명이다. 秦 二世 원년(B.C. 209)에 제후들이 秦나라에 반기를 들었는데, 沛 지방 사람들이 함께 劉季(劉邦)를 沛公으로 세웠다. 3년 8월에 〈유방이〉 秦나라로 들어가자, 秦나라 정승 趙高가 二世를 죽이고 二世의 형의 아들 子嬰을 세웠다. 〈이해〉 겨울 10월이 漢나라 元年이다.

子嬰이 즉위한 지 2년째 되던 해 봄 正月에, 項羽가 楚 懷王을 義帝로 높이고 항우 자신은 스스로 西楚霸王이 되었으며 또 沛公(유방)을 漢王으로 세웠다. 〈유방은〉 巴·蜀·漢中의 41개 縣을 통치하며 南鄭(지금의 섬서성 漢中市)에 도읍하였다. 〈漢나라〉 5년(B.C. 202)에 〈유방이〉 항우의 군사를 격파하고 항우를 참수하였다. 6년(B.C. 201) 2월에 〈유방이〉 氾水 북쪽에서 皇帝에 즉위하고 마침내 '漢'이라는 이름을 취하여 '商나라'·'周나라' 같은 天下(천자국의 疆域)의 호칭으로 삼았다.

漢나라가 일어나서 秦나라의 정치를 개혁하고 대대적으로 서적을 수집하였다. 〈이 대목은〉 진 시황이 서적들을 불태운 뒤 漢나라에 이르러 학문을 존숭하고 비로소 挾書律을 혁파하자 河間 사람 顏貞이 아버지 顏芝가 감추어 두었던 총 18장의 ≪효경≫을 꺼내어 전수하게 되었음을 말한 것인데, 그 분량이 매우 적음을 말하려 했기 때문에 '漢나라 때 비로소 微量의 典籍이 다시 전수되기 시작〔濫〕했지만'이라고 한 것이다. 그 뒤에 〈典籍이〉 더욱 많아져서는 강물 같았다.

≪釋名≫에 "술찌끼를 糟라 하고, 〈양분이 다 삭아 술 위로〉 떠오른 쌀을 粕이라 한다."라고 하였다. 濫觴으로 그(漢代부터 다시 전해진 전적들) 분량이 적음을 비유했기 때문에 이어서 糟粕을 취하여 그 내용이 대수롭지 않음을 빗대어, 순수한 精髓는 이미 사라지고 그저 이 술찌끼〈처럼 대수롭지 않은 것〉만 남았다고 말한 것이다.

故魯史春秋는 學開五傳하고

이 때문에 魯나라의 역사서 ≪春秋≫는 5가지 傳을 제각각 전공하는 학파로 갈리고

【疏】 正義曰：故者, 因上起下之語. 夫子約魯史春秋, 學開五傳者, 謂名專己學, 以相教授, 分經作傳, 凡有五家. 開則分也. 五傳者, 案漢書藝文志云[1] "左氏傳三十卷, 左丘明, 魯大史"也. "公羊傳十一卷, 公羊子, 齊人", 名高, 受經於子夏. "穀梁傳十一卷, 〔穀梁子〕, (名赤, 魯人)〔魯人", 名赤〕[2]. 糜信[3]云 "與秦孝公同時." (十)〔七〕錄[4]云 "名俶[5], 字元始." 風俗通[6]云 "子夏門人." "鄒氏傳十一卷", 漢書云 "王吉善鄒氏春秋."[7]

"夾氏傳十一卷, 有錄無書". 其鄒・夾二義, "鄒氏無師, 夾氏未有書", 故不顯于世, 蓋王莽時亡失耳.

1) 案漢書藝文志云 : 이 뒤의 글은 ≪한서≫ 〈예문지〉에서 발췌 인용하고 간간이 보충 설명한 것이다. '左氏傳三十卷 左丘明 魯大史', '公羊傳十一卷 公羊子 齊人', '穀梁傳十一卷 穀梁子 魯人', '鄒氏傳十一卷', '夾氏傳十一卷 有錄無書', '鄒氏無師 夾氏未有書'가 인용 문구이다.
2) 〔穀梁子〕 (名赤 魯人)〔魯人 名赤〕 : 저본에는 '穀梁子'가 없으나 문맥에 의거하여 보충하였고, 저본에는 '名赤'이 '魯人' 앞에 있으나 문맥에 의거하여 순서를 바로잡았다.(阮元의 〈校勘記〉 참조)
3) 麋信 : 三國時代 魏나라의 관료・학자로, ≪春秋說要≫・≪春秋穀梁傳注≫를 지었다.
4) (十)〔七〕錄 : ≪七錄≫은 남조 梁나라 阮孝緖가 편찬한 전적 목록으로, 經典錄・紀傳錄・子兵錄・文集錄・術伎錄・佛法錄・仙道錄의 7분야로 분류하였다.
   '七'이 저본에는 '十'으로 되어 있으나, 남송 王應麟의 ≪玉海≫ 卷40 〈藝文〉 '穀梁' 조의 小注에 "阮孝緖亦以爲名俶 字元始"라고 한 데서, '名俶 字元始'는 완효서의 저술 ≪七錄≫에서 인용한 것임을 알 수 있으므로 '七'로 바로잡았다.(阮元의 〈校勘記〉 참조)
5) 俶 : 穀梁子의 이름이다. '淑'으로 표기하기도 한다.(≪玉海≫ 卷40 〈藝文〉 '穀梁' 조)
6) 風俗通 : 後漢의 應劭가 편찬한 雜說集으로 ≪風俗通義≫라고도 한다. 淸代의 輯佚本이 전한다.
7) 王吉善鄒氏春秋 : 이 내용이 ≪漢書≫에는 보이지 않고, 남송 王應麟의 ≪漢藝文志考證≫ 권3 〈春秋〉 '鄒氏傳十一卷 夾氏傳十一卷' 조에는 "王吉能爲鄒氏春秋"로 되어 있다.

正義曰 : '故'는 윗글을 이어 아래 글을 일으키는 말이다. 夫子(공자)가 魯나라의 역사서를 요약하여 저술한 ≪춘추≫가 '5가지 傳을 제각각 전공하는 학파로 갈렸다'는 것은, 자기가 배운 것만을 전공한다고 표방하며 후학에게 敎授하고 經에 대한 해석을 달리하여 傳을 지은 학파가 모두 5家가 있다는 말이다. 開는 分(나뉨)이다.

다섯 가지 傳〈에 대해 설명하면 다음과 같다.〉 살펴보건대 ≪漢書≫ 〈藝文志〉에 "≪左氏傳≫ 30권. 저자는 左丘明으로 魯나라의 太史이다."〈라고 한 것이 첫째이고〉, "≪公羊傳≫ 11권. 저자는 公羊子로, 齊나라 사람이다."〈라고 한 것이 둘째인데, 공양자의〉 이름은 高이고 子夏에게서 經文을 전수받았다. "≪穀梁傳≫ 11권. 저자는 穀梁子로, 노나라 사람이다."〈라고 한 것이 셋째인데, 곡량자의〉 이름은 赤이다. 〈곡량자에 대해〉 麋信은 "秦 孝公과 동시대 사람이다."라고 하였고, ≪七錄≫에는 "이름은 俶이고, 字는 元始이다."라고 하였으며, ≪風俗通≫에는 "子夏의 門人이다."라고 하였다. "≪鄒氏傳≫ 11권"

〈이라고 한 것이 넷째인데,〉 ≪한서≫에 "王吉이 鄒氏의 ≪春秋≫를 잘 알았다."라고 하였다. "≪夾氏傳≫ 11권. 이 책은 기록만 있고 〈실물로 전하는〉 책이 없다."〈라고 한 것이 다섯째이다.〉 ≪추씨전≫과 ≪협씨전≫ 두 책의 내용은, ≪추씨전≫은 가르치는 스승이 없고 ≪협씨전≫은 전하는 책이 없었기 때문에 세상에 알려지지 않았으니, 王莽 때 없어진 듯하다.

國風·雅·頌은 **分爲四詩**하야

國風·雅·頌은 4가지 ≪詩≫로 갈려서,

【疏】 正義曰：詩有國風·小雅·大雅·周頌·魯頌·商頌, 故曰"國風·雅·頌". 四詩者, 毛詩·韓詩·齊詩·魯詩也. 毛詩, 自夫子授卜商, 傳至大毛公, 名(享)〔亨〕[1]. 大毛公授毛萇, 趙人, 爲河間獻王博士. 先有子夏詩傳一卷, 萇各置其篇端, 存其作者. 至後漢大司農鄭玄, 爲之箋. 是曰毛詩. 韓詩者, 漢文帝時博士燕人韓嬰所傳. 武帝時, 與董仲舒論於上前, 仲舒不能難. 至晉, 無人傳習. 是曰韓詩. 齊詩者, 漢景帝時博士清河太傅轅固生所傳, 號齊詩. 傳夏侯始昌, 昌授后蒼輩, 門人尤盛. 後漢陳元方亦傳之, 至西晉亡. 是曰齊詩. 魯詩者, 漢武帝時魯人申公所述. 以經爲訓詁, 敎之, 無傳, 疑者則闕, 號爲魯詩.

1) (享)〔亨〕: 저본에는 '享'으로 되어 있으나, 閔本·監本에 의거하여 '亨'으로 바로잡았다.(阮元의 〈校勘記〉 참조)

正義曰：≪詩≫에는 國風·小雅·大雅·周頌·魯頌·商頌이 있기 때문에 〈≪詩≫를 일컬어〉 '國風·雅·頌'이라고 한 것이다. 4가지 ≪詩≫는 ≪毛詩≫·≪韓詩≫·≪齊詩≫·≪魯詩≫이다.

≪모시≫〈의 내력은 다음과 같다. ≪시≫〉를 夫子(孔子)가 卜商(子夏)에게 전수한 〈뒤에〉 大毛公에게까지 전해졌는데, 그의 이름은 亨이다. 대모공이 毛萇에게 전수했는데, 모장은 趙 지방 사람으로, 河間獻王의 博士였다. 이보다 앞서 子夏의 ≪詩傳≫ 1권이 있었는데, 모장이 이(각 편의 大義에 대한 자하의 傳注)를 각 편의 서두에 배치하고 作者를 기록하였다. 後漢의 大司農 鄭玄에 이르러 箋을 달았다. 이것을 '모시'라고 한다.

≪한시≫는 漢 文帝 때 博士였던 燕 지방 사람 韓嬰이 전한 것이다. 그는 武帝 때 董仲舒와 함께 황제 앞에서 토론을 벌였는데, 동중서가 論難하지 못하였다. 晉나라 때는 전수

받아 익히는 사람이 없었다. 이를 '한시'라고 한다.

≪제시≫〈의 내력은 다음과 같다.〉 漢 景帝 때 博士로서 淸河王의 太傅였던 轅固生이 전한 것을 '제시'라고 부른다. 〈이것이〉 夏侯始昌에게 전해지고 하후시창이 后蒼의 무리에게 전수하였는데, 이때 門人이 더욱 많아졌다. 後漢의 陳元方도 이를 전수받았는데, 西晉 때 이르러 없어졌다. 이것을 '제시'라고 한다.

≪노시≫는 漢 武帝 때 魯 지방 사람 申公이 傳述한 것으로, 經文에 대해 〈字句를〉 해석하여 가르쳤을 뿐 〈大義에 대한〉 傳注는 없었으며 의심나는 부분은 해석하지 않았다. 이를 '노시'라고 부른다.

去聖逾遠에 源流益別이라

성인(孔子)과의 거리가 점차 멀어짐에 따라 유파가 더욱 갈렸다.

【疏】 正義曰：逾, 越也. 百川之(木)〔本〕[1]曰源, 水行曰流, 增多曰益. 言秦・漢而下, 上去孔子聖越遠. 孝經本是一源, 諸家增益, 別爲衆流, 謂其文不同也.

1) (木)〔本〕：저본에는 '木'으로 되어 있으나, 嘉靖本・汲古閣本에 의거하여 '本'으로 바로잡았다.

正義曰：逾는 越(점차)이다. 온갖 시내의 근원을 源이라 하고, 물의 흐름을 流라고 하며, 더욱 많아지는 것을 益이라고 한다. 秦・漢時代 이후로 위로 聖人인 孔子와의 거리가 점점 더 멀어졌다는 말이다. ≪효경≫의 근원은 본디 하나인데 여러 학파가 점차 많아져서 따로따로 뭇 유파가 되었다는 것은 각 유파의 글이 서로 달랐다는 말이다.

近觀孝經舊注는 踳(준)駁尤甚이요

근래에 살펴보니 ≪효경≫의 옛 注는 〈經文의 뜻에〉 어긋나고 어수선함이 너무나 심하고,

【疏】 正義曰：孝經今文, 稱鄭玄注, 古文, 稱孔安國注. 先儒詳之, 皆非眞實, 而學者互相宗尙. 踳, 乖也. 駁, 錯也. 尤, 過也. 今言觀此二注, 乖錯過甚, 故言踳駁尤甚也.

正義曰：≪효경≫의 今文으로는 鄭玄의 注本을 일컫고 古文으로는 孔安國의 注本을 일컫는다. 先儒들이 상세히 분석한 결과 〈이 두 注本은〉 모두 두 사람의 진짜 저술이 아

닌데도 學者들이 서로 높여 숭상하고 있다. 蹐은 乖(어긋남)이고 駁은 錯(어수선함)이며, 尤는 過(지나침)이다. 지금 '이 두 注를 살펴보면 〈經文의 뜻에〉 어긋나고 어수선함이 지나치게 심하다.'라고 말하려 하였다. 이 때문에 '蹐駁尤甚'이라고 말한 것이다.

至於跡相祖述하야는 **殆且百家**요

발자취를 서로 이어 옛 설을 기반으로 부연함에 이르러서는 거의 100家나 되며,

【疏】正義曰：至於者, 語更端之辭也. 跡, 蹤跡也. 祖, 始也. 因而明之曰述. 言學者蹤跡相尋, 以在前者爲始, 後人從而述脩之, 若仲尼祖述堯舜之爲也. 殆, 近也. 言近且百家, 目其多也. 案其人, 今文則有魏王肅・蘇林・何晏・劉邵, 吳韋昭・謝萬・徐整, 晉袁宏・虞槃佑[1], 東晉楊泓[2]・殷仲文・車胤・孫氏・庾氏, 〔宋〕[3]荀昶・孔光・何承天・釋慧琳, 齊王玄載・明僧紹, 及漢之長孫氏・江翁・翼奉・后蒼・張禹・鄭衆・鄭玄所說, 各擅[4]爲一家也. 其梁皇侃撰義疏三卷, 梁武帝作講疏, 賀瑒(창)・嚴植之・劉貞簡・明山賓咸有說, 隋有鉅鹿魏眞克者亦爲之訓注. 其古文出自孔氏壞壁, 本是孔安國作傳, 會巫蠱事[5], 其本亡失. 至隋, 王邵所得以送劉炫, 炫敍其得喪, 述其義疏議之. 劉綽亦作疏, 與鄭義俱行. 又馬融亦作古文孝經傳, 而世不傳. 此皆祖述名家者也.

1) 虞槃佑：≪隋書≫ 〈經籍志〉에는 '虞槃佐'로 되어 있다.(阮元의 〈校勘記〉 참조)
2) 泓：저본에는 우하측 점이 없는 총 7획의 못 갖춘 글자(泓)로 표기되어 있으나, 清나라 高宗 乾隆帝 愛新覺羅 弘曆의 '弘'자를 피하기 위해 우하측의 점을 빼고 쓴 避諱의 연장으로 缺劃한 것이므로 갖춘 글자로 돌려놓았다.
3) 〔宋〕：저본에는 '宋'이 없으나, 朝代별로 인물을 분류하고 각 조대의 첫 사람 이름 앞에 朝代名을 드러낸 이 문장 전체의 체재에 따라 '宋'을 보충하였다.(上海古籍出版社, 整理本 ≪孝經注疏≫ 참조)
4) 擅：'점유하다, 차지하다'의 뜻으로 쓰였다. 이와 같은 용례로 ≪莊子≫ 〈秋水〉의 "구덩이의 물을 차지하여〔擅〕 우물 안의 즐거움을 멋대로 즐기는 것, 이것도 최고일세."를 들 수 있다.
5) 巫蠱事：85쪽 주4) 참조.

正義曰：'至於'는 말끝을 바꾸는 말이다. 跡은 발자취이고, 祖는 始(처음)이다. 이어서 밝히는 것을 述이라 한다. '學者들이 발자취를 서로 이어서, 전에 있던 것을 시작으로 삼아 후인이 그에 따라 부연해 밝히기를 마치 仲尼(孔子)가 堯・舜을 시작으로 삼아 부연해

밝힌 것과 같이 했다.'라는 말이다.

殆는 近(가까움)이다. 100家에 가깝다고 말한 것이니, 그 많음을 지적한 것이다. 그 사람들을 살펴보면, ≪今文孝經≫에는 魏나라의 王肅·蘇林·何晏·劉邵, 吳나라의 韋昭·謝萬·徐整, 晉나라의 袁宏·虞槃佑, 東晉의 楊泓·殷仲文·車胤·孫氏·庾氏, 〈南朝 宋나라의〉 荀昶·孔光·何承天·승려 慧琳, 南朝 齊나라의 王玄載·明僧紹 및 漢나라의 長孫氏·江翁·翼奉·后蒼·張禹·鄭衆·鄭玄이 해설한 것이 각기 一家를 점하였다.

梁나라의 皇侃은 ≪孝經義疏≫ 3권을 지었고, 梁 武帝는 ≪孝經講疏≫를 지었으며, 賀瑒·嚴植之·劉貞簡·明山賓이 모두 說이 있다. 隋나라에는 鉅鹿의 魏眞克이란 자가 또 訓注(訓釋과 注解)를 내었다.

≪古文孝經≫은 공자가 살았던 옛 집을 허물던 중 벽에서 나왔다. 본디 孔安國이 傳을 지었지만 巫蠱의 일(B.C. 91)을 만나는 바람에 그 책이 유실되었다. 隋나라에 이르러 王邵가 얻은 것을 劉炫에게 보내자 유현이 그 잘잘못을 서술하고 義疏(의미를 풀이한 疏)를 써서 논의하였다. 劉綽도 疏를 지었는데, 鄭玄이 풀이한 뜻과 함께 통행되었다. 또 馬融도 ≪古文孝經傳≫을 지었으나 〈지금은〉 세상에 전해지지 않는다. 이들이 모두 옛 것을 기반으로 부연한 名家들이다.

業擅專門도 **猶將十室**이라

학설〈을 전수하고 지켜〉 전문 학파의 〈이름을〉 차지한 사람도 거의 10家나 된다.

【疏】 正義曰：上言'百家'者, 大略皆祖述而已. 其於傳守己業, 專門命氏者, 尙自將近十室. 室則家也. 爾雅釋宮云 "宮謂之室, 室謂之宮." "其內謂之家." 但與上'百家'變文耳, 故言'十室'. 其十室之名, 序不指摘, 不可强言, 蓋后蒼·張禹·鄭玄·王肅之徒也.

正義曰：앞에서 말한 '100家'는 대체로 다 옛 설을 기반으로 부연했을 뿐이지만, 자신의 학설을 전수하고 지켜 '아무 氏'라고 전문 학파의 이름을 차지한 사람도 거의 10가에 이른다. 室은 家이다. ≪爾雅≫ 〈釋宮〉에 이르기를 "宮을 室이라 일컫고, 室을 宮이라 일컫는다." "그(창문과 지게문 사이) 안을 家라 일컫는다."라고 하였다. 다만, 앞에서 말한 '100가'의 '家'와 표현을 달리 하려 했기 때문에 '十室'이라고 한 것이다. 그 10가의 이름을 서문에서 지적하지 않았으므로 무리하게 〈단정하여〉 말할 수는 없지만, 대체로 后蒼·張禹·鄭玄·王肅의 무리일 것이다.

希升堂者는 **必自開戶牖**하고

대청에 오르려는 사람은 기어코 스스로 지게문과 창문을 내었고,

【疏】正義曰：希，望也. 論語云 "子曰 '由也升堂矣, 未入於室.'" 夫子言仲由升我堂矣, 未入於室耳. 今祖述孝經之人, 望升夫子之堂者, 旣不得其門而入, 必自擅開門戶牕牖矣. 言其妄爲穿鑿也.

正義曰：希는 望(바람)이다. ≪論語≫ 〈先進〉에 "子께서 말씀하시기를, '由(子路)는 대청에는 올랐고, 아직 방안에는 들어오지 못하였다.'고 하셨다."라는 기록이 있다. 夫子(孔子)가 '仲由(子路)는 내 집의 대청에는 올랐으니, 아직 방안에까지 들어오지 못했을 뿐이다.'라고 말한 것이다.

지금 ≪효경≫을 부연해 의미를 밝힌 사람들 중에 夫子(孔子)의 대청에 오르기를 희망하는 자들이 대문을 찾아 들어가지 못하자 기어코 스스로 출입문과 창문을 멋대로 내었다〈고 했으니,〉 함부로 천착했다는 말이다.

攀逸駕者는 **必騁殊軌轍**이라

빠른 수레를 따라잡으려는 사람은 한사코 다른 바퀴 자국을 따라 달렸다.

【疏】正義曰：攀，引也. 逸駕, 謂奔逸之車駕也. 案莊子 "顔淵問於仲尼曰 '夫子步亦步, 夫子趨亦趨, 夫子馳亦馳. 夫子奔逸絶塵, 而回瞠若乎後耳.'" 言夫子之道, 神速不可及也. 今祖述孝經之人, 欲仰慕攀引夫子奔逸之駕者, 旣不得直道而行, 必馳騁於殊異之軌轍矣. 言不知道之無從[1]也. 兩轍之間曰軌, 車輪所轢曰轍.

1) 道之無從：道는 아무것도 따르지 않아야 비로소 터득하게 된다는 말이다. ≪莊子≫ 〈知北遊〉의 "생각하지 말고 고민하지 말아야 비로소 道를 알게 되고, 뜻을 두어 처신하지 말고 일하지 말아야 비로소 道에 편안할 수 있게 되고, 아무것도 따르지 말고〔無從〕 말미암지 말아야 비로소 道를 터득할 수 있을 것이다."라는 말에서 따온 것이다.(安炳周·田好根 共譯, ≪譯註 莊子 3≫, 傳統文化硏究會, 2008, 256쪽)

正義曰：攀은 引(끎, 따라잡음)이다. 逸駕는 매우 빨리 달리는 수레이다. 살펴보건대 ≪장자≫ 〈田子方〉에 다음과 같은 말이 있다.

"顔淵이 仲尼(孔子)에게 묻기를, '夫子(孔子)께서 걸으시면 저도 걷고, 부자께서 종종걸

음 치시면 저도 종종걸음 치고, 부자께서 달리시면 저도 달립니다. 그러나 부자께서 흙먼지를 따돌리며 쏜살같이 달리시면 저는 뒤에서 휘둥그런 눈으로 쳐다볼 뿐입니다.'라고 하였다."

부자의 道가 매우 신기할 정도로 빨라서 따라잡을 수 없다는 말이다.

지금 ≪효경≫을 부연해 의미를 밝힌 사람들 중에 부자의 쏜살같이 달리는 수레를 앙모하여 따라잡으려는 자가 곧은길로 가〈서는 따라잡〉지 못하게 되자 한사코 다른 바퀴자국을 따라 달렸다〈는 것이니,〉 道는 아무것도 따르지 말아야 〈비로소 터득할 수 있음을〉 알지 못했다는 말이다. 수레의 두 바퀴 사이를 軌라 하고, 수레바퀴가 굴러 지나간 자국을 轍이라 한다.

是以로 **道隱小成**하고 **言隱浮僞**하니라

이 때문에 〈聖人의 큰〉 道가 작은 성취에 가려지고, 〈孔子의 지극한〉 말씀이 화려한 궤변에 가려졌다.

【疏】 正義曰 : 道者, 聖人之大道也. 隱, 蔽也. 小成, 謂小道而有成德者也. 言者, 夫子之至言也. 浮僞, 謂浮華詭辨也. 言此穿鑿馳騁之徒, 唯行小道華辯, 致使大道至言皆爲隱蔽. 其實則不可隱, 故莊子內篇齊物論云 "道惡乎隱而有眞僞, 言惡乎隱而有是非. 道惡乎往而不存, 言惡乎存而不可. 道隱於小成, 言隱於榮華." 此文與彼同, 唯'榮華'作'〔浮〕[1)]僞'耳, 大意不異也.

1) 〔浮〕 : 저본에는 '浮'가 없으나, 閩本·監本·毛本 및 御注序 본문에 의거하여 '浮'를 보충하였다.(阮元의 〈校勘記〉 참조)

正義曰 : 道는 聖人의 큰 道이다. 隱은 蔽(가려짐)이다. 小成은 작은 道로 德을 이룬 것이다. 言은 夫子(孔子)의 지극한 말씀이다. 浮僞는 겉만 화려한 궤변이다.

이들 천착하여 내달리는 무리는 오직 작은 道와 화려한 궤변만을 일삼아서 큰 道와 지극한 말씀이 모두 가려지게 만들었다는 말이다. 그러나 그 알맹이는 가릴 수 없다. 이 때문에 ≪莊子≫ 〈內篇 齊物論〉에 "참된 道는 어디에 숨었기에 眞僞가 갈리고, 참된 말은 어디에 숨었기에 是非가 갈리는 것인가? 참된 道는 어디에 간들 존재하지 않겠으며, 참된 말은 어디에 있은들 옳지 않겠는가. 그러나 참된 道는 작은 성취에 가려지고 참된 말은 화려함〔榮華〕에 가려진다."라고 하였다. 서문의 이 글은 ≪장자≫의 저 말과 같다. 다

만 '榮華'가 '浮僞'로 되어 있〈는 차이가 있〉을 뿐, 대의는 다르지 않다.

且傳은 以通經爲義요 義는 以必當爲主하야

그리고 傳은 經文의 의미 소통을 의의로 삼고, 의미는 반드시 합당함을 으뜸으로 삼아서,

【疏】 正義曰：且者, 語辭. 傳者, 注解之別名. 博釋經意, 傳示後人, 則謂之傳. 注者, 著也. 約文敷暢, 使經義著明, 則謂之注. 作得[1]自題, 不爲義例. 或曰"前漢以前名傳, 後漢以來名注." 蓋亦不然, 何則. 馬融亦謂之傳, 知或說非也. 此言傳注解釋, 則以通暢經指爲義, 義之裁斷, 則以必然當理爲主也.

1) 作得 : '할 수 있다〔能做〕'는 말이다.

正義曰：且는 語助辭이다. 傳은 注解의 딴이름이다. 經文의 뜻을 두루 풀이하여 後人에게 전하여 보여주는 것을 傳이라고 한다. 注는 著(드러냄)이다. 간결한 글로 부연하여 의미를 소통시킴으로써 경문의 뜻을 분명히 드러내는 것을 注라고 한다. 〈이 두 가지는 저자가〉 나름대로 〈선택하여〉 표기할 수 있는 것이지 〈저술의 서로 다른〉 체재가 아니다. 혹자는 말하기를, "前漢 이전에는 傳이라 칭하였고 後漢 이후에는 注라고 칭하였다."라고 하지만, 이는 옳지 않은 듯하다. 어째서인가. 〈後漢의〉 馬融도 〈經에 대한 주해를〉 傳이라고 하였으므로 혹자의 설이 잘못되었음을 알 수 있다.

〈이 대목은〉 傳注를 달아 해석하는 것은 경문의 뜻을 명확히 소통시킴을 의의로 삼고, 의미를 판단하는 기준은 반드시 이치에 부합함을 으뜸으로 삼는다는 말이다.

至當歸一이요 精義無二니

지극히 타당한 것은 하나로 귀결되고 〈하나의 經文에 대한〉 정밀한 의미는 두 가지가 없으니,

【疏】 正義曰：至極之當, 必歸於一. 精妙之義, 焉有二三. 將言諸家不同, 宜會合之也.

正義曰：지극히 타당한 것은 반드시 하나로 귀결된다. 〈하나의 經文에 대한〉 정밀하고 깊은 의미가 어찌 두세 가지가 있겠는가. 여러 학자의 서로 다른 주해들을 모아 합쳐야

한다고 말하려는 것이다.

安得不翦其繁蕪하야 **而撮其樞要也**아

어찌 그 번다하고 거친 것들을 잘라내어 핵심만을 취하지 않아서야 되겠는가.

【疏】 正義曰 : 安, 何也. 諸家之說, 旣互有得失, 何得不翦截繁多蕪穢, 而撮取其樞機要道也.

正義曰 : 安은 何(어찌)이다. 여러 학자의 설들이 서로 번갈아 잘잘못이 있는 이상, 어찌 그 번다하고 거친 것들을 잘라내어, 관건이나 길목〈같이 핵심적인 것〉만을 취하지 않아서야 되겠는가.

韋昭王肅은 **先儒之領袖**요 **虞翻劉邵**[1]는 **抑又次焉**이며

1) 劉邵 : 아래 疏의 해설로 보아 ≪三國志≫ 권21 〈魏志 劉劭列傳〉의 劉劭이다. 이름자를 '邵'와 '劭' 두 가지로 표기한다.

韋昭와 王肅은 先儒 중에 우두머리이고 虞翻과 劉邵는 또 그 다음이며,

【疏】 正義曰 : 自此至'有補將來'爲第四段, 序作注之意, 擧六家異同, 會五經旨趣[1], 敷暢經義, 望益將來也. 吳志曰 "韋曜(요)字弘嗣, 吳郡雲陽人." 本名昭, 避晉文帝諱, 改名曜. "(事)〔仕〕[2]吳至中書僕射(야)・侍中, 領左國史, 封高陵亭侯."[3] 魏志曰 "王肅字子雍, 王朗之子. 仕魏, 歷散騎黃門侍郎・散騎常侍兼太常."[4] 吳志 "虞翻字仲翔, 會稽餘姚人. 漢末擧茂才[5], 曹公辟, 不就, 仕吳, 以儒學聞. 爲老子・(命)〔論〕[6]語・國語訓注, 傳於世."[7] 魏志 "劉(紹)〔邵〕[8]字孔才, 廣平邯鄲人. 仕魏, 歷散騎常侍, 賜爵關內侯, 著人物志百篇."[9] 此指言韋・王所學, 在先儒之中, 如衣之有領袖也. 虞・劉二家亞次之. 抑, 語辭也.

1) 擧六家異同 會五經旨趣 : 이 단락의 후반부에 있는 말을 끌어 쓴 것으로, 六家는 韋昭・王肅・虞翻・劉邵・劉炫・陸澄이고, 五經은 ≪詩≫・≪書≫・≪易≫・≪禮≫・≪春秋≫이다.
2) (事)〔仕〕 : 저본에는 '事'로 되어 있으나, 閔本・監本・毛本에 의거하여 '仕'로 바로잡았다.(阮元의 〈校勘記〉 참조)

3) 韋曜字弘嗣……封高陵亭侯 : ≪三國志≫ 권65 〈吳志 韋曜列傳〉의 내용을 발췌 인용하고, 중간에 韋曜의 本名과 改名 이유에 대한 注를 끼워 넣은 것이다.
4) 王肅字子雍……散騎常侍兼太常 : ≪三國志≫ 권13 〈魏志 王肅列傳〉에서 발췌 인용한 것이다.
5) 茂才 : 前漢 때 인재 천거의 명목 중 하나였던 秀才인데, 後漢 때 光武帝(劉秀)의 이름자를 피하여 바꾼 명칭이다.
6) (命)〔論〕 : 저본에는 '命'으로 되어 있으나, ≪三國志≫ 권57 〈吳志 虞翻列傳〉에 의거하여 '論'으로 바로잡았다.(阮元의 〈校勘記〉 참조)
7) 虞翻字仲翔……傳於世 : ≪三國志≫ 권57 〈吳志 虞翻列傳〉에서 발췌 인용한 것이다.
8) (紹)〔邵〕 : 저본에는 '紹'로 되어 있으나, ≪三國志≫ 권21 〈魏志 劉劭列傳〉의 劉劭이므로 이 책에서 많이 사용한 이름자에 의거하여 '邵'로 바로잡았다.(111쪽 주1) 참조)
9) 劉(紹)〔邵〕字孔才……著人物志百篇 : ≪三國志≫ 권21 〈魏志 劉劭列傳〉에서 발췌 인용한 것이다. 여기에는 유소의 저술로 '人物志百篇'을 들었으나 〈유소열전〉에는 '≪法論≫과 ≪人物志≫ 등 100여 편'이라고 하였다.

正義曰 : 여기부터 '有補將來'까지가 제4단락으로, 〈당 현종이〉 注를 지은 뜻은 여섯 학자의 같고 다른 〈주해들을〉 들고 五經의 뜻을 취합하여 경문의 뜻을 부연하여 소통시킴으로써 장래에 보탬이 되기를 바란 것이라고 서술하였다.

≪三國志≫ 〈吳志 韋曜列傳〉에 "韋曜(204~273)는, 자는 弘嗣이고 吳郡 雲陽 사람이다."라고 하였다. 그의 본명은 昭인데, 晉 文帝(211~265, 司馬昭)의 이름자를 피하여 曜로 이름을 바꾸었다. 〈〈위요열전〉에 또〉 "吳나라에서 벼슬하여 中書僕射 · 侍中에 오르고 左國史를 담당하였으며 高陵亭侯에 봉해졌다."〈라고 하였다.〉

≪三國志≫ 〈魏志 王肅列傳〉에 "王肅(195~256)은, 자는 子雍이고 王朗의 아들이며, 魏나라에서 벼슬하여 散騎黃門侍郎 · 散騎常侍 · 太常을 지냈다."라고 하였다.

〈吳志 虞翻列傳〉에 "虞翻(164~233)은, 자는 仲翔이고 會稽 餘姚 사람이다. 漢나라 말기에 茂才로 천거받았을 때 曹公(曹操)이 불렀으나 나아가지 않았다. 吳나라에서 벼슬하여 儒學으로 명성이 났다. ≪老子≫ · ≪論語≫ · ≪國語≫에 訓解와 주석을 낸 것이 세상에 전해진다."라고 하였다.

〈魏志 劉邵列傳〉에 "劉邵는, 자는 孔才이고 廣平 邯鄲 사람이다. 魏나라에서 벼슬하여 散騎常侍를 지냈으며 關內侯 작위를 하사받았다. ≪人物志≫ 100편을 저술하였다."라고 하였다.

이 대목은, 韋昭와 王肅이 연구한 것은 先儒들 중에서 마치 옷의 깃이나 소매와 같이

〈簡要하고〉 虞飜과 劉邵 두 학자는 그 다음임을 지적하여 말한 것이다. 抑은 語助辭이다.

劉炫은 **明安國之本**이요 **陸澄**은 **譏康成之注**니라

劉炫은 孔安國의 本(≪古文孝經≫에 대한 공안국의 注本)을 밝히고 陸澄은 康成(鄭玄)의 注를 비판하였다.

【疏】 正義曰：隋書云 "劉炫字光伯, 河間景城人. 炫左畫方, 右畫圓, 口誦, 目數, 耳聽, 五事竝擧, 無所遺失. 仕後周, 直門下省, 竟不得官. 縣司責其賦役, 炫自陳於內史, 乞送[1]吏部. 吏部尙書韋世康問其所能, 炫自爲狀曰 '周禮・禮記・毛詩・尙書・公羊・左傳・孝經・論語, 孔・鄭・王・何・服・杜等注, 凡三十家, 雖義有精麤, 竝堪講授. 周易・儀禮・穀梁, 用功頗少. 子史文集, 嘉言美事, 咸誦於心. 天文律歷, 窮覈微妙. 公私文翰, 未嘗(擧)〔假〕[2]手.' 吏部竟不詳試, 除殿內將軍. 仕隋, 歷太學博士, 罷歸河間, 賊中餓死. 謚宣德先生."[3] 初, 炫旣得王邵所送古文孔安國注本, 遂著古文稽疑以明之. 蕭子顯齊書曰 "陸澄字彦淵, 吳郡吳人也. 少〔好〕[4]學博覽, 無不知. 起家仕宋, 至齊, 歷國子祭酒・光祿大夫."[5] 初, 澄以晉荀昶所學爲非鄭玄所注, 請(文)〔不〕藏秘(書)〔省〕[6], 王儉違其議.

1) 乞送：≪隋書≫ 권75 〈劉炫列傳〉에는 '內史送詣'로 되어 있다.
2) (擧)〔假〕：저본에는 '擧'로 되어 있으나, ≪隋書≫ 권75 〈劉炫列傳〉과 ≪北史≫ 권82 〈劉炫列傳〉에 의거하여 '假'로 바로잡았다.(阮元의 〈校勘記〉 참조)
3) 劉炫字光伯……謚宣德先生：≪隋書≫ 권75 〈劉炫列傳〉에서 발췌 인용한 것이다.
4) 〔好〕：저본에는 '好'가 없으나, ≪南齊書≫ 권39 〈陸澄列傳〉에 의거하여 보충하였다.(상해고적출판사, 정리본 ≪효경주소≫ 참조)
5) 陸澄字彦淵……光祿大夫：≪南齊書≫ 권39 〈陸澄列傳〉에서 발췌 인용한 것이다.
6) 請(文)〔不〕藏秘(書)〔省〕：저본에는 '請文藏秘書'로 되어 있으나, ≪南齊書≫ 권39 〈陸澄列傳〉의 내용 및 王應麟의 ≪玉海≫ 권41 〈唐孝經注議〉에 의거하여 '文'을 '不'로 바로잡고, '書'를 '省'으로 바로잡았다.(阮元의 〈校勘記〉 참조)

正義曰：≪隋書≫에 다음과 같은 기록이 있다.

"劉炫은 자는 光伯이고 河間 景城 사람이다. 그는 왼손으로는 네모를 그리고 오른손으로는 동그라미를 그리면서 입으로 글을 외고 눈으로 물건을 세고 귀로 소리를 듣는 등 다섯 가지 일을 동시에 하면서도 빠뜨리거나 잘못된 것이 없었다.

後周에서 벼슬하였으며, 〈隋나라에서는〉 門下省에 당직을 서기는 했으나 끝내 관직을 얻지 못하였다. 縣의 담당자가 그에게 賦稅를 내고 徭役에 복무하도록 요구하자, 그는 內史에게 자신의 형편을 진술하고, 吏部에 보내달라고 요청하였다. 吏部尙書 韋世康이 그의 재능을 묻자 스스로 글을 써 〈올리기를〉, '≪주례≫·≪예기≫·≪모시≫·≪상서≫·≪춘추공양전≫·≪춘추좌씨전≫·≪효경≫·≪논어≫에 대한 孔安國·鄭玄·王弼·何晏·服虔·杜預 등 총 30학자의 注解를, 비록 의미에 거칠고 정밀한 차이는 있지만, 모두 講論하여 傳授할 수 있습니다. ≪주역≫·≪의례≫·≪춘추곡량전≫에는 들인 공력이 좀 적습니다. 그러나 子部書·史部書·文集의 훌륭한 말과 아름다운 일들을 모두 마음속에 외고 있고, 天文과 樂律·曆法을 미묘한 부분까지 궁구해 밝혔으며, 공적인 문서와 사적인 서찰을 남에게 대필시킨 적이 없습니다.'라고 하였다. 그러나 吏部에서는 끝내 〈그의 재능을〉 상세히 점검해 보지 않다가 〈조정의 저명한 인사들의 보증으로〉 殿內將軍에 임명하였다.

隋나라에서 벼슬하여 太學博士를 지냈으며 파직되자 河間으로 돌아갔다. 〈그 뒤에 農民軍의 반란에 가담했다가 패하여〉 농민군의 진영에서 굶어 죽었다. 시호는 宣德先生이다."

이전에 유현은 王邵가 보내준 ≪古文孝經≫ 孔安國 注本을 받고는 ≪古文孝經稽疑≫를 저술하여 그 의미를 밝혔다.

蕭子顯(489~537)의 ≪南齊書≫에 "陸澄은, 자는 彦淵이고 吳郡 吳 사람이다. 어려서부터 배우기를 좋아하고 폭넓게 독서하여 모르는 것이 없었다. 집에서 지내다가 부름을 받아 南朝 宋나라에서 벼슬하였고, 남조 齊나라 때 이르러 國子祭酒와 光祿大夫를 지냈다."라고 하였다.

이전에 육징은 晉나라 荀昶이 배운 것은 정현의 注가 아니라면서 祕書省(왕실 도서관)에 보관하지 말기를 청하였으나, 王儉이 그의 건의를 따르지 않았다.

在理或當이면 **何必求人**이리오

의미가 타당하다면 어찌 굳이 사람〈의 인품을〉 따질 것이 있겠는가.

【疏】正義曰：言但在注釋之理允當, 不必譏非其人也. 求猶責也.

正義曰：〈기존 주석의 채택 여부는〉 오직 주석의 의미가 타당한지에 달렸을 뿐이니,

그럴 만한 사람이 아니라고 굳이 비난할 것은 없다는 말이다. 求는 責(따짐)과 같다.

今故特擧六家之異同하고 **會五經之旨趣**하야

지금 그러므로 여섯 학자의 같고 다른 〈주석들을〉 특별히 들고 五經의 뜻을 취합하여

【疏】 正義曰：六家卽韋昭・王肅・虞飜・劉邵・劉炫・陸澄也. 言擧此六家, 而又會合諸經之旨趣耳.

正義曰：六家는 곧 韋昭・王肅・虞飜・劉邵・劉炫・陸澄이다. 이 여섯 학자들〈의 주석을〉 들고 또 여러 經書의 뜻을 모아 합친다는 말이다.

約文敷暢하야 **義則昭然**이요

간결한 글로 부연하여 소통시켜서 의미가 환히 밝아졌고

【疏】 正義曰：約, 省(생)也. 敷, 布也. 暢, 通也. 言作注之體, 直約省其文, 不假繁多, 能徧布通暢經義, 使之昭明也. 然, 辭也.

正義曰：約은 省(생략함)이다. 敷는 布(펼침)이고, 暢은 通(소통시킴)이다. 注를 내는 체재는 바로 글을 간결하게 써서, 많은 말을 하지 않으면서도 경문의 뜻을 두루 펴 소통시켜 밝게 드러내는 것이라는 말이다. 然은 어조사이다.

分注錯經이나 **理亦條貫**이니

注를 分節하여 경문 사이사이에 끼워 넣었지만 의미는 조리가 있고 맥락이 통하니,

【疏】 正義曰：謂分其注解, 間錯經文也. 經注雖然分錯, 其理亦不相亂, 而有條有貫也. 書云"若網在綱, 有條而不紊." 論語"子曰'參乎, 吾道一以貫之.'" 是條〔貫〕[1]之理也.

1) 〔貫〕: 저본에는 '貫'이 없으나 앞에 인용된 ≪상서≫와 ≪논어≫가 각각 '條'와 '貫'의 용례를 보인 것임을 밝힌 말이므로 '貫'을 보충하였다.

正義曰：주해를 분절하여 경문 사이사이에 끼워 넣었다는 말이다. 경문과 주해가 비록

분절되어 섞여 있기는 하나, 그 의미는 서로 어지럽히지 않아서 조리가 있고 맥락이 통한다〈는 것이다.〉

≪尙書≫ 〈盤庚 上〉에 "그물에 벼리가 있어야 조리〔條〕가 잡혀 어지럽지 않은 것과 같다."라고 하였고, ≪論語≫ 〈里仁〉에 "子께서 말씀하시기를, '參(曾子)아, 우리의 道는 한 가지 이치로 관통〔貫〕된다."라고 하였다. 이것이 조리가 있고 맥락이 통하는 의미이다.

寫之琬琰이면 **庶有補於將來**리라

琬圭(꼭대기가 둥근 옥 홀)와 琰圭(꼭대기가 뾰족한 옥 홀)에 써 넣으면 장래에 보탬이 될 것이다.

【疏】 正義曰 : 案考工記玉人職云 "琬圭九寸而繅, 以象德." 注云 "琬猶圜也, 王使之瑞節也. 諸侯有德, 王命賜之, 使者執琬圭以致命焉. 繅, 藉也." 又云 "琰圭九寸, 判規, 以除慝, 以易行." 注云 "凡圭, 琰[1]上寸半, 琰圭, 琰半以上, 又半爲瑑(전)飾. 諸侯有爲不義, 使者征之, 執以爲瑞節也. 除慝, 誅惡逆也. 易行, 止[2]繁苛." 今言以此所注孝經, 寫之琬圭・琰圭之上, 若簡策之爲, 庶幾有所裨補於將來學者. 或曰 "謂刊石也, 而言寫之琬琰者, 取其美名耳."

1) 琰 : 剡(깎아내다)의 뜻으로 보아야 한다. 뒤의 '琰半以上'의 '琰'도 마찬가지이다. ≪예기≫ 〈雜記〉에 "圭는, 길이는 公의 것은 9치, 侯・伯의 것은 7치, 子・男의 것은 5치이고, 너비는 3치, 두께는 반치이며, 윗부분을 깎아내기〔剡上〕를 좌우 각기 1치 반씩 한다."라고 한 것과 ≪儀禮≫ 〈聘禮〉에 "圭와 깔개가 모두 9치인데, 윗부분을 1치 반씩 깎아낸다.〔剡上〕"라고 한 것이 동일한 용례이다.

2) 止 : ≪周禮注疏≫ 〈冬官考工記〉 '玉人' 조 注에는 '去'로 되어 있다. 다만 '止'로도 의미가 통하므로 교감은 하지 않았다.

正義曰 : 살펴보건대 ≪周禮≫ 〈冬官考工記〉 '玉人'職의 "琬圭는 9치의 크기에 깔개가 있는데, 이것으로 德을 상징한다."에 대한 注에 "琬은 圜(둥긂)과 같다. 천자의 使者가 지니는 부절이다. 제후가 덕이 있으면 천자가 상을 내리도록 명하는데, 이때 사자가 琬圭를 잡고서 명을 전한다. 繅는 藉(깔개)이다."라고 하였다.

'玉人'職에 또 "琰圭는 9치의 크기에 〈꼭대기의 좌우 斜邊이 안쪽으로 오목한〉 반원 모양인데, 이것으로 惡을 제거하고 〈각박한〉 행실을 바꾼다."에 대한 注에 "보통 홀은 윗부분 1치 반〈의 좌우를〉 깎아내는 데 비해, 琰圭는 〈홀의〉 중간 지점 이상〈의 좌우를〉 깎아내고 또 나머지 절반에는 장식을 새긴다. 제후가 불의를 저지르면 使者가 가서 징계하는데, 〈이때 염규를〉 잡아 부절로 삼는다. 除慝은 극악한 悖逆罪를 주벌하는 것이고, 易行은 무거운 부세와 요역 및 각박한 정치 법령을 금지하는 것이다."라고 하였다.

지금 〈이 대목은〉 이렇게 注를 단 ≪효경≫을 琬圭와 琰圭에 써 넣기를 마치 簡冊에 써 넣듯이 한다면 장래의 學者들에게 보탬이 될 것이라는 말이다. 혹자는 말하기를 "돌에 새긴다는 말이다. '琬圭와 琰圭에 써 넣는다'고 말한 것은 아름다운 표현을 취한 것일 뿐이다."라고 하였다.

且夫子談經은 志取垂訓이니

그리고 夫子(孔子)께서 경문의 말씀을 하신 뜻은 후대에 가르침을 전하려고 하신 것이니,

【疏】 正義曰 : 自此至序末爲第五段, 言夫子之經, 言約意深, 注繁文不能具載, 仍作疏義以廣其旨也. 且夫子所談之經, 其志但取垂訓後代而已.

正義曰 : 여기부터 서문의 끝까지가 제5단락이다. 夫子의 〈말을 기록한〉 경문은 말이 간결하면서도 의미가 깊은데 注에 번다한 글을 모두 실을 수 없으므로 疏의 내용을 지어 그 뜻을 폭넓게 드러냈다는 말이다. 그리고 夫子가 말한 〈것을 기록한〉 경문은 그 뜻이 오직 후대에 가르침을 전하려고 한 것일 뿐이라는 말이다.

雖五孝之用則別이나 而百行之源은 不殊니라

비록 다섯 가지 孝의 쓰임은 서로 다르나 〈효가〉 온갖 행실의 근원이라는 점은 다르지 않다.

【疏】 正義曰 : 五孝者, 天子・諸侯・卿大夫・士・庶人五等所行之孝也. 言此五孝之用, 雖尊卑不同, 而孝爲百行之源則其致一也.

正義曰 : 다섯 가지 孝는 天子, 諸侯, 卿・大夫, 士, 庶人 등 다섯 등급〈의 사람들이〉 행하는 孝이다. 이 다섯 가지 孝의 쓰임은 비록 尊卑의 차이가 있으나, 孝가 온갖 행실의

근원이라는 점은 일치한다는 말이다.

是以로 **一章之中**에 **凡有數句**요 **一句之內**에 **意有兼明**이니

이 때문에 한 章 안에 총 몇 句가 있고, 한 句 안에 여러 의미가 함께 설명되어 있으니,

【疏】 正義曰：積句以成章. 章者, 明也. 摠義包體, 所以明情者也. 句必聯字而言. 句者, 局也. 聯字分(强)〔疆〕[1], 所以局言者也.[2] 言夫子所脩之經, 志在殷勤垂訓, 所以一章之中, 凡有數句, 一句之內, 意有兼明者也. 若移忠移順・博愛廣敬之類皆是.

1) (强)〔疆〕: 저본에는 '强'으로 되어 있으나, ≪文心雕龍≫ 〈章句〉에 의거하여 '疆'으로 바로잡았다.(阮元의 〈校勘記〉 참조)

2) 積句以成章……所以局言者也 : ≪文心雕龍≫ 〈章句〉에서 발췌하여 재구성한 것이다.

正義曰：句를 쌓아 章을 이룬다. 章은 明(밝힘)이니, 의미를 총괄하여 전체를 포괄하는 것은 내용을 명백하게 드러내기 위함이다. 句는 반드시 글자들을 연결하여 말한다. 句는 局(국한함)이니, 글자들을 연결하여 범위를 나누는 것은 말의 범위를 국한하기 위함이다.

夫子께서 지으신 經은 그 취지가 〈후대에〉 은근히 가르침을 전하는 데 있기 때문에 한 章 안에 총 몇 句가 있고 한 句 안에 여러 의미가 함께 밝혀졌다는 말이다. 〈〈廣揚名章〉의〉 移忠(어버이에 대한 효성을 임금에 대한 충성으로 바꾸어 옮김)과 移順(형에 대한 공경〔悌〕을 上官에 대한 恭順으로 바꾸어 옮김) 및 〈〈天子章〉의〉 博愛(널리 사랑함)와 廣敬(널리 공경함) 따위가 모두 그것이다.

具載면 **則文繁**이요 **略之**면 **又義闕**일새

모두 기재하면 글이 번잡해지고 생략하면 의미가 누락되겠기에

【疏】 正義曰：言作注之體, 意在約文敷暢, 復恐太略, 則大義或闕.

正義曰：注를 짓는 체재는 그 뜻이 간결한 글로 부연하여 의미를 소통시키는 데에 있지만, 또 너무 소략하면 大義가 혹 누락될까 염려된다는 말이다.

今存於疏[1]하야 **用廣發揮**하노라

1) 疏 : 당 현종이 御注를 짓고 나서 元行沖 등에게 명하여 짓게 한 疏를 말한다.

이제 疏에 〈이전의 주해들을〉 보존하여 〈경문의 의미를〉 폭넓게 드러내었다.

【疏】 正義曰 : 此言必(順)〔須〕[1]作疏之義也. 發, 謂發越. 揮, 謂揮散. 若其注文未備者, 則具存於疏, 用此義疏, 以廣大發越揮散夫子之經旨也.

1) (順)〔須〕: 저본에는 '順'으로 되어 있으나, 문맥에 의거하여 '須'로 바로잡았다.(阮元의 〈校勘記〉 참조)

正義曰 : 이 대목은 疏를 반드시 지어야 하는 의의를 말한 것이다. 發은 드러내어 밝힘을 말하고, 揮는 확장한다는 말이다. 注의 글이 未備한 경우는 〈이전의 주해를〉 疏에 온전히 담아서, 이 義疏(의미를 풀이한 疏)를 사용하여 夫子(孔子)의 經文의 뜻을 널리 드러내고 확장했다〈는 것이다.〉

孝經注疏 제1권

開宗明義章 第一

【疏】正義曰：開, 張也. 宗, 本也. 明, 顯也. 義, 理也. 言此章開張一經之宗本, 顯明五孝[1)]之義理, 故曰開宗明義章也. 第, 次也. 一, 數之始也. 以此章摠標諸章以次結之, 故爲第一, 冠諸章之首焉. 案孝經遭秦坑焚之後, 爲河間顔芝所藏, 初除挾書之律[2)], 芝子貞始出之. 長孫氏及江翁·后倉·翼奉·張禹等所說皆十八章[3)]. 及魯恭王壞孔子宅, 得古文二十二章[4)], 孔安國作傳[5)]. 劉向校經籍, 比量二本, 除其煩惑, 以十八章爲定[6)], 而不列名. 又有荀昶集其錄及諸家疏[7)], 竝無章名, 而援神契[8)]自天子至庶人五章, 唯皇侃標其目而冠於章首[9)]. 今鄭注[10)]見章名, 豈先有改除, 近人追遠而爲之也. 御注依古今集詳議, 儒官[11)]連狀題其章名, 重加商量, 遂依所請. 章者, 明也, 謂分析科段, 使理章明. 說文曰："樂歌竟爲一章[12)], 章字從音從十." 謂從一至十, 十, 數之終[13)]. 諸書言章者, 蓋因風雅凡有科段, 皆謂之章[14)]焉. 言天子庶人雖列貴賤, 而立身行道, 無限高卑. 故次首章, 先陳天子, 等差其貴賤, 以至庶人. 次及三才·孝治·聖治三章, 竝敍德敎之所由生也. 紀孝行章敍孝子事親爲先, 與五刑相因, 卽夫孝始於事親也. 廣要道章·廣揚名章[15)], 卽先王有至德要道, 揚名於後世也. 揚名之上[16)], 因諫爭之臣, 從諫之君, 必有應感. 三章相次, 不離於揚名. 事君章卽(忠)〔中〕[17)]於事君也. 喪親章繼於諸章之末, 言孝子事親之道紀[18)]也. 皇侃以開宗及紀孝行·喪親等三章通於貴賤. 今案諫爭章大夫已上皆有爭臣, 而士有爭友, 父有爭子, 亦該貴賤. 則通於貴賤者有四焉.

1) 五孝：천자, 제후, 경·대부, 사, 서인 등 다섯 등급의 신분에 맞는 효행이다.
2) 挾書之律：101쪽 주7) 참조.
3) 長孫氏及江翁后倉翼奉張禹等所說皆十八章：≪금문효경≫의 전수자들과 章數이다. 59쪽 주1), 61쪽 '御製序幷注'에 대한 疏, 106쪽 '至於跡相祖述 殆且百家'에 대한 疏 참조.
4) 魯恭王壞孔子宅 得古文二十二章：漢 武帝 말년에 魯 恭王 劉餘(?~B.C.128)가 공자가 살던 옛 집을 허물다가 蝌蚪文字로 기록된 ≪尙書≫·≪禮記≫·≪論語≫·≪孝經≫

을 발견하였다. 이때 발견된 22장의 ≪효경≫을 ≪고문효경≫이라고 한다.

5) 孔安國作傳 : 孔安國(B.C. 156?~B.C. 74)이 ≪古文孝經傳≫을 지은 것을 말한다. 공안국은 금문 ≪시≫와 ≪상서≫를 전수받은 전한의 경학가인데, 古文經이 발견되자 정리본을 내고 또 주석하여 ≪尙書孔氏傳≫·≪論語訓解≫·≪고문효경전≫ 등을 저술하였다. 그러나 모두 유실되었고, 나중에 재출현한 저작들은 모두 僞作이라는 것이 통설이다.

6) 劉向校經籍……以十八章爲定 : 漢 成帝 때 劉向(B.C. 77~B.C. 6)이 황실 도서관의 도서를 교열할 당시 ≪효경≫도 금문과 고문을 비교하여 교열 정리했는데, 당 현종과 邢昺의 注疏本에서 채택한 18장은 이때 정해진 것이라는 의미를 포함한다. 현대 학계에서는 이 주소본을 금문 계열로 보는데, 이는 유향이 ≪금문효경≫의 章數를 따르는 등 대체로 금문을 채택했기 때문이다.

7) 荀昶集其錄 : 순창(東晉, 남조 宋)의 ≪集議孝經≫을 두고 한 말이다. 이 책은 ≪隋書≫ 〈經籍志〉에 이미 유실된 것으로 기록되었다.

8) 援神契 : ≪효경≫의 緯書 중 하나로 撰者 미상이다. ≪수서≫ 〈경적지〉에 宋均(?~76)이 주석을 낸 것으로 기록되었다.

9) 皇侃標其目而冠於章首 : 皇侃(488~545)의 ≪孝經皇氏義疏≫에 〈天子章〉부터 〈庶人章〉까지 5개의 章名이 사용되었다는 말이다. 황간은 南朝 梁나라의 경학가로, ≪論語集解義疏≫·≪禮記義疏≫·≪禮記講疏≫·≪禮記義≫·≪孝經義疏≫ 등을 저술했으나 ≪논어집해의소≫만 전해지고 나머지는 유실되었다.

10) 鄭注 : 鄭玄(127~200)의 ≪孝經注≫이다. 정현은 後漢 때 古文經學을 위주로 今文經說을 겸장한 경학 대사로, ≪毛詩傳箋≫·≪三禮注≫·≪周易注≫·≪尙書注≫·≪論語注≫·≪六藝論≫ 등을 저술하였다.

11) 儒官 : 學務를 담당한 관원 또는 官學의 교수이다.

12) 樂歌竟爲一章 : 今本 ≪說文解字≫ '章'조에는 '歌'가 없이 '樂竟爲一章'으로 되어 있다. '竟'에 대해서는 ≪說文解字≫ '竟'조에 '악곡이 다 연주되는 것이 竟이다.〔樂曲盡爲竟〕'라고 하였다.

13) 說文曰……數之終 : ≪說文解字≫ '章'조의 "樂竟爲一章 從音從十 十 數之終也"를 변형하여 인용한 것이다.

14) 風雅凡有科段 皆謂之章 : ≪시경≫은 〈關雎〉 3章, 〈卷耳〉 4章, 〈玄鳥〉 1章 등과 같이 모든 시를 단락 구분하고 각 단락을 章으로 부르기 때문에 한 말이다. '風雅'는 본디 ≪시경≫의 國風과 大雅·小雅를 병칭한 말이지만, 여기서는 ≪시경≫ 전체를 가리킨다.

15) 廣要道章廣揚名章 : 이 단락은 ≪효경≫의 18장을 일일이 거론하여 각 장의 순차적인 배열이 가지는 의미를 드러내는 중이고, 또 이 뒷구에 '要道', '揚名'과 함께 '至德'도 언급하였으므로, 廣要道章(제12장)과 廣揚名章(제14장) 사이에 있는 廣至德章(제13장)도

포함한 표현으로 보아야 한다. 따라서 이는 '廣要道章부터 廣揚名章까지'라는 의미이다.

16) 上 : '윗사람'으로, 천자국에서는 천자, 제후국에서는 제후, 대부의 집안에서는 대부를 가리킨다.

17) (忠)〔中〕 : 저본에는 '忠'으로 되어 있으나, 본서 〈事君章〉에 '中心藏之 何日忘之'라고 한 것에 의거하여 '中'으로 바로잡았다.(阮元의 〈校勘記〉 참조)

18) 紀 : 終極(끝)의 뜻으로 쓰였다. 淸나라 浦鏜의 ≪十三經注疏正字≫에는 '終'으로 되어 있다.(阮元의 〈校勘記〉 참조)

○ 正義曰 : '開'는 張(엶)이고 '宗'은 本(근본)이며, '明'은 顯(드러냄)이고 '義'는 理(의미)이다. 말하자면 이 장은 ≪孝經≫ 전체의 근본 취지를 열어 보이고 다섯 계층이 각기 행하는 효도의 의미를 드러내어 밝혔기 때문에 '開宗明義章'이라고 한 것이다.

'第'는 次(차례)이고 '一'은 數의 처음이다. 이 장은 이하 여러 장에서 차례로 매듭짓고 있는 내용을 총괄하여 내세웠기 때문에 첫째 장으로 삼아 여러 장의 맨 앞에 둔 것이다.

살펴보건대, ≪효경≫은 秦 始皇의 焚書坑儒를 당한 뒤로 河間의 顔芝에 의해 祕藏되어 오다가 挾書律이 해제되자 안지의 아들 顔貞이 비로소 세상에 내놓았다. 長孫氏와 江翁·后蒼·翼奉·張禹 등이 해설한 것이 모두 18장이었다. 魯 恭王이 孔子가 살던 옛 집을 허물 때에 이르러 ≪고문효경≫ 22장을 발견했는데, 孔安國이 이 책에 傳을 지었다.

劉向이 옛 전적을 교감할 때 〈금문과 고문〉 두 본을 비교하여 번잡하고 의심스러운 부분을 삭제하고 18장으로 정했으나 章名은 달지 않았다. 또 荀昶이 ≪효경≫에 대한 기록을 集成한 것과 여러 학자들의 疏에도 모두 장명이 없었다. 孝經緯 ≪援神契≫의 〈天子章〉부터 〈庶人章〉까지 다섯 장〈의 章名을 가지고〉 오직 皇侃이 그 명목을 내세워 해당 장의 맨 앞에 두었다. 지금 鄭玄의 注本에 보이는 章名은 어찌 전에 삭제되었던 것을 근래 사람이 먼 옛날을 〈억측하여〉 단 것이 아니겠는가.

〈唐 玄宗의〉 御注는 古今의 자료에 의거하여 상세한 논의를 모았는데, 學務를 담당한 관원들이 연명으로 글을 올려 章名을 달도록 청하였다. 이에 거듭 논의하고 헤아려 마침내 청한 대로 따랐다.

'章'은 明(밝힘)이니, 문장을 단락별로 나누어 각 단락의 의미가 밝게 드러나도록 함을 말한다. ≪설문해자≫에 "樂歌가 한 번 끝나는 것이 1章이다. '章' 字는 '音'과 '十'의 뜻을 모은 會意字이다."라고 하였는데, 이는 1부터 10까지 중에 10이 수의 끝〈이기 때문에 그 의미를 취했다는〉 말이다. 많은 책들에서 '章'을 말하는 것은 ≪시경≫의 〈시들에〉 모두 단락이 있고 이들을 모두 章이라 일컬은 예를 따른 것이다.

‘천자부터 서인까지 비록 귀천에 따라 차례로 나열되기는 하나 立身하여 道를 행하는 것은 신분의 고하에 제한되지 않는다.’라고 말하〈고자 하〉였다. 이 때문에 첫 장 다음에 우선 〈천자장〉를 놓고 귀천의 등급에 따라 순서대로 나열하여 〈서인장〉에까지 이르렀다.

다음으로 〈三才章〉·〈孝治章〉·〈聖治章〉 3개 장을 두었는데, 이들은 모두 德敎(도덕에 기반한 교화)가 생기는 근원을 서술한 것이다.

어버이를 섬기는 효자의 일에 대해 서술한 〈紀孝行章〉을 먼저 놓고 〈五刑章〉을 그 뒤에 이어 놓은 것은, 효도는 어버이 섬기기에서 시작되기 때문이다.

〈廣要道章〉부터 〈廣揚名章〉까지는 先王이 지극한 덕과 簡要한 道를 갖추어 후세에 이름을 드날렸음을 말한 것이다.

이름을 드날리는 윗사람은 간쟁하는 신하로 인해 나오고(〈諫諍章〉), 간언을 따르는 임금에게는 반드시 하늘의 감응이 있으니(〈感應章〉), 이 세 章(〈광양명장〉·〈간쟁장〉·〈감응장〉)을 차례로 배열한 것은 간쟁과 감응이 이름을 드날리는 것과 분리되지 않는 일이기 때문이다.

〈事君章〉은 임금 섬기는 일에 中心을 둔 것이다.

〈喪親章〉이 여러 장을 이어 마지막에 있는 것은 어버이를 섬기는 효자의 도리가 〈이 일에서〉 끝남을 말한 것이다.

皇侃은 〈개종명의장〉·〈기효행장〉·〈상친장〉 등 3장은 귀한 신분과 천한 신분에 모두 통한다고 하였다. 지금 살펴보건대, 〈諫諍章〉의 경우, 大夫 이상은 모두 간쟁하는 신하를 두고 士는 간쟁하는 벗을 두며 아버지는 간쟁하는 자식을 두도록 하였으니, 이 역시 귀천에 두루 해당된다. 그렇다면 귀한 신분과 천한 신분에 모두 통하는 것은 4개 장이다.

仲尼居[1]에

1) 居 : 古文本에는 ‘閑居’로 되어 있다.

仲尼가 한가로이 계실 때

【注】 仲尼는 孔子[1]字요 居는 謂閒居라

1) 孔子 : 孔은 姓이고, 子는 春秋時代에 有德者 또는 先生의 姓 밑에 붙여 존경의 뜻을 나타내던 말이다. 孔子의 이름은 丘이다. 魯 襄公 22년(B.C. 551) 노나라에서 태어나, 魯 哀公 16년(B.C. 479) 73세로 일생을 마쳤다.(鄭太鉉 譯註, ≪孝經大義≫, 傳統文化研

究會, 2009, 23쪽) 17쪽 주 3) 참조.

仲尼는 孔子의 字이다. 居는 한가로이 거처함을 말한다.

曾子侍[1)]러니

1) 侍 : 고문본에는 '侍坐'로 되어 있다.

曾子가 모시고 앉았더니

【注】 曾子는 孔子弟子요 侍는 謂侍坐라

曾子는 孔子의 제자이다. 侍는 모시고 앉음을 말한다.

【疏】 '仲尼居 曾子侍' 正義曰 : 夫子以六經設敎, 隨事表名. 雖道由孝生, 而孝綱未擧, 將欲開明其道, 垂之來裔. 以曾參之孝, 先有重名, 乃假因閒居, 爲之陳說. 自摽[1)]己字, 稱"仲尼居", 呼參爲子, 稱"曾子侍". 建此兩句, 以起師資[2)]問答之體, 似若別有承受而記錄之.

1) 摽 : 標의 통용자로 쓰였다.
2) 師資 : 師生, 곧 스승과 제자를 뜻한다.

經의 〔仲尼居 曾子侍〕

正義曰 : 夫子(孔子)가 六經으로 가르침을 베풀 적에 일에 따라 명목을 드러내었다. 비록 道(인간의 도리)가 孝로 말미암아 생기기는 하나 孝의 綱領이 아직 언급되지 않았으므로 그 道를 열어 밝혀 후세에 전하고자 하였다. 그런데 曾參의 효성이 먼저 크게 이름나 있었기 때문에, 한가로이 계신 틈을 이용하여 그에게 진술해주는 〈상황을〉 가설한 것이다.

〈공자가〉 자신에 대해서는 자기의 字를 내세워 "仲尼가 한가로이 계실 때"라고 하고, 증삼에 대해서는 子로 칭하여 "曾子가 모시고 앉았더니"라고 하였다. 이 두 구를 설정하여 마치 〈증삼이〉 별도로 가르침을 받은 일이 있어 기록한 것처럼 師弟간에 묻고 답하는 형식〈의 글을〉 시작하였다.

【疏】 ○ 注'仲尼'至'閒居' ○ 正義曰 : 云"仲尼 孔子字"者, 案家語云"孔子父叔梁紇, 娶顔氏之女徵在. 徵在旣往廟見, 以夫年長, 懼不時有男, 而私禱尼丘山以祈焉. 孔子故名丘, 字仲尼."[1] 夫伯仲者, 長幼之次也. 仲尼有兄字伯, 故曰仲. 其名則案桓六年左傳, 申繻曰"名有五"[2], 其三曰"以類命爲象". 杜注云"若孔子首象尼丘", 蓋以孔子生而(汙)〔圩〕[3]頂, 象尼邱[4]山, 故名丘[5], 字仲尼. 而劉瓛述張禹之義, 以爲"仲者, 中也. 尼者, 和也. 言孔子有中和之德, 故曰仲尼."[6] 殷仲文又云"夫子深敬孝道, 故稱表德之字."[7] 及梁武帝[8]又以丘爲(娶)〔聚〕[9], 以尼爲和. 今竝不取. 仲尼之先, 殷之後也. 案史記殷本紀曰"帝嚳之子契爲堯司徒, 有功, 堯封之於商, 賜姓子氏. 契後世孫湯滅夏而爲天子, 至湯裔孫[10], 有位無道. 周武王殺之, 封其庶兄微子啓於宋."[11] 案家語又[12]孔子世家皆云"孔子其先宋人也. 宋(閔)〔襄〕[13]公有子弗父何, 長而當立, 讓其弟厲公. 何生宋父周, 周生世子勝, 勝生正考父[14], 正考父受命爲宋卿, 生孔父嘉. 嘉別爲公族, 故其後以孔爲氏."[15] 或以爲用乙配子, 或以滴溜穿石[16], 其言不經, 今不取也. 孔父嘉生木金父, 木金父生皐夷父, 皐夷父生防叔, 避華氏之禍而奔魯. 防叔生伯夏, 伯夏生叔梁紇, 紇生孔子也[17]. 云"居 謂閒居"者, 古文孝經云"仲尼閒居". 蓋爲乘閒居而坐, 與論語云"居. 吾語汝"[18]義同, 而與下章"居則致其敬"[19]不同.

1) 孔子父叔梁紇……字仲尼 : ≪孔子家語≫ 〈本姓解〉에서 요약 발췌한 것이다.
2) 名有五 : 이름 짓는 다섯 가지 방법이란, 信(출생할 때의 특징을 사용하는 방법), 義(덕행을 나타내는 글자를 사용하는 방법), 象(유사한 물체의 이름을 사용하는 방법), 假(물건 이름을 假借하는 방법), 類(父親과 유관한 글자를 사용하는 방법)이다.
3) (汙)〔圩〕 : 저본에는 '汙(더러울 오)'로 되어 있으나, ≪史記≫ 권47 〈孔子世家〉 본문과 해당 부분에 대한 ≪史記索隱≫ 및 ≪白虎通≫ 권8 〈姓名〉의 내용에 의거하여 '圩(오목할 우)'로 바로잡았다.(阮元의 〈校勘記〉 참조)
4) 邱 : 저본에는 좌측 '丘' 중앙의 짧은 세로획이 없는 총7획의 못 갖춘 글자로 표기되어 있으나, 공자의 이름자 丘를 피하기 위한 避諱法의 연장으로 缺劃한 것이므로 갖춘 글자로 돌려놓았다.
5) 丘 : 저본에는 중앙의 짧은 세로획이 없는 총 4획의 못 갖춘 글자로 표기되어 있으나, 공자의 이름자 丘를 피하기 위해 결획한 것이므로 갖춘 글자로 돌려놓았다. 注와 疏의 '丘'는 대부분 이와 같다.
6) 劉瓛述張禹之義……故曰仲尼 : 劉瓛(434~489)은 南朝 齊나라의 경학가로 ≪周易乾坤義≫ · ≪周易繫辭義疏≫ · ≪毛詩序義≫ · ≪孝經劉氏說≫ 등을 저술하였다. ≪효경유씨설≫은 이른 시기에 유실되어 ≪隋書≫ 〈經籍志〉에도 기록되지 않았다. 다만, 馬國翰이 邢昺의 正義에서 5조항을 집록했는데, 이 대목도 집록 대상에 포함되었다.

張禹(?~B.C. 5)는 前漢의 관료·경학가로 安昌侯에 봉해졌다. ≪논어≫를 전문으로 연구하여 ≪論語章句≫(일명 ≪魯安昌侯說≫ 또는 ≪張侯論≫)를 저술하였고, ≪易≫과 ≪효경≫도 연구했는데, ≪孝經安昌侯說≫은 유실되어 전하지 않고 오직 여기에 인용된 劉瓛의 말을 통해 한 조항이 전해질 뿐이다.

7) 殷仲文又云……故稱表德之字 : 殷仲文(?~407)은 東晉의 관료·문학가이다. 그의 ≪孝經殷氏注≫는 유실되었고, 다만 馬國翰이 邢昺의 正義에서 3조항을 집록했는데, 이 대목도 집록 대상에 포함되었다.

8) 梁武帝 : 464~549. 남조 齊나라의 和帝를 폐하고 梁나라를 세웠다가 東魏에서 망명해 온 장수의 반란으로 죽음에 이른 인물로, 유학을 중시하고 문학·악률·서법에 뛰어났다. 저술이 많았으나 모두 유실되었고, 明나라 때 집일된 ≪梁武帝御制集≫이 있다.

9) (娶)〔聚〕: 저본에는 '娶(장가들 취)'로 되어 있으나, 監本·毛本에 의거하여 '聚(모일 취)'로 바로잡았다.(阮元의 〈校勘記〉 참조)

10) 湯裔孫 : 殷나라의 마지막 왕인 紂王을 가리킨다.

11) 帝嚳之子契爲堯司徒……封其庶兄微子啓於宋 : ≪史記≫ 권3 〈殷本紀〉의 내용을 요약한 것이다.

12) 又 : 武英殿本에는 '及'으로 되어 있다. 다만 '又'도 의미가 통하므로 교감은 하지 않았다.

13) (閔)〔襄〕: 저본에는 '閔'으로 되어 있으나, ≪孔子家語≫ 〈本姓解〉에 의거하여 '襄'으로 바로잡았다.(阮元의 〈校勘記〉 참조)

14) 正考父 : ≪孔子家語≫ 〈本姓解〉에는 '正考甫'로 되어 있다.

15) 孔子其先宋人也……故其後以孔爲氏 : ≪孔子家語≫ 〈本姓解〉에서 발췌 인용한 것이다. 형병은 이 대목의 인용처를 ≪사기≫ 권47 〈공자세가〉로 들었으나, 〈공자세가〉에 기록된 공자의 先代에 대한 내용은 이 인용문과 차이가 비교적 크다.

16) 或以爲用乙配子 或以滴溜穿石 : 孔氏의 '孔'자 어원에 대해 당시에 이 같은 설이 있었던 것이다. 用乙配子는 '孔'자의 형태를 가지고 말한 것이고, 以滴溜穿石은 '孔'자의 의미 '구멍'을 가지고 말한 것이다.

17) 孔父嘉生木金父……紇生孔子也 : ≪孔子家語≫ 〈本姓解〉에서 발췌 인용한 것이다.

18) 居 吾語汝 : ≪論語≫ 〈陽貨〉에 보인다. ≪논어≫에는 '汝'가 '女'로 되어 있다.

19) 居則致其敬 : 본서 〈紀孝行章〉에 보인다.

○ 注의 〔仲尼〕부터 〔閒居〕까지

○ 正義曰 : 〔仲尼 孔子字〕 살펴보건대 ≪孔子家語≫에 다음과 같은 기록이 있다.

"孔子의 아버지 叔梁紇이 顔氏의 딸 徵在를 아내로 맞이하였다. 徵在는 시집가서 사당에 알현한 다음, 남편의 나이가 많아 제때에 아들을 가지지 못할까 두려워 남몰래 尼丘山

에 기도하여 빌었다. 이 때문에 공자의 이름을 丘라 하고 자를 仲尼라 하였다."

伯과 仲은 長幼의 차례를 나타내는 말이다. 仲尼에게는 형이 있어 字에 '伯'자를 썼기 때문에 〈그의 자에는〉 '仲'자를 쓴 것이다. 그의 이름〈에 대해 설명하면 다음과 같다.〉

살펴보건대 桓公 6년조의 ≪춘추좌씨전≫에 申繻가 "이름 짓는 방법이 다섯 가지가 있다."라고 하고, 그중 세 번째가 '유사한 물체의 이름을 사용하여 이름 짓는 방법을 象이라고 한다.'라는 것인데, 杜預의 주에 "孔子의 머리가 尼丘山처럼 생긴 것 같은 경우이다."라고 하였다. 공자는 나면서부터 정수리가 우묵하여 니구산처럼 생겼기 때문에 이름을 丘라고 하고 자를 仲尼라고 했다는 것이다.

劉瓛은 張禹의 뜻을 傳述하여 "仲은 中이고, 尼는 和이다. 孔子에게 中和의 덕이 있기 때문에 〈자를〉 仲尼라고 했다는 말이다."라고 하였다. 殷仲文은 또 "夫子(孔子)는 孝道를 깊이 공경했기 때문에 〈≪효경≫에서 자신을 지칭할 때〉 德을 표상하는 字를 일컬은 것이다."라고 하였다. 그리고 梁 武帝는 또 丘를 마을〔聚〕의 뜻이라 하고 尼를 조화〔和〕의 뜻이라고 하였으나, 지금은 모두 취하지 않는다.

仲尼(공자)의 선대는 殷나라의 후예이다. 살펴보건대, ≪史記≫ 〈殷本紀〉에 "帝嚳의 아들 契이 堯임금의 司徒가 되어 功을 세우자 堯임금이 그를 商에 봉해주고 子氏 姓을 하사하였다. 契의 먼 후손 湯이 夏나라를 멸망시키고 天子가 되었는데, 湯의 먼 후손이 〈천자의〉 지위에 있으면서 無道하였다. 周 武王이 그를 죽이고 그의 庶兄인 微子 啓를 宋나라에 봉하였다."라고 하였다.

살펴보건대 ≪공자가어≫와 ≪史記≫ 〈孔子世家〉에 모두 다음과 같은 기록이 있다. "孔子는 그 선조가 宋나라 사람이다. 宋 襄公에게 弗父何라는 아들이 있었는데, 자라서 왕위에 오르는 것이 마땅했으나 아우인 厲公에게 〈왕위를〉 양보하였다. 何가 宋父周를 낳고, 周가 世子 勝을 낳고, 勝이 正考父를 낳고, 正考父가 命을 받아 宋나라의 卿이 되어서 孔父嘉를 낳았다. 嘉가 별도로 公族이 되었기 때문에 그의 후손들은 孔을 氏로 삼았다."

〈孔氏의 '孔'자 어원에 대해〉 혹자는 '乙'자를 '子'자에 배합했다고 하고, 혹자는 방울방울 떨어지는 물로 바위를 뚫었다고 하지만, 이 말들은 근거가 없으므로 지금은 취하지 않는다.

孔父嘉가 木金父를 낳고, 木金父가 皐夷父를 낳고, 皐夷父가 防叔을 낳았는데, 〈防叔은〉 華氏의 禍를 피하여 魯나라로 망명하였다. 防叔이 伯夏를 낳고, 伯夏가 叔梁紇을 낳고, 紇이 孔子를 낳았다.

〔居 謂閑居〕 ≪古文孝經≫에는 '仲尼閒居(중니가 한가로이 계실 때)'로 되어 있다. 이는 한가로이 있는 틈을 타 앉아 있다는 말로, ≪논어≫에 "앉거라〔居〕. 내가 너에게 말해주겠다."라고 했을 때의 〈居와〉 뜻이 같고, 뒤 章(〈紀孝行章〉)의 '평상시〔居〕에는 자신의 공경을 다하고〔居則致其敬〕'라고 할 때의 〈居와는〉 다르다.

【疏】 ○ 注'曾子'至'侍坐' ○ 正義曰：云"曾子 孔子弟子"者, 案史記仲尼弟子傳稱 "曾參, 南武城人, 字子輿, 少孔子四十六歲. 孔子以爲能通孝道, 故授之業. 作孝經, 死於魯." 故知是仲尼弟子也. 云"侍 謂侍坐"者, 言侍孔子而坐也. 案古文云 "曾子侍坐", 故知侍謂侍坐也. 卑者在尊側曰侍, 故經謂之侍. 凡侍有坐有立, 此曾子侍卽侍坐也. 曲禮有侍坐於先生, 侍坐於所尊, 侍坐於君子. 據此而言, 明侍坐於夫子也.

○ 注의 〔曾子〕부터 〔侍坐〕까지

○ 正義曰：〔曾子 孔子弟子〕 살펴보건대 ≪사기≫ 〈仲尼弟子列傳〉에 "曾參은 南武城 사람으로, 자는 子輿이고, 孔子보다 46살 어리다. 孔子는 그가 孝道에 달통할 수 있다고 여겼기 때문에 그에게 학문을 가르쳤다. ≪孝經≫을 지었으며, 魯나라에서 죽었다."라고 하였다. 그래서 이 사람(曾子)이 중니(孔子)의 제자임을 알 수 있다.

〔侍 謂侍坐〕 孔子를 모시고 앉았다는 말이다. 살펴보건대 古文에는 '曾子侍坐'로 되어 있다. 이 때문에 侍가 '모시고 앉았다'는 뜻임을 알 수 있다. 낮은 사람이 높은 사람 곁에 있는 것을 侍라고 한다. 이 때문에 경문에서 侍라고 한 것이다. 侍에는 侍坐(모시고 앉음)가 있고 侍立(곁에 섬)이 있는데, 여기서 증자가 '侍했다'는 것은 곧 侍坐이다. ≪禮記≫ 〈曲禮〉에 '先生을 모시고 앉는다.', '존경하는 분을 모시고 앉는다.', '君子를 모시고 앉는다.'는 〈예법이〉 있다. 이에 의거하여 말하면 夫子를 모시고 앉았음이 분명하다.

子[1)]曰[2)] 先王[3)]이 有至德要道하야 以順[4)]天下하니 民用和睦하야 上下無怨하니라

1) 子：春秋時代에 有德者 또는 先生을 존경의 뜻으로 칭할 때 姓 밑에 '子'를 붙이거나 '夫子'라고 呼稱했는데, 孔門의 弟子들은 孔子를 다른 사람과 차별화하기 위하여 그를 '子'라고만 칭하는 例를 창시하였다. ≪논어≫의 용례로 볼 때 제자들이 공자 앞에서 공자를 칭할 때는 대체로 '子'로 칭하고 다른 사람에게 孔子를 지칭할 때는 '夫子'로 칭하였다.(鄭太鉉 譯註, ≪孝經大義≫, 傳統文化硏究會, 2009, 23쪽)

2) 曰：고문본에는 이 뒤에 '參' 1자가 더 있다. '증삼아.'라고 증삼을 부른 말이다.

3) 先王 : 일반적으로 先代의 임금이라는 뜻으로 쓰이나, 여기서는 先代의 聖王을 말한다.
4) 順 : 董鼎(南宋)은 "人心과 天理의 고유한 도리를 따르는 것(順)일 뿐이지 〈고유한 성품을〉 거슬러 가며 억지로 따르는 것이 아니다."라고 하였다.(鄭太鉉 譯註, ≪孝經大義≫, 傳統文化研究會, 2009, 25쪽) 고문본에는 '訓'으로 되어 있는데, 이에 따르면 이 구는 '천하 사람들을 가르쳤다'는 말이 된다.

孔子께서 말씀하셨다.
"선왕들은 지극한 덕과 簡要한 道가 있으시어 천하 〈사람들의 마음〉을 따라 〈다스렸기에〉, 백성들이 화목하여 上下간에 원망이 없었다.

【注】 孝者는 德之至요 道之要也라 言先代聖德之主가 能順天下人心하야 行此至要之化하니 則上下臣人이 和睦無怨이라

孝는 지극한 德이자 간요한 道이다. '聖스러운 德이 있는 先代의 君主가 天下 사람들의 마음을 따라 이 지극한 〈德과〉 간요한 〈道의〉 교화를 행하자 上下의 臣民이 和睦하여 원망이 없었다.'라는 말이다.

汝知之乎아 曾子避席[1]曰 參不敏하니 何足以知之리잇가

1) 避席 : 공경을 표하기 위해 일어서서 앉았던 자리에서 약간 비켜서는 것이다.

너는 이것을 아느냐?"
증자가 자리를 피해 일어서서 말하였다
"參은 사리에 達通하지 못한데 어찌 그것을 알 수 있겠습니까."

【注】 參은 曾子名也라 禮에 師有問이면 避席起答이라 敏은 達也라 言參은 不達하니 何足知此至要之義아하니라

參은 증자의 이름이다. 禮法에 〈따르면〉 스승이 물으면 자리를 피해 일어서서 대답하는 것이다. 敏은 達(사리에 달통함)이다. '參은 사리에 달통하지 못한데 어찌 이 지극한 〈德과〉 간요한 〈道의〉 뜻을 알 수 있겠습니까.'라고 말하였다.

子曰 夫[1]孝는 德之本也요

1) 夫 : 發語辭이다. 篇首나 文頭에 쓰여 말을 꺼내는 어감을 나타낸다.

공자께서 말씀하셨다.
"孝는 德行의 근본이고

【注】 人之行이 莫大於孝라 故爲德本이라

사람의 덕행은 孝보다 큰 것이 없으므로 〈孝가〉 덕행의 근본이 된다.

敎之所由生也니라

敎化가 이로 말미암아 생긴다.

【注】 言敎從孝而生이라

교화가 孝로부터 생긴다는 말이다.

復坐하라 **吾語汝**호리라

도로 앉거라. 내가 너에게 말해주겠다.

【注】 曾參起對라 故使復坐라

曾參이 일어서서 대답했기 때문에 도로 앉게 하였다.

【疏】 '子曰'至'語汝' ○ 正義曰 : "子"者, 孔子自謂. 案公羊傳云 "子者, 男子通稱也." 古者謂師爲子, 故夫子以子自稱. "曰"者, 辭[1]也. 言先代聖帝明王, 皆行至美之德・要約之道[2], 以順天下人心而敎化之, 天下之人, 被服其敎. 用此之故, 竝自相和睦, 上下尊卑, 無相怨者. "參 汝能知之乎" 又假言參聞夫子之說, 乃避所居之席, 起而對曰 "參性不聰敏, 何足以知先王至德要道之言義." 既敍曾子不知, 夫子又爲釋之曰 "夫孝, 德行之根本也." 釋"先王有至德要道". 謂至德要道, 元出於孝, 孝爲之本也. 云"敎之所〔由〕[3]生也"者, 此釋"以順天下 民用和睦 上下無怨". 謂王敎由孝而生也. 孝道深廣, 非立可終, 故使復坐, "吾語汝"也.

1) 辭 : 어조사를 뜻한다. 115쪽의 '約文敷暢 義則昭然'에 대한 疏에 "然 辭也(然은 어조사

이다.)"라고 했을 때의 '辭'와 같은 뜻이다. ≪孟子注疏≫ 첫 부분의 注에도 동일한 용례가 보이는데("曰, 辭也."), 孫奭이 그 疏에서 '曰은 發語詞이다.'라고 하였다. '曰'은 일반적인 어조사와 달리 '말하기를'이라는 실질 의미가 있기도 하지만, 이러한 경우에도 뒤의 인용문을 이끌어주는 어조사로서의 기능에 주목한 것이다.

2) 要約之道 : 要約은 가장 핵심적인 것을 잡아 간추리는 것이다. 要約之道는 要約된 道, 곧 핵심적으로 簡要한 道이다.

3) 〔由〕 : 저본에는 '由'가 없으나, 경문에 의거하여 '由'를 보충하였다.(阮元의 〈校勘記〉 참조)

經의 〔子曰〕부터 〔語汝〕까지

○ 正義曰 : 〔子〕 孔子가 자신을 일컬은 말이다. 살펴보건대 ≪春秋公羊傳≫에 "子는 男子의 通稱이다."라고 하였다. 옛날에는 스승을 일컬어 子라고 하였기 때문에 夫子(孔子)가 자신을 '子'로 일컬은 것이다.

〔曰〕 어조사이다. '先代의 성스럽고 영명한 帝王들이 모두 지극히 아름다운 德과 핵심적으로 簡要한 道를 행하여 천하 사람들의 마음을 따라 교화하자, 천하 사람들이 그 교화에 感服하였다. 이 때문에 모두 저절로 서로 화목하여 상하의 높고 낮은 사람들 사이에 서로 원망하는 일이 없었다.'라고 말하였다.

〔參 汝能知之乎〕 또 曾參이 夫子의 말을 듣고서 앉아 있던 자리를 피하여 일어서서 "參(증자)은 성품이 聰敏하지 못한데 어찌 선왕의 지극한 덕과 간요한 道라는 말의 뜻을 알 수 있겠습니까."라고 대답하는 〈상황을〉 가설하여 말하였다. 증자가 알지 못함을 서술하고 나서 부자가 또 그를 위하여 풀이해주기를, "孝는 덕행의 근본이다."라고 하는 〈상황을 서술하였다. 이는〉 '선왕들은 지극한 덕과 간요한 道가 있으시어'라는 말을 풀이한 것으로, 지극한 덕과 간요한 道가 원래 孝에서 나오므로 孝가 그 근본이라는 말이다.

〔敎之所由生也〕 이는 "以順天下 民用和睦 上下無怨(천하 사람들의 마음을 따라 〈다스렸기에〉, 백성들이 화목하여 上下간에 원망이 없었다.)"이라는 말을 풀이한 것으로, 제왕의 교화가 孝로 말미암아 생긴다는 말이다.

〈〔復坐 吾語汝〕〉 효도는 깊고 넓어서 〈증자가〉 서 있는 채로 〈공자가 그에게〉 끝까지 말해줄 수 있는 것이 아니었다. 이 때문에 도로 앉게 하고 "내가 너에게 말해주겠다."〈라고 말한 것이다.〉

【疏】 ○ 注'孝者'至'無怨' ○ 正義曰 : 云"孝者 德之至 道之要也"者, 依王肅義, 德以孝而至, 道以孝而要, 是道德不離於孝. 殷仲文曰 "窮理之至, 以一管衆爲要."

○ 注의 〔孝者〕부터 〔無怨〕까지

○ 正義曰 : 〔孝者 德之至 道之要也〕 王肅이 〈풀이한〉 뜻에 따르면, 德은 孝〈로서의 덕이 가장〉 지극하고 道는 孝〈로서의 道가 가장〉 簡要하므로, 道와 德이 孝와 서로 떨어진 것이 아니다. 殷仲文은 "이치를 궁구함이 지극하여 하나의 〈원리로〉 뭇 현상을 포괄하는 것이 要이다."라고 하였다.

〔注'參曾'至'之義' ○ 正義曰 : 〕[1]劉炫曰 "'性未達, 何足知', (然)〔言〕[2]'性未達, 何足知至要之義'"者, 謂自云性不達, 何足知此先王至德要道之義也.

1) 〔注參曾至之義 ○正義曰〕 : 저본에는 '注參曾至之義 ○正義曰'이 없으나, 이어지는 疏의 내용이 御注의 '參曾……之義'에 대한 풀이이므로 浦鏜의 ≪十三經注疏正字≫에 의거하여 '注參曾至之義 ○正義曰' 9자를 보충하였다.(北京大 標點本 〈校勘記〉 참조)

2) (然)〔言〕 : 저본에는 '然'으로 되어 있으나, 武英殿本과 "'然'은 '言'의 譌字이다."라고 한 阮元의 校勘記에 의거하여 '言'으로 바로잡았다. 盧文弨의 校勘本에는 이 글자 앞에 '此依劉注也' 5자를 보충하였다.(阮元의 〈校勘記〉 참조)

注의 〔參曾〕부터 〔之義〕까지

○ 正義曰 : 劉炫이 "'성품이 사리에 달통하지 못한데 어찌 알 수 있겠습니까.'라는 〈경문의 내용은〉 '성품이 사리에 달통하지 못한데 어찌 지극한 〈덕과〉 간요한 〈도의〉 뜻을 알 수 있겠습니까.'라는 말이다."라고 한 것은 '성품이 사리에 달통하지 못한데 어찌 이 선왕의 지극한 德과 간요한 道의 뜻을 알 수 있겠습니까.'라고 스스로 말했다〈고 풀이한〉 것이다.

【疏】 ○ 注'人之'至'德本' ○ 正義曰 : 此依鄭注, 引其聖治章文[1]也. 言孝行最大, 故爲德之本也. 德則至德也.

1) 聖治章文 : 본서 〈聖治章〉의 '人之行 莫大於孝'를 가리킨다.

○ 注의 〔人之〕부터 〔德本〕까지

○ 正義曰 : 이는 鄭玄의 注에 따라 〈聖治章〉의 글을 인용한 것이다. 〈사람의 덕행 중에〉 孝行이 가장 크기 때문에 덕의 근본이 된다는 말이다. 〈여기서〉 德은 지극한 덕이다.

【疏】 ○ 注'言敎從孝而生' ○ 正義曰 : 此依韋注也. 案禮記祭義稱 "曾子云 '衆之本敎

曰孝.'" 尙書 "敬敷五敎." 解者謂 "敎父以義, 敎母以慈, 敎兄以友, 敎弟以恭, 敎子以孝."[1] 擧此, 則其餘順人之敎, 皆可知也.

1) 尙書……敎子以孝 : ≪尙書正義≫ 〈舜典〉의 經文과 正義에 보인다.

○ 注의 〔言敎從孝而生〕

○ 正義曰 : 이는 韋昭(韋曜)의 注를 따른 것이다. 살펴보건대 ≪禮記≫ 〈祭義〉에 "曾子가 말하기를 '사람들에게 가장 기본적인 가르침은 孝이다.'라고 하였다." 하였다. ≪尙書≫에 "공경히 다섯 가지 가르침을 펴되"라고 했는데, 풀이하는 사람이 "아버지에게 의로움을 가르치고, 어머니에게 자애를 가르치고, 兄에게 아우에 대한 우애〔友〕를 가르치고, 아우에게 '형에 대한 공경〔悌〕'을 가르치고, 자식에게 孝를 가르친다."라고 하였다. 이를 例로 들면 사람 마음을 따르는 그 밖의 〈모든〉 가르침을 〈미루어〉 알 수 있다.

【疏】 ○ 注'曾參'至'復坐' 〔○〕[1] 正義曰 : 此義已見於上.

1) 〔○〕: 저본에는 '○'이 없으나, 嘉靖本·汲古閣本에 의거하여 보충하였다.

○ 注의 〔曾參〕부터 〔復坐〕까지

○ 正義曰 : 이 注의 의미는 이미 위에 보였다.

身體髮膚는 受之父母하니 不敢毁傷이 孝之始也요

身體 髮膚는 부모한테서 받았으니 감히 毁傷하지 않는 것이 孝의 시작〔始〕이고,

【注】 父母全而生之하시니 己當全而歸之라 故不敢毁傷이라

부모께서 온전히 낳아 주신 이상 자신(자식)은 온전히 보존하여 돌아가야 하므로 감히 毁傷해서는 안 된다.

立身行道[1]하야 揚名於後世하야 以顯父母가 孝之終也니라

1) 立身行道 : 완성된 인격으로 사회에 진출하여 사람답게 제 구실을 함으로써 자신의 사회적 이상을 실행한다는 말이다. 92쪽 주 2) 참조.

立身하여 道를 행하여 후세에 이름을 드날려서 부모를 빛내는 것이 孝의 끝〔終〕이다.

【注】 言能立身하야 行此孝道[1)]하면 自然名揚後世하야 光顯其親이라 故行孝에 以不毁爲先이요 揚名爲後라

1) 能立身 行此孝道 : 135쪽의 疏에 따르면 '사람이 立身하려면 먼저 이 孝道를 행해야 한다.'라는 뜻이다.

'立身할 수 있기 위해 이 孝道를 행하면 자연히 이름이 後世에 드날려져 그 어버이를 빛내게 된다. 그러므로 孝를 행함에 있어 신체를 훼상하지 않는 것이 우선이고, 이름을 드날리는 것이 나중이다.'라는 말이다.

【疏】 '身體'至'終也' ○ 正義曰 : 身謂躬也, 體謂四支也, 髮謂毛髮, 膚謂皮膚. 禮運曰 "四體旣正, 膚革充盈." 詩曰 "鬒髮如雲[1)]." 此則身體髮膚之謂也. 言爲人子者, 常須戒愼, 戰戰兢兢, 恐致毁傷, 此行孝之始也. 又言孝行非唯不毁而已, 須成立其身, 使善名揚於後代, 以(先)〔光〕[2)]榮其父母, 此孝行之終也. 若行孝道, 不至揚名榮親, 則未得爲立身也.

1) 鬒髮如雲 : ≪시경≫ 〈鄘風 君子偕老〉에 보인다.
2) (先)〔光〕 : 저본에는 '先'으로 되어 있으나, 嘉靖本·汲古閣本·武英殿本 및 아래 疏에 '光'으로 인용된 것에 의거하여 '光'으로 바로잡았다.

經의 〔身體〕부터 〔終也〕까지

○ 正義曰 : 身은 躬(몸)을 말하고, 體는 四肢를 말하며, 髮은 毛髮을 말하고, 膚는 皮膚를 말한다. ≪禮記≫ 〈禮運〉에 "四肢〔四體〕가 바르고 피부〔膚革〕가 탄탄하다."라고 하였고, ≪시경≫에 "검은 머리〔鬒髮〕가 구름 같은데"라고 하였는데, 이것이 곧 身體髮膚를 말한 것이다.

'사람의 자식 된 자는 늘 경계하고 삼가서, 조심하고 두려워하며 혹시라도 〈몸을〉 毁傷하게 될까봐 염려해야 하는데, 이것이 孝를 행하는 시작이다.'라고 말하고, 또 '孝行은 비단 〈몸을〉 훼상하지 않을 뿐만 아니라 그 몸을 완성〈된 사회적 존재로〉 세워서 좋은 명성이 후대에 드날리게 함으로써 부모를 영예롭게 해야 하는데, 이것이 孝行의 끝이다.'라고 말한 것이다. 만약 孝道를 행하되 이름을 드날려 어버이를 영예롭게 하는 데에 이르지 못한다면 立身〈하여 道를 행〉했다고 할 수 없다.

【疏】 ○ 注'父母'至'毁傷' ○ 正義曰 : 云"父母全而生之 己當全而歸之"者, 此依鄭注, 引祭義樂正子春之言[1]也. 言子之初生, 受全體於父母, 故當常自念慮, 至死全而歸之, 若曾子啓手啓足[2]之類是也. 云"故不敢毁傷"者, 毁謂虧辱, 傷謂損傷. 故夫子云 "不虧其體, 不辱其身, 可謂全矣."[3] 及鄭注周禮"禁殺戮", 云"見血爲傷", 是也.

1) 祭義樂正子春之言 : 증자의 제자 樂正子春이 대청에서 내려서다가 발을 다치고는 발이 나은 뒤에까지 수심에 잠겨 있었다. 이 모습을 보고 제자들이 까닭을 묻자 曾子에게 전해들은 孔子의 말을 인용하여 답하였는데, 바로 그 말을 가리킨다. ≪禮記≫ 〈祭義〉에는 "父母全而生之 子全而歸之 可謂孝矣"로 되어 있다.
2) 曾子啓手啓足 : 曾子가 임종 시에 제자들을 불러, 이불을 들추고 자신의 손과 발을 살펴보도록 한 일을 말한다.(≪論語≫ 〈泰伯〉)
3) 不虧其體……可謂全矣 : 위 주 1)에 인용된 ≪禮記≫ 〈祭義〉의 말 뒤에 바로 이어진 말이다. 134쪽의 疏에서는 '身'과 '體'를 모두 육체에 국한시켜 풀이했으나 ≪禮記注疏≫ 이 부분의 疏에는 '신체'와 '명예'의 문제로 풀이하였다.

○ 注의 〔父母〕부터 〔毁傷〕까지

○ 正義曰 : 〔父母全而生之 已當全而歸之〕 이는 鄭玄의 注에 따라 ≪禮記≫ 〈祭義〉에 나오는 樂正子春의 말을 인용한 것이다. '자식이 처음 태어날 적에 부모에게서 온전한 몸을 받으므로 늘 스스로 염려하여 죽을 때까지 온전히 보존하여 돌아가야 한다.'라는 말이니, 증자가 "〈이불을 들추어〉 내 손을 살펴보고 내 발을 살펴보거라."라고 말한 일 등이 그 예이다.

〔故不敢毁傷〕 毁는 훼손하고 욕되게 함을 말하고, 傷은 손상함을 말한다. 그러므로 夫子(孔子)가 "그(자기) 몸을 훼손하지 않고 그 명예를 욕되게 하지 않으면 온전히 했다고 할 수 있다."라고 하였다. 그리고 ≪周禮≫ 〈秋官〉의 '禁殺戮'조에 대한 鄭玄의 注에 "피를 보는 것이 '傷'이다."라고 한 것이 이것이다.

【疏】 ○ 注'言能'至'(其)〔爲〕[1]後' 正義曰 : 云"(能言)〔言能〕[2]立身 行此孝道"者, 謂人將立其身, 先須行此孝道也. 其行孝道之事, 則下文"始於事親, 中於事君", 是也. 云"自然名揚後世 光榮其親"者, 皇侃云 "若生能行孝, 沒而揚名, 則身有德譽, 乃能光榮其父母也." 因引祭義曰 "孝也者, 國人稱願然, 曰 '幸哉, 有子如此.'" 又引哀公問稱孔子對曰 "君子也者, 人之成名也. 百姓歸之名, 謂之君子之子. 是使其親爲君子也." 此則揚名榮親也. 云"故行孝 以不毁爲先"者, 全其身, 爲孝子[3]之始也. 云"揚名爲後"者, 謂後行孝道, 爲孝之終也. 夫不敢毁傷, 闔棺乃止, 立身行道, 弱冠須明. 經雖言其始終, 此略示有先後, 非謂不敢毁傷唯在於始, 立身獨在於終也. 明不敢毁傷, 立身行道, 從始至末, 兩行無怠. 此於次有先後, 非於事理有終始也.

1) (其)〔爲〕: 저본에는 '其'로 되어 있으나, 이에 해당하는 御注 및 閔本·監本·毛本에 의거하여 '爲'로 바로잡았다.(阮元의 〈校勘記〉 참조)
2) (能言)〔言能〕: 저본에는 '能'이 '言' 앞에 있으나, 嘉靖本·汲古閣本·武英殿本 및 이에 해당하는 御注에 의거하여 두 글자의 순서를 바로잡았다.
3) 子 : 문맥의 흐름 및 이 구와 호응하는 뒤의 구 '爲孝之終也'의 文例에 의거할 때 이 글자는 衍文으로 판단되므로 빼 두고 번역하였다.

○ 注의 〔言能〕부터 〔爲後〕까지

正義曰 : 〔言能立身 行此孝道〕 사람이 立身하려면 먼저 이 孝道를 행해야 한다는 말이다. 孝道를 행하는 일은 뒤에 이어진 글의 "어버이 섬기는 것이 시작이고, 임금 섬기는 것이 중간이며"라는 것이 이것이다.

〔自然名揚後世 光榮其親〕 皇侃은 〈이에 대해〉 "만약 살아서 孝를 행하고 죽어서 이름을 드날릴 수 있다면, 자기 몸에 덕행이 있어서 마침내 부모를 영예롭게 할 수 있다."라고 하고, 이어서 ≪예기≫ 〈祭義〉의 "효자는, 온 나라 사람들이 부러워하며 칭찬하기를 '행운이로세. 이 같은 아이가 있으니.'라고 하는 것"이라는 말을 인용하였으며, 또 ≪예기≫ 〈哀公問〉에서 孔子가 "君子라는 말은 사람으로서 〈아름다운〉 명예를 성취한 것이다. 백성들이 어떤 사람에게 이런 이름을 돌리는 것은 그를 '군자의 자식'이라고 일컫는 것이니, 이는 그 어버이를 군자로 만드는 것이다."라고 대답한 말을 인용하였다. 이것이 곧 이름을 드날려 어버이를 영예롭게 하는 것이다.

〔故行孝 以不毁爲先〕 몸을 온전히 하는 것이 孝의 시작이다.

〔揚名爲後〕 나중에 행하는 효도가 孝의 끝이라는 말이다. 신체를 감히 훼상하지 않〈기 위한 노력〉은 관뚜껑을 닫고 나서야 끝나고, 立身하여 道를 행하〈기 위한 노력〉은 弱冠(20세)의 나이부터 분명해야 한다. 經文에 비록 이 〈두 가지를 孝의〉 시작과 끝으로 말하기는 했으나 이는 선후가 있음을 대략 보인 것이지 신체를 감히 훼상하지 않〈기 위한 노력〉은 오로지 처음에만 있고 立身하여 〈道를 행하기 위한 노력은〉 오직 끝에만 있다는 말이 아니다. 신체를 감히 훼상하지 않〈기 위한 노력〉과 立身하여 道를 행하〈기 위한 노력〉은 처음부터 끝까지 병행하여 게을리 함이 없〈어야 함〉을 밝힌 것이니, 이는 순서상 선후가 있는 것이지 사리상 처음과 끝이 있는 것이 아니다.

夫孝는 始於事親이요 中於事君이요 終於立身이니라

孝는 어버이 섬기는 것이 시작이고, 임금 섬기는 것이 중간이며, 立身하〈여 道를 행하〉는 것이 끝이다.

【注】 言行孝는 以事親爲始요 事君爲中이요 忠孝道著면 乃能揚名榮親이라 故曰終於立身也라

'孝를 행하는 것은 어버이 섬기기를 시작으로 삼고 임금 섬기기를 중간으로 삼는다. 그리고 忠과 孝의 道가 드러나면 이름을 드날려 어버이를 영예롭게 할 수 있으므로 立身하여 〈道를 행하는〉 것이 끝이다.'라는 말이다.

【疏】 '夫孝'至'立身' ○ 正義曰：夫爲人子者, 先能全身, 而後能行其道也. 夫行道者, 謂先能事親, 而後能立其身. 前言立身[1], (末)〔未〕[2]示其跡. 其跡, 始者在於內事其親也, 中者在於出事其主, 忠孝皆備, 揚名榮親, 是終於立身〔也〕[3].

1) 前言立身：앞의 經文 "立身行道 揚名於後世 以顯父母 孝之終也"의 '立身'을 가리킨다.
2) (末)〔未〕：저본에는 '末'로 되어 있으나, 閔本・監本・毛本에 의거하여 '未'로 바로잡았다.(阮元의 〈校勘記〉 참조)
3) 〔也〕：저본에는 '也'가 없으나, '也'를 보충한 ≪十三經注疏正字≫에 의거하여 보충하였다.(阮元의 〈校勘記〉 참조)

經의 〔夫孝〕부터 〔立身〕까지

○ 正義曰：사람의 자식 된 자는 먼저 몸을 온전히 보존한 뒤에 道를 행할 수 있다. 道를 행한다는 것은 먼저 어버이를 섬긴 뒤에 立身할 수 있음을 말한다.

앞에서 立身을 말할 때는 그 자취를 보이지 않았다. 그 자취가 처음은 집안에서 어버이를 섬기는 데 있고, 중간은 出仕하여 임금을 섬기는 데 있으며, 충과 효가 모두 갖추어져서 이름을 드날려 어버이를 영예롭게 하는 것, 이것이 '立身하여 〈道를 행하는 것〉이 끝'이라는 것이다.

【疏】 ○ 注'言行'至'身也' ○ 正義曰：云"言行孝 以事親爲始 事君爲中"者, 此釋始於事親, 中於事君也. 云"忠孝道著 乃能揚名榮親 故曰終於立身也"者, 此釋終於立身也. 然能事親事君, 理兼士庶, 則終於立身, 此通貴賤焉. 鄭玄以爲 "父母生之, 是事親爲始.

四十强而仕, 是事君爲中. 七十致仕, 是立身爲終也"者, 劉炫駁云 "若以始爲在家, 終爲致仕, 則兆庶皆能有始, 人君所以無終. 若以年七十者始爲孝終, 不致仕者皆爲不立, 則中壽[1]之輩盡曰不終, 顔子之流亦無所立矣."

1) 中壽 : 상・중・하의 수명 중 중간의 수명을 말한다. 상・중・하의 구분 기준에 따라 90세 이상, 80세, 70세, 60세의 4가지로 말하는데, 여기서는 70세에 못 미치는 경우를 지칭하므로 60세이다.

○ 注의 〔言行〕부터 〔身也〕까지

○ 正義曰 : 〔言行孝 以事親爲始 事君爲中〕 이는 〈경문의〉 '어버이 섬기는 것이 시작이고, 임금 섬기는 것이 중간이며'라는 말을 풀이한 말이다.

〔忠孝道著 乃能揚名榮親 故曰終於立身也〕 이는 〈경문의〉 '立身하여 〈道를 행하는〉 것이 끝이다.'라는 말을 풀이한 말이다. 그런데 어버이를 잘 섬기고 임금을 잘 섬기는 것이 이치상 士와 庶人에게 공통인 일이므로, '立身하여 〈道를 행하는〉 것이 〈孝의〉 끝이다'라는 말 역시 존귀한 사람과 미천한 사람에게 공통된 것이다.

鄭玄은 "부모가 낳아주셨으므로 어버이를 섬기는 것이 〈孝의〉 시작이고, 40살에 〈志氣가〉 강하여 벼슬하므로 임금을 섬기는 것이 중간이며, 70살에 致仕하므로 立身하여 〈道를 행하는〉 것이 끝이다."라고 하였는데, 이에 대해 劉炫이 다음과 같이 반박하였다.

"만약 시작을 집안에 있을 때〈의 일이〉라 하고 끝을 致仕할 때〈의 일이〉라 한다면 뭇 庶人들도 모두 시작은 있을 수 있지만 임금이 끝이 없게 된다. 만약 나이 70세가 되어서야 비로소 孝의 끝을 〈행할 수〉 있고 致仕하지 않은 사람은 모두 立身하지 못한 것이 된다면 中壽(60세)를 누린 이들은 모두 〈孝를〉 끝마치지 못한 것이 되고, 顔子(顔回) 같은 이들도 立身하지 못한 것이 된다."

大雅云 無念爾祖아 聿脩厥德[1]이어다하니라

1) 無念爾祖 聿脩厥德 : ≪詩經≫ 〈大雅 文王〉의 시구이다.

大雅에 '네 할아버지를 생각지 아니하랴. 그 덕을 계승하여 닦을지어다.'라고 하였다."

【注】 詩大雅也라 無念은 念也요 聿은 述也요 厥은 其也라 義取恒念先祖하야 述脩其德이라

≪詩經≫ 大雅이다. 無念(생각지 아니하랴)은 念(생각한다)의 뜻이고, 聿은 述(따르다, 계승하다)의 뜻이며, 厥은 其(그)의 뜻이다. '항상 선조를 생각하여 그(선조의) 덕을 계승하여 닦는다.'라는 뜻을 취한 것이다.

【疏】'大雅'至'厥德' ○ 正義曰：夫子敍述立身行道揚名之義既畢, 乃引大雅文王之詩以結之. 言凡爲人子孫者, 常念爾之先祖, 常[1]述脩其功德也.

1) 常：浦鏜의 ≪十三經注疏正字≫에는 이 글자가 '當'이 되어야 한다고 하였다.(阮元의 〈校勘記〉 참조)

經의 〔大雅〕부터 〔厥德〕까지

○ 正義曰：夫子(孔子)가 立身하여 道를 행해서 이름을 드날린다는 내용의 서술을 마친 다음, ≪詩經≫ 〈大雅 文王〉의 시구를 인용하여 마무리하였다. '사람의 자손 된 자들은 늘 그들의 선조를 생각하여 그(선조의) 공덕을 계승하여 닦아야 한다.'라는 말이다.

【疏】○ 注'詩大'至'其德' ○ 正義曰：云"無念 念也 聿 述也", 此竝毛傳文, "厥 其也", 釋言文. 云"義取常念先祖 述脩其德"者, 此依孔傳也, 謂述脩先祖之德而行之. 此經有十一章引詩及書, 劉炫云 "夫子敍經, 申述先王之道. 詩・書之(詩)〔語〕[1], 事有當其義者, 則引而證之, 示言不虛發也. 七章不引者, 或事義相違, 或文勢自足, 則不引也. 五經唯傳引詩[2], 而禮則雜引詩・書及易, 竝意及則引. 若汎指, 則云'詩曰'・'詩云', 若指四始[3]之名, 卽云'國風'・'大雅'・'小雅'・'魯頌'・'商頌', 若指篇名, 卽言'(句)〔勺〕[4]曰'・'武曰', 皆隨所便而引之, 無定例也." 鄭注云 "雅者, 正也. 方始發章, 以正爲始." 亦無取焉.

1) (詩)〔語〕：저본에는 '詩'로 되어 있으나, 嘉靖本・汲古閣本에 의거하여 '語'로 바로잡았다.
2) 五經唯傳引詩：≪孝經≫의 11개 章에 ≪詩經≫과 ≪書經≫이 인용된 데 대한 설명에 이어진 말이므로, '詩' 뒤에 '書' 1자가 누락된 것으로도 볼 수 있다. 그러나 이어지는 예시가 모두 ≪시경≫에 대한 것이므로 ≪시경≫만을 인용한 본장(개종명의장)에 국한하여 논지를 전개한 것으로 생각된다.
3) 四始：≪시경≫의 風・小雅・大雅・頌을 지칭하는 말로 쓰이기도 하고 이들의 각 첫 편을 지칭하는 말로 쓰이기도 하며, 大雅의 〈大明〉, 小雅의 〈四牡〉・〈南有嘉魚〉・〈鴻雁〉을 지칭하는 말로 쓰이기도 하는데, 여기서는 첫째의 뜻이다.
4) (句)〔勺〕：저본에는 '句(글귀 구)'로 되어 있으나, 監本・毛本에 의거하여 '勺(구기 작)'으

로 바로잡았다.(阮元의 〈校勘記〉 참조)

○ 注의 〔詩大〕부터 〔其德〕까지

○ 正義曰 : 〔無念 念也 聿 述也〕 이는 모두 ≪毛詩詁訓傳≫의 글이다.

〔厥 其也〕 ≪爾雅≫ 〈釋言〉의 글이다.

〔義取常念先祖 述脩其德〕 이는 孔安國의 傳을 따른 것으로, 선조의 덕을 계승하여 닦아 행한다는 말이다.

이 經(≪효경≫)의 11개 章에 ≪詩經≫과 ≪尙書≫를 인용한 데 대해 劉炫이 다음과 같이 말하였다.

"夫子(孔子)는 經文을 서술할 때 先王의 道를 거듭 말하고, ≪시경≫과 ≪상서≫의 말 중에 일이 그(經文의) 내용과 합당한 것이 있으면 인용하여 〈經文의 내용을〉 증명함으로써 말을 근거 없이 하지 않았음을 보였다. 7개 章에서 〈≪시경≫과 ≪상서≫를〉 인용하지 않은 것은 일의 내용이 〈經文의 내용과〉 서로 어긋나거나 文勢가 〈經文〉 자체로 충분하기 때문에 인용하지 않은 것이다.

〈〈개종명의장〉은〉 五經 중에 오직 ≪시경≫만을 인용하였다. 〈이에 비해〉 ≪예기≫는 ≪시경≫・≪상서≫・≪주역≫에서 두루 인용하였으니, 의미가 닿으면 〈이 세 經에서〉 모두 인용한 것이다.

〈≪효경≫에서 ≪시경≫ 전체를〉 넓게 지칭할 때는 '詩曰', '詩云'이라고 하였고, 四始의 명칭을 지칭할 때는 '國風', '大雅', '小雅', '魯頌', '商頌'이라고 하였으며, 篇名을 지칭할 때는 '勺曰', '武曰'이라고 하는 등, 모두 편의대로 인용하여 일정한 체재가 없었다."

鄭玄의 注에 "雅는 正(바름)이다. 〈≪효경≫의 이 부분에서〉 章을 처음 막 펼치고 있기 때문에 바름을 시작으로 삼은 것이다."라고 하였으나, 이 설은 취하지 않는다.

天子章 第二

【疏】 正義曰 : 前開宗明義章雖通貴賤, 其跡未著. 故此已下至於庶人, 凡有五章, 謂之五孝, 各說行孝奉親之事而立教焉. 天子至尊, 故標居其首. 案禮記表記云 "惟天子受命於天", 故曰天子. 白虎通云 "王者父天母地"[1], 亦曰天子. 虞夏以上, 未有此名. 殷周以來, 始謂王者爲天子也.

1) 王者父天母地 : ≪白虎通≫ 권1 〈爵〉에 "天子는 爵位의 칭호이다. 王者의 작위를 天子라고 칭한 것은 어째서인가? 王者는 하늘을 아버지로 삼고 땅을 어머니로 삼아서 하늘의 아들이 되었기 때문이다."라고 하였다.

正義曰 : 앞의 〈開宗明義章〉의 내용이 비록 존귀한 사람과 미천한 사람에게 공통되기는 하나, 그 자취(현상으로 드러나는 행위)가 드러나지 않았다. 이 때문에 이 장부터 뒤로 〈庶人章〉에 이르기까지 모두 5개 章〈에서 언급한 孝를〉 五孝(신분에 따른 다섯 가지 孝)로 일컫고, 孝를 행하고 어버이를 모시는 일을 각기 말하여 가르침을 세웠다.

天子는 지극히 존귀한 존재이기 때문에 맨 처음에 내세워 배치하였다. 살펴보건대, ≪禮記≫ 〈表記〉에 "오직 天子만이 하늘에서 命을 받는다."라고 하였다. 이 때문에 천자라고 하는 것이다. ≪白虎通≫에 "王者는 하늘을 아버지로 삼고 땅을 어머니로 삼는다."라고 하였는데, 이 또한 天子를 말한 것이다. 虞나라와 夏나라 이전에는 이 명칭이 없다가, 殷나라와 周나라 이후에 비로소 王者를 일컬어 天子라고 하였다.

子曰[1] 愛親者는 不敢惡(오)於人하고

1) 子曰 : 본장 〈天子章〉부터 뒤의 〈庶人章〉까지 5개 章에서, 금문본은 여기에만 '子曰'이 있는 데 비해, 고문본은 각 장마다 첫머리에 모두 '子曰'이 있다.

공자께서 말씀하셨다.

"어버이를 사랑하는 사람은 감히 남을 미워하지 않고,

【注】博愛也라

널리 사랑하는 것이다.

敬親者는 不敢慢於人하나니라

어버이를 공경하는 사람은 감히 남을 업신여기지 않는다.

【注】廣敬也라

널리 공경하는 것이다.

愛敬을 盡於事親이면 而[1)]德教加於百姓하야 刑[2)]于四海[3)]하나니

1) 而 : 고문본에는 '然後'로 되어 있다.
2) 刑 : 型(거푸집 형)의 통용자로 쓰였다.
3) 四海 : 흔히 天下를 뜻하는 말로 쓰이나, 여기서는 中原 주변의 미개민족 거주지역을 가리킨다. ≪爾雅≫ 〈釋地〉에 "九夷·八狄·七戎·六蠻을 四海라고 일컫는다."라고 하였다.

사랑과 공경을 어버이 섬기는 데에 다하면 德教(도덕에 기반한 교화)가 백성에게 입혀져 四海에 본보기가 되니,

【注】刑은 法也라 君行博愛廣敬之道하야 使人皆不慢惡其親이면 則德教加被天下하야 當爲四夷之所法則也라

刑은 法(본보기)이다. 임금이 널리 사랑하고 널리 공경하는 도리를 행하여 사람들이 모두 제 어버이를 업신여기거나 미워하지 않게 하면 德教가 천하에 입혀져서 당연히 사방의 미개한 민족들에게 본받는 대상이 된다.

蓋天子之孝也니라

대략 〈이것이〉 天子의 孝이다.

【注】蓋는 猶略也라 孝道廣大하니 此略言之라

蓋는 略(대략)과 같다. 孝의 道는 광대하니, 이것은 대략 말한 것이다.

【疏】 '子曰'至'孝也' 正義曰[1] : 此陳天子之孝也. 所謂"愛親"[2]者, 是天子身行愛敬也. "不敢惡於人"·"不敢慢於人"者, 是天子施化, 使天下之人皆行愛敬, 不敢慢惡於其親也. 親, 謂其父母也. 言天子豈唯因心內恕[3], 克己復禮, 自行愛敬而已. 亦當設敎施令, 使天下之人不慢惡於其父母. 如此, 則至德要道之敎, 加被天下, 亦當使四海蠻夷慕化而法則之. 此蓋是天子之行孝也. 孝經援神契云 "天子孝曰就", 言德被天下, 澤及萬物, 始終成就, 榮其祖考也[4]. 五等之孝, 惟於天子章稱'子曰'者, 皇侃云 "上陳天子極尊, 下列庶人極卑. 尊卑旣異, 恐嫌爲孝之理有別. 故以一'子曰', 通冠五章, 明尊卑貴賤有殊, 而奉親之道無二."

1) 正義曰 : 저본에는 이 앞에 '○'이 없으나, 본서 疏의 일반 체재에 맞추어 번역문에는 '○'을 보충하였다.
2) 愛親 : 이어지는 해설에 '敬'도 언급했고 또 다음 해설 표제어도 愛親에 해당하는 '不敢惡於人'과 '敬親'에 해당하는 '不敢慢於人'을 나란히 든 것으로 볼 때, 이 뒤에 '敬親' 2자가 누락된 것으로 생각된다. 이에 따라 '敬親'을 보충하여 번역하였다.
3) 因心內恕 : 因心은 친애하는 마음으로, ≪詩經≫ 〈大雅 皇矣〉의 "이 王季가 '친애하는 마음[因心]'으로 우애하시어"라는 말에서 따온 표현이다. ≪毛詩詁訓傳≫에서 "因은 親(친애함)이다."라고 하였다. 內恕는 마음속으로 남의 처지와 심정을 이해하는 것으로, ≪禮記≫ 〈孔子閑居〉의 "喪服을 입지 않는 喪事에, '마음속으로 공감하여[內恕]' 매우 슬퍼한다."라는 말에서 따온 표현이다.
4) 孝經援神契云……榮其祖考也 : ≪舊唐書≫ 권27 〈禮儀7〉에도 孝經緯 ≪援神契≫의 같은 문구가 인용되고 부연설명이 더해져 있는데, 다음과 같다. "살펴보건대 孝經緯 ≪援神契≫에 '天子의 孝는 就이다. 就는 成의 뜻이다. 天子는 그 德이 天下에 입혀지고 은택이 만물에 미쳐서 始終 성취하면 그 어버이가 편안할 수 있다. 그래서 就라고 하는 것이다.'라고 하였다.[按孝經援神契云 天子孝曰就 就之爲言 成也 天子德被天下 澤及萬物 始終成就 則其親獲安 故曰就也]" ≪효경≫과 ≪구당서≫의 인용 및 부연설명의 양상을 비교해 보면 인용문의 범위가 '天子孝曰就'에 그침을 알 수 있고, 그중 '就'는 成(이룸)의 뜻임을 알 수 있다.

經의 [子曰]부터 [孝也]까지

○ 正義曰 : 이는 天子의 孝를 진술한 것이다.

[愛親]·[敬親] 이는 천자가 몸소 사랑과 공경을 행하는 것이다.

[不敢惡於人]·[不敢慢於人] 이는 천자가 교화를 베풀어서, 천하 사람들이 모두 사랑과 공경을 행하고 감히 제 어버이를 업신여기거나 미워하지 않게 하는 것이다. 親은 그들

자신의 부모를 말한다.

'天子가 어찌 친애하고 共感하는 마음으로 자신을 단속하여 禮를 따름으로써 스스로 사랑과 공경을 행할 뿐이겠는가. 또한 교화를 베풀고 政令을 시행하여 천하 사람들이 제 부모를 업신여기거나 미워하지 않도록 해야 한다. 이와 같이 하면 지극한 덕과 簡要한 道의 가르침이 천하에 입혀져서 사방의 미개한 민족들도 그 교화를 사모하여 본받도록 하게 될 것이니, 이것이 대략 천자가 행하는 孝이다.'라는 말이다.

孝經緯 ≪援神契≫에 "天子의 孝는 就(성취함)이다."라고 하였으니, '德이 천하에 입혀지고 은택이 만물에 미쳐서 마침내 〈이상 정치를〉 이룩하여 先代를 영예롭게 한다.'라는 말이다.

다섯 등급의 孝〈를 언급한 章〉 중에 오직 〈天子章〉에만 '子曰(공자께서 말씀하셨다.)'이라고 한 것에 대해 皇侃은 다음과 같이 말하였다.

"앞에서 지극히 존귀한 天子〈의 孝에 대해〉 진술하고 뒤에서 지극히 卑賤한 庶人〈의 孝에 대해〉 진술하여 존비가 다르기 때문에 孝의 이치에 차이가 있다는 것으로 여겨질까 염려하였다. 이 때문에 '공자께서 말씀하셨다.'라는 한 마디 말을 5개 章 전체의 맨 앞에 놓아 존비와 귀천이 달라도 어버이를 섬기는 도리는 두 가지가 없음을 밝힌 것이다."

【疏】 ○ 注'博愛也' ○ 正義曰 : 此依魏注也. 博, 大也. 言君愛親, 又施德教於人, 使人皆愛其親, 不敢有惡其父母者, 是博愛也.

○ 注의 〔博愛也〕

○ 正義曰 : 이는 魏眞克의 注를 따른 것이다. 博은 大(큼)이다. '임금은 자기 어버이를 사랑하고 또 사람들에게 德教를 베풀어 사람들이 모두 제 어버이를 사랑하여 감히 제 부모를 미워하는 자가 있지 않게 하는데, 이는 널리 사랑하는 것이다.'라는 말이다.

【疏】 ○ 注'廣敬也' ○ 正義曰 : 此依魏注也. 廣, 亦大也. 言君敬親, 又施德教於人, 使人皆敬其親, 不敢有慢其父母者, 是廣敬也. 孔傳以人爲天下衆人, 言君愛敬己親, 則能推己及物. 謂有天下者, 愛敬天下之人, 有一國者, 愛敬一國之人也. "不惡"者, 爲君常思安人, 爲其興利除害, 則上下無怨, 是爲至德也. "不慢"者, 則曲禮曰 "毋不敬." 書曰 "爲人上者, 奈何不敬." 君能不慢於人, 脩己以安百姓, 則千萬人悅, 是爲要道也. 上施德教, 人用和睦, 則分崩離析, 無由而生也. 案禮記祭義稱 "有虞氏貴德而尚齒, 夏后氏貴爵而尙齒, 殷人貴富而尙齒, 周人貴親而尙齒. 虞·夏·殷·周, 天下之盛王也, 未有遺年者, 年之貴乎天下久矣. 次乎事親也", 斯亦不敢慢於人也. 所以於天子章明愛敬者, 王肅·韋昭云 "天子居四海之上, 爲教訓之主, 爲教易行, 故寄易行者宣之." 然愛之與敬, 解者衆多. 沈宏[1]云 "親至結心爲愛, 崇恪表迹爲敬." 劉炫云 "愛惡俱在於心, 敬慢竝見於貌. 愛者隱惜而結於內, 敬者嚴肅而形於外." 皇侃云 "愛敬各有心迹, 烝烝[2]至惜, 是爲愛心. 溫(淸)〔凊〕[3]搔摩, 是爲愛迹. 肅肅悚慄, 是爲敬心. 拜伏擎跪, 是爲敬迹." 舊說云 "愛生於眞, 敬起自嚴. 孝是眞性, 故先愛後敬也." 舊問曰 "天子以愛敬爲孝, 及庶人以躬耕爲孝, (王)〔五〕[4]者竝相通否." 梁王[5]答云 "天子旣極愛敬, 必須五等行之, 然後乃成. 庶人雖在躬耕, 豈不愛敬及不驕不溢已下事邪." 以此言之, 五等之孝, 反[6]相通也. 然諸侯言保社稷, 大夫言守宗廟, 士言保其祿位而守其祭祀, 以則言之, 天子當云保其天下, 庶人當言保其田農. 此略之不言, 何也. 左傳曰 "天子守在四夷[7]." 故"愛敬盡於事親"之下, 而言"德教加於百姓, 刑于四海". 保守之理已定, 不煩更言保也. 庶人用天之道, 分地之利, 謹身節用, 保守田農, 不離於此. 旣無守任, 不假(旨)〔言〕[8]保守也.

1) 沈宏 : 浦鏜은 陸德明의 ≪經典釋文≫ 〈序錄 注解傳述人〉을 참고로, '袁宏'의 잘못이라고 하였다.(阮元의 〈校勘記〉 참조)

2) 烝烝 : 효성이 두텁고 아름다운 것이다. ≪尙書≫ 〈堯典〉에 "아버지는 완악하고 어머니는 미련하며 〈아우〉 象은 오만했으나 능히 조화시켰으니, '두텁고 아름다운〔烝烝〕' 효성으로 다스려 간악한 데 이르지 않게 했다."라고 한 데 대해 王引之의 ≪經義述聞≫ 〈尙書 上〉에서 '烝烝'을 이와 같이 풀이하였다.

3) (淸)〔凊〕 : 저본에는 '淸(맑을 청)'으로 되어 있으나, 閔本·監本·毛本에 의거하여 '凊(서늘할 청)'으로 바로잡았다.(阮元의 〈校勘記〉 참조)

4) (王)〔五〕 : 저본에는 '王'으로 되어 있으나, 문맥에 의거하여 '五'로 바로잡았다.(阮元의 〈校勘記〉 참조)

5) 梁王 : ≪孝經講疏≫를 지은 梁 武帝를 가리킨다.

6) 反 : 浦鏜의 ≪十三經注疏正字≫에 '互'로 되어 있는 것을 따라 번역하였다.

7) 天子守在四夷 : ≪춘추좌씨전≫ 昭公 23년조에 보인다. '中原의 제후국들을 지키기 위한 천자의 方略은 사방의 오랑캐를 懷柔하는 데에 있다.'라는 말이다.

8) (旨)〔言〕 : 저본에는 '旨'로 되어 있으나, 浦鏜의 ≪十三經注疏正字≫에 의거하여 '言'으로 바로잡았다.(阮元의 〈校勘記〉 참조)

○ 注의〔廣敬也〕

○ 正義曰 : 이는 魏眞克의 注를 따른 것이다. 廣도 大(큼)이다. '임금은 자기 어버이를 공경하고 또 사람들에게 德敎를 베풀어 사람들이 모두 제 어버이를 공경하여 감히 제 부모를 업신여기는 자가 있지 않게 하는데, 이는 널리 공경하는 것이다.'라는 말이다.

공안국의 傳에는 〈'不敢惡於人'과 '不敢慢於人'의〉 '人'을 천하의 뭇 사람들이라고 하였다. 말하자면 '임금이 자기 어버이를 사랑하고 공경하면 자기 마음을 미루어 남에게 미칠 수 있다.'는 것이니, '천하를 소유한 사람은 천하의 사람들을 사랑하고 공경하며, 한 나라를 소유한 사람은 한 나라의 사람들을 사랑하고 공경한다.'라는 말이라는 것이다.

〔不惡〕 임금 된 자가 늘 사람들을 편안히 해주려고 생각하여, 이로움을 일으키고 해로움을 제거하면 상하 간에 원망이 없게 되는데, 이것이 지극한 덕이다.

〔不慢〕 ≪禮記≫ 〈曲禮〉에 "공경하지 않음이 없다."라고 하고, ≪尙書≫ 〈五子之歌〉에 "사람들의 윗사람이 된 자가 어찌하여 공경하지 않는가."라고 하였다. 임금이 타인을 업신여기지 않고 자신을 수양하여 백성을 편안하게 할 수 있으면 수천수만의 사람들이 기뻐하게 되는데, 이것이 簡要한 道이다.

윗사람이 德敎를 베풀어 사람들이 화목하면 백성들이 분열하여 와해되는 일이 생길 까닭이 없다. 살펴보건대, ≪禮記≫ 〈祭義〉에 다음과 같은 말이 있다.

"有虞氏는 有德者를 존중하고 老人을 공경했으며, 夏后氏는 爵位가 있는 사람을 존중하고 노인을 공경했으며, 殷나라 임금은 富者를 존중하고 노인을 공경했으며, 周나라 임금은 어버이를 존중하고 노인을 공경하였다. 虞·夏·殷·周의 임금들은 천하의 盛世를 다스린 有德 君主였는데 年齒를 소홀히 한 사람이 없었으니, 노인이 천하에서 존중받은 지가 오래되었다. 이는 어버이 섬기기에 버금가는 것이다."

이 역시 감히 타인을 업신여기지 않는 것이다.

〈天子章〉에서 사랑과 공경의 의미를 밝힌 까닭에 대해 王肅과 韋昭가 "천자는 천하의 윗자리에서 教訓을 베푸는 君主이므로 교화가 쉽게 행해진다. 이 때문에 쉽게 행해지는 것에 기대어 설명하였다."라고 하였다.

그러나 사랑과 공경에 대해 풀이한 설이 많으니, 沈宏은 "친밀함이 지극하여 마음에 맺힌 것이 사랑이고, 높이고 삼가는 마음이 겉으로 드러난 것이 공경이다."라고 하였고, 劉炫은 "사랑과 미움은 모두 마음속에 있고, 공경과 업신여김은 모두 외모에 드러난다. 사랑은 매우 아껴서 〈그러한 마음이〉 내면에 맺힌 것이고, 공경은 엄숙하여 〈그러한 태도가〉 외면에 드러난 것이다."라고 하였으며, 皇侃은 "사랑과 공경은 각기 마음과 자취(겉으로 드러난 행위)가 있다. 두텁고 아름다운 효성으로 지극히 아끼는 것은 사랑의 마음이고, 겨울에는 따뜻하게 해드리고 여름에는 시원하게 해드리며 가려운 데를 긁어드리고 뻐근한 데를 주물러 드리는 것은 사랑의 자취이다. 엄숙함과 두려워함은 공경의 마음이고, 절하고 엎드리고 받들고 무릎 꿇는 것은 공경의 자취이다."라고 하였다.

옛 설에 "사랑은 진심에서 생기고, 공경은 엄숙함에서 일어나는데, 효성은 참된 성품이기 때문에 사랑을 먼저 말하고 공경을 뒤에 말하였다."라고 하였다.

옛날에 〈누가〉 묻기를, "천자는 사랑과 공경을 孝로 삼고, 庶人은 몸소 농사짓는 것을 孝로 삼는데, 다섯 〈등급의 孝〉가 모두 서로 상통합니까?"라고 하자, 梁王이 다음과 같이 답하였다.

"천자는 〈부모에 대한〉 사랑과 공경을 극진히 한 뒤에 반드시 다섯 등급의 〈孝를 모두〉 행해야 하니, 그런 뒤에야 비로소 〈孝가〉 완성된다. 서인〈의 孝는〉 비록 몸소 농사짓는 데에 있지만 어찌 〈부모에 대한〉 사랑과 공경 및 〈윗자리에 있으면서도〉 교만하지 않고 〈창고가 가득차도〉 넘치지 않는다는 〈〈諸侯章〉〉 이하의 일을 하지 않겠는가."

이를 가지고 말하면 다섯 등급의 孝가 서로 통한다.

그런데 제후에 대해서는 '社稷을 보존함'을 말하고, 대부에 대해서는 '종묘를 지킴'을 말하고, 士에 대해서는 '녹봉과 작위를 보존하여 제사를 지킴'을 말하였으므로, 〈이 같은〉 규칙에 따라 말하자면 천자에 대해서는 당연히 '천하를 보존함'을 말하고 서인에 대해서는 당연히 '농사를 보존함'을 말해야 한다. 그런데도 이를 생략하고 말하지 않은 것은 어째서일까?

≪춘추좌씨전≫에 "天子가 〈中原을〉 지키〈기 위한 方略은〉 사방의 미개한 민족들〈을 회유하는 데에〉 있다."라고 하였다. 이 때문에 '사랑과 공경을 어버이 섬기는 데에 다하면'이라는 말 뒤에 '德敎(도덕에 기반한 교화)가 백성들에게 입혀져서 四海(사방의 미개민족 거주지역)에 본보기가 될 것이니'라고 말하였다. 보존하고 지키는 이치가 이미 정해졌기 때문에 번거롭게 다시 보존함을 말하지 않은 것이다.

庶人의 경우, 하늘의 道를 이용하고 땅의 이로움을 분별하며 몸을 삼가고 財貨를 절약하면 농사를 보존하고 지키는 일이 이와 떨어져 있지 않다. 그리고 맡아 지키는 것이 없으므로 보존하고 지킴을 말할 필요가 없다.

【疏】 ○ 注'刑法'至'則也' 正義曰[1]：“刑 法也”, 釋詁文. 云“君行博愛廣敬之道 使人皆不慢惡其親"者, 是天子愛敬盡於事親, 又施德教, 使天下之人皆不敢慢惡其親也. 云"則德教加被於天下"者, 釋"刑於四海"也. 百姓, 謂天下之人皆有族姓, 言百, 擧其多也. 尙書云 "平章百姓[2)]", 則謂百姓爲百官, 爲下有"黎民"之文[3)], 所以百姓非兆庶也. 此經"德教加於百姓"則謂天下百姓, 爲與"刑于四海"相對. 四海旣是四夷, 則此百姓自然是天下兆庶也. 經典通謂四夷爲四海. 案周禮·〔禮〕[4)]記·爾雅皆言東夷·西戎·南蠻·北狄, 謂之四夷, 或云四海. 故注以四夷釋四海也. 孫炎曰 "海者, 晦暗無知也."

1) 正義曰 : 저본에는 이 앞에 '○'이 없으나, 본서 疏의 일반 체재에 맞추어 번역문에는 '○'을 보충하였다.
2) 平章百姓 : ≪尙書≫ 〈堯典〉에 보인다. 孔安國은 百姓을 百官의 뜻으로 풀이하였다.
3) 下有黎民之文 : ≪尙書≫ 〈堯典〉의 '平章百姓 百姓昭明' 뒤에 '만방을 화합시키시자 백성들〔黎民〕이 아, 변하여 이에 화합하였다'라는 말이 바로 이어져 있다.
4) 〔禮〕 : 저본에는 '禮'가 없으나 浦鏜의 ≪十三經注疏正字≫에 의거하여 '禮'를 보충하였다.(阮元의 〈校勘記〉 참조)

○ 注의 〔刑法〕부터 〔則也〕까지

○ 正義曰 : 〔刑 法也〕 ≪爾雅≫ 〈釋詁〉의 글이다.

〔君行博愛廣敬之道 使人皆不慢惡其親〕 이는 天子가 사랑과 공경을 어버이 섬기는 데에 다하고 또 德教를 베풀어 천하 사람들이 모두 감히 제 어버이를 업신여기거나 미워하지 않게 하는 것이다.

〔則德教加被於天下〕 〈경문의〉 "四海(사방의 미개민족 거주지역)에 본보기가 된다."라는 말을 풀이한 것이다. '百姓'은 天下 사람들이 모두 族姓이 있음을 이르니, 百은 많은 수를 든 것이다.

≪尙書≫의 '平章百姓(百官을 분별하여 밝힘)'이라는 말에서 百姓이라고 한 것은 百官으로, 뒤에 '黎民'이라는 말이 있으므로 〈이때의〉 百姓은 萬民(兆庶, 일반 백성)이 아니다. 〈이와 달리〉 이 經文의 '德教가 百姓들에게 입혀져서'〈라는 말의 백성은〉 천하(천자국의 영토)의 백성을 일컬은 것이니, '四海에 본보기가 될 것이니'라는 말과 서로 대비되기 때문이다. 四海가 四夷(사방의 미개 민족 지역)이므로 여기의 백성은 자연히 천하(천자국의 영토)의 萬民인 것이다.

經書에서는 통상적으로 四夷를 일컬어 四海라고 한다. 살펴보건대 ≪周禮≫·≪禮記≫·≪爾雅≫에서 모두 東夷·西戎·南蠻·北狄을 말하여 四夷라고 일컬었는데, 간혹 四海라고도 하였다. 이 때문에 注에서 四夷로 四海를 풀이하였다. 孫炎은 "海는 미개하여

無知한 것이다."라고 하였다.

【疏】 ○ 注'蓋猶'至'略言之' ○ 正義曰：此依魏注也. 案孔傳云 "蓋者, 辜較之辭." 劉炫云 "辜較猶梗槩也. 孝道旣廣, 此纔擧其大略也." 劉瓛云 "蓋者, 不終盡之辭. 明孝道之廣大, 此略言之也." 皇侃云 "略陳如此, 未能究竟." 是也. 鄭注云 "蓋者, 謙辭", 據此而言, 蓋非謙也. 劉炫駁云 "若以制作須謙, 則庶人亦當謙矣. 苟以名位須謙, 夫子曾爲大夫, 於士何謙. 而亦云蓋也. 斯則卿・士以上之言蓋者, 竝非謙辭可知也[1]."

1) 若以制作須謙……竝非謙辭可知也：〈천자장〉의 '蓋天子之孝也', 〈제후장〉의 '蓋諸侯之孝也', 〈경대부장〉의 '蓋卿大夫之孝也', 〈사장〉의 '蓋士之孝也', 〈서인장〉의 '此庶人之孝也'에서 '蓋'자의 유무를 비교하여 말한 것이다.

○ 注의 〔蓋猶〕부터 〔略言之〕까지

○ 正義曰：이는 魏眞克의 注를 따른 것이다. 살펴보건대 공안국의 傳에 "蓋는 辜較(대략)를 뜻하는 말이다."라고 하였는데, 劉炫이 "辜較는 梗槩(대략의 줄거리)와 같다. 孝의 道는 넓은데, 여기에는 겨우 그 대략만을 들었을 뿐이다."라고 하였다. 劉瓛은 "蓋는 끝까지 다하지 않음을 뜻하는 말이다. 孝의 道는 광대한데, 여기서는 대략만 말했음을 밝힌 것이다."라고 하였다. 皇侃이 "이와 같음을 대략 진술했으니, 끝까지 다 말하지는 못하였다."라고 한 것이 이러한 뜻이다.

鄭玄의 注에 "蓋는 謙辭이다."라고 하였으나, 이에 의거하여 말하면 蓋는 겸사가 아니다. 劉炫이 〈鄭玄의 이 注에 대해〉 반박하기를 "만약 글 짓는 입장에서 겸양할 필요가 있었다면 〈庶人章〉에서도 겸양했어야 한다. 만약 신분의 위계 때문에 겸양할 필요가 있었다면 夫子(孔子)는 大夫였는데 士에 대해 어찌 겸양했겠는가. 그런데도 〈士章〉에서도 '蓋'자를 썼다. 그렇다면 〈卿大夫章〉과 〈士章〉 이상에서 '蓋'자를 쓴 것은 결코 겸사가 아님을 알 수 있다."라고 하였다.

甫刑[1]云 一人[2]有慶이면 兆民賴之라하니라

1) 甫刑：古文本에는 '呂刑'으로 되어 있다. ≪尙書≫의 편명으로, 周 穆王 때 司寇(刑獄 담당 장관)를 맡은 呂侯가 夏나라의 贖刑 제도에 의거하여 새로 제정한 규정을 반포하는 내용이다.(胡平生 譯注, ≪孝經譯注≫, 中華書局, 2009, p.5)

2) 一人：천자를 가리킨다. 商代와 周代에는 모두 천자가 자신을 '나 한 사람〔余一人〕'이라고

칭했다.(胡平生 譯注, ≪孝經譯注≫, 中華書局, 2009, p.5)

〈甫刑〉에 '한 분에게 善行이 있으면 萬民이 혜택을 입는다.'라고 하였다."

【注】甫刑은 卽尙書呂刑也라 一人은 天子也요 慶은 善也라 十億曰兆라 義取天子行孝면 兆人[1]皆賴其善이라

1) 人 : 경문의 '民'자를 받되, 唐 太宗 李世民의 이름자를 피하여 '人'으로 바꾸어 쓴 것이다. 경문의 '民'자를 注에서 '人'으로 받은 것은 모두 마찬가지이다. 疏에서는 도로 '民'으로 받아 풀이하고 있음을 볼 수 있다.

甫刑은 곧 ≪尙書≫ 〈呂刑〉이다. 一人은 천자이고, 慶은 선행〔善〕이다. 10億을 兆라 한다. '천자가 孝를 행하면 萬民이 모두 그 선행의 혜택을 입는다.'라는 뜻을 취한 것이다.

【疏】'甫刑'至'賴之' ○ 正義曰 : 夫子述天子之行孝旣畢, 乃引尙書甫刑篇之言, 以結成其義. 慶, 善也. 言天子一人有善, 則天下兆庶皆倚賴之也. 善則愛敬是也. "一人有慶", 結"愛敬盡於事親"已上也. "兆民賴之", 結"而德敎加於百姓"已下也.

經의 〔甫刑〕부터 〔賴之〕까지

○ 正義曰 : 夫子(孔子)가, 天子가 행하는 孝에 대한 서술을 끝내고 나서 ≪尙書≫ 〈甫刑〉의 말을 인용하여 그 의미를 완결지었다. 慶은 선행〔善〕이다. '天子 한 사람에게 선행이 있으면 천하의 萬民이 모두 그에 의지하여 혜택을 입는다.'라는 말이다. 善은 사랑하고 공경하는 것이다.

〈〈甫刑〉의〉 '한 분에게 善行이 있으면'이라는 말은 '사랑과 공경을 어버이 섬기는 데에 다하면' 이전의 내용을 완결지었고, '萬民이 혜택을 입는다'라는 말은 '德敎가 백성들에게 입혀져서' 이후의 내용을 완결지었다.

【疏】○ 注'甫刑'至'其善' ○ 正義曰 : 云"甫刑 卽尙書呂刑也", 尙書有呂刑而無甫刑也. 案禮記緇衣篇孔子兩引甫刑辭, 與呂刑無別, 則孔子之代以甫刑命篇明矣. 今尙書爲呂刑者, 孔安國云 "后爲甫侯, 故稱甫刑." 知者, 以詩大雅嵩高之篇宣王之詩, 云 "生甫及申", 揚之水爲平王之詩, "不與我戍甫", 明子孫改封爲甫侯. 不知因呂國改作甫名, 不知別封餘國而爲甫號, 然子孫封甫. 穆王時未有甫名, 而稱爲甫刑者, 後人以子孫之國號名之也. 猶若叔虞初封於唐, 子孫封晉, 而史記稱晉世家也. 劉炫以爲"遭秦焚書,各信其學, 後人不能改正而兩存之也"者, 非也. 諸章皆引詩, 此章獨引書者, 以孔子之言布在方策, 言必皆引詩・書證事, 示不馮虛說, 義當詩意則引詩, 義當易意則引易. 此章與書意義相契, 故引爲證也. 鄭注以 "書錄王事, 故證天子之章, 以爲引類得象." 然引大雅證大夫, 引曹風證聖治, 豈引類得象乎. 此不取也. 云"一人 天子也"者, 依孔傳也. 舊說天子自稱, 則言"予一人". 予, 我也. 言我雖身處上位, 猶是人中之一耳, 與人不異, 是謙也. 若臣人稱之, 則惟言"一人". 言四海之內惟一人, 乃爲尊稱也. 天子者, 帝王之爵, 猶公・侯・伯・子・男五等之稱. 云"慶 善也", 書・傳[1]通也. 云"十億曰兆"者, 古數爲然. 云"義取天子行孝 兆人皆賴其善"者, 釋"一人有慶 兆民賴之"也. 姓言百, 民稱兆, 皆擧其多也.

1) 傳 : ≪춘추좌씨전≫ 襄公 13년조에도 ≪상서≫ 〈呂刑〉의 이 부분이 인용되었다.

○ 注의 〔甫刑〕부터 〔其善〕까지

○ 正義曰 : 〔甫刑 卽尙書呂刑也〕 ≪尙書≫에 〈呂刑〉은 있으나 〈甫刑〉은 없다. 살펴보건대 ≪禮記≫ 〈緇衣〉에서 孔子가 〈甫刑〉의 말을 두 차례 인용했는데, 그 〈인용문〉은 〈呂刑〉과 차이가 없다. 그렇다면 孔子 시대에는 篇名을 〈甫刑〉이라고 한 것이 분명하다.

지금 ≪尙書≫에 〈呂刑〉으로 되어 있는 것에 대해, 孔安國은 "〈呂侯가〉 뒤에 甫侯가 되었기 때문에 '甫刑'이라고 칭한 것이다."라고 하였다. 이를 알 수 있는 근거는 〈다음과 같다.〉 ≪詩經≫ 〈大雅 嵩高〉는 宣王 때의 시인데, "甫와 申을 낳았네."라고 하였고, 〈王風 揚之水〉는 平王 때의 시인데, "나와 함께 甫에 가서 戍자리 서지 않았네."라고 하였으므로, 子孫이 甫侯로 고쳐 봉해졌음이 분명하다. 呂나라가 甫나라로 이름이 바뀜에 따른 것인지 여부는 알 수 없고, 그 밖의 나라에 따로 봉해져서 호칭이 甫가 된 것인지 여부도 알 수 없지만, 〈어쨌든〉 자손이 甫에 봉해진 것이다.

穆王 때는 甫라는 이름이 없었는데도 '甫刑'으로 일컬은 것은, 後人들이 자손의 국호를 가지고 篇名을 삼은 것이다. 이는 예컨대 叔虞는 애초에 唐에 봉해졌고 그 자손이 晉에 봉해졌는데 ≪史記≫에서 '晉世家'로 칭한 것과 같은 경우이다. 劉炫이 "秦나라의 焚書坑儒를 당하여 〈학자들이〉 각기 자기가 배운 대로 믿었는데, 後人들이 바로잡지 못하여 둘 다 存置한 것이다."라고 한 것은 옳지 않다.

〈다른〉 여러 章에서 모두 ≪시경≫을 인용한 데 비해 이 장에서만은 유독 ≪상서≫를 인용〈한 것에 대해 설명하면 다음과 같다.〉 孔子의 말씀이 책에 기록되어 있는데, 말씀마다 반드시 모두 ≪시경≫과 ≪상서≫를 인용하여 일을 증명함으로써 근거 없는 말에 의거하지 않았음을 보이되, 내용이 ≪시경≫의 의미와 부합하면 ≪시경≫을 인용하고 내용이 ≪주역≫의 의미와 부합하면 ≪주역≫을 인용하였다. 이 장은 내용이 ≪상서≫의 의미와 부합하기 때문에 ≪상서≫를 인용하여 증명한 것이다.

鄭玄의 注에 "≪상서≫에는 제왕의 일을 기록하였기 때문에 〈천자장〉에 대한 증거로 삼아서, 유사한 것을 끌어다가 비긴 것이다."라고 하였다. 그러나 ≪詩經≫ 大雅를 인용하여 〈경대부장〉에 대한 증거로 삼고 曹風을 인용하여 〈聖治章〉에 대한 증거로 삼은 것이 어찌 유사한 것을 끌어다가 비긴 것이겠는가? 〈정현의〉 이 〈注〉는 취하지 않는다.

〔一人 天子也〕 공안국의 傳을 따른 것이다. 옛 설에 천자가 자신을 칭할 때 '나 한 사람〔予一人〕'이라고 말한다고 하였다. 予는 我(나)이다. '내 몸이 비록 윗자리에 있기는 하나 그래도 사람들 중 한 사람일 뿐이므로 다른 사람과 다르지 않다.'라는 말로, 이는 謙辭이다. 신하 된 사람이 〈천자를〉 칭할 때는 '한 분〔一人〕'이라고만 말하는데, 〈이는〉 '四海 안의 오직 한 분'이라는 말이므로 존칭이다. 天子는 帝王의 爵位로, 公·侯·伯·子·男〈이〉 다섯 등급의 칭호〈인 것〉과 같다.

〔慶 善也〕 ≪상서≫와 ≪춘추좌씨전≫에서도 통한다.

〔十億曰兆〕 옛 數는 이러하였다.

〔義取天子行孝 兆人皆賴其善〕 〈경문의〉 "한 분에게 선행이 있으면 萬民이 혜택을 입는다."라는 말을 풀이한 것이다. 姓에 百을 붙여 말하고 民에 兆를 붙여 말한 것은 모두 그 많음을 든 것이다.

孝經注疏 제2권

諸侯章 第三

【疏】正義曰：次天子之貴者，諸侯也．案釋詁云“公・侯，君也.”不曰諸公者，嫌涉天子三公也．故以其次稱爲諸侯，猶言諸國之君也．皇侃云“以侯是五等之第二，下接伯・子・男，故稱諸侯.”今不取也.

正義曰：天子 다음으로 귀한 자가 諸侯이다. 살펴보건대 ≪爾雅≫〈釋詁〉에 “公과 侯는 임금이다.”라고 하였다. ‘諸公’이라고 하지 않은 것은 天子의 三公과 혼동될 우려가 있기 때문에 그 다음 작위(侯)를 사용하여 諸侯라고 칭한 것이니, 여러 나라의 임금이라는 말과 같다. 皇侃은 “侯는 다섯 등급 중 두 번째로서 아래로 伯・子・男과 접하기 때문에 諸侯라고 칭하는 것이다.”라고 하였으나, 지금은 〈이 설을〉 취하지 않는다.

在[1]上不驕면 高而不危하고

1) 在：고문본에는 이 앞에 ‘子曰’ 2자가 더 있다.

“윗자리에 있으면서 교만하지 않으면 높아도 위태롭지 않고,

【注】諸侯는 列國之君으로 貴在人上하니 可謂高矣라 而能不驕면 則免危也라

제후는 列國(제후국)의 임금으로서 존귀함이 다른 사람들 위에 있으니 높다고 할 만하다. 그래도 교만하지 않을 수 있으면 위태로움을 면한다.

制節謹度면 滿而不溢하나니라

절약하고 禮法을 삼가 〈행하면 창고가〉 가득 차도 넘치지 않는다.

【注】費用約儉을 謂之制節이요 愼行禮法을 謂之謹度라 無禮爲驕요 奢泰爲溢이라

費用을 아껴 쓰는 것을 制節이라 하고, 禮法을 삼가 행하는 것을 謹度라 한다. 無禮함

이 교만이고, 사치함이 넘치는 것이다.

高而不危라 **所以長守貴也**요 **滿而不溢**이라 **所以長守富也**니 **富貴**가 **不離其身然後**에 **能保其社稷**하며 **而和其民人**하나니

높으면서도 위태롭지 않으므로 尊貴함을 길이 지킬 수 있고, 〈창고가〉 가득 차도 넘치지 않으므로 부유함을 길이 지킬 수 있다. 富와 貴가 그 몸에서 떠나지 않은 뒤에야 그 社稷을 보존하고 그 人民을 화목하게 할 수 있으니,

【注】列國皆有社稷하야 其君主而祭之라 言富貴常在其身이면 則長爲社稷之主하며 而人自和平也라

제후국에는 모두 社稷을 두고 임금이 주관하여 제사를 지낸다. '富와 貴가 늘 몸에 있으면 길이 사직의 주인이 될 수 있고 사람들이 저절로 和平해진다.'라는 말이다.

蓋諸侯之孝也니라

대략 〈이것이〉 諸侯의 孝이다.

【疏】'在上'至'孝也' ○正義曰：夫子前述天子行孝之事已畢，次明諸侯行孝也．言諸侯在一國臣人之上，其位高矣．高者危懼．若(不能)〔能不〕[1]以貴自驕，則雖處高位，終不至於傾危也．積一國之賦稅，其府庫充滿矣．若制立節限，愼守法度，則雖充滿而不至盈溢也．滿謂充實，溢謂奢侈．書稱"位不期驕，祿不期侈．"是知貴不與驕期而驕自至，富不與侈期而侈自來．言諸侯貴爲一國人主，富有一國之財，故宜戒之也．又覆述不危不溢之義，言居高位而不傾危，所以常守其貴，財貨充滿而不盈溢，所以長守其富．使富貴長久不去離其身，然後乃能安其國之社稷，而協和所統之臣人．謂社稷以此安，臣人以此和也．言此上所陳，蓋是諸侯之行孝也．皇侃云"民是廣及無知，人是稍識仁義，卽府・史[2]之徒，故言民人，明遠近[3]皆和悅也．"援神契云"諸侯行孝曰度．"言奉天子之法度，得不危溢，是榮其先祖也．

1) (不能)〔能不〕：저본에는 '不能'으로 되어 있으나, 嘉靖本・汲古閣本・武英殿本에 의거하여 '能不'로 바로잡았다.

2) 府史 : 財貨와 문서의 출납을 담당하는 말단 관직이다.(≪周禮≫〈天官 序官〉)
3) 遠近 : 民(일반 백성)은 遠에 해당하고, 人(말단 관직을 맡은 庶人)은 近에 해당한다. 곧 여기서의 遠近은 물리적 거리가 아니라 통치자와의 관계상 거리이다.

經의 〔在上〕부터 〔孝也〕까지

○ 正義曰 : 夫子(孔子)가 앞 장에서 천자가 孝를 행하는 일에 대한 서술을 마치고는, 다음으로 제후가 행하는 孝를 밝혔다. '제후는 한 나라의 신하들 위에 있어서 그 지위가 높다. 높은 〈곳에 있는〉 사람은 〈떨어질까 봐〉 위태롭고 두렵다. 그러나 존귀하다 하여 스스로 교만하지 않는다면 높은 지위에 있더라도 끝내 위태로운 지경에 이르지 않는다. 한 나라의 賦稅를 쌓으면 창고가 가득 찬다. 그러나 〈財貨의 씀씀이에 대한〉 節度를 세우고 법도를 삼가 지킨다면 〈창고가〉 가득 차더라도 넘치는 지경에 이르지 않는다. 가득 찬다〔滿〕는 것은 〈창고가〉 가득 찬다는 말이고, 넘친다〔溢〕는 것은 사치한다는 말이다.

≪尙書≫〈周官〉에 "〈높은〉 지위에 있으면 기약하지 않아도 교만하게 되고, 〈많은〉 녹봉을 받으면 기약하지 않아도 사치하게 된다."라고 하였다. 여기에서 〈신분이〉 존귀하면 교만과 약속하지 않아도 교만이 저절로 이르고, 부유하면 사치와 약속하지 않아도 사치가 저절로 옴을 알 수 있다.

'제후는 존귀함으로 말하면 한 나라 사람들의 임금이고, 부유함으로 말하면 한 나라의 財貨를 소유하였으므로 조심해야 한다.'라고 말하고, 또 위태롭지 않고 넘치지 않는다는 의미를 부연하여, '높은 지위에 있으면서도 위태롭지 않으므로 늘 그 존귀함을 지키게 되고, 재화가 충만하면서도 넘치지 않으므로 그 부유함을 길이 지키게 된다.'라고 말하였다.

부귀가 오래도록 그 몸에서 떠나지 않도록 한 뒤에 비로소 그 나라의 社稷을 편안히 하고 〈휘하에〉 거느린 신하들을 화합시킬 수 있으니, 이는 '사직이 이로 인해 안정되고 신하들이 이로 인해 화합한다.'라는 말이다.

〈'蓋諸侯之孝也'〉 이 앞에 진술한 것이 대략 제후가 행하는 孝라는 말이다. 皇侃은 "民은 無知한 자들을 널리 지칭하는 말이고, 人은 仁義를 조금 아는 사람들로서 곧 府・史의 무리(직위가 낮은 관원들)이다. 이 때문에 〈두 부류를 합쳐〉 民人이라고 했으니, 遠近이 모두 화합하고 기뻐함을 밝힌 것이다."

孝經緯 ≪援神契≫에 "諸侯가 행하는 孝는 度(법도)이다."라고 하였으니, '천자의 법도를 봉행하여 지위가 위태롭지 않고 財貨가 넘치지 않게 하는 것, 이것이 그 선조를 영예롭게 하는 것이다.'라는 말이다.

【疏】 ○ 注'諸侯'至'危也' ○ 正義曰 : 云"諸侯 列國之君"者, 經典皆謂天子之國爲王國, 諸侯之國爲列國. 詩云 "思皇多士, 生此王國." 則天子之國也. 左傳魯孫叔豹云 "我, 列國也."[1), 鄭子產云 "列國, 一同."[2) 是諸侯之國也. 列國者, 言其國君皆以爵位尊卑及土地大小而敍列焉, 五等皆然. 云"貴在人上 可謂高矣"者, 言諸侯貴在一國臣人之上, 其位高也. 云"而能不驕 則免危也"者, 言其爲國以禮, 能不陵上慢下, 則免傾危也.

1) 我 列國也 : ≪春秋左氏傳≫ 襄公 27년조에 보인다.
2) 列國 一同 : ≪春秋左氏傳≫ 襄公 25년조에 보인다. 1同은 사방 100里의 면적이다.

○ 注의 〔諸侯〕부터 〔危也〕까지

○ 正義曰 : 〔諸侯 列國之君〕 經典들에서 모두 天子의 나라를 일컬어 王國이라고 하고, 諸侯의 나라를 일컬어 列國이라고 한다. ≪詩經≫ 〈大雅 文王〉에 "아름다운 많은 선비가 이 王國에 태어나기를."이라고 했을 〈때 王國은〉 천자의 나라이고, ≪춘추좌씨전≫에서 魯나라의 叔孫豹가 "우리나라는 列國이다."라고 하고 鄭나라 子產이 "列國은 1同이다."라고 했을 〈때 列國은〉 제후의 나라이다. 列國이란 그 나라의 임금들이 모두 작위의 존비와 토지의 대소에 따라 서열이 매겨짐을 말하는데, 〈公・侯・伯・子・男〉 다섯 등급이 모두 그러하다.

〔貴在人上 可謂高矣〕 '제후는 존귀함이 한 나라 신하들의 위에 있으므로 그 지위가 높다.'라는 말이다.

〔而能不驕 則免危也〕 '나라 다스리기를 禮로 하여 윗사람을 범하지 않고 아랫사람을 업신여기지 않으면 위태로움을 면한다.'라는 말이다.

【疏】 ○ 注'費用'至'爲溢' ○ 正義曰 : 云"費用約儉 謂之制節"者, 此依鄭注, 釋'制節'也. 謂費國之財以供己用, 每事儉約, 不爲華侈, 則論語'道千乘之國', 云'節用而愛人', 是也. 云"愼行禮法 謂之謹度"者, 此釋'謹度'也. 言不可奢僭, 當須愼行禮法, 無所乖越, 動合典章. 皇侃云 "謂宮室車旗之類, 皆不奢僭也." "無禮爲驕 奢泰爲溢"者, 皆謂華侈放恣也. 前未解'驕', 今於此注, 與'溢'相對而釋之, 言無禮, 謂陵上慢下也. 皇侃云 "'在上不驕', 以戒貴, 應云'居財不奢', 以戒富. 若云'制節[1)謹度', 以戒富, 亦應云'制節謹身', 以戒貴. 此不例者, 互其文也. 但驕由居上, 故戒貴云'在上', 溢由無節, 故戒富云'制節'也."

1) 制節 : 御注에서 '費用을 아껴 쓰는 것'으로 한정하여 풀이한 것과 달리, 여기 인용된 皇

侃의 '謹度'뿐만 아니라 '謹身'과도 함께 써서 보다 넓은 '절제하다'의 뜻으로 쓰였다.

○ 注의 〔費用〕부터 〔爲溢〕까지

○ 正義曰 : 〔費用約儉 謂之制節〕 이는 鄭玄의 注에 따라 '制節'을 풀이한 것이다. '나라의 財貨를 소비하여 자신의 용도로 쓸 때 매사에 검약하여 사치하지 않음'을 말한 것이니, 이는 ≪논어≫의 '道千乘之國(千乘의 諸侯國을 다스릴 때)'章에서 말한 '비용을 절약하여〔節〕 사람들을 사랑한다.'라는 것이 이것이다.

〔愼行禮法 謂之謹度〕 이는 '謹度'를 풀이한 것이다. '분수에 넘게 사치해서는 안 되니, 예법을 신중히 행하여 어긋나는 일이 없게 함으로써 매사가 법도에 부합하도록 해야 한다.'라는 말이다. 皇侃은 "宮室과 수레와 깃발 따위를 모두 분수에 넘게 사치하지 않는다는 말이다."라고 하였다.

〔無禮爲驕 奢泰爲溢〕 모두 사치하고 放恣함을 말한 것이다. 앞 구절에서는 '驕'에 대해 풀이하지 않고 있다가, 지금 이 注에서 '溢'과 서로 對를 맞추어 풀이하여 '無禮함'이라고 하였으니, '윗사람을 범하고 아랫사람을 업신여김'을 말한다. 皇侃은 다음과 같이 말하였다.

"〈경문에서〉 '윗자리에 있으면서 교만하지 않으면'이라는 말로 존귀함을 신칙했으므로, '財貨가 가득한 입장에 있으면서도 사치하지 않으면'이라고 하여 부유함을 신칙하는 것이 마땅하다. 그리고 '절제하여 법도를 삼가면'이라고 하여 부유함을 신칙한 것을 가지고 말하면 또한 '절제하여 몸가짐을 삼가면'이라는 말로 존귀함을 신칙하는 것이 마땅하다.

여기서 〈이 같은〉 常例를 따르지 않은 것은 互文(對가 되는 양쪽 글에서 반쪽씩 번갈아 드러냄으로써 숨겨진 부분을 유추하게 한 문장)을 쓴 것이다. 단, 교만함은 윗자리에 있음으로 인해 생기므로 존귀함을 신칙하는 말에 '윗자리에 있으면서'라고 말하고, 사치는 절도가 없음으로 인해 생기므로 부유함을 신칙하는 말에 '절제하여'라고 말한 것이다."

【疏】 ○ 注'列國'至'平也' ○ 正義曰 : 列國, 已具上釋. 云"皆有社稷"者, 韓詩外傳云 "天子大社, 東方青, 南方赤, 西方白, 北方黑, 中央黃土. 若封四方諸侯, 各割其方色土, 苴以白(苴)〔茅〕[1]而與之. 諸侯以此土, 封之爲社, 明受於天子也.[2]" 社則土神也. 經典所論社·稷, 皆連言之. 皇侃以爲 "稷, 五穀之長, 亦爲土神." 據此, 稷亦社之類也, 言諸侯有社稷乃有國, 無社稷則無國也. 云"其君主而祭之"者, 案左傳曰 "君人者, 社稷是主[3]." 社稷因地, 故以'列國'言之. 祭必由君, 故以'其君'言之. 云"言富貴常在其身”者, 此依王注, 釋‘富貴不離其身’也. “則長爲社稷之主”者, 釋‘保其社稷’也. 云“而人自和平也”者, 釋‘而和其民人’也. 然經上文先貴後富, 言因貴而富也, 下覆之, 富在貴先者, 此與易繫辭“崇高莫大乎富貴”·老子云“富貴而驕”, 皆隨便而言之, 非富合先於貴也. 經傳之言社稷多矣. 案左傳曰 “共工氏之[4]子曰句龍, 爲后土. 后土爲社. 有烈山氏之子曰(社)〔柱〕[5]. 爲稷, 自夏以上祀之. 周棄亦爲稷, 自商以來祀之[6].” 言句龍·柱·棄, 配社稷而祭之, 卽句龍·柱·棄非社稷也. 又條牒云 “稷壇在社西, 倶北鄕竝列, 同營共門[7].” 竝如條之說.

1) (苴)〔茅〕: 저본에는 ‘苴’로 되어 있으나, 監本·毛本에 의거하여 ‘茅’로 바로잡았다.(阮元의 〈校勘記〉 참조)

2) 天子大社……明受於天子也 : 현행본 ≪韓詩外傳≫에는 보이지 않는다. ≪韓詩外傳≫은 前漢의 韓嬰이 지은 今文經學派의 저작으로, ≪漢書≫ 〈藝文志〉에는 6권으로 기록되었다가 ≪隋書≫ 〈經籍志〉에는 10권으로 기록되는 등 전래 과정에서 많은 변화를 겪었다.

   大社는 천자국의 社壇(토지신에게 제사하는 祭壇) 중 한 가지로, 太社로도 표기한다. 천자국의 社壇은 天下의 功臣에게 報答禮를 행하는 太社와 京師(서울)의 功臣에게 報答禮를 행하는 王社의 두 가지가 있었다.(≪白虎通≫ 卷2 〈社稷〉)

3) 君人者 社稷是主 : ≪春秋左氏傳≫ 襄公 25년조에 보이는 齊나라 晏嬰의 말이다. ‘人’은 ≪春秋左氏傳≫에는 본디 ‘民’으로 되어 있다. 唐 太宗 李世民의 이름자를 避諱한 것이다.

4) 之 : ≪春秋左氏傳≫ 昭公 29년조에는 ‘有’로 되어 있다.(阮元의 〈校勘記〉 참조)

5) (社)〔柱〕: 저본에는 ‘社’로 되어 있으나, ≪春秋左氏傳≫ 昭公 29년조에 의거하여 ‘柱’로 바로잡았다.

6) 共工氏之子曰句龍……自商以來祀之 : ≪春秋左氏傳≫ 昭公 29년조에서 발췌 인용한 것이다.

7) 又條牒云……同營共門 : ≪禮記≫ 〈郊特牲〉의 疏에 인용된 〈條牒論〉에는 ‘稷壇在社壇西 倶北向 營竝壇同門’으로 되어 있다.

○ 注의 〔列國〕부터 〔平也〕까지

○ 正義曰 : 列國은 앞에서 이미 풀이하였다.

〔皆有社稷〕 ≪韓詩外傳≫에 “천자의 太社는, 동쪽은 푸른색, 남쪽은 붉은색, 서쪽은 흰색, 북쪽은 검은색, 중앙은 누런색 흙을 깐다. 사방의 제후들을 封해줄 때면 각기 해당 방향 색깔의 흙을 덜어내어 띠〔白茅〕로 싸서 준다. 제후는 그 흙으로 땅을 북돋우어 社壇

을 만듦으로써 〈封地를〉 천자에게 받았음을 천명한다."라고 하였다.

社는 토지신이다. 經典에서 社와 稷을 論할 때는 모두 〈두 글자를〉 붙여서 〈'社稷'이라고〉 말하였다. 皇侃이 "稷은 오곡을 담당한 長官으로, 토지신이기도 하다."라고 하였다. 이에 근거하면 稷도 社의 종류이다. 〈注의 이 말은〉 제후는 사직이 있어야 나라가 있으니, 사직이 없으면 나라도 없다는 말이다.

〔其君主而祭之〕 살펴보건대 ≪춘추좌씨전≫에 "백성의 임금 된 자는 社稷을 주관한다."라고 하였다. 社稷은 토지로 인해 〈설치하는〉 것이므로 〈'모두 社稷이 있어서'의 주어로는〉 '제후국'을 말하였고, 제사는 반드시 임금에 의해 〈행해지〉므로 〈'주관하여 제사를 지낸다'의 주어로는〉 '임금'을 말하였다.

〔言富貴常在其身〕 이는 王肅의 注에 따라 〈경문의〉 '富와 貴가 그 몸에서 떠나지 않는다.'를 풀이한 것이다.

〔則長爲社稷之主〕 〈경문의〉 '그 社稷을 보존하며'를 풀이한 것이다.

〔而人自和平也〕 〈경문의〉 '그 人民을 화목하게 할 수 있으니'를 풀이한 것이다.

그런데 經文의 앞부분에서 존귀함을 먼저 말하고 부유함을 나중에 말한 것은 '존귀함으로 인하여 부유해짐'을 말한 것이다. 〈경문의〉 뒷부분에서는 이를 뒤집어 부유함이 존귀함 앞에 있는데, 이는 ≪周易≫ 〈繫辭傳〉의 "崇高함은 부유하고 존귀함보다 큰 것이 없고"라는 말과 ≪老子≫의 "부유하고 존귀하면서 교만하면"이라는 말이 모두 편의대로 말한 것이지 부유함이 존귀함보다 앞에 있어야 〈하기 때문이〉 아닌 〈것과 같〉다.

經傳에는 社稷을 말한 곳이 많다. 살펴보건대 ≪春秋左氏傳≫에 다음과 같은 기록이 있다.

"共工氏의 아들 句龍이 后土(官名)가 되었는데, 后土〈의 직무를 잘 수행한 사람은 죽은 뒤에〉 社〈에 배향〉한다. 烈山氏의 아들 柱가 稷(農政을 맡은 官長)이 되어 〈직무를 잘 수행하였기에〉 夏나라 이전에는 그에게 제사하였다. 周나라의 〈始祖〉 棄도 稷(農政을 맡은 官長)이 되어 〈직무를 잘 수행하였기에〉 商나라 이후로는 그에게 제사하였다"

이는 句龍·柱·棄를 社稷에 배향하여 제사했다는 말이니, 句龍·柱·棄가 곧 社稷인 것은 아니다. 또 〈條牒論〉에 "稷壇은 社壇의 서쪽에 있는데, 직단과 사단 모두 북쪽을 향해 나란히 배열되어 있으며 울타리와 문이 공동으로 설치되어 있다."라고 하였다. 〈社壇과 稷壇의 구조는〉 모두 〈條牒論〉의 說과 같다.

詩[1)]云 戰戰兢兢하야 如臨深淵하며 如履薄氷이라하니라

1) 詩 : ≪詩經≫이다. 漢代 이전에는 ≪시경≫을 ≪詩≫라고 칭했다. 漢 武帝가 儒學을 존숭하여 유가 저작들을 중시하면서부터 비로소 '經'자를 붙여 ≪詩經≫이라고 칭하였다.(胡平生 譯注, ≪孝經譯注≫, 中華書局, 2009, p.7)

≪시경≫에 '두려워하고 조심하여 깊은 못 가에 있는 듯이 하며 살얼음을 밟은 듯이 한다.'라고 하였다."

【注】 戰戰은 恐懼요 兢兢은 戒愼이라 臨深이면 恐墜요 履薄이면 恐陷이라 義取爲君恒須戒愼이라

戰戰은 두려워함이고, 兢兢은 조심함이다. 깊은 물가에 있으면 떨어질까 두렵고, 살얼음을 밟으면 빠질까 두렵다. 임금 된 사람은 늘 조심해야 한다는 뜻을 취한 것이다.

【疏】 '詩云'至'薄氷' ○ 正義曰 : 夫子述諸侯行孝終畢, 乃引小雅小旻之詩以結之. 言諸侯富貴, 不可驕溢, 常須戒懼, 故戰戰兢兢, 常如臨深履薄也.

經의 〔詩云〕부터 〔薄氷〕까지

○ 正義曰 : 夫子(孔子)가, 諸侯가 행하는 孝에 대한 서술을 마치고 나서 ≪詩經≫ 〈小雅 小旻〉의 시를 인용하여 마무리하였다. '諸侯는 부유하고 존귀하면서도 교만하거나 사치해서는 안 되고, 늘 조심해야 한다. 이 때문에 두려워하고 조심하여 늘 깊은 물가에 있는 듯이 하고 살얼음을 밟은 듯이 한다.'라는 말이다.

【疏】 ○ 注'戰戰'至'戒懼' ○ 正義曰 : 此依鄭注也. 案毛詩傳云 "戰戰, 恐也. 兢兢, 戒也." 此注恐下加懼, 戒下加愼, 足以圓文也. 云"臨深恐墜 履薄恐陷"者, 亦毛詩傳文也. 恐墜謂墜入深淵, 不可復出. 恐陷謂沒在氷下, 不可拯濟也. 云"義取爲君常須戒愼"者, 引詩大意如此.

注의 〔戰戰〕부터 〔戒懼〕까지

○ 正義曰 : 이는 鄭玄의 注를 따른 것이다. 살펴보건대 ≪毛詩詁訓傳≫에 "戰戰은 恐(두려워함)이고 兢兢은 戒(조심함)이다."라고 하였다. 이 注에서는 '恐'자 뒤에 '懼'자를 덧붙이고 '戒'자 뒤에 '愼'자를 덧붙여 완전한 글이 될 수 있게 하였다.

〔臨深恐墜 履薄恐陷〕 이 역시 ≪毛詩詁訓傳≫의 글이다. 떨어질까 두렵다는 것은 깊은 못에 떨어져 다시는 나오지 못〈할까 두렵다는〉 말이고, 빠질까 두렵다는 것은 얼음 밑으로 빠져서 구조받지 못〈할까 두렵다는〉 말이다.

〔義取爲君常須戒愼〕 〈≪시경≫의 이〉 시를 인용한 大意가 이와 같은 것이다.

卿大夫章 第四

【疏】正義曰：次諸侯之貴者, 卽卿大夫焉. 說文云 "卿, 章也." 白虎通云 "卿之爲言, 章也, 章善明理也. 大夫之爲言, 大扶, 扶進人者也. 故傳云 '進賢達能, 謂之卿大夫.'[1] 王制云 '上大夫, 卿也.'" 又典命云 "王之卿六命[2), 其大夫四命." 則爲卿與大夫異也. 今連言者, 以其行同也.

1) 進賢達能 謂之卿大夫：≪說苑≫〈修文〉에 보인다.
2) 命：周나라의 관작 등급이다. 최고 9命(上公)부터 최하 1命(公·侯·伯의 士 및 子·男의 大夫)까지 9등급이 있었다.

正義曰：諸侯 다음으로 존귀한 자가 곧 卿·大夫이다. ≪說文解字≫에 "卿은 章(드러냄)이다."라고 하였다. ≪白虎通≫에는 다음과 같은 내용이 있다.

"卿의 뜻은 章(드러냄)이니, 좋은 점을 드러내고 이치를 밝히는 것이다. 大夫의 뜻은 '크게 부축함〔大扶〕'이니, 사람을 부축하여 나아가게 하는 사람이다. 이 때문에 전하는 기록에 '賢者를 천거하고 유능한 자를 천거하는 사람을 卿·大夫라 한다.'라고 하였다. ≪禮記≫〈王制〉에는 '上大夫가 卿이다.'라고 하였다."

또 ≪周禮≫〈典命〉에 "천자의 卿은 6命이고, 그(천자의) 大夫는 4命이다."라고 하였다. 그렇다면 卿과 大夫는 서로 다른데 지금 이어서 〈'卿·大夫'라고〉 말한 것은 〈孝를 행하는〉 행실이 같기 때문이다.

非[1]先王之法服[2]이어든 不敢服하며

1) 非：고문본에는 이 앞에 '子曰' 2자가 더 있다.
2) 法服：禮法에 맞는 복장이다. 天子, 諸侯, 卿·大夫, 士의 신분에 따라 각기 정해진 양식·색깔·무늬·재료가 있었다.

"〈卿과 大夫는〉 先王의 法服이 아니면 감히 입지 않으며,

【注】服者는 身之表也라 先王制五服하야 各有等差라 言卿大夫遵守禮法하야 不敢僭上

偪下라

옷은 身分을 드러내는 것이다. 先王이 다섯 가지 服飾을 제정하여 각기 등급을 두었다. '卿·大夫는 예법을 준수하여 감히 윗사람의 것을 범하거나 아랫사람의 것에 가깝게 하지 않는다.'라는 말이다.

非先王之法言이어든 不敢道하며 非先王之德行이어든 不敢行이니라

선왕의 法言이 아니면 감히 말하지 않으며, 선왕의 덕행이 아니면 감히 행하지 않는다.

【注】 法言은 謂禮法之言이요 德行은 謂道德之行이라 若言非法하고 行非德이면 則虧孝道라 故不敢也라

法言은 禮法에 맞는 말이고 德行은 道德적인 행동이다. 말이 예법에 맞지 않고 행동이 도덕적이지 않으면 孝의 道(규범과 체계)를 훼손하므로 감히 하지 않는 것이다.

是故로 非法不言하며 非道不行하야

그러므로 예법에 맞는 말이 아니면 말하지 않고, 道德적인 행동이 아니면 行하지 않아서,

【注】 言必守法하고 行必遵道라

말은 반드시 예법을 지키고, 행동은 반드시 도덕을 따른다.

口無擇(두)[1]言하며 身無擇行하야

1) 擇(두) : 殬(망가질 두)의 假借字로 쓰였다. 뒷구의 '擇'도 마찬가지이다. ≪尙書≫〈呂刑〉의 "敬忌 罔有擇言在身(공경하고 조심해서 법도에 어긋난 말이 몸에 있지 않게 하여)"의 '擇'에 대해 孫星衍과 王引之가 공히 '殬'의 가차자임을 밝힌 바 있다.(≪尙書今古文注疏≫〈呂刑〉, ≪經義述聞≫〈尙書 下〉)

입에는 법도에 어긋난 말이 없으며, 몸에는 법도에 어긋난 행동이 없어서,

【注】言行皆遵法道라 所以無可擇(두)也라

말과 행동이 모두 예법과 도덕을 따르므로 법도를 망칠 만한 점이 없는 것이다.

言滿天下로되 無口過하며 行滿天下로되 無怨惡(오)니라

말이 천하에 가득해도 말로 인한 허물이 없고, 행동이 천하에 가득해도 원망과 미움을 받는 일이 없다.

【注】禮法之言에 焉有口過리오 道德之行은 自無怨惡(오)라

예법에 맞는 말에 어찌 말로 인한 허물이 있겠는가. 도덕적인 행동에는 저절로 원망과 미움이 없다.

三者備矣然後에 能守其宗廟[1)]하나니

1) 能守其宗廟 : 고문본에는 "能保其祿位而守其宗廟(녹봉과 爵位를 보존하고 종묘를 지킬 수 있다.)"로 되어 있다.

세 가지가 갖추어진 뒤에야 그 宗廟를 지킬 수 있으니,

【注】三者는 服言行也라 禮에 卿大夫立三廟하야 以奉先祖라 言能備此三者면 則能長守宗廟之祀라

세 가지는 옷과 말과 행동이다. 禮法에 따르면 卿・大夫는 三廟(一昭・一穆・始祖)를 세워서 선조를 받들게 되어 있다. '이 세 가지를 잘 갖추면 종묘의 제사를 길이 지킬 수 있다.'는 말이다.

蓋卿大夫之孝也니라

대략 〈이것이〉 卿・大夫의 孝이다.

【疏】'非先王'至'孝也' ○正義曰：夫子述諸侯行孝之事終畢, 次明卿大夫之行孝也. 言大夫委質事君, 學以從政, 立朝則接對賓客, 出聘則將命他邦. 服飾・言・行, 須遵禮典. 非先王禮法之衣服, 則不敢服之於身. 若非先王禮法之言辭, 則不敢道之於口. 若

非先王道德之景行, 亦不敢行之於身. 就此三事之中, 言行尤須重愼. 是故非禮法則不言, 非道德則不行. 所以口無可擇(두)之言, 身無可擇之行也. 使言滿天下, 無口過, 行滿天下, 無怨惡. 服飾・言・行三者無虧, 然後乃能守其先祖之宗廟. 蓋是卿大夫之行孝也. 援神契云 "卿大夫行孝曰譽", 蓋以聲譽爲義, 謂言行布滿天下, 能無怨惡, 遐邇稱譽, 是榮親也. 舊說云 "天子・諸侯, 各有卿大夫." 此章既云言行滿於天下, 又引詩云 "夙夜匪懈, 以事一人", 是擧天子卿大夫也. 天子卿大夫尙爾, 則諸侯卿大夫可知也.

經의 〔非先王〕부터 〔孝也〕까지

○ 正義曰 : 夫子(孔子)가, 제후가 효를 행하는 일에 대한 서술을 마치고는 다음으로 경・대부가 행하는 효를 밝혔다. '대부는 신하의 예를 갖춘 뒤에 임금을 섬기며 배운 뒤에 정치에 종사한다. 조정에 있을 때는 賓客을 접대하고 외국을 방문할 때는 使命을 받들고 타국에 가므로 복식과 말과 행동을 예법에 따라야 한다. 선왕의 예법에 맞는 의복이 아니면 감히 몸에 걸치지 않고, 선왕의 예법에 맞는 말이 아니면 감히 입에 올리지 않으며, 선왕의 도덕에 맞는 훌륭한 행동이 아니면 감히 몸을 놀리지 않는다. 이 세 가지 일 중에서 말과 행동을 특히 신중히 해야 한다. 이 때문에 예법에 맞는 말이 아니면 말하지 않고, 도덕적인 행동이 아니면 행하지 않으므로, 입에는 법도를 망칠 만한 말이 없고 몸에는 미워할 만한 행동이 없다. 〈그리하여〉 말이 천하에 가득해도 말로 인한 허물이 없고, 행동이 천하에 가득해도 원망과 미움을 사는 일이 없다. 복식과 말과 행동 세 가지에 오점이 없은 뒤에 비로소 선조의 종묘를 지킬 수 있으니, 대략 이것이 경・대부가 행하는 효이다.' 라는 말이다.

孝經緯 ≪援神契≫에 "卿・大夫가 행하는 孝는 譽(명예)이다."라고 하였는데, 이는 〈경・대부가 행하는 효의〉 의미를 좋은 명성이라고 한 것이다. '말과 행동이 천하에 가득 퍼져도 원망과 미움을 사는 일이 없어 遠近에서 모두 칭찬하는 것, 이것이 어버이를 영예롭게 하는 것이다.'라는 말이다.

옛 설에 "天子와 諸侯에게 각기 卿・大夫가 있다."라고 하였다. 이 장에서는 '말과 행동이 천하에 가득해도'라고 하고 또 ≪시경≫을 인용하여 "새벽부터 늦은 밤까지 게으름 부리지 않고 한 분을 섬긴다."라고 했으므로, 천자의 卿・大夫를 말한 것이다. 천자의 경・대부가 위와 같으니, 제후의 경・대부〈가 행하는 효〉도 알 수 있다.

【疏】 ○ 注'服者'至'徧下' ○ 正義曰 : "服者 身之表也"者, 此依孔傳也. 左傳曰 "衣, 身

之章也[1)]." 彼注云 "章貴賤", 言服飾所以章其貴賤, 章則表之義也. 云"先王制五服 各有等差"者, 案尙書皐陶篇曰 "天命有德, 五服五章哉." 孔傳云 "五服, 天子・諸侯・卿・大夫・士之服也, 尊卑采章各異." 是有等差也. 云"言卿大夫遵守禮法 不敢僭上偪下"者, 僭上謂服飾過制, 僭擬於上也, 偪下謂服飾儉固, 偪迫於下也. 卿大夫言必守法, 行必遵德, 服飾須合禮度, 無宜僭偪. 故劉炫引禮證之曰 "君子上不僭上, 下不偪下[2)]是也." 又案尙書益稷篇稱命禹曰 "予欲觀古人之象, 日・月・星辰・山・龍・華蟲作會, 宗彝・藻・火・粉米・黼・黻絺繡, 以五采章施於五色, 作服, 汝明." 孔傳曰 "天子服日・月而下, 諸侯自龍袞而下, 至黼・黻, (七)〔士〕[3)]服藻・火, 大夫加粉・米[4)]. 上得兼下, 下不得僭上." 此古之天子冕服[5)]十二章, 以日・月・星辰及山・龍・華蟲六章, 畫於衣. 衣法於天, 畫之爲陽也. 以藻・火・粉・米・黼・黻六章, 繡之於裳. 裳法於地, 繡之爲陰也. 日・月・星辰取照臨於下, 山取興雲致雨, 龍取變化無窮, 華蟲謂雉, 取耿介. 藻取文章, 火取炎上, 以助其德. 粉取絜白, 米取能養, 黼取斷割, 黻取背惡鄕善. 皆爲百王之明戒, 以益其德. 諸侯自龍袞而下八章也, 四章畫於衣, 四章繡於裳. 大夫藻・火・粉・米四章也, 二章畫於衣, 二章繡於裳. 孔安國蓋約夏・殷章服爲說. 周制則天子冕服九章, 象陽之數極也. 案鄭注周禮司服稱 "至周, 而以日・月・星辰, 畫於旌旗, 所謂'三辰旂旗, 昭其明也[6)]'." 又云 "登龍於山, 登火於宗彝, 尊其神明也." 古文以山爲九章之首, 火在宗彝之下. 周制以龍爲九章之首, 火在宗彝之上. 是登龍於山, 登火於宗彝也. 又案司服云 "王祀昊天上帝則服大裘而冕, 祀五帝亦如之, 享先王則袞冕, 享先公・饗・射則鷩冕, 祀四望・山川則毳冕, 祭社稷・五祀[7)]則絺(치)[8)]冕, 〔祭〕[9)]群小祀則玄冕." 而冕服九章也. 又案鄭注 "九章, 初一曰龍・次二曰山・次三曰華蟲・次四曰火・次五曰宗彝, 皆畫以爲繢, 次六曰藻・次七曰粉米・次八曰黼・次九曰黻, 皆絺以爲繡, 則袞之衣五章, 裳四章, 凡九也. 鷩畫以雉, 謂華蟲也. 其衣三章, 裳四章, 凡七(章)〔也〕[10)]. 毳畫虎蜼, 謂宗彝也. 其衣三章, 裳二章, 凡五也. 絺刺粉米, 無畫也. 其衣一章, 裳二章, 凡三也. 玄者衣無(衣)〔文〕[11)], 裳刺黻而已, 是以謂玄焉. 凡冕服皆玄衣纁裳." 又案司服 "公之服, 自袞冕而下, 如王之服. 侯伯之服, 自鷩冕而下, 〔如公之服.〕 子男之服, 自毳冕而下, 〔如侯伯之服. 孤[12)]之服, 自希冕而下, 如子男之服.〕 卿大夫之服, 自玄冕而下, 〔如孤之服,〕 士之服, 自皮弁而下, 如大夫之服[13)]." 則周自公侯伯子男, 其服之章數, 又與古之象服差矣.

1) 衣 身之章也 : ≪春秋左氏傳≫ 閔公 2년조에 보인다.

2) 君子上不僭上 下不偪下 : ≪禮記≫ 〈雜記〉에 어진 大夫이면서 분수에 넘게 諸侯의 禮를 사용한 管仲의 사례와 지나치게 검약했던 晏平仲의 사례를 들면서, 관중의 윗사람과 안평중의 아랫사람은 處地가 곤란했을 것이라고 한 다음, 君子의 바람직한 행동을 제시한 말이다.

3) (七)〔士〕: 저본에는 '七'로 되어 있으나, ≪尙書注疏≫ 〈益稷〉의 孔安國 傳에 의거하여 '士'로 바로잡았다.(阮元의 〈校勘記〉 참조)

4) 粉米 : 고대의 복식에 사용된 12가지 문양 중 하나인 '흰쌀'로 보는 견해가 일반적이나, 여기에 인용된 孔安國의 傳에서는 두 가지로 나누어 보고 있다. 공안국은 "粉은 粟氷과 같고, 米는 쌀을 모아놓은 것〔聚米〕과 같다."라고 하였는데, 孔穎達이 粟氷에 대해 '곡식 가루가 곡식 낱알 속에 들어 있어서 그 모양이 얼음과 같다.'라고 하였다. 疏의 내용을 살펴보면, 粉米를 한 가지로 볼 때는 12가지 문양에 宗彝가 들어가고 두 가지로 볼 때는 제외되고 있다.

5) 冕服 : 임금이 각종 吉禮에 착용하는 袞冕, 鷩冕, 毳冕, 絺冕, 玄冕을 통칭한 말로, 모두 면류관을 쓰기 때문에 이렇게 칭한다.

6) 三辰旂旗 昭其明也 : ≪春秋左氏傳≫ 桓公 2년조에 보인다.

7) 五祀 : 집 안팎 다섯 장소(대문・출입문・안방・부엌・골목)의 신령에게 지내는 제사이다.

8) 絺(치) : ≪周禮≫ 〈司服〉에는 '希'로 되어 있다. 段玉裁의 ≪周禮漢讀考≫ 卷3에 따르면 정현이 "希는 黹(치)로 읽는다."라고 하였는데, 鄭玄 注의 '黹'가 今本에는 '絺'로 되어 있다. 絺・希・黹는 모두 '바느질하다'는 뜻으로 통용되며 '치'로 읽어야 함을 알 수 있다. 바로 뒤에 인용된 정현 주의 '絺'도 마찬가지이다.

9) 〔祭〕: 저본에는 '祭'가 없으나, ≪周禮≫ 〈司服〉에 의거하여 '祭'를 보충하였다.

10) (章)〔也〕: 저본에는 '章'으로 되어 있으나, ≪周禮注疏≫ 〈司服〉의 鄭玄 注에 의거하여 '也'로 바로잡았다.(阮元의 〈校勘記〉 참조)

11) (衣)〔文〕: 저본에는 '衣'로 되어 있으나, ≪周禮注疏≫ 〈司服〉의 鄭玄 注에 의거하여 '文'으로 바로잡았다.(阮元의 〈校勘記〉 참조)

12) 孤 : 三公 아래의 少師・少傅・少保를 일컫는 孤卿을 줄인 말이다.

13) 公之服……如大夫之服 : 저본에는 '〔 〕' 표시한 문구들이 없으나, ≪周禮≫ 〈司服〉에 의거하여 보충하였다.

○ 注의 〔服者〕부터 〔偪下〕까지

○ 正義曰 : 〔服者 身之表也〕 이는 孔安國의 傳을 따른 것이다. ≪春秋左氏傳≫에 "옷은 身分을 나타내는 것이다."라고 했는데, 그 注에 "貴賤을 드러내는 것이다."라고 하였다. '服飾은 그 사람의 貴賤을 드러내는 수단'이라는 말이니, 章은 드러낸다〔表〕는 뜻이다.

〔先王制五服 各有等差〕 살펴보건대 ≪尙書≫ 〈皐陶謨〉에 "하늘이 德 있는 사람에게 명하시거든 다섯 가지 복식으로 다섯 등급을 드러내소서."라고 하였는데, 공안국의 傳에 "다섯 가지 복식은 天子・諸侯・卿・大夫・士의 복식으로, 尊卑에 따라 색채와 무늬가 각기 다르다."라고 하였다. 이것이 〈御注의〉 '등급을 두었다'는 것이다.

〔言卿大夫遵守禮法 不敢僭上偪下〕 '윗사람의 것을 범한다'는 것은 복식 제도를 넘어 참람되게 윗사람과 같이 하는 것이고, '아랫사람의 것에 가깝게 한다'는 것은 복식을 검소하게 지켜 아랫사람〈의 복식〉과 너무 가깝게 하는 것이다.

卿・大夫는 말〈을 함에 있어〉 반드시 예법을 지키고, 행동〈을 함에 있어〉 반드시 도덕을 따르며, 복식을 예법에 맞추어 윗사람의 복식을 범하거나 아랫사람의 복식에 가깝게 해서는 안 된다. 이 때문에 劉炫이 ≪예기≫를 인용하여 증빙하기를 "'군자는 위로는 분수에 넘게 윗사람의 禮를 사용하지 않고, 아래로는 아랫사람의 禮에 가깝게 하지 않는다.'라는 것이 이것이다."라고 하였다.

또 살펴보건대 ≪尙書≫ 〈益稷〉에 〈舜임금이〉 禹에게 명하기를 "내가 옛사람〈이 사용했던〉 象徵物을 관찰하여 〈웃옷에〉 해・달・별・산・용・꿩을 그리고 〈치마에〉 宗彝(호랑이와 원숭이 모양이 새겨진 술그릇)・마름・불・흰쌀・黼(도끼 문양)・黻('亞'자 문양)을 수

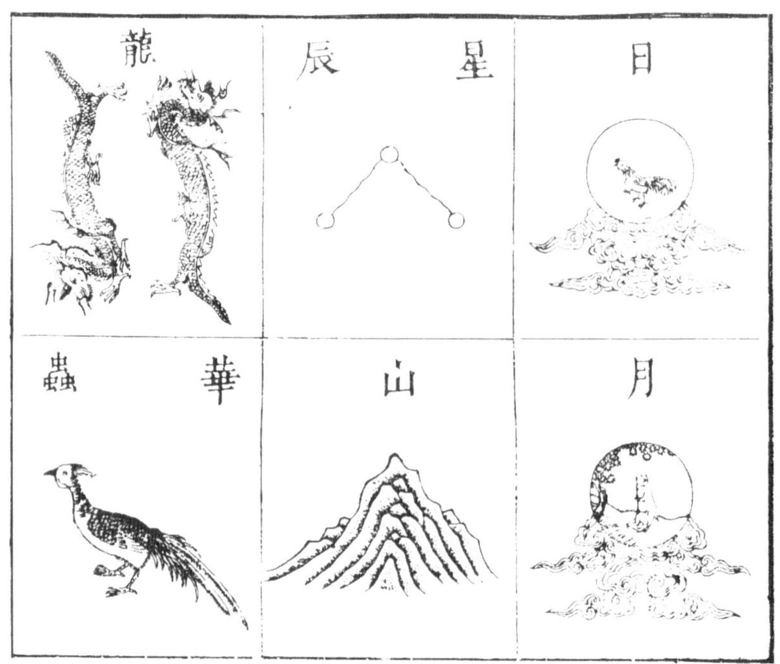

十二章服 1(宋板 六經圖)

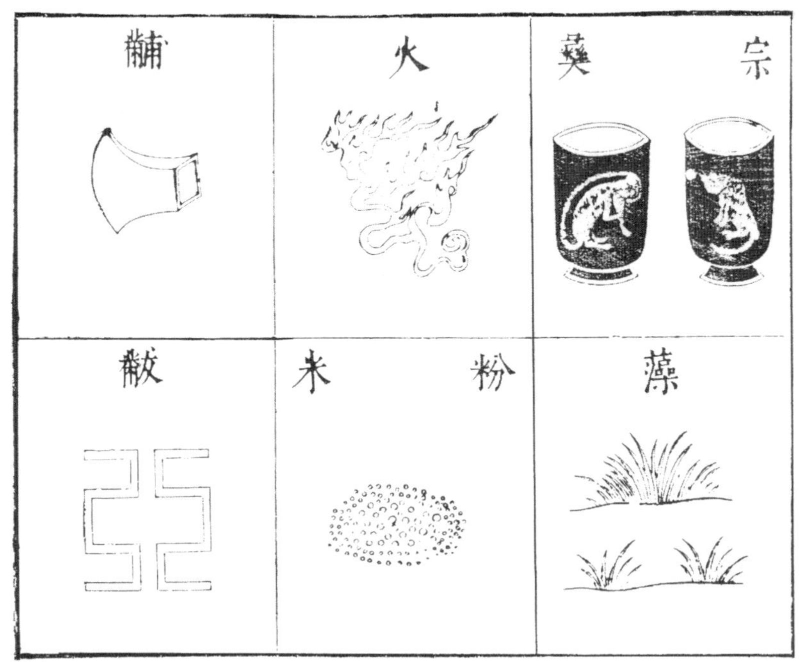

十二章服 2(宋板 六經圖)

놓아서 다섯 가지 채색과 무늬를 다섯 가지 색깔의 비단에 베풀어 옷을 만들려 하거든 네가 〈尊卑에 따른 차등을〉 밝히라."라고 하였는데, 공안국의 傳에 "천자의 옷에는 해·달과 그 이하, 제후의 옷에는 용이 서린 모양부터 아래로 黼·黻까지를 사용하고, 士의 옷에는 마름과 불, 대부의 옷에는 여기에다 곡식가루와 쌀을 더한다. 윗 신분은 아래 신분의 문양을 겸할 수 있으나 아래 신분은 참람되게 윗 신분의 문양을 사용할 수 없다."라고 하였다.

이것이 옛날 천자의 冕服에 사용된 12가지 문양으로, 해·달·별·산·용·꿩 등 6가지 무늬는 웃옷에 그렸다. 웃옷은 하늘을 상징하므로 이들을 그려서 陽으로 삼은 것이다. 마름·불·곡식가루·쌀·黼·黻 등 6가지 무늬는 치마에 수놓았다. 치마는 땅을 상징하므로 이들을 수놓아 陰으로 삼은 것이다.

해·달·별은 아래를 비춰주는 데서 의미를 취하고, 산은 구름을 일으켜 비를 만드는 데서 의미를 취하고, 용은 변화가 무궁한 데서 의미를 취하였다. 華蟲은 꿩을 일컫는데, 바르고 곧은 성질에서 의미를 취한 것이다. 마름은 문양 같은 모양에서 의미를 취하고, 불은 타오르는 성질에서 의미를 취하여 〈옷 입은 당사자의〉 德을 도왔다. 곡식가루는 깨

끗하고 희다는 의미를 취하고, 쌀은 사람의 신체를 길러준다는 의미를 취하고, 黼는 결단한다는 의미를 취하고, 黻은 惡을 등지고 善을 향한다는 의미를 취한 것이다. 이는 다 모든 후세의 제왕들을 분명히 신칙하여 그들의 덕에 보탬이 되게 한 것이다.

제후의 복식에는 용이 서린 모양부터 아래로 8가지 문양을 사용하여, 4가지 문양은 웃옷에 그리고 4가지 문양은 치마에 수놓았다. 大夫의 복식에는 마름·불·곡식가루·쌀 등 4가지 문양을 사용하여, 2가지 문양은 웃옷에 그리고 2가지 문양은 치마에 수놓았다.

공안국은 夏나라와 殷나라의 章服(官等에 따른 문양이 있는 禮服)을 대략 요약하여 설명한 것이다. 周나라의 제도는 천자의 冕服에 9가지 문양을 사용하여 陽의 數 중에 끝수(9)를 본떴다.

살펴보건대 ≪周禮≫ 〈司服〉에 대한 鄭玄의 注에 "周나라 때 이르러 해·달·별을 깃발에 그렸는데, 〈≪춘추좌씨전≫에〉 '세 가지 천체를 그린 깃발은 그 밝음을 드러낸 것이다.'라고 한 것이 그 例이다."라고 하였다.

또 "용을 산 위로 올리고, 불을 宗彝 위로 올려 그 신령함과 밝음을 높였다."라고 하였다. 옛 문양은 산을 9가지 문양 중 맨 처음으로 삼고 불이 宗彝의 아래에 있었는데, 周나라의 제도는 용을 9가지 문양 중 맨 처음으로 삼고 불이 宗彝의 위에 있었다. 이것이 용을 산 위로 올리고 불을 宗彝 위로 올렸다는 것이다.

또 살펴보건대 〈司服〉에 다음과 같은 내용이 있다.

"왕이 昊天 上帝에게 제사할 때는 大裘(검은 염소 갖옷)를 입고 冕旒冠을 쓰며, 五帝에게 제사할 때도 마찬가지이다. 先王을 享祀할 때는 袞服을 입고 면류관을 쓰며, 先祖를 향사하거나 饗禮 또는 射禮를 행할 때는 鷩服을 입고 면류관을 쓴다. 사방의 名山大川과 일반적인 산천에 제사 지낼 때는 毳服을 입고 면류관을 쓰며, 社稷의 제사와 五祀(집 안팎 다섯 장소의 신에게 지내는 제사)를 지낼 때는 絺服을 입고 면류관을 쓰며, 각종 소소한 제사를 지낼 때는 玄服을 입고 면류관을 쓴다."

冕服에는 9가지 문양이 사용되었다.

또 살펴보건대 鄭玄의 注에 다음과 같이 말하였다.

"9가지 문양 중에 첫째 용, 둘째 산, 셋째 꿩, 넷째 불, 다섯째 宗彝는 모두 그림으로 그려 색칠하고, 여섯째 마름, 일곱째 흰쌀, 여덟째 黼, 아홉째 黻은 모두 바느질하여 繡를 놓는다. 따라서 袞服의 웃옷에는 5가지 문양, 치마에는 4가지 문양이 있으므로 총 9가지이다. 鷩服에는 꿩 〈이하를〉 사용하는데, 〈꿩을 일컬어〉 華蟲이라고 한다. 그 웃옷에는

3가지 문양, 치마에는 4가지 문양이 있으므로 총 7가지이다. 毳服에는 호랑이와 원숭이 〈가 새겨진 술그릇 이하를〉 사용하는데, 〈호랑이와 원숭이가 새겨진 술그릇을 일컬어〉 宗彝라고 한다. 그 웃옷에는 3가지 문양, 치마에는 2가지 문양이 있으므로 총 5가지이다. 絺服에는 〈웃옷에〉 흰쌀을 수놓고 그림은 없다. 그 웃옷에는 1가지 문양, 치마에는 2가지 문양이 있으므로 총 3가지이다. 玄服은, 웃옷에는 무늬가 없고 치마에는 黻을 수놓을 뿐이다. 그래서 玄이라고 일컫는다. 모든 冕服은 다 검은색 웃옷에 분홍색 치마이다."

또 살펴보건대 〈司服〉에 다음과 같은 내용이 있다.

"公의 복식 중 袞服·면류관 이하는 왕의 복식과 같고, 侯·伯의 복식 중 鷩服·면류관 이하는 公의 복식과 같으며, 子·男의 복식 중 毳服·면류관 이하는 侯·伯의 복식과 같고, 孤卿의 복식 중 希服·면류관 이하는 子·男의 복식과 같으며, 卿·大夫의 복식 중 玄服·면류관 이하는 孤卿의 복식과 같고, 士의 복식 중 皮弁 이하는 대부의 복식과 같다."

그렇다면 周나라의 公·侯·伯·子·男부터는 그 복식의 문양 수가 또 고대의 象服(官等에 따른 문양을 넣은 예복)과 차이가 있었던 것이다.

【疏】 ○ 注'法言'至'敢也' ○ 正義曰:"法言 謂禮法之言"者, 此則論語云"非禮勿言", 是也. 云"德行 謂道德之行"者, 卽論語云"志於道, 據於德", 是也. "若言非法, 行非德"者, 卽王制云"言僞而辯, 行僞而堅[1)]", 是也. 云"則虧孝道, 故不敢也"者, 釋所以不敢之意也.

1) 言僞而辯 行僞而堅 : ≪禮記≫ 〈王制〉에는 '行僞而堅 言僞而辯'으로 되어 있다. 〈王制〉의 이 부분에는 審理 절차 없이 사형에 처해야 하는 4가지 죄악이 열거되어 있는데, 인용된 문구는 그중 하나의 구성 요건 중 일부이다.

○ 注의 〔法言〕부터 〔敢也〕까지

○ 正義曰 : 〔法言 謂禮法之言〕 이는 ≪論語≫ 〈顔淵〉의 '예법에 맞는 말이 아니면 말하지 말며'라는 것이 이것이다.

〔德行 謂道德之行〕 곧 ≪論語≫ 〈述而〉의 '道에 뜻을 두며, 德에 根據하며'라는 것이 이것이다.

〔若言非法 行非德〕 곧 ≪禮記≫ 〈王制〉에 '말이 거짓된데도 조리가 있고, 행동이 거짓된데도 사람들의 굳은 신임을 받으며'라고 한 것이 이것이다.

〔則虧孝道 故不敢也〕 〈예법에 맞지 않는 말과 도덕적이지 않은 행동을〉 감히 하지 않

는 까닭을 풀이한 것이다.

【疏】 ○ 注'言必'至'遵道' ○ 正義曰 : 此依正[1)]義, 釋'非法不言 非道不行'也.

1) 正 : 阮元은 이 글자에 대한 浦鏜의 추정을 인정하여 '王'의 誤字로 보았다. 그러나 이 注를 王肅의 傳에 따른 것으로 보아야 할 확증이 없고, 저본대로 보아도 큰 무리가 없으므로 본 역주에서는 완원의 교감을 따르지 않았다. '正'을 그대로 두면 이는 부정어 '非'와 '不'을 중첩하여 부정의 부정으로 표현된 經文을 뒤집어, '바른 뜻' 곧 긍정문의 표현으로 바꿈으로써 경문을 해석했다는 말이 된다.

○ 注의 〔言必〕부터 〔遵道〕까지

○ 正義曰 : 이는 바른 뜻에 따라 '예법에 맞는 말이 아니면 말하지 않고, 道德적인 행동이 아니면 行하지 않아서'를 풀이한 것이다.

【疏】 ○ 注'言行'至'擇也' ○ 正義曰 : 言不守禮法, 行不遵道德, 皆已而法之. 經言'無擇(두)', 謂令言行無可擇也.

○ 注의 〔言行〕부터 〔擇也〕까지

○ 正義曰 : 말이 예법을 지키지 않고 행동이 도덕을 따르지 않는 것을 모두 그만두어 법도에 맞게 하는 것이다. 經文에 말한 '無擇'는 '말과 행동 중에 법도를 망칠 만한 것이 없게 한다.'라는 말이다.

【疏】 ○ 注'禮法'至'怨惡' ○ 正義曰 : 口有過惡者, 以言之非禮法, 行有怨惡者, 以所行非道德也. 若言必守法, 行必遵道, 則口無過, 怨惡無從而生.

○ 注의 〔禮法〕부터 〔怨惡〕까지

○ 正義曰 : 말로 인한 허물과 惡이 있는 것은 말이 예법에 맞지 않기 때문이고, 행동에 원망과 미움 받는 일이 있는 것은 행동이 도덕적이지 않기 때문이다. 만약 말은 반드시 예법을 지키고 행동은 반드시 도덕을 따른다면 말로 인한 허물이 없고 원망과 미움이 생길 까닭이 없다.

【疏】 ○ 注'三者'至'之祀' ○ 正義曰 : 云"三者 服言行(者也)〔也"者〕[1)] 此謂法服·法言·德行也. 然言之與行, 君子所最謹. 出己加人, 發邇見遠. 出言不善, 千里違之[2)].

其行不善, 譴辱斯及. 故首章一敍不毁而再敍立身, 此章一擧法服而三復言行也. 則知表身者以言行不虧, 不毁猶易, 立身難備也. 皇侃云"初陳教本, 故擧三事. 服在身外可見, 不假多戒, 言行出於內府難明, 必須備言. 最於後結, 宜應摠言." 謂人相見, 先觀容飾, 次交言辭, 後謂德行, 故言三者以服爲先, 德行爲後也. 云"禮 卿大夫立三廟"者, 義見末章. 云"以奉先祖"者, 謂奉事其祖考也. 云"言能備此三者 則能長守宗廟之祀"者, 謂卿大夫若能備服飾·言·行, 故能守宗廟也.

1) (者也)〔也者〕: 저본에는 '也'가 '者' 뒤에 있으나, 이 疏에 대응되는 앞의 御注가 '三者服言行也'이고, 疏의 일반적인 서술 체재에서 經文 또는 注의 문구를 지적할 때 '云……者'의 형식을 취하므로 두 글자의 순서를 바로잡았다.
2) 出己加人……千里違之 : ≪周易≫ 〈繫辭傳 上〉에서 言行을 조심하라는 내용의 "집안에 거처하며 하는 말이 착하지 않으면 천리 밖에서도 떠나가는데, 하물며 가까운 곳의 사람이랴. 말은 몸에서 나와서 백성에게 가해지며, 행동은 가까운 데서 생겨나서 먼 데까지 드러난다."를 요약한 것이다.

○ 注의 〔三者〕부터 〔之祀〕까지

○ 正義曰 : 〔三者 服言行也〕 이는 예법에 맞는 服飾, 예법에 맞는 말, 도덕적인 행동을 말한다. 그런데 말과 행동은 군자가 가장 삼가는 것이니, 말은 자기한테서 나와서 타인에게 가해지며 행동은 가까운 데서 생겨나서 먼 데까지 드러난다. 나가는 말이 착하지 않으면 千里 밖에서도 사람들이 떠나가고, 행동이 착하지 않으면 꾸지람과 치욕이 미친다.

이 때문에 맨 첫 장에서 신체를 손상하지 않는 일은 한 번 서술하고 立身은 두 번 서술하였으며, 이 장에서 예법에 맞는 복식은 한 번 거론하고 말과 행동은 세 번 반복하여 거론하였다. 그렇다면 신분을 나타내는 〈服飾은 예법에 맞는〉 말과 〈도덕적인〉 행동으로 인해 〈그 권위가 지켜져〉 훼손되지 않〈음을 알 수 있〉고, 〈또 신체를〉 손상하지 않는 것은 그나마 쉽지만 立身하여 〈道를 행하는 것〉은 갖추기 어려움을 알 수 있다.

皇侃은 다음과 같이 말하였다.

"교화의 근본을 처음 진술했기 때문에 세 가지 일을 거론하였다. 복식은 몸 밖에 있어 볼 수 있기 때문에 많은 말로 주의시킬 필요가 없는 반면, 말과 행동은 마음에서 나오는 것이라 밝히기 어렵기 때문에 반드시 자세히 말해야 했던 것이며, 마지막에 마무리할 때는 총괄하여 말하는 것이 마땅하였다."

이는 '사람들이 서로 만날 적에 먼저 服飾을 보고 다음으로 말을 섞고 나중에 덕행을 일컫는데, 이 때문에 이 세 가지를 말하면서 복식을 처음으로 삼고 덕행을 마지막으로 삼은 것이다.'라는 말이다.

〔禮 卿大夫立三廟〕〈이 말의〉 뜻은 〈본서의〉 맨 끝장에 보인다.

〔以奉先祖〕 선조를 받들어 모신다는 말이다.

〔言能備此三者 則能長守宗廟之祀〕 경·대부가 복식과 말과 행동을 잘 갖춘다면 진실로 종묘를 지킬 수 있다는 말이다.

詩云 夙夜匪懈하야 以事一人[1)]이라하니라

1) 夙夜匪懈 以事一人 : ≪詩經≫ 〈大雅 烝民〉의 이 시는 본디 周 宣王의 大臣(卿·大夫) 仲山甫가 새벽부터 늦은 밤까지 조금도 게을리 하지 않고 誠心으로 노력하여 宣王을 섬긴 일을 찬미한 것이다.(胡平生 譯注, ≪孝經譯注≫, 中華書局, 2009, p.9)

≪시경≫에 '새벽부터 늦은 밤까지 게으름 부리지 않고 한 분을 섬긴다.'라고 하였다."

【注】 夙은 早也요 懈는 惰也라 義取爲卿大夫하야 能早夜不惰하야 敬事其君也라

夙은 새벽이고 懈는 게으르다는 말이다. '경·대부로서 새벽부터 늦은 밤까지 게을리 하지 않고 임금을 공경히 잘 섬긴다.'라는 뜻을 취한 것이다.

【疏】 '詩云'至'一人' ○ 正義曰 : 夫子旣述卿大夫行孝終畢, 乃引大雅烝民之詩以結之, 言卿大夫當早起夜寐, 以事天子, 不得懈惰. 匪, 猶不也.

經의 〔詩云〕부터 〔一人〕까지

○ 正義曰 : 夫子(孔子)가, 경·대부가 행하는 孝에 대한 서술을 마치고 나서 ≪詩經≫ 〈大雅 烝民〉의 시구를 인용하여 마무리하였다. '경·대부는 새벽에 일어나고 밤늦게 잠들며 천자를 모셔야 하지, 게으름을 부려서는 안 된다.'라는 말이다. 匪는 不과 같다.

【疏】 ○ 注'夙夜'至'君也' ○ 正義曰 : "夙 早也", 釋(古)〔詁〕[1)]文. "懈 惰[2)]也", 釋言文. "義取爲卿大夫 能早夜不惰"者, 引詩大意如此. 云"敬事其君也"者, 釋"以事一人", 不言天子而言君者, 欲通諸侯卿大夫也.

1) (古)〔詁〕 : 저본에는 '古'로 되어 있으나, 閩本·監本·毛本에 의거하여 '詁'로 바로잡았다.(阮元의 〈校勘記〉 참조)

2) 惰 : 금본 ≪爾雅≫ 〈釋言〉에는 '怠'로 되어 있다.

○ 注의 〔夙夜〕부터 〔君也〕까지

○ 正義曰 : 〔夙 早也〕 ≪爾雅≫ 〈釋詁〉의 글이다.

〔解 惰也〕 ≪爾雅≫ 〈釋言〉의 글이다.

〔義取爲卿大夫 能早夜不惰〕 〈≪詩經≫의 이〉 시를 인용한 대의가 이와 같은 것이다

〔敬事其君也〕 '한 분을 섬긴다'를 풀이한 것이다. '天子'라고 하지 않고 '임금'이라고 한 것은 〈인용된 시의 의미가〉 諸侯의 卿·大夫에게도 통하게 하려는 것이다.

士章 第五

【疏】正義曰 : 次卿大夫者, 卽士也. 案說文曰 : "數始於一, 終於十. 孔子曰 '推一答十爲士[1].'" 毛詩傳曰 "士者, 事也.[2]" 白虎通曰 "士者, 事也, 任事之稱也. 故禮辨名記[3]曰 '士者, 任事之稱也.' 傳曰 '通古今, 辨然不然, 謂之士.'[4]"

1) 推一答十爲士 : 阮元은 毛本에 의거하여 '推'를 '惟'로, '答'을 '合'으로 고쳐야 한다고 하였고, 지금 《說文解字》 '士'조에는 "推十合一 爲士(열을 미루어 하나로 합하는 것이 士이다.)"로 되어 있다. 段玉裁는 이 말의 話者를 공자로 칭한 것은 말의 권위를 높이기 위한 것에 불과하며, 실은 漢代의 緯書에서 나온 글이라고 하였다.

2) 士者 事也 : 《毛詩注疏》 〈大雅 旣醉〉의 疏에 보인다.

3) 辨名記 : 《禮記》에서 유실된 편명 중 하나이다.(四庫全書 《白虎通義》 〈提要〉) 閩本・監本・毛本에는 '辨'이 '辯'으로 되어 있고, 《禮記》 〈月令〉 '孟夏'조 正義에도 '辯名記'로 기재되었으나, 《白虎通》에는 여러 차례 '別名記'로 기재되는 등 자료에 따라 표기가 일정하지 않다.(阮元의 〈校勘記〉 참조) 바른 명칭을 확정하기 어려우므로 우선 저본대로 옮겼다.

4) 士者……謂之士 : 지금 《白虎通》 권1 〈爵〉에는 "士者 事也 任事之稱也 故傳曰 古今辯然否 謂之士"로 되어 있다.

正義曰 : 경・대부 다음으로 존귀한 사람이 곧 士이다. 살펴보건대 《說文解字》에 "數는 1에서 시작하여 10에서 끝나는데, 孔子가 '하나〔一〕를 미루어 열〔十〕에 답하는 것이 士이다.'라고 하였다." 하였다. 《毛詩詁訓傳》에는 "士는 일한다는 말이다."라고 하였고, 《白虎通》에는 다음과 같이 말하였다.

"士는 일한다는 말이니, 事務를 담당한 사람을 칭한다. 그러므로 《禮記》 〈辨名記〉에 '士는 사무를 담당한 사람을 칭한다.'라고 하였고, 그 傳에 '古今을 환히 알아 옳고 그름을 변별하는 사람을 士라고 일컫는다.'라고 하였다."

資[1]於事父하야 **以事母**니 **而[2]愛同**이며 **資於事父**하야 **以事君**이니 **而敬同**이니라

1) 資 : 고문본에는 이 앞에 '子曰' 2자가 더 있다.

2) 而 : 고문본에는 '其'로 되어 있다. 뒤에 이어지는 '而敬同'의 '而'도 마찬가지이다.

"아버지 섬기는 마음에서 취하여 어머니를 섬기므로 그 사랑이 같으며, 아버지 섬기는 마음에서 취하여 임금을 섬기므로 그 공경이 같다.

【注】 資는 取也라 言愛는 父與母同이요 敬은 父與君同이라

資는 取함이다. '사랑은 아버지와 어머니에게 같고, 공경은 아버지와 임금에게 같다.'라는 말이다.

故母取其愛하고 而君取其敬하나니 兼之者는 父也니라

그러므로 어머니는 그(아버지를 섬길 때의) 사랑을 취하여 섬기고, 임금은 그(아버지를 섬길 때의) 공경을 취하여 섬기나니, 두 가지를 겸하여 섬기는 대상은 아버지이다.

【注】 言事父에 兼愛與敬也라

아버지를 섬길 때는 사랑과 공경을 겸한다는 말이다.

故以孝事君則忠이요

그러므로 孝로 임금을 섬기면 忠誠이 되고

【注】 移事父孝하야 以事於君하면 則爲忠矣라

아버지를 섬기는 孝誠을 옮겨 임금을 섬기면 忠誠이 된다.

以敬[1]事長則順이니

1) 敬 : 고문본에는 '弟'로 되어 있다. 형에 대한 아우의 공경을 뜻하는 '悌'의 통용자로 쓰인 것이다.

공경〔敬〕으로 上官을 섬기면 공순함이 되니,

【注】 移事兄敬하야 以事於長이면 則爲順矣라

형을 섬기는 공경을 옮겨 上官을 섬기면 공순함이 된다.

忠順不失하야 以事其上然後에 能保其祿位하야 而守其祭祀하나니

충성과 공순함을 잃지 않고서 그 윗사람을 섬긴 뒤에야 녹봉과 爵位를 보존하여 그 제사를 지킬 수 있으니,

【注】 能盡忠順하야 以事君長이면 則常安祿位하야 永守祭祀라

충성과 공순함을 다하여 임금과 上官을 섬길 수 있으면 늘 녹봉과 작위를 편안히 〈보존하여〉 길이 제사를 지킬 수 있다.

蓋士之孝也니라

대략 〈이것이〉 士의 孝이다.

【疏】 '資於'至'孝也' 正義曰：夫子述卿大夫行孝之事終, 次明士之行孝也. 言士始升公朝, 離親入仕, 故此敍事父之愛敬, 宜均事母與事君, 以明割恩[1]從義也. '資'者, 取也. 取於事父之行以事母, 則愛父與愛母同. 取於事父之行以事君, 則敬父與敬君同. 母之於子, 先取其愛, 君之於臣, 先取其敬, 皆不奪其性也. 若兼取愛敬者, 其惟父乎. 旣說愛敬取捨之理, 遂明出身入仕之行. '故'者, 連上之辭也. 謂以事父之孝, 移事其君, 則爲忠矣, 以事兄之敬, 移事於長, 則爲順矣. '長'謂公卿大夫, 言其位長於士也. 又言事上之道, 在於忠順, 二者皆能不失, 則可事上矣. '上'謂君與長也, 言以忠順事上, 然後乃能保其祿秩官位, 而長守先祖之祭祀. "蓋士之孝也", 援神契云 "士行孝曰究", 以明審爲義, 當須能明審資親事君之道, 是能榮親也. 白虎通云 "天子之士獨稱元士. 蓋士賤, 不得體君之尊, 故加'元', 以別於諸侯之士也." 此直言士, 則諸侯之士. 前言大夫, 是戒天子之大夫, 諸侯之大夫可知也. 此章戒諸侯之士, 則天子之士亦可知也.

1) 割恩 : 흔히는 '割恩正法(사사로운 은정에 얽매이지 않고 法을 올바로 시행하다)', '離斷至親以義割恩(至親의 인연을 끊어, 도의를 따르고 은정에 이끌리지 않다)' 등의 용례에서와 같이 '屈恩(은정을 굽히다)', '斷恩(사사로운 은정을 끊다)'와 유사한 뜻으로 쓰이나, 여기서는

'〈부모에 대한〉 은정을 일부 베어내다.'의 뜻으로 쓰였다.

經의 〔資於〕부터 〔孝也〕까지

正義曰 : 夫子(孔子)가, 卿·大夫가 孝를 행하는 일에 대한 서술을 마치고는, 다음으로 士가 행하는 孝를 밝혔다. 말하자면 士는 처음으로 조정에 올라서 어버이를 떠나 벼슬길에 들어선 〈사람이다.〉 이 때문에 여기서 아버지를 섬길 때의 사랑과 공경으로 똑같이 어머니를 섬기고 임금을 섬겨야 함을 서술하여 〈부모에 대한〉 恩情을 나누어 〈임금에 대한〉 義를 따라야 함을 밝혔다.

'資'는 取함이다. 아버지를 섬기는 孝行에서 취하여 어머니를 섬기면 아버지에 대한 사랑과 어머니에 대한 사랑이 같게 된다. 아버지를 섬기는 孝行에서 취하여 임금을 섬기면 아버지에 대한 공경심과 임금에 대한 공경심이 같게 된다. 어머니는 자식에게서 그 사랑을 우선 취하고 임금은 신하에게서 그 공경심을 우선 취하는데, 이 모두가 그(자식과 신하의) 본성을 빼앗지 않는 것이다. 사랑과 공경을 겸하여 취하는 사람으로 말하면 오직 아버지뿐이다.

사랑과 공경을 〈대상에 따라〉 취하고 버리는 이치를 설명하고 나서 마침내 세상에 나가 벼슬길에 들어섰을 때의 행동을 밝혔다. '故'는 윗 문장과 연결시키는 말이다. '아버지를 섬기는 효성을 옮겨 임금을 섬기면 충성이 되고, 형을 섬기는 공경심을 옮겨 上官을 섬기면 공순함이 된다.'라고 하였다. '長'은 公·卿·大夫를 일컬으니, 지위가 士보다 높다는 말이다.

또 '윗사람을 섬기는 도리는 충성과 공순함에 있으므로, 두 가지를 모두 잃지 않을 수 있으면 윗사람을 섬길 수 있다.'라고 말하였다. '上'은 임금과 上官을 일컫는다. '충성과 공순함으로 윗사람을 섬긴 뒤에 비로소 녹봉과 작위를 보존하여 길이 선조의 제사를 지킬 수 있다.'라는 말이다.

〔蓋士之孝也〕 孝經緯 ≪援神契≫에 "士가 행하는 孝는 究(궁구함)이다."라고 하였는데, 〈이는 士가 행하는 孝의〉 의미를 '밝게 살핌'이라고 한 것이다. 〈士는〉 어버이 〈섬기는 孝를〉 취하여 임금 섬기는 도리를 밝게 살필 수 있어야 하는데, 이렇게 하면 어버이를 영예롭게 할 수 있다. ≪白虎通≫에 "天子의 士만 '元士'라고 칭한다. 士는 지위가 낮아서 존귀한 임금을 직접 뵐 수 없기 때문에 '元'자를 더하여 제후의 士와 구별한 것이다."라고 하였다. 여기서는 '士'라고만 말했으므로 제후의 士이다. 앞 장에서는 大夫를 말했는데, 그것은 천자의 대부를 신칙한 것이지만 제후의 대부〈가 어떻게 해야 하는지〉도 미루어 알

수 있었다. 이 장에서는 제후의 士를 신칙했는데, 그렇다면 천자의 士〈가 어떻게 해야 하는지〉도 미루어 알 수 있다.

【疏】 ○ 注'資取'至'君同' ○ 正義曰 : 云"資 取也", 此依孔傳也. 案鄭注表記・考工記, 竝同訓"資, 取也." 云"言愛 父與母同 敬 父與君同"者, 謂事母之愛・事君之敬, 竝同於父也. 然愛之與敬, 俱出於心. 君以尊高而敬深, 母以鞠育而愛厚. 劉炫曰 "夫親至則敬不極, 此情親而恭(也)〔少〕[1]. 尊至則愛不極, 此心敬而恩殺(쇄)也. 故敬極於君, 愛極於母." 梁王云 "天子章陳愛敬, 以辨化也[2]. 此章陳愛敬, 以辨情也."

1) (也)〔少〕: 저본에는 '也'로 되어 있으나, 嘉靖本・汲古閣本・武英殿本에 의거하여 '少'로 바로잡았다.

2) 天子章陳愛敬 以辨化也 : 〈天子章〉에서 어버이에 대한 사랑과 공경의 결과로 '남을 미워하지 않음'과 '남을 업신여기지 않음'을 각각 든 것을 말한다.

○ 注의 〔資取〕부터 〔君同〕까지

○ 正義曰 〔資 取也〕 이는 공안국의 傳을 따른 것이다. 살펴보건대 鄭玄이 ≪禮記≫ 〈表記〉와 ≪周禮≫ 〈冬官考工記〉에 注를 내면서 모두 같이 "資는 取함이다."라고 풀이하였다.

〔言愛 父與母同 敬 父與君同〕 '어머니를 섬길 때의 사랑과 임금을 섬길 때의 공경이 모두 아버지〈에 대한 사랑・공경과〉 같다.'라는 말이다. 그러나 사랑과 공경은 모두 마음에서 나온다. 임금은 존귀하기 때문에 공경이 깊고, 어머니는 길러주기 때문에 사랑이 두텁다. 劉炫은 다음과 같이 말하였다.

"친밀함이 지극하면 공경심이 극진하지 않으니, 이는 情이 친밀하여 공경심이 적어지기 때문이다. 尊嚴이 지극하면 사랑이 극진하지 않으니, 이는 공경심이 들어 恩情이 줄어들기 때문이다. 이 때문에 공경심은 임금에게 지극하고 사랑은 어머니에게 지극하다."

梁王은 "〈天子章〉에서는 사랑과 공경을 진술하여 교화를 구별하였고, 이 장에서는 사랑과 공경을 진술하여 감정을 구별하였다."라고 하였다.

【疏】 ○ 注'言事'至'敬也' ○ 正義曰 : 此依王注也. 劉炫曰 "母親至而尊不至, 豈則尊之不極也. 君尊至而親不至, 豈則親之不極也. 惟父旣親且尊, 故曰兼也." 劉瓛曰 "父情天屬[1], 尊無所屈. 故愛敬雙極也."

1) 父情天屬 : ≪莊子≫ 〈山木〉에 나오는 林回의 故事를 원용한 표현이다. 그는 위급한 상황에서 천금의 구슬을 버린 채 갓난아이를 업고 도망친 일이 있었는데, 그 까닭을 묻는 질문에 "저 구슬과는 이익으로 만났고, 이 아기와는 '천륜으로 이어졌기〔以天屬〕' 때문이다."라고 답하였다.

○ 注의 〔言事〕부터 〔敬也〕까지

○ 正義曰 : 이는 王肅의 注를 따른 것이다. 劉炫이 다음과 같이 말하였다.

"어머니에 대해서는 친밀함이 지극하다보니 尊嚴이 지극하지 못한 것이니, 어찌 존엄이 그냥 극진치 못한 것이겠는가. 임금에 대해서는 존엄이 지극하다보니 친밀함이 지극하지 못한 것이니, 어찌 親愛가 그냥 극진치 못한 것이겠는가. 오직 아버지만은 친밀하고 또 존엄하므로 '겸한다'고 하였다."

劉瓛은 말하기를 "아버지에 대한 감정은 천륜으로 이어진 것이고 존엄도 줄어들지 않는다. 이 때문에 사랑과 공경이 모두 극진하다."라고 하였다.

【疏】 ○ 注'移事'至'忠矣' ○ 正義曰 : 此依鄭注也. 揚名章云 "君子之事親孝, 故忠可移於君", 是也. 舊說云 "入仕本欲安親, 非貪榮貴也. 若用安親之心, 則爲忠也. 若用貪榮之心, 則非忠也." 嚴植之曰 "上云君父敬同, 則忠孝不得有異." 言以至孝之心事君, 必忠也.

○ 注의 〔移事〕부터 〔忠矣〕까지

○ 正義曰 : 이는 鄭玄의 注를 따른 것이다. 〈廣揚名章〉에 '군자가 어버이를 효성으로 섬기므로 충성을 임금에게 옮길 수 있고'라고 한 것이 이것이다. 옛 說에 "조정에 들어가 벼슬하는 것은 본디 어버이를 편안히 해드리기 위함이지 영화와 존귀함을 탐해서가 아니다. 어버이를 편안히 해드리려는 마음으로 벼슬하면 충성이 되고, 영화를 탐하는 마음으로 벼슬하면 충성이 못 된다."라고 하였다.

嚴植之가 말하기를 "위에서 '임금과 아버지에 대한 공경심이 같다.'고 했으므로 충과 효가 다를 수 없다."라고 하였다. 지극히 효성스러운 마음으로 임금을 섬기면 반드시 충성이 된다는 말이다.

【疏】 ○ 注'移事'至'順矣' ○ 正義曰 : 此依鄭注也. 下章云 "事兄悌, 故順可移於長[1]." 注不言悌而言敬者, 順經文也. 左傳曰 "兄愛弟敬[2]", 又曰 "弟順而敬[3]", 則知悌之與敬,其義同焉[4]. 尙書云 "邦伯師長", 安國曰 "衆長, 公卿也", 則知大夫已上, 皆是士之長.

1) 事兄悌 故順可移於長 : 〈廣揚名章〉에 보인다.
2) 兄愛弟敬 : ≪春秋左氏傳≫ 隱公 3년에 보인다.
3) 弟順而敬 : ≪春秋左氏傳≫ 昭公 26년에는 '弟敬而順'으로 되어 있다.
4) 下章云……其義同焉 : '事兄'에 대한 서술어가 '悌'인 경우와 '敬'인 경우의 사례를 비교하되 '順'을 매개로 삼아 두 경우의 의미가 같다는 결론을 도출한 것이다.

○ 注의 〔移事〕부터 〔順矣〕까지

○ 正義曰 : 이는 鄭玄의 注를 따른 것이다. 뒤의 章(〈廣揚名章〉)에서 "'형을 공경히 섬기므로〔事兄悌〕' 恭順함으로 〈바꾸어〉 上官에게 옮길 수 있다."라고 하였는데, 〈여기의〉 注에 '事兄悌'라고 하지 않고 '事兄敬'이라고 한 것은 〈이곳의〉 經文을 따른 것이다. ≪春秋左氏傳≫에 "형은 友愛하고 아우는 '공경한다.〔敬〕'"라고 하고, 또 "아우는 '공순하고 공경한다.〔順而敬〕'"라고 하였으니, 그렇다면 '悌'는 '敬'과 그 뜻이 같음을 알 수 있다. ≪尙書≫ 〈盤庚 下〉에 "제후〔邦伯〕와 뭇 관서의 우두머리〔師長〕"라는 말이 있는데, 孔安國이 "뭇 관서의 우두머리는 公·卿이다."라고 하였으니, 대부 이상이 모두 士의 上官임을 알 수 있다.

【疏】 ○ 注'能盡'至'祭祀' ○ 正義曰 : 謂能盡忠順以事君長, 則能保其祿位也. 祿謂廩食, 位謂爵位. 廣雅曰 "位, 莅[1]也", 莅下爲位. 王制云 "上農夫食九人", 謂諸侯之下士, 視上農夫, 中士倍下士, 上士倍中士[2]. 祭者, 際也, 人神相接, 故曰際也. 祀者, 似也, 謂祀者似將見先人也. 士亦有廟, 經不言耳. 大夫旣言宗廟, 士可知也, 士言祭祀, 則大夫之祭祀亦可知也, 皆互以相明也. 諸侯言保其社稷, 大夫言守其宗廟, 士則'保'·'守'竝言者, 皇侃云 "稱保者, 安鎭也. 守者, 無(近)〔逸〕[3]也. 社稷祿位是公, 故言保. 宗廟祭祀是私, 故言守也. 士初得祿位, 故兩言之也."

1) 莅 : 금본 ≪廣雅≫ 권5에는 '莅祿'으로 되어 있다.
2) 諸侯之下士……上士倍中士 : ≪禮記≫ 〈王制〉의 말을 인용하여 士의 녹봉을 설명한 것이다.
3) (近)〔逸〕 : 저본에는 '近'으로 되어 있으나, 嘉靖本·汲古閣本·武英殿本에 의거하여 '逸'로 바로잡았다.

○ 注의 〔能盡〕부터 〔祭祀〕까지

○ 正義曰 : '충성과 공순함을 다하여 임금과 上官을 섬길 수 있으면 녹봉과 작위를 보존할 수 있다.'라는 말이다. 祿은 녹봉으로 주는 양식을 말하고, 位는 작위를 말한다. ≪廣雅≫에 "位는 莅이다."라고 하였으니, 아랫사람을 다스리는 자리가 位이다. ≪禮記≫ 〈王制〉에 "上等의 農夫는 〈100畝의 땅으로〉 9명을 먹일 수 있다."라고 하였다. 〈녹봉은〉 "제후의 下士는 〈그 녹봉을〉 상등 농부〈가 거두는 수확량〉에 견주고, 中士는 下士의 2배이며, 上士는 中士의 2배이다."라고 한 것을 일컫는다.

祭는 際(접함)이다. 사람과 귀신이 서로 접하기 때문에 際라고 한 것이다. 祀는 似(비슷함)이니, '제사는 先人을 장차 뵐 듯이 하는 것'이라는 말이다.

士에게도 사당이 있으니, 經文에서 말하지 않았을 뿐이다. 大夫에 대해 宗廟를 말했으므로 士〈에게도 사당이 있음을〉 알 수 있으며, 士에 대해 제사를 말했으므로 대부의 제사도 알 수 있으니, 모두 번갈아 한 면씩만 말〈하여 나머지 면은 서로 미루어 알 수 있게〉 한 것이다.

제후에 대해서는 사직을 보존할 수 있다고 말하고, 대부에 대해서는 종묘를 지킬 수 있다고 말한 데 비해, 士에 대해서는 '보존한다'는 말과 '지킨다'는 말을 모두 하였는데, 이에 대해 皇侃은 다음과 같이 말하였다.

"보존함〔保〕은 안정시키는 것이고, 지킴〔守〕은 잃지 않는 것이다. 사직과 녹봉과 작위는 공적인 것이므로 보존한다고 하였고, 종묘와 제사는 사적인 것이므로 지킨다고 하였다. 士는 처음으로 녹봉과 작위를 얻은 사람이기 때문에 두 가지를 모두 말한 것이다."

詩云 夙興夜寐하야 無忝爾所生이어다하니라

≪시경≫에 '새벽에 일어나고 밤늦게 잠들〈며 부지런히 직무를 수행하여,〉 너를 낳아주신 어버이를 욕되게 말지어다.'라고 하였다."

【注】 忝은 辱也요 所生은 謂父母也라 義取早起夜寐하야 無辱其親也라

忝은 辱(욕되게 함)이고 所生은 父母를 일컫는다. '새벽에 일어나고 밤늦게 잠들〈며 부지런히 직무를 수행하여,〉 자기 어버이를 욕되게 하는 일이 없음'의 뜻을 취한 것이다.

【疏】 '詩云'至'所生' ○ 正義曰 : 夫子述士行孝畢, 乃引小雅小宛之詩, 以證之也. 言士行孝, 當早起夜寐, 無辱其父母也.

經의 〔詩云〕부터 〔所生〕까지

○ 正義曰 : 夫子(孔子)가, 士가 행하는 효에 대한 서술을 마친 다음 ≪詩經≫ 〈小雅 小宛〉의 시를 인용하여 증명한 것이다. '士가 행하는 효는 의당 새벽에 일어나고 밤늦게 잠들〈며 부지런히 직무를 수행하여,〉 부모를 욕되게 하는 일이 없게 하는 것'이라는 말이다.

【疏】 ○ 注'忝辱'至'親也' ○ 正義曰 : 云"忝 辱也", 釋言文. "所生 謂父母也", 下章云"父母生之[1)]", 是也. 云"義取早起夜寐 無辱其親也"者, 亦引詩之大意也.

1) 父母生之 : 본서 〈聖治章〉에 보인다.

○ 注의 〔忝辱〕부터 〔親也〕까지

○ 正義曰 : 〔忝 辱也〕 ≪爾雅≫ 〈釋言〉의 글이다.

〔所生 謂父母也〕 뒤의 章(〈聖治章〉)에 "부모가 낳아주셨으니"라고 한 것이 이것이다.

〔義取早起夜寐 無辱其親也〕 이 역시 〈≪시경≫의 이〉 시를 인용한 대의〈를 밝힌 것〉이다.

孝經注疏 제3권

庶人章 第六

【疏】 正義曰：庶者，衆也，謂天下衆人也．皇侃云 "不言衆民者，兼包府史之屬，通謂之庶人也[1]．" 嚴植之以爲 "士有員位，人無限極，故士以下皆爲庶人．"

1) 不言衆民者……通謂之庶人也：董鼎은 "庶人은 널리 衆人을 가리키니, 학문을 하여 士가 되었으나 아직 命을 받지 못한 자와 農・工・商・賈 붙이가 모두 이에 해당한다."라고 하였다.(鄭太鉉 譯註, ≪孝經大義≫, 傳統文化硏究會, 2009, 43쪽)

正義曰：庶는 衆(무리)이니, 〈庶人은〉 天下의 뭇 사람들을 일컫는다. 皇侃은 "衆民(뭇 백성)이라고 하지 않은 것은 府・史 같은 말단 관원까지 포괄하여 통틀어 庶人이라고 일컬은 것이다."라고 하였고, 嚴植之는 "士는 定員이 있으나 사람은 〈인원수가〉 한량이 없다. 따라서 士 이하를 모두 庶人이라고 한다."라고 하였다.

用天之道[1]하고

1) 用天之道：고문본에는 이 앞에 '子曰' 2자가 더 있고, 이 구가 '因天之時(하늘의 때를 따르고)'로 되어 있다. 董鼎은 '天之道'를 '天體가 운행하여 봄・여름・가을・겨울 네 철이 운행되는 것'이라고 풀이하였다.(鄭太鉉 譯註, ≪孝經大義≫, 傳統文化硏究會, 2009, 41쪽)

"하늘의 道를 이용하고

【注】 春生夏長秋斂[1]冬藏이니 擧事順時가 此用天道也라

1) 斂：阮元은 石臺本과 鄭注本에 모두 '收'로 되어 있고, 또 正義에 '此依鄭注也'라고 한 것에 의거하여 '收'가 되어야 한다고 하였다. 그러나 187쪽 疏에서 보듯이 '此依鄭注也'라고 한 부분의 표제어에 '斂'으로 인용되었고, 또 唐代에 저술된 ≪經典釋文≫에 이곳의 '秋收'를 표제어로 잡고 "〈收가〉 본디는 斂으로 되어 있었다."라고 한 것으로 볼 때 正義를 저술할 때 사용한 鄭玄本에는 '斂'으로 되어 있었던 것으로 생각된다.(상해고적출판사, 정리본 ≪효경주소≫ 교감기 참조)

봄에 싹이 나서 여름에 자라고 가을에 거두고 겨울에 갈무리해 두는 〈것이 자연의 이치이므로〉, 일을 함에 있어 때를 따르는 것, 이것이 하늘의 道를 이용하는 것이다.

分[1)]地之利[2)]하며

1) 分 : 고문본에는 '就(나아가다, 의지하다)'로 되어 있다.
2) 地之利 : 董鼎은 '토지가 생산하는 農桑의 이익'이라고 풀이하였다.(鄭太鉉 譯註, ≪孝經大義≫, 傳統文化硏究會, 2009, 41쪽)

땅의 이로움을 분별하며

【注】 分別五土하고 視其高下하야 各盡所宜가 此分地利也라

다섯 가지 토지를 分別하고 높낮이를 살펴 각기 모두 적합하게 하는 것이 땅의 이로움을 분별하는 것이다.

謹身節用하야 以養父母하나니

몸가짐을 삼가고 財用을 절약하여 부모를 봉양하나니,

【注】 身恭謹則遠恥辱이요 用節省則免飢寒이요 公賦旣充則私養不闕이라

몸가짐이 공순하고 조심스러우면 치욕을 멀리할 수 있고, 財用을 절약하면 굶주림과 헐벗음을 면할 수 있고, 官府의 賦稅를 채우고 나면 개인적인 〈부모〉 봉양을 빠뜨리지 않을 수 있다.

此庶人之孝也니라

이것이 庶人의 孝이다.

【注】 庶人爲孝는 唯此而已라

庶人이 행하는 효는 오직 이것뿐이다.

【疏】 '用天'至'孝也' ○正義曰 : 夫子上述士之行孝已畢, 次明庶人之行孝也. 言庶人服田力穡, 當須用天之四時生成之道也, 分地五土所宜之利, 謹愼其身, 節省其用, 以供養其父母, 此則庶人之孝也. 援神契云"庶人行孝曰畜", 以畜養爲義, 言能躬耕力農, 以畜其德, 而養其親也.

經의 〔用天〕부터 〔孝也〕까지

○ 正義曰 : 夫子(孔子)가 위에서 士가 행하는 효에 대한 서술을 마치고 나서, 다음으로 庶人이 행하는 효를 밝혔다. '庶人은 농사지을 때 당연히 사계절에 따라 만물이 生長하는 하늘의 道를 이용해야 하고, 다섯 가지 토지에 각기 적합한 〈動·植物을 알아서〉 땅의 이로움을 분별해야 하며, 자기 몸가짐을 삼가고 財用을 절약하여 부모를 봉양해야 하는데, 이것이 庶人의 孝이다.'라고 하였다.

孝經緯 ≪援神契≫에 "서인이 행하는 효는 畜(봉양함)이다."라고 하였는데, 〈이는 서인이 행하는 효의〉 의미를 '봉양함'이라고 한 것이다. '몸소 농사를 지어 자신의 덕을 기르고 어버이를 봉양한다.'라는 말이다.

【疏】 ○ 注'春生'至'道也' ○ 正義曰 : 云"春生夏長秋斂冬藏"者, 此依鄭注也. 爾雅釋天云"春爲發生, 夏爲長毓[1], 秋爲收成, 冬爲安寧.", 安寧卽藏閉之義也. 云"擧事順時 此用天之道也"者, 謂擧農畝之事, 順四時之氣, 春生則耕種, 夏長則耘苗, 秋收則穫刈, 冬藏則入廩也.

1) 毓 : 통행본 ≪爾雅≫ 〈釋天〉에는 '贏'으로 되어 있다. '長贏'은 여름의 별칭이다.

○ 注의 〔春生〕부터 〔道也〕까지

○ 正義曰 : 〔春生夏長秋斂冬藏〕 이는 鄭玄의 注를 따른 것이다. ≪爾雅≫ 〈釋天〉에 "봄에 싹이 나고 여름에 자라고 가을에 거두어 완성하고 겨울에 '갈무리해 둔다〔安寧〕.'"라고 하였다. 安寧은 곧 갈무리해 둔다는 뜻이다.

〔擧事順時 此用天之道也〕 '농사일을 할 때 사계절의 기운에 따라, 봄에 싹이 날 때면 밭 갈고 씨앗을 뿌리며, 여름에 자랄 때면 김을 매고, 가을에 거두어 완성할 때면 수확하고, 겨울에 갈무리해 둘 때면 곳집에 들인다.'라는 말이다.

【疏】 ○ 注'分別'至'利也' 正義曰[1] : 云"分別五土 視其高下"者, 此依鄭注也. 案周禮大司徒云五土, 一曰山林, 二曰川澤, 三曰丘陵, 四曰墳衍, 五曰原隰[2]. 謂庶人須能分別視此五土之高下, 隨所宜而播種之, 則職方氏所謂靑州其穀宜稻麥·雍州其穀宜黍稷之類[3]是也. 云"各盡其所宜 此分地利也"者, 此依孔傳也. 劉炫云 "黍稷生於陸, 菰稻生於水."

1) 正義曰 : 저본에는 이 앞에 '○'이 없으나 본서 疏의 일반 체재에 맞추어 번역문에는 '○'을 보충하였다.
2) 云五土……五曰原隰 : ≪周禮≫ 〈大司徒〉에서 다섯 가지 토지에 대해 각기 적합한 동물과 식물, 그리고 사람의 특성을 제시한 부분에서 토지의 종류만 옮겨온 것이다. 墳衍은 적합한 동물로 조개류가 제시된 것으로 보아 갯벌을 뜻하며, 原隰은 적합한 동물로 호랑이·표범 등 털이 짧은 짐승이 제시된 것으로 보아 草原을 뜻한다.
3) 靑州其穀宜稻麥雍州其穀宜黍稷之類 : ≪周禮≫ 〈職方氏〉에서 9州의 위치와 산천, 특산물, 인구 구조 등을 제시하면서 적합한 가축과 곡식을 제시한 것을 말한다.

○ 注의 〔分別〕부터 〔利也〕까지

○ 正義曰 : 〔分別五土 視其高下〕 이는 鄭玄의 注를 따른 것이다. 살펴보건대 ≪周禮≫ 〈大司徒〉에 다섯 가지 토지를 언급했으니, 첫째 山林, 둘째 川澤, 셋째 丘陵, 넷째 墳衍(갯벌), 다섯째 原隰(초원)이다. '庶人은 이 다섯 가지 토지의 높낮이를 잘 분별하고 살펴보아서 적합한 것에 따라 파종해야 하는데, ≪周禮≫ 〈職方氏〉에서 靑州에 적합한 곡식은 벼와 밀이고, 雍州에 적합한 곡식은 기장과 피〔稷〕라고 한 따위가 이것이다.

〔各盡其所宜 此分地利也〕 이는 공안국의 傳을 따른 것이다. 劉炫은 "기장과 피〔稷〕는 육지에서 자라고, 줄〔菰〕과 벼는 물에서 자란다."라고 하였다.

【疏】 ○ 注'身恭'至'不闕' ○ 正義曰 : 云"身恭謹則遠恥辱"者, 論語曰 "恭近於禮, 遠恥辱也". 云"用節省則免飢寒"者, '用'謂庶人衣服·飮食·喪祭之用, 當須節省. 禮記曰 "食節事時." 又曰 "庶人無故不食珍". 及"三年之耕, 必有一年之食, 九年耕, 必有三年之食. 以三十年之通, 雖有凶旱水溢, 民無菜色"[1], 是免飢寒也. 云"公賦旣充則私養不闕"者, '賦'者, 自上稅下之名也. 謂常省節財用, 公家賦稅充足, 而私養父母不闕乏也. 孟子稱 "周人百畝而徹[2], 其實皆什一也." 劉熙注云 "家耕百畝, 徹取十畝以爲賦也."[3] 又云 "公事畢, 然後敢治私事", 是也.

1) 食節事時……民無菜色 : ≪禮記≫ 〈王制〉에서 발췌하여 인용한 것이다.
2) 徹 : 周나라의 田稅제도이다. 그 구체적인 내용에 대해서는 여러 가지 설이 있다. '徹'을 '通'의 뜻으로 보는 경우에도 '천하에 통용되는 법', '공동으로 경작하고 면적에 따라 수확물을 배분하는 제도', '貢法과 助法을 竝行한 제도', '작황에 따라 액수가 달라지기는

하나 공통된 비율을 징수하는 賦稅제도' 등의 해석이 있고, '徹'을 '治', '取'의 뜻으로 보는 견해도 있다.(≪中國大百科 中國歷史 社會經濟 先秦 貢租徹≫)

3) 劉熙注云……徹取十畝以爲賦也 : ≪孟子≫ 〈滕文公 上〉의 趙岐注에 '耕百畝者 徹取十畝以爲賦'로 되어 있어 阮福은 ≪十三經注疏校記≫에서 劉熙를 '趙岐'로 수정하기도 하였으나, 孫詒讓은 "이 설이 劉熙와 趙岐에게 공통된 것일 수 있다."고 하였다.(北京大 標點本 〈校勘記〉 참조)

○ 注의 〔身恭〕부터 〔不闕〕까지

○ 正義曰 : 〔身恭謹則遠恥辱〕 ≪論語≫ 〈學而〉에 "공순함이 禮에 가까우면 치욕을 멀리할 수 있다."라고 하였다.

〔用節省則免飢寒〕 用은 庶人의 의복과 음식, 그리고 喪事와 제사에 사용하는 물품으로, 당연히 절약해야 한다. ≪禮記≫ 〈王制〉에 "소비를 절약하고 농사일을 철에 맞게 한다."라고 하고, 또 "庶人은 緣故(제사)가 없으면 珍味를 먹지 않는다."라고 하였다. 그리고 "3년을 경작하면 반드시 1년치 식량이 비축되고, 9년을 경작하면 반드시 3년치 식량이 비축된다. 30년의 평균〈적인 상황〉을 가지고 말하면 비록 가뭄과 홍수가 있더라도 백성이 굶주리지 않는다."라고 한 것이 '굶주리고 헐벗음을 면한다'는 것이다.

〔公賦既充則私養不闕〕 賦는 위에서 아래에 세금을 거둔다는 말이다. '재용을 늘 절약하여 국가의 賦稅를 충족시키면 개인적인 부모 봉양이 결핍되지 않게 된다.'라는 말이다. ≪孟子≫ 〈滕文公 上〉에 "周나라 사람은 백성들에게 100畝씩 주고 徹法을 썼다. 그 실상은 모두 10분의 1을 세금으로 거둔 것이다."라고 하였는데, 劉熙의 注에 "집마다 100묘를 경작하게 하고 그중 10묘의 소출을 공통으로 취하여 부세로 삼았다."라고 하였다. 〈滕文公 上〉에 또 "공동 구역의 농사가 끝난 뒤에 감히 개인의 농사를 돌보았다."라고 한 것이 이것(公賦既充則私養不闕)이다.

【疏】 ○ 注'庶人'至'而已' ○ 正義曰 : 此依魏注也. 案天子·諸侯·卿大夫·士, 皆言'蓋', 而庶人獨言'此', 注釋言'此'之意也. 謂天子至士, 孝行廣大, 其章略述宏綱, 所以言'蓋'也. 庶人用天分地, 謹身節用, 其孝行已盡, 故曰'此', 言惟此而已. 庶人不引詩者, 義盡於此, 無(贊諸)〔贅詞〕[1]也.

1) (贊諸)〔贅詞〕 : 저본에는 '贊諸'로 되어 있으나, 閩本·監本·毛本에 의거하여 '贅詞'로 바로잡았다.(阮元의 〈校勘記〉 참조)

○ 注의 〔庶人〕부터 〔而已〕까지

○ 正義曰 : 이는 魏眞克의 注를 따른 것이다. 살펴보건대 천자, 제후, 경・대부, 사〈에 대해 말할 때〉는 모두 '蓋'라고 하고 庶人에 대해서만 '此'라고 하였다. 注는 〈경문에서〉 '此'라고 말한 뜻을 풀이한 것이다. '천자부터 士까지는 孝行이 광대한데 각 章에서 큰 줄거리만 대략 서술했기 때문에 「蓋(대략)」라고 〈한 데 비해〉, 庶人은 하늘의 道를 사용하고 땅의 이로움을 분별하며 몸가짐을 삼가고 재용을 절약하는 것으로 효행이 끝나기 때문에 「此(이것이)」라고 하여 「오직 이뿐이다.」라고 하였다.'라는 말이다. 〈庶人章〉에서 ≪詩經≫을 인용하지 않은 것은 뜻이 이것으로 다 드러나 덧붙일 말이 없었기 때문이다.

故自天子로 至於庶人히 孝無終始[1)]니 而患不及者는 未之有也[2)]니라

1) 終始 : 御注에 '始自天子 終於庶人'이라 하여 신분의 귀천을 총체적으로 든 말로 설명하였다. 經文에 대한 疏에 '無終始貴賤之異'라고 한 것과 御注에 대한 疏의 첫 부분에 '天子爲始 庶人爲終'이라고 한 것이 이를 뒷받침한 말이다. 다만 御注에 대한 疏의 중반부에 경문의 '孝無終始'를 '효행은 처음(不敢毁傷, 事親)과 중간(忠, 君)과 끝(立身行道)을 다 갖추어야만 孝가 되는 것은 아니다.'라는 취지로 풀이한 부분이 있는데, 이는 御注 이후에 제기된 異說을 보존한 것으로 생각된다. 이 이설이 의미가 없는 것은 아니나 경문의 '孝無終始' 4자를 곧장 그와 같이 풀이하기에는 무리가 있고, 또 孝行의 시작과 끝을 구분하여 명시한 〈開宗明義章〉의 취지와 모순된다는 문제점이 있다.

2) 故自天子……未之有也 : 고문본에는 이 문장 앞에 '子曰' 2자가 더 있고 '天子' 뒤에 '以下' 2자가 더 있으며, 이 문장이 〈孝平章 第七〉이라는 별도의 한 章으로 되어 있다. 고문본을 따른 孔安國의 傳과 董鼎의 注에 따르면 '孝無終始' 이하의 의미는 다음과 같이 된다. "孝의 시작(몸을 훼상하지 않는 것)과 끝(立身하여 道를 행하여 부모를 빛내는 것)을 행함이 없고서 몸에 患亂이 미치지 않는 자는 있지 않다."

그러므로 천자로부터 庶人에 이르기까지 〈존비는 다르지만〉 孝〈의 도리〉는 끝(서인)과 처음(천자)의 차이가 없으니, 효에 도달하지 못할까 걱정하는 사람은 있지 않다."

【注】 始自天子로 終於庶人히 尊卑雖殊나 孝道同致니 而患不能及者는 未之有也라 言無此理라 故曰未有라

천자에서 시작하여 마지막의 庶人에 이르기까지 尊卑가 비록 다르기는 하나 孝의 도리는 같으니, 孝에 도달하지 못할까 걱정하는 사람은 있지 않다. 이러한 이치는 없다고 말

하〈려 했〉기 때문에 '未有'라고 한 것이다.

【疏】'故自'至'有也' ○正義曰：夫子述天子・諸侯・卿大夫・士・庶人行孝畢，於此總結之．則有五等尊卑雖殊，至於奉親，其道不別．故從天子，已下至於庶人，其孝道則無終始貴賤之異也．或有自患己身不能及於孝，未之有也．自古及今，未有此理，蓋是勉人行孝之辭也．

經의 〔故自〕부터 〔有也〕까지

○正義曰：夫子(孔子)가, 천자, 제후, 경・대부, 사, 서인이 행하는 孝에 대한 서술을 마치고 나서 여기서 총결하였다. 다섯 등급의 尊卑가 비록 다르기는 하나 어버이를 받드는 데 있어서는 그 도리가 서로 다르지 않다. 그러므로 천자부터 아래로 서인에 이르기까지 그 효도는 끝(서인)과 처음(천자)의 귀하고 천한 신분에 따른 차이가 없다. 혹시라도 자신이 효에 도달하지 못할까봐 스스로 걱정하는 사람이 있는 〈그런 이치는〉 있지 않다. 예로부터 지금까지 이런 이치는 없으니, 이는 사람들에게 효를 행하도록 면려한 말이다.

【疏】○注'始自'至'未有' ○正義曰：云"始自天子 終於庶人"者，謂五章以天子爲始，庶人爲終也．云"尊卑雖殊 孝道同致"者，謂天子庶人尊卑雖別，至於行孝，其道不殊．天子須愛親敬親，諸侯須不驕不溢，卿大夫於言行無擇(두)，士須資親事君，庶人謹身節用，各因心而行之斯至，豈藉創物之智・扛鼎之力．若率强之，無不及也．云"而患不能及者 未之有也"者，此謂人無貴賤尊卑，行孝之道同致，若各率其己分，則皆能養親，言患不及於孝者未有也．說孝道包含之義廣大，塞乎天地，橫乎四海[1]．經言"孝無終始"，謂難備終始，但不致毁傷，立身行道，安其親・忠於君，一事可稱，則行成名立，不必終始皆備也．此言行孝甚易，無不及之理，故非孝道不終，始致必(反)〔及〕[2]之患也．云"言無此理 故曰未有"者，此釋'未之有'之意也．謝萬以爲"無終始，恒患不及，未之有者，少賤之辭也．"劉瓛云"禮不下庶人[3]，若言我賤而患行孝不及已者，未之有也．此但得憂不及之理，而失於歎少賤之義也．"鄭[4]曰"諸家皆以爲患及身，今注以爲自患不及，將有說乎．"答曰"案說文云'患，憂也．'廣雅曰'患，惡也．'又若案注說，釋'不及'之義凡有四焉，大意皆謂有患貴賤行孝無及之憂，非以患爲禍也．經傳之稱患者多矣．論語'不患人之不己知[5]'，又曰'不患無位[6]'，又曰'不患寡而患不均[7]'，左傳曰'宣子患之[8]'，皆是憂惡之辭也．惟蒼頡篇謂患爲禍，孔・鄭・韋・王之學引之，以釋此經．故皇侃曰'無始

有終, 謂改悟之善, 惡禍何必及之. 則無始之言, 已成空設也.'[9] 禮祭義曾子說孝曰 '衆之本教曰孝, 其行曰養. 養可能也, 敬爲難. 敬可能也, 安爲難. 安可能也, 卒爲難. 父母旣沒, 愼行其身, 不遺父母惡名, 可謂能終矣.' 夫以曾參行孝, 親承聖人之意, 至於能終孝道, 尙以爲難, 則寡能無識, 固非所企也. 今爲行孝不終, 禍患必及. 此人偏執, 詎謂經通." 鄭曰 "書云 '天道福善禍淫[10].' 又曰 '惠迪吉, 從逆凶, 惟影響.[11]' 斯則必有災禍, 何得稱無也." 答曰 "來問指淫凶悖慝之倫, 經言戒不終善美之輩. 論語曰 '今之孝者, 是謂能養[12].' 曾子曰 '參, 直養者也, 安能爲孝乎[13].' 又此章云 '以養父母, 此庶人之孝也.' 儻有能養而不能終, 只可未爲具美, 無宜卽同淫慝也. 古今凡庸, 詎識孝道. 但使能養, 安知始終. 若今皆及於災, 便是比屋可貽禍矣. 而當朝通識者以爲鄭注非誤. 故謝萬云 '言爲人無終始者, 謂孝行有終始也. 患不及者, 謂用心憂不足也. 能行如此之善, 曾子所以稱難, 故鄭注云「善未有也」.' 諦詳此義, 將謂不然. 何者. 孔聖垂文, 包於上下, 盡力隨分, 寧限高卑. 則因心而行, 無不及也. 如依謝萬之說, 此則常情所昧矣. 子夏曰 '有始有卒者, 其惟聖人乎[14].' 若施化, 惟待聖人, (十)〔千〕[15]載方期一遇, 加於百姓, 刑於四海[16], 乃爲虛說者與." 制(有)〔旨〕[17]曰 "嗟乎, 孝之爲大, 若天之不可逃也, 地之不可遠也. 朕窮五孝之說, 人無貴賤, 行無終始, 未有不由此道而能立其身者. 然則聖人之德, 豈云遠乎. 我欲之而斯至, 何患不及於己者哉."

1) 塞乎天地 橫乎四海 : ≪禮記≫ 〈祭義〉의 "夫孝 置之而塞乎天地 溥之而橫乎四海(孝는 縱으로 세우면 하늘과 땅에 가득차고 橫으로 펼치면 四方의 미개 민족 지역에까지 뻗친다.)"에서 따온 문구이다.

2) (反)〔及〕: 저본에는 '反'으로 되어 있으나, 이 부분은 경문의 '孝無終始 而患不及者'를 '孝無終 始而患不及者'로 읽는 잘못을 말한 것이므로 嘉靖本・汲古閣本・武英殿本에 의거하여 '及'으로 바로잡았다. 字形이 비슷하여 잘못된 것이다.

3) 禮不下庶人 : ≪禮記≫ 〈曲禮 上〉의 말로, 예법이 아래로 서인에게까지는 적용되지 않으므로 서인에게는 굳이 완전한 禮를 갖추기를 요구할 필요가 없다는 뜻이다.

4) 鄭 : 이 아래 인용된 두 차례의 問答에 거론된 주석가 및 ≪僞古文尙書≫의 문구 등으로 보아 적어도 南北朝 시대 이후의 인물이 분명하다. 다만 구체적으로 누구인지 상세하지 않으므로 '鄭氏'로 번역하였다.

5) 不患人之不已知 : ≪論語≫ 〈學而〉에 보인다.

6) 不患無位 : ≪논어≫ 〈里仁〉에 보인다.

7) 不患寡而患不均 : ≪논어≫ 〈季氏〉에 보인다.

8) 宣子患之 : ≪춘추좌씨전≫ 昭公 13년조에 보인다.

9) 無始有終……已成空設也 : 患을 재앙의 뜻으로 보면 경문 '孝無終始 而患不及者 未之有也'는 '효행에 끝이나 시작이 없고도 재앙이 미치지 않는 경우는 있지 않다.'라는 말이 되는데, 改過遷善을 미덕으로 간주하는 통념에 비추어 볼 때 '효행에 시작이 없〈고 끝만 있〉으면 반드시 재앙이 미친다'는 말은 맞지 않다는 말이다.

10) 天道福善禍淫 : ≪상서≫ 〈湯誥〉에 보인다.

11) 惠迪吉……惟影響 : ≪상서≫ 〈大禹謨〉에 보인다.

12) 今之孝者 是謂能養 : ≪논어≫ 〈爲政〉에 보인다.

13) 參……安能爲孝乎 : ≪예기≫ 〈祭義〉에 보인다.

14) 有始有卒者 其惟聖人乎 : ≪논어≫ 〈子張〉에 보인다.

15) (十)〔千〕: 저본에는 '十'으로 되어 있으나, 閔本·監本·毛本에 의거하여 '千'으로 바로잡았다.(阮元의 〈校勘記〉 참조)

16) 加於百姓 刑於四海 : 본서 〈天子章〉의 경문 "愛敬 盡於事親 而德教加於百姓 刑于四海"에서 따온 말이다.

17) (有)〔旨〕: 저본에는 '有'로 되어 있으나, 唐 玄宗의 ≪孝經制旨≫를 가리키는 부분이므로 '旨'로 바로잡았다.(阮元의 〈校勘記〉 참조)

○ 注의 〔始自〕부터 〔未有〕까지

○ 正義曰 : 〔始自天子 終於庶人〕 다섯 개의 章에서 천자를 처음으로 삼고 서인을 마지막으로 삼은 것을 일컫는다.

〔尊卑雖殊 孝道同致〕 천자부터 서인까지 존비는 비록 다르나 孝를 행하는 데 있어서는 그 도리가 다르지 않다는 말이다. 천자는 어버이를 사랑하고 어버이를 공경해야 하며, 제후는 교만하지 않고 사치하지 않아야 하며, 경·대부는 말과 행동 중에 법도에 어긋난 것이 없게 해야 하고, 士는 어버이에 대한 孝에서 공경을 취하여 임금을 섬겨야 하며, 서인은 몸가짐을 조심하고 財用을 절약해야 하는데, 이런 일들은 각기 마음을 따라 행하면 도달하게 된다. 어찌 사물을 창조하는 지혜나 鼎을 들어 올리는 힘을 빌릴 일이겠는가. 〈도리를〉 따라 노력한다면 〈孝에〉 도달하지 못할 사람이 없다.

〔而患不能及者 未之有也〕 이는 사람의 귀천과 존비를 막론하고, 효를 행하는 도리는 동일하므로 만약 각기 자기의 分限(각 신분으로 할 수 있는 한계 안의 것)을 따른다면 모두 어버이를 봉양할 수 있다는 말로, 효에 도달하지 못할까봐 걱정하는 사람은 있지 않다는 말이다. 말하자면 효도는 포함하는 뜻이 광대하여 천지에 꽉 차고 四海에 뻗친다는 것이다.

經文에서 '孝無終始(효의 도리는 시작과 끝의 차이가 없으니)'라고 말한 것은, 시작부터 끝까지 모두 구비하기는 어려우므로, 다만 신체를 훼손하지 않는 일, 立身하여 道를 행하는 일, 어버이를 편안히 해드리는 일, 임금에게 충성하는 일 중에 한 가지라도 칭찬할 만하면 효행이 완성되어 명성이 세워지므로 시작부터 끝까지 모두 갖추어야만 하는 것은 아니라는 말이다. 이는 효를 행하기는 매우 쉬워서 도달하지 못할 리가 없다고 말한 것이지, 본디〔故〕 효도를 끝맺지 못하면 비로소 반드시 닥치는 재앙을 부르게 된다는 말이 아니다.

〔言無此理 故曰未有〕 이는 경문의 '未之有'의 뜻을 풀이한 것이다. 謝萬은 "처음과 끝을 막론하고 미치지 못할까봐 늘 걱정하는 사람은 있지 않다는 것은 미천한 사람〈이 탄식하는〉 말이다."라고 하였다. 劉瓛은 이에 대해 "禮가 아래로 서인에게까지 적용되지는 않지만, '나는 미천하니, 효를 행하는 일이 나에게 미치지 않을까봐 걱정이다.'라고 말하는 자는 있지 않다. 이는 단지 '미치지 못할까봐 걱정하는 이치로 본 것만 맞고, 미천함을 탄식한 뜻으로 〈본 것은〉 잘못이다."라고 하였다.

鄭氏가 "〈경문의 '患不及'에 대해〉 여러 학자들이 모두 '재앙이 자기 몸에 미치는 것'이라고 한 데 비해 지금 注는 '도달하지 못할까봐 스스로 걱정하는 것'이라고 하였습니다. 〈이에 대해〉 설명해주시겠습니까?"라고 하기에 다음과 같이 답하였다.

"살펴보건대, ≪說文解字≫에 '患은 憂(걱정함)이다.'라고 하고 ≪廣雅≫에 '患은 惡(나쁜 일)이다.'라고 하였다. 또 주석의 설들을 살펴보자면 '不及'의 뜻을 풀이한 것이 모두 4가지인데, 대의는 모두 '존귀한 사람과 미천한 사람이 효를 행하는 데에 도달하지 못할까봐 걱정하는 근심이 있다.'라고 한 것이지, 患을 재앙이라고 한 것이 아니다.

經傳에 '患'자를 쓴 경우가 많다. ≪논어≫에 '남이 자기를 알아주지 않음을 걱정하지〔患〕 말고'라고 한 것, 또 '地位가 없음을 걱정하지〔患〕 말고'라고 한 것, 또 '백성과 토지가 적음을 걱정하지 않고 정치가 균평하지 않음을 걱정하며〔患〕'라고 한 것, ≪춘추좌씨전≫에 '宣子가 그것을 걱정하였다.〔患〕'라고 한 것이 모두 걱정한다는 말이다. 오직 ≪蒼頡篇≫만은 '患'을 재앙의 뜻으로 썼는데, 孔安國·鄭玄·韋昭·王肅의 학파에서 이를 인용하여 이 경문을 해석하였다.

이 때문에 皇侃이 '시작은 없고 끝만 있는 것은, 잘못을 깨달아 고친 善行을 말한다. 〈이런 경우에〉 재앙이 어찌 꼭 미치겠는가. 〈患이 재앙의 뜻이라면 경문의〉 「시작이 없다」는 말은 뜻 없이 한 말이 되어 버린다.'라고 하였다.

≪禮記≫ 〈祭義〉에서 증자가 孝에 대해 말하기를 "사람들에게 가장 기본적인 교육은 孝이고, 이를 행하는 방법은 봉양이다. 봉양을 잘 하더라도 공경하기는 어려우며, 공경을 잘 하더라도 편안히 해드리기는 어려우며, 편안히 해드리기를 잘 하더라도 효도를 마치기는 어렵다. 부모가 별세한 뒤에 언행을 조심하여 부모에게 악명을 끼치지 않는다면 효도를 잘 마쳤다고 할 수 있다."라고 하였다. 효를 잘 행하여 聖人(孔子)의 뜻을 직접 받든 曾參조차 효도를 잘 마치는 것은 어렵게 여겼으니, 그렇다면 재능이 변변찮고 학식이 없는 사람들은 실로 노력한다고 할 수 있는 것이 아니다.

지금 〈經文의 이 대목이〉 '효를 행하되 잘 마치지 못하면 재앙이 반드시 미친다.'라는 뜻이라면 이는 사람이 한쪽만 고집하는 것이니 어찌 보편성을 지닌 經이라고 할 수 있겠는가."

정씨가 〈또〉 "≪상서≫에 '하늘의 이치는 선한 자에게는 복을 내리고 악한 자에게는 재앙을 내리므로'라고 하고, 또 '正道를 따르면 吉하고 惡逆을 따르면 凶한 것이 그림자나 메아리처럼 필연적이다.'라고 하였습니다. 그렇다면 〈孝道를 다하지 못한 자에게는〉 반드시 재앙이 있을 것이니, 어찌 없다고 할 수 있겠습니까."라고 하기에 다음과 같이 답하였다.

"그대의 질문은 음흉하고 패악하고 사특한 무리를 지적한 것인데 반해 經文의 말은 善하고 아름다운 일을 잘 마무리하지 못하는 무리를 신칙한 것이다. ≪논어≫에 '오늘날 孝라는 것은 다만 봉양이나 잘하는 것을 일컬으니'라고 하였고, 曾子는 '나는 그저 봉양이나 하는 사람이니 어찌 효자라고 할 수 있겠는가.'라고 하였으며, 또 ≪효경≫의 이 章에서 '그로써 부모를 봉양하나니, 이는 庶人의 孝이다.'라고 하였다. 혹여 봉양을 잘 했으나 孝를 잘 끝맺지 못한 사람이 있다면, 오직 미덕을 완비하지 못했다고 할 수 있을 뿐이니 음흉하고 사특한 것과 곧장 동일시하는 것은 타당치 않다. 고금의 평범한 사람들이 어찌 孝의 도리를 알겠는가. 단지 봉양을 잘하게 할 뿐이니, 어찌 그 시종을 장담할 수 있겠는가. 만약 지금 이런 사람들이 모두 재앙을 당한다면 집집마다 재앙을 당하게 될 것이다.

식견이 깊고 넓은 當代(漢나라) 사람들은 정현의 注가 잘못되지 않았다고 하였다. 이 때문에 謝萬은 '사람됨에 시작과 끝이 있지 않다는 말은 孝行에 시작과 끝이 있다는 말이 된다. 「患不及」은 부족할까봐 걱정하는 마음을 쓴다는 말이다. 이 같은 善을 잘 행하는 것을 曾子는 어렵다고 하였다. 이 때문에 정현의 注에 「善이 있지 않다」라고 한 것이다.'라고 하였다. 그러나 이 뜻을 상세히 음미해 보면 옳지 않다고 하게 될 것이다. 어째서인가?

聖人인 孔子가 남긴 글은 上下를 포괄하니, 힘을 다하여 분수를 따른다면 어찌 〈신분의〉 高下에 제한되겠는가. 마음을 따라 행하면 도달하지 못할 것이 없다. 만약 謝萬의 설에 따른다면 이는 사람의 常情에 어두운 것이 된다.

子夏가 '처음도 있고 끝도 있는 사람은 오직 聖人뿐이다.'라고 하였다. 만약 교화를 베풀면서 천재일우의 기회를 기약하며 오직 聖人을 기다린다면, '〈교화가〉 백성들에게 입혀지고 四海(사방의 미개 민족들)에 본보기가 된다.'는 것은 빈 말이 될 것이다."

≪孝經制旨≫에는 다음과 같이 말하였다.

"아, 孝의 큼은 하늘을 피할 수 없고 땅을 멀리할 수 없는 것과 같다. 朕이 다섯 등급의 孝의 내용을 궁구해 보니, 사람의 귀천을 막론하고, 행동의 시종을 막론하고, 이 道를 말미암지 않고서 立身할 수 있는 자는 있지 않다. 그렇다면 聖人의 덕을 어찌 멀다고 하겠는가. 내가 願하면 이르나니, 어찌 자기에게 미치지 않을까봐 걱정하겠는가."

三才章 第七

【疏】正義曰：天地謂之二儀, 兼人謂之三才. 曾子見夫子陳說五等之孝旣畢, 乃發歎曰 "甚哉, 孝之大也." 夫子因其歎美, 乃爲說天經・地義・人行之事, 可敎化於人, 故以名章, 次五孝之後.

正義曰：天地를 二儀라고 하고 여기에 사람을 겸하여 三才라고 한다. 曾子가, 夫子(孔子)가 다섯 등급의 孝에 대한 설명을 마치는 것을 보고는 "대단하구나, 孝의 위대함이여!" 라고 감탄하였다. 夫子가 그 찬미를 이어서 마침내 하늘의 經(不變의 법칙), 땅의 義(만물을 이롭게 함), 사람이 〈변함없이 실천해야 할〉 행실의 일로 사람을 교화할 수 있음을 말하였다. 이 때문에 이것(三才)을 이 章의 이름으로 삼고 다섯 등급의 孝를 말한 章들의 뒤로 순서를 정한 것이다.

曾子曰 甚哉라 孝之大也여

曾子가 말하였다.
"대단하구나, 孝의 위대함이여!"

【注】參聞行孝無限高卑하야 始知孝之爲大也라

曾參이 '효를 행하는 것은 〈신분의〉 高下에 제한되지 않는다.'는 말을 듣고서 비로소 효의 위대함을 안 것이다.

子曰 夫孝는 天之經也요 地之義[1]也요 民之行也니라

1) 義：고문본에는 '誼'로 되어 있다. 董鼎의 注와 董仲舒의 ≪春秋繁露≫ 〈五行對〉에 따르면, '하늘을 받들어 따르면서 자신을 내세우지 않고 그 功을 한결같이 하늘로 돌리는 것'이 땅의 마땅함〔誼, 宜〕이라고 하였다.

孔子께서 말씀하셨다.

"孝는 하늘의 항상됨이고 땅의 義로움이며 백성이 〈변함없이 실천해야 할〉 行實이다.

【注】 經은 常也요 利物爲義라 孝爲百行之首요 人之常德이니 若三辰運天而有常하고 五土分地而爲義也라

經은 常(항상됨)이고, 만물을 이롭게 하는 것이 義로움이다. 孝는 온갖 행실의 으뜸이자 사람의 변함없는 德이니, 마치 三辰(해·달·별)이 하늘을 운행하면서 항상된 법칙이 있고 다섯 가지 토지로 땅을 분별하여 〈적합하게 활용하면〉 義로움이 되는 것과 같다.

天地之經을 而民이 是則之[1)]하나니

1) 天地之經……是則之 : 孝가 자연적인 天性에 따른 것임을 뜻한다.(鄭太鉉 譯註, ≪孝經大義≫, 傳統文化硏究會, 2009, 55쪽)

하늘과 땅의 항상됨을 백성이 본받으니,

【注】 天有常明하고 地有常利하니 言人法則天地하야 亦以孝爲常行也라

하늘에는 항상된(불변의 법칙에 따르는) 밝음이 있고 땅에는 항상된 이로움이 있으므로, '사람은 하늘과 땅을 본받아, 또한 孝를 항상된 행실로 삼는다.'라고 말한 것이다.

則天之明하고 因地之利하야 以順天下[1)]라 是以其敎不肅而成하며 其政不嚴而治하나니라

1) 順天下 : ≪周易≫ 革卦의 "順乎天而應乎人(하늘을 따르고 인심에 응하였다.)"라는 말에서 유래한 "應天命 順人心(천명에 응하고 인심을 따른다. 옛날 王朝나 帝王이 교체될 때 상습적으로 쓰던 표현)"의 '順人心'과 같은 의미이다. 고문본에는 '順'이 '訓'으로 되어 있는데, 이에 따르면 '천하 사람들을 가르친다.'라는 말이 된다.

하늘의 밝음을 본받고 땅의 이로움에 의거하여 천하의 민심을 따른다. 이 때문에 그 교화가 엄숙하지 않아도 이루어지며 그 政事가 엄중하지 않아도 다스려진다.

【注】 法天明以爲常하고 因地利以行義하고 順此以施政敎면 則不待嚴肅而成理也라

하늘의 밝음을 본받아 常(不變의 德)으로 삼고 땅의 이로움을 바탕으로 義(만물에 이로움)를 행하며, 이를 따라 政教를 베풀면 엄중하고 엄숙하게 하지 않아도 다스림을 이룰 수 있다.

【疏】'曾子曰'至'而治' ○ 正義曰：夫子述上從天子下至庶人五等之孝, 後摠以結之. 語勢將畢, 欲以更明孝道之大, 無以發端, 特假曾子歎孝之大, 更以彌大之義告之也, 曰 "夫孝 天之經 地之義 民之行", 經, 常也. 人生天地之間, 稟天地之氣節, 人之所法, 是天地之常義也. 聖人司牧黔庶, 故須則天之常明, 因依地之義利, 以順行於天下. 是以其爲教也, 不待肅戒而成也, 其爲政也, 不假威嚴而自理也.

經의 〔曾子曰〕부터 〔而治〕까지

○ 正義曰：夫子(孔子)가 위로 천자부터 아래로 庶人까지 다섯 등급의 孝를 서술한 다음 총괄하여 마무리하였다. 語勢가 끝나갈 때 효도의 위대함을 다시 밝히려 했으나 말을 꺼낼 꼬투리가 없었다. 이에 특별히 증자가 효도의 위대함에 감탄한 말을 가설하여 다시 더욱 큰 뜻을 일러 준 것이다.

〔夫孝 天之經 地之義 民之行〕 經은 常(항상됨)이다. 사람은 천지 사이에 태어나 천지의 기운을 부여받으므로, 사람이 본받는 것은 하늘의 항상됨과 땅의 의로움이다. 聖人은 백성을 돌보고 기르므로, 하늘의 항상된 밝음을 본받고 이어서 땅의 '의로운 이로움〔義利, 만물에 이로움〕'에 의거하여 천하의 민심을 따라 행한다. 그러므로 그 가르침은 엄숙한 타이름이 없어도 이루어지고, 그 政事는 위엄을 빌리지 않아도 저절로 다스려진다.

【疏】○ 注'參聞'至'大也' ○ 正義曰：高謂天子, 卑謂庶人. 言曾參旣聞夫子陳說天子庶人皆當行孝, 始知孝之爲大也.

○ 注의 〔參聞〕부터 〔大也〕까지

○ 正義曰：高는 천자를 말하고, 卑는 庶人을 말한다. '曾參이, 夫子(孔子)가 천자부터 서인까지 모두 孝를 행해야 한다고 설명하는 것을 듣고서 비로소 효가 위대함을 알게 되었다.'라는 말이다.

【疏】○ 注'經常'至'義也' ○ 正義曰：云"經 常也 利物爲義"者, "經 常"卽書傳通訓也. 易文言曰 "利物足以和義." 是'利物爲義'也. 云"孝爲百行之首, 人之常德"者, 鄭注論語云“孝爲百行之本”, 言人之爲行, 莫先於孝. 案周易曰“常其德, 貞.”[1] 孝是人(所)〔之〕[2]常德也. 云“若三辰運天”, 謂日月星以時運轉於天. 釋名云“土者, 吐也, 言吐生萬物.”[3]周禮五土十地[4]之利. 言‘孝爲百行之首’, 是人生有常之德, 若日月星辰運行於天而有常, 山川原隰分別土地而爲利. 則知貴賤雖別, 必資孝以立身, 皆貴法則於天地. 然此經全與左傳鄭子大叔答趙簡子問禮[5]同, 其異一兩字而已. 明孝之與禮, 其義同.

1) 常其德 貞 : ≪周易≫ 恒卦 六五의 爻辭에 보인다. ‘常’은 본디 ‘恒’인데, 唐 穆宗 李恒 또는 宋 眞宗 趙恒의 이름자를 피하여 ‘常’으로 쓴 것이다.
2) (所)〔之〕: 저본에는 ‘所’로 되어 있으나, 浦鏜의 ≪十三經注疏正字≫에 의거하여 ‘之’로 바로잡았다.(阮元의 〈校勘記〉 참조)
3) 土者……言吐生萬物 : 漢代 劉熙가 지은 ≪釋名≫ 〈釋天〉과 〈釋地〉에 보인다.
4) 十地 : ≪周禮≫ 〈大司徒〉에 언급된 다섯 가지 토지〔五土〕 山林, 川澤, 丘陵, 墳衍, 原隰을 1字씩 낱낱이 들어 일컬은 것이다. 鄭玄의 注에 “돌이 쌓인 곳을 山, 대나무나 나무가 우거진 곳을 林, 물이 흐르는 곳을 川, 물이 모이는 곳을 澤, 흙이 높게 쌓인 곳을 丘, 큰 언덕을 陵, 물가를 墳, 낮은 평지를 衍, 높은 평지를 原, 낮고 습한 곳을 隰이라고 한다.”라고 하였다. 188쪽 ‘注分別至利也’에 대한 疏의 주 2) 참조.
5) 左傳鄭子大叔答趙簡子問禮 : ≪春秋左氏傳≫ 昭公 25년의 “夫禮 天之經也 地之義也 民之行也 天地之經 而民實則之”를 가리킨다. 子太叔은 춘추시대 鄭나라의 正卿 游吉의 字 ‘太叔’에 존칭(子)을 붙인 호칭이다. 趙簡子는 춘추시대 晉나라의 卿 趙鞅의 諡號이다.

○ 注의 〔經常〕부터 〔義也〕까지

○ 正義曰 : 〔經 常也 利物爲義〕 “經은 常(항상됨)이다.”라는 풀이는 典籍에서 일반적으로 통용되는 풀이이다. ≪周易≫ 乾卦 〈文言傳〉에 “만물을 이롭게 하는 것이 義에 부합할 수 있으며”라고 한 것이 ‘만물을 이롭게 하는 것이 義로움이다.’라는 것이다.

〔孝爲百行之首 人之常德〕 鄭玄이 ≪논어≫에 注를 내기를 “孝는 온갖 행실의 근본이다.”라고 하였는데, 이는 사람의 행실 중에 孝보다 앞서는 것은 없다는 말이다. 살펴보건대 ≪周易≫에 “그 德을 변함없게 하면 貞하다.”라고 하였는데, 孝가 사람이 항상 지녀야 할 德이다.

〔若三辰運天〕 해·달·별이 하늘에서 제때에 운행함을 말한다.

≪釋名≫에 “土는 吐한다는 뜻이니, 만물을 토해낸다는 말이다.”라고 하였다. ≪周禮≫ 〈大司徒〉에 다섯 가지 토지와 열 가지 땅의 이로움이 〈언급되어 있다.〉

‘孝가 온갖 행실의 으뜸’이라는 말은, 사람이 살아가며 항상된 덕을 지니는 것이 마치해・달・별이 하늘에서 변함없이 운행하고, 토지가 산・내・들판・습지로 분별되어 〈각기 나름의〉 이로움〈을 주는〉 것과 같다는 뜻이다. 그렇다면 귀천이 비록 다르더라도 반드시 孝를 기반으로 立身하여 모두 천지를 본받음을 귀하게 여김을 알 수 있다.

그런데 이 〈注의〉 경문은 전체가 ≪春秋左氏傳≫에서 鄭나라 子太叔이 禮에 대해 물은 趙簡子의 질문에 답한 말과 같고, 다른 점은 한두 글자뿐이므로, 〈여기서〉 孝는 禮와 그 뜻이 같음이 분명하다.

【疏】 ○ 注'天有'至'行也' ○ 正義曰：云"天有常明"者, 謂日月星辰(明)〔照〕[1]臨於下, 紀於四時, 人事則之, 以夙興夜寐, 無忝爾所生. 故下文云 "則天之明"也. 云"地有常利"者, 謂山川原隰動植物產, 人事因之, 以晨羞夕膳, 也色養無違[2]. 故下文云 "因地之利"也. 此皆人能法則天地以爲孝行者, 故云 "亦以孝爲常行也." 上云"天之經"・"地之義", 此云"天地之經", 而不言'義'者, 爲地有利物之義, 亦是天常也. 若分而言之, 則爲義, 合而言之, 則爲常也.

1) (明)〔照〕: 저본에는 '明'으로 되어 있으나, 浦鏜의 ≪十三經注疏正字≫에 의거하여 '照'로 바로잡았다.(阮元의 〈校勘記〉 참조)

2) 晨羞夕膳 也色養無違 : 앞의 '天有常明'에 대한 疏 중 '夙興夜寐 無忝爾所生'과 對句로 쓴 글이다. 晨羞와 夕膳은 ≪文選≫ 권19 〈補亡詩六首〉 중 孝子가 부모 봉양을 잘 하자고 서로 신칙하는 내용의 시 〈南陔〉에 나오는 "너의 저녁밥〔夕膳〕을 향기롭게 짓고, 너의 아침밥〔晨羞〕을 정갈하게 짓기를"에서 따온 말이다.

○ 注의 〔天有〕부터 〔行也〕까지

○ 正義曰 : 〔天有常明〕 '해・달・별이 땅을 비추며 사계절의 질서를 잡으므로 사람이 일할 때 이를 본받아서 새벽에 일어나고 밤늦게 잠들〈며 부지런히 직무를 수행하여,〉 자신을 낳아주신 어버이를 욕되지 않게 해야 한다.'라는 말이다. 이 때문에 뒤의 글에서 '하늘의 밝음을 본받고'라고 하였다.

〔地有常利〕 '산・내・들판・습지에서 생산되는 동물과 식물을 사람이 일할 때 이용해서, 아침밥과 저녁밥을 지어 올리고 또 부드러운 안색으로 봉양하여 그 뜻을 어기지 않는다.'라는 말이다. 이 때문에 뒤의 글에서 '땅의 이로움에 의거하여'라고 하였다. 이는 모두 사람이 천지를 잘 본받아 孝行으로 삼는 것이다. 이 때문에 '또한 孝를 항상된 행실로 삼는다.'라고 하였다.

위에서는 '하늘의 항상됨'과 '땅의 義로움'을 말한 데 비해 여기서는 '天地의 항상됨'만 말하고 '義로움'을 말하지 않은 것은, 땅에 만물을 이롭게 하는 義로움이 있는 것 역시 하늘의 항상됨이기 때문이다. 땅을 별도로 말하면 義로움이 되고, 하늘과 합하여 말하면 항상됨이 된다.

【疏】 ○ 注'法天'至'理也' ○ 正義曰 : 云"法天明以爲常 因地利以行義"者, 上文云"夫孝, 天之經, 地之義"者, 故云"法天明以爲常", 釋"天之明"也, "因地利以爲義", 釋"地之利"也. 云"順此以施政敎 則不待嚴肅而成理也"者, 經云"其敎不肅而成, 其政不嚴而治", 注則以政敎相就而明之, 嚴肅相連而釋之, 從便宜省也. 制旨曰 "天無立極之統, 無以常其明. 地無立極之統, 無以常其利[1]. 人無立身之本, 無以常其德. 然則三辰迭運, 而一以經之者, 天利之性也. 五土分植, 而一以宜之者, 大順之理也. 百行殊塗, 而一致之者, 大中之要也. 夫愛始於和, 而敬生於順. 是以因和以敎愛, 則易知而有親, 因順以敎敬, 則易從而有功. 愛敬之化行, 而禮樂之政備矣. 聖人則天之明以爲經, 因地之利以行義. 故能不待嚴肅而成可久可大之業焉."

1) 利 : 저본에는 이 앞에 약 10字에 상당하는 빈 난이 있고, 注疏보다 작은 글씨로 '元缺十字'라고 쓰여 있으나 文勢로 볼 때 빠진 글자가 없으므로 삭제하였다.(阮元의 〈校勘記〉 및 상해고적출판사, 정리본 ≪효경주소≫ 참조.)

○ 注의 〔法天〕부터 〔理也〕까지

○ 正義曰 : 〔法天明以爲常 因地利以行義〕 앞의 글에서 '孝는 하늘의 항상됨이고 땅의 義로움이며'라고 하였다. 이 때문에 '하늘의 밝음을 본받아 常(不變의 덕)으로 삼고'라고 하여 경문의 '하늘의 밝음'을 풀이하고, '땅의 이로움을 이용하여 義(만물을 이롭게 함)를 행하며'라고 하여 경문의 '땅의 이로움'을 풀이하였다.

〔順此以施政敎 則不待嚴肅而成理也〕 經文에 "그 가르침〔敎〕이 엄숙하지〔肅〕 않아도 이루어지며 그 정사〔政〕가 엄중하지〔嚴〕 않아도 다스려진다."라고 한 데 비해, 注에서는 정사〔政〕와 가르침〔敎〕을 잇달아 말하여 밝히고, '嚴'자와 '肅'자를 이어 말하여 풀이했는데, 이는 편의대로 생략한 것이다.

≪孝經制旨≫에 다음과 같이 설명하였다.

"하늘에 기본 원리로 확립된 체계가 없으면 그 밝음을 항상 유지할 수 없고, 땅에 기본 원리로 확립된 체계가 없으면 그 이로움을 항상 유지할 수 없으며, 사람에게 立身한 바탕이 없으면 그 덕을 항상 유지할 수 없다.

그렇다면 三辰(해·달·별)이 번갈아 운행하는데도 한결같이 항상된 것은 하늘의 이로운 성질이고, 다섯 가지 토지에 〈따라 곡식을〉 나누어 심는데도 한결같이 적합한 것은 大地의 順한 이치이며, 온갖 행실의 길이 서로 다른데도 하나로 귀결되는 것은 큰 中道의 요체이다.

사랑은 화합에서 시작되고 공경은 공순함에서 생긴다. 그러므로 화합을 바탕으로 사랑을 가르치면 알기 쉬워 친밀함이 있게 되고, 공순함을 바탕으로 공경을 가르치면 따르기 쉬워 효과가 있게 된다. 사랑과 공경의 교화가 행해지면 예악의 政事가 완비된다.

聖人은 하늘의 밝음을 본받아 常(不變의 德)으로 삼고 땅의 이로움을 바탕으로 義(만물을 이롭게 함)를 행한다. 그러므로 엄숙히 하지 않아도 장구하고 위대한 功業을 이룰 수 있다."

先王見敎之可以化民也라

先王이 〈天地의 밝음과 이로움을 본받은〉 敎化로 백성을 감화시킬 수 있음을 보았다.

【注】 見因天地敎면 化人之易也라

천지의 밝음과 이로움을 바탕으로 교화하면 백성을 감화시키기 쉬움을 본 것이다.

是故로 先之以博愛면 而民莫遺其親하고

이 때문에 〈임금이〉 솔선하여 널리 사랑하면 백성들 중에 제 어버이를 버리는 이가 없고,

【注】 君愛其親이면 則人化之하야 無有遺其親者라

임금이 자기 어버이를 사랑하면 백성들이 감화되어 제 어버이를 버리는 사람이 없게 된다.

陳之於德義면 而民興行하며

〈大臣이〉 德과 義〈의 아름다움을〉 설명하면 백성들이 〈마음을〉 일으켜 〈덕과 의

를〉 행하며,

【注】 陳說德義之美하야 爲衆所慕면 則人起心而行之라

德과 義의 아름다움을 설명하여 사람들의 동경을 받으면 백성들이 마음을 일으켜 〈덕과 의를〉 행한다.

先之以敬讓이면 而民不爭하고

〈임금이〉 공경과 겸양을 솔선하면 백성들이 다투지 않고,

【注】 君行敬讓이면 則人化而不爭이라

임금이 공경과 겸양을 실천하면 백성들이 감화되어 다투지 않는다.

導之以禮樂이면 而民和睦하며

〈大臣이〉 禮와 樂으로 인도하면 백성들이 화목하고,

【注】 禮以檢其跡하고 樂以正其心이면 則和睦矣라

禮로 자취(言行)를 검속하고 樂으로 마음을 바르게 하면 화목하게 된다.

示之以好惡(오)면 而民知禁하나니라

〈선을〉 좋아하고 〈악을〉 싫어함을 보여주면 백성들이 금할 줄을 안다.

【注】 示好以引之하고 示惡以止之하면 則人知有禁令하야 不敢犯也라

〈선을〉 좋아함을 보여주어 이끌고 〈악을〉 싫어함을 보여주어 제지하면 백성들이 금령이 있음을 알아서 감히 범하지 않는다.

【疏】 '先王'至'知禁' ○ 正義曰 : 言先王見因天地之常, 不肅不嚴之政教, 可以率先化下人也. 故須身行博愛之道, 以率先之, 則人漸其風教, 無有遺其親者. 於是陳說德義之美, 以順教誨人, 則人起心而行之也. 先王又以身行敬讓之道, 以率先之, 則人漸其德而不爭競也. 又導之以禮樂之教, 正其心迹, 則人被其教, 自和睦也. 又示之以好者必愛之, 惡者必討之, 則人見之, 而知國有禁也.

經의 〔先王〕부터 〔知禁〕까지

○ 正義曰 : '先王이 천지의 항상됨을 따르면 엄숙하거나 엄중하지 않은 政教로도 솔선하여 아랫사람들을 교화할 수 있음을 보았다. 그러므로 몸소 널리 사랑하는 도리를 실천하여 솔선해야 하니, 이렇게 하면 백성들이 그 風教에 점차 물들어 제 어버이를 버리는 자가 없게 된다. 이에 德과 義의 아름다움을 설명하여 〈백성들의 마음을〉 따라 사람들을 가르치면 사람들이 마음을 일으켜 德과 義를 실천하게 된다. 선왕이 또 공경과 겸양의 도리를 몸소 실천하여 솔선하면 백성들이 그 덕에 점차 물들어 다투지 않게 된다. 또 예악의 가르침으로 인도하여 백성들의 마음과 행동을 바르게 하면 사람들이 그 가르침을 입어 저절로 화목하게 된다. 또 좋아하는 것(善)은 반드시 사랑하고 싫어하는 것(惡)은 반드시 꾸짖음을 보여주면 백성들이 이를 보고서 나라에 禁令이 있음을 알게 된다.'라는 말이다.

【疏】 ○ 注'見因'至'易也' ○ 正義曰 : 此依鄭注也. 言先王見天明地利, 有益於人, 因之以施化, 行之甚易也.

○ 注의 〔見因〕부터 〔易也〕까지

○ 正義曰 : 이는 鄭玄의 注를 따른 것이다. '先王이, 하늘의 밝음과 땅의 이로움이 사람에게 유익하므로, 이를 바탕으로 교화하면 〈교화의〉 시행이 매우 쉬움을 보았다.'라는 말이다.

【疏】 ○ 注'君愛'至'親者' ○ 正義曰 : 此依王注也. 言君行博愛之道, 則人化之, 皆能行愛敬, 無有遺忘其親者, 卽天子章之"愛敬, 盡於事親, 而德教加於百姓", 是也.

○ 注의 〔君愛〕부터 〔親者〕까지

○ 正義曰 : 이는 王肅의 注를 따른 것이다. '임금이 널리 사랑하는 도리를 실천하면 백성들이 감화되어 모두 사랑과 공경을 실천하여 제 어버이를 버리는 사람이 없게 된다.'라는 말이다. 곧 〈天子章〉의 "사랑과 공경을 어버이 섬기는 데에 다하면 德教가 백성에게 입혀진다."라는 말이 이것이다.

【疏】 ○ 注'陳說'至'行之' ○ 正義曰 : 易稱"君子進德脩業." 又論語云"義以爲質." 又左傳說趙衰(최)薦郤縠, 云"說(열)禮樂而敦詩書, 詩書, 義之府也, 禮樂, 德之則也. 德義, 利之本也[1]." 且德義之利, 是爲政之本也. 言大臣陳說德義之美, 是天子所重, 爲群情所慕, 則人起發心志而效行之.

1) 說(열)禮樂而敦詩書……利之本也 : ≪春秋左氏傳≫ 僖公 27년조에 보인다.

○ 注의 〔陳說〕부터 〔行之〕까지

○ 正義曰 : ≪周易≫ 乾卦 〈文言傳〉에 "君子는 德을 쌓고 功業을 세우니"라고 하였고, 또 ≪論語≫ 〈衛靈公〉에 "義를 바탕으로 삼고"라고 하였다. 또 ≪춘추좌씨전≫에서 趙衰가 郤縠을 천거하면서 "〈극곡은〉 禮·樂을 좋아하고 ≪詩≫·≪書≫에 勤勉합니다. ≪시≫·≪서≫는 義의 창고이고, 예·악은 德의 준칙이며, 德·義는 이로움의 바탕입니다."라고 했다는 말이 있다. 그리고 德·義를 바탕으로 한 이로움이 政事를 행하는 근본이다. '大臣이 천자가 중히 여기는 德·義의 아름다움을 설명하여 백성들의 동경을 받으면 사람들이 마음을 일으키고 뜻을 내어 본받아 행한다.'라는 말이다.

【疏】 ○ 注'君行'至'不爭' ○ 正義曰 : 此依魏注也. 案禮記鄕飮酒義云 "先禮而後財, 則民作敬讓而不爭矣." 言君身先行敬讓, 則天下之人自息貪競也.

○ 注의 〔君行〕부터 〔不爭〕까지

○ 正義曰 : 이는 魏眞克의 注를 따른 것이다. 살펴보건대 ≪禮記≫ 〈鄕飮酒義〉에 "禮를 재물보다 중시하면 백성들이 공경하고 겸양하여 다투지 않는다."라고 하였다. '임금이 몸소 먼저 공경과 겸양을 실천하면 천하 사람들이 저절로 탐욕과 다툼을 그친다.'라는 말이다.

【疏】 ○ 注'禮以'至'睦矣' ○ 正義曰 : 此依魏注也. 案禮記云 "樂由中出, 禮自外作." 中謂心在其中也, 外謂跡見於外也. 由心以出者, 宜聽樂以正之, 自跡以見者, 當用禮以檢之. 檢之謂檢束也. 言心跡不違於禮樂, 則人當自和睦也.

○ 注의 〔禮以〕부터 〔睦矣〕까지

○ 正義曰 : 이는 魏眞克의 注를 따른 것이다. 살펴보건대 ≪禮記≫ 〈樂記〉에 "樂은 안〔中〕에서 나오고, 禮는 밖〔外〕에서 행해진다."라고 하였다. '中'은 마음이 그 속에 있음을 말하고, '外'는 자취가 밖에 드러남을 말한다. 마음에서 나오는 것은 음악을 들어 바르게

해야 하고, 자취에서 드러나는 것은 禮를 이용하여 검속해야〔檢之〕 한다. '檢之'는 검속함을 말한다. '마음과 자취(언행)가 예와 악에 어긋나지 않으면 백성들이 당연히 저절로 화목하게 된다.'라는 말이다.

【疏】 ○ 注'示好'至'犯也' ○ 正義曰：云"示好以引之 示惡以止之"者, 案樂記云 "先王之制禮樂也, 將以敎民平好惡而反人道之正也." 故示有好必賞之, 令以引喩之, 使其慕而歸善也, 示有惡必罰之, 禁以懲止之, 使其懼而不爲也. 云"則人知有禁令 不敢犯也"者, 謂人知好惡, 而不犯禁令也.

○ 注의 〔示好〕부터 〔犯也〕까지

○ 正義曰：〔示好以引之 示惡以止之〕 살펴보건대 ≪禮記≫ 〈樂記〉에 "先王이 禮樂을 제정한 것은 백성들에게 好惡를 다스려 사람의 바른 도리를 회복하도록 가르치려는 것이었다."라고 하였다. 이 때문에 좋아하는 점이 있으면 반드시 賞 주는 모습을 보임으로써 命하여 이끌어 깨우쳐서 〈사람들로 하여금〉 동경하여 善으로 돌아가게 하고, 싫어하는 점이 있으면 반드시 벌주는 모습을 보임으로써 禁하여 징계하여 제지해서 〈사람들로 하여금〉 두려워 행하지 못하게 하였다.

〔則人知有禁令 不敢犯也〕 '사람들이 좋아할 것(善)과 싫어할 것(惡)을 알아서 금령을 범하지 않는다.'라는 말이다.

詩云 赫赫師尹이여 民具爾瞻이로다하니라

≪시경≫에 '위엄 있는 太師 尹氏여, 백성들이 모두 함께 그대를 우러러보도다.'라고 하였다."

【注】 赫赫은 明盛貌也라 尹氏는 爲太師니 周之三公也라 義取大臣助君行化하니 人皆瞻之也라

赫赫은 밝음이 盛한 모양이다. 尹氏는 太師였는데, 〈태사는〉 周나라의 三公 〈중 하나〉이다. '大臣이 임금을 도와 교화를 행하자 사람들이 모두 그를 우러러보았다.'라는 뜻을 취한 것이다.

【疏】 '詩云'至'爾瞻' ○ 正義曰：夫子旣述先王以身率下先, 及大臣助君行化之義畢, 乃引小雅節南山詩以證成之. 赫赫, 明盛之貌也, 是太師尹氏也. 言助君行化, 爲人模範, 故人皆瞻之.

經의 〔詩云〕부터 〔爾瞻〕까지

○ 正義曰 : 夫子(孔子)가, 先王이 몸소 아랫사람에게 솔선한다는 내용과 大臣이 임금을 도와 교화를 편다는 내용에 대한 서술을 마친 다음, ≪詩經≫ 〈小雅 節南山〉의 시를 인용하여 傍證으로 삼아 〈글을〉 완성하였다. 赫赫은 밝음이 盛한 모양이다. 이 〈시가 묘사한〉 사람은 太師 尹氏이다. '임금을 도와 교화를 펴서 사람들의 본보기가 되었기 때문에 사람들이 모두 그를 우러러보았다.'라는 말이다.

【疏】 ○ 注'赫赫'至'之也' ○ 正義曰 : "赫赫 明盛貌也 尹氏爲太師 周之三公也"者, 此毛傳文. 太師・太傅・太保, 是周之三公. 尹氏時爲太師, 故曰尹氏[1]也. 云"義取大臣助君行化 人皆瞻之也"者, 引詩大意如此. 孔安國曰 "具, 皆也. 爾, 女也. 古語或謂 '人具爾瞻', 則人皆瞻女也." 此章再言"先之", 是吾身行率先於物也, "陳之"・"(道)〔導〕[2]之"・"示之", 是大臣助君爲政也. 案大戴禮云 "昔者舜左禹而右皐陶, 不下席而天下大治. 夫政之不中, 君之過也. 政之旣中, 令之不行, 職事者之罪也." 後引周禮稱 "三公無官屬, 與王同職, 坐而論道[3]". 又案尙書益稷篇稱 "帝曰 '吁, 臣哉鄰哉, 鄰哉臣哉.' 又曰 "臣作朕股肱耳目." 孔傳曰 "言君臣道近, 相須而成." 言(大)〔同〕[4]體若身, 君任股肱, 臣戴元首之義也. 故禮緇衣稱 "上好是物, 下必有甚者矣. 故上之好惡, 不可不愼也, 是民之表也." "詩云 '赫赫師尹, 民具爾瞻.' 甫刑曰 '一人有慶, 兆民賴之.'" 緇衣之引詩・書, 是明下民從上之義. 師尹, 大臣也. 一人, 天子也. 謂人君爲政, 有身行之者, 有大臣助行之者. 人之從上, 非惟從君, 亦從論道之大臣. 故幷引以結之也. 此章上言先王, 下引師尹, 則知君臣同體, 相須而成者, 謂此也. 皇侃以爲 "無先王在上之詩, 故斷章引大師之什", 今不(敢)〔取〕[5]也.

1) 尹氏 : 이에 따르면 이 문장은 '尹氏가 당시에 太師였기 때문이 尹氏라고 하였다.'는 말이 되어 문맥이 통하지 않는다. '師尹'이 되어야 한다. 尹氏를 경문에서 '師尹'으로 지칭한 까닭을 注에 의거하여 밝힌 것이다.

2) (道)〔導〕: 저본에는 '道'로 되어 있으나, 閔本・監本・毛本에 의거하여 '導'로 바로잡았다.(阮元의 〈校勘記〉 참조)

3) 後引周禮稱……坐而論道 : 여기에 인용된 내용이 현행본 ≪周禮≫에는 보이지 않으나,

隋末 唐初의 虞世南이 지은 ≪北堂書鈔≫ 권50 〈設官部 2 總載三公〉에 옛 ≪周禮≫를 인용하여 "天子는 三公을 설치하는데, 이름하여 太師・太傅・太保이다. 이들에게는 官屬이 없고 임금과 직무를 함께한다. 이 때문에 앉아서 治道를 논하는 직임을 三公이라 한다."라고 한 것이 보인다. 후대의 ≪周禮≫는 옛 ≪周禮≫에서 유실되거나 순서가 뒤섞인 부분들이 있어서 漢代에 〈考工記〉를 〈冬官〉에 보충해 넣는 등의 과정이 있었고, 宋代 兪庭椿의 ≪周禮復古編≫, 明代 郎兆玉의 ≪古周禮≫ 등 ≪周禮≫의 옛 면모를 회복하기 위한 노력들이 있었다. 여기서는 유실된 내용을 인용하였기 때문에 재인용의 형식을 취한 것이다.

4) (大)〔同〕: 저본에는 '大'로 되어 있으나, 浦鏜의 ≪十三經注疏正字≫에 의거하여 '同'으로 바로잡았다.(阮元의 〈校勘記〉 참조)

5) (敢)〔取〕: 저본에는 '敢'으로 되어 있으나, 嘉靖本・汲古閣本・武英殿本에 의거하여 '取'로 바로잡았다.

○ 注의 〔赫赫〕부터 〔之也〕까지

○ 正義曰 : 〔赫赫 明盛貌也 尹氏爲太師 周之三公也〕 이는 ≪毛詩詁訓傳≫의 글이다. 太師・太傅・太保가 周나라의 三公이다. 尹氏가 당시에 太師였기 때문에 '師尹'이라고 한 것이다.

〔義取大臣助君行化 人皆瞻之也〕 〈≪시경≫의 이〉 시를 인용한 대의가 이와 같은 것이다. 孔安國이 말하기를 "具는 皆(모두)이고, 爾는 女(너)이다. 옛말에 간혹 '人具爾瞻'이라고 하는데, 이는 '사람들이 모두 너를 우러러본다'라는 말이다."라고 하였다. 이 章에서 두 번 말한 '솔선하면'은 '내(임금)가 몸소 행하여 남에게 솔선하는 것'이고, '설명하면'・'인도하면'・'보여주면'은 '大臣이 임금을 도와 정치를 행하는 것'이다.

살펴보건대 ≪大戴禮記≫ 〈主言〉에 "옛날 舜임금이 왼쪽에 禹를, 오른쪽에 皐陶를 거느리자, 자리에서 내려오지 않고 〈가만히 앉아서〉도 천하가 크게 다스려졌다. 政令이 중도에 맞지 않는 것은 임금의 잘못이고, 政令이 중도에 맞는데 명령이 행해지지 않는 것은 일을 맡은 신하의 죄이다."라고 하였고, 후대에 ≪周禮≫를 인용하여 "三公은 官屬이 없고 임금과 직무를 함께 하며 앉아서 治道를 논한다."라고 하였다.

또 살펴보건대 ≪尙書≫ 〈益稷〉에 "황제가 '아, 신하가 이웃이고 이웃이 신하이다.'라고 하였다."라고 하고, 또 "신하는 朕의 팔다리와 耳目이 되었으니"라고 하였는데, 공안국의 傳에 "임금과 신하는 〈각자의〉 도리(마땅히 행해야 할 바른길)가 가까워서 서로 필요로 하여 성취한다는 말이다."라고 하였으니, 사람의 몸처럼 한 몸이라서 임금은 팔다리(신하)를 부리고 신하는 머리(임금)를 받든다는 뜻을 말한 것이다.

≪禮記≫ 〈緇衣〉에 다음과 같은 내용이 있다.

"윗사람이 이 물건을 좋아하면 아래에는 반드시 더 심하게 좋아하는 사람이 있게 된다. 그러므로 윗사람은 好惡를 신중히 하지 않아서는 안 되니, 〈윗사람의 호오가〉 백성의 준칙〈이 되기 때문〉이다.……≪시경≫에 '위엄 있는 太師 尹氏여, 백성들이 모두 그대를 우러러보도다.'라고 하였고, ≪尙書≫ 〈甫刑〉에 '한 분에게 善行이 있으면 萬民이 혜택을 입는다.'라고 하였다."

〈緇衣〉에 ≪시경≫과 ≪상서≫를 인용한 것은 백성이 윗사람을 따른다는 뜻을 밝히기 위함이다. 太師 尹氏는 대신이고, 한 분은 천자이다. '임금이 정치를 할 때 몸소 행하는 것이 있고 대신이 도와서 행하는 것이 있으므로, 백성이 윗사람을 따르는 것은 비단 임금을 따르는 것일 뿐만 아니라 治道를 논하는 대신을 따르는 것이기도 하다.'라는 말이다. 이 때문에 〈위 시를〉 아울러 인용하여 마무리한 것이다.

이 장에서는 앞에서 先王을 말하고 뒤에서 태사 윤씨〈에 대한 시〉를 인용했으니, '임금과 신하는 한 몸이므로 서로 필요로 하여 성취한다.'라는 것이 이를 일컬음을 알 수 있다. 皇侃은 "先王이 윗자리에 있는 내용의 시가 없기 때문에 태사의 일을 읊은 시를 斷章取義하여 인용하였다."라고 하였으나 지금 〈이 설은〉 취하지 않는다.

孝經注疏 제4권

孝治章 第八

【疏】 正義曰 : 夫子述此[1]明王以孝治天下也. 前章明先王因天地・順人情以爲教. 此章言明王由孝而治. 故以名章, 次三才之後也.

1) 此 : 邢昺 疏의 유사 용례들에 비춰볼 때 '夫子述' 앞에 있는 것이 타당하다.

正義曰 : 이 章은 夫子(孔子)가, 영명한 제왕이 孝로 천하를 다스린 일을 서술한 것이다. 앞 장(〈三才章〉)은 先王이 天地에 의거하고 人情을 따라 교화한 일을 밝혔고, 이 장은 영명한 제왕이 孝를 말미암아 다스린 일을 말하였다. 이 때문에 이것(孝治)을 이 章의 이름으로 삼고 〈三才章〉 뒤로 순서를 정한 것이다.

子曰 昔者에 明王之以孝治天下也에

공자께서 말씀하셨다.
"옛날에 영명한 제왕이 孝로 천하를 다스릴 적에

【注】 言先代聖明之王이 以至德要道化人하니 是爲孝理[1]라

1) 理 : 經文의 '治'자를 받되, 唐 高宗 李治의 이름자를 피하여 '理'로 고쳐 쓴 것이다.

'선대의 성스럽고 영명한 제왕이 지극한 덕과 簡要한 道로 백성을 교화했으니, 이것이 孝로 다스리는 것이다.'라는 말이다.

不敢遺小國之臣이온 而況於公侯伯子男乎아

감히 작은 나라〈에서 온〉 신하도 소홀히 하여 잊지 않았는데 하물며 公・侯・伯・子・男이겠는가.

【注】 小國之臣은 至卑者耳로되 主尚接之以禮온 況於五等諸侯아 是廣敬也라

작은 나라〈에서 온〉 신하는 지극히 낮은 사람일 뿐인데도 君主가 禮로 대우했는데 하물며 다섯 등급의 제후이겠는가. 이것이 널리 공경하는 것이다.

故得萬國之懽[1]心하야 以事其先王하니라

1) 懽 : 고문본에는 '歡'으로 되어 있다. 경문에 나오는 '懽'은 모두 마찬가지이다.

그래서 萬國의 환심을 얻어 그 先王(천자의 조상)을 섬겼다.

【注】 萬國은 擧其多也라 言行孝道하야 以理天下하야 皆得歡心하니 則各以其職來助祭也라

萬國은 많은 수를 든 것이다. '효도를 행함으로써 천하를 다스려 〈천하의〉 모든 〈사람들에게〉 환심을 얻게 되자 〈천하 사람들이〉 각기 저마다 맡은 貢物을 가지고 와서 제사를 도왔다.'라는 말이다.

【疏】 '子曰'至'先王' ○ 正義曰 : 此章之首, 稱"子曰"者, 爲事訖, 更別起端首故也. 言昔者聖明之王, 能以孝道治於天下, 大敎接物, 故不敢遺小國之臣, 而況於五等之君乎. 言必禮敬之. 明王能如此, 故得萬國之懽心, 謂各脩其德, 盡其懽心而來助祭, 以事其先王. 經"先王"有六焉, 一曰"先王有至德", 二曰"非先王之法服", 三曰"非先王之法言", 四曰"非先王之德行", 五曰"先王見敎之", 此皆指先代行孝之王. 此章云"以事其先王", 則指行孝王之(考祖)〔祖考〕[1].

1) (考祖)〔祖考〕 : 저본에는 '考祖'로 되어 있으나, 浦鏜의 ≪十三經注疏正字≫에 의거하여 '祖考'로 바로잡았다.(阮元의 〈校勘記〉 참조)

經의 〔子曰〕부터 〔先王〕까지

○ 正義曰 : 이 章의 처음에 '子曰'이라고 한 것은 〈말하던〉 일이 끝나고 나서 다시 〈다른 말의〉 첫머리를 따로 일으켰기 때문이다. '옛날에 성스럽고 영명한 제왕이 효도로 천하를 다스려, 타인을 대우하는 도리를 중요하게 가르쳤다. 이 때문에 감히 작은 나라〈에서 온〉 신하도 소홀히 하여 잊지 않았는데 하물며 다섯 등급 제후국의 임금이겠는가.'라고 했으니, 반드시 예우하고 공경했다는 말이다.

'영명한 제왕은 이와 같이 할 수 있었기 때문에 만국의 환심을 얻었다.'라는 것은, '〈영명한 제왕들이〉 각기 자신의 德을 닦아 만국의 환심을 다 얻게 되자 〈만국이〉 와서 제사

를 도와 그 선왕을 섬겼다.'라는 말이다.

≪孝經≫에 '先王'이 여섯 번 나온다. 첫째는 〈〈開宗明義章〉의〉 "先王들은 지극한 德이 있으시어", 둘째는 〈〈卿大夫章〉의〉 "先王의 法服이 아니면", 셋째는 "先王의 法言이 아니면", 넷째는 "先王의 德行이 아니면", 다섯째는 〈〈三才章〉의〉 "先王이 〈천지의 밝음과 이로움을 본받은〉 教化〈로 백성을 감화시킬 수 있음을〉 보았다."이다. 이 경우에 〈선왕은〉 모두 先代에 효를 행한 임금을 가리킨다. 〈이에 비해〉 이 장에서 "그 先王을 섬겼다."라고 했을 〈때 선왕〉은 효를 행한 임금의 선조를 가리킨다.

【疏】 ○ 注'言先'至'孝理' ○ 正義曰：此釋"孝治"之義也. 國語云 "古曰在昔, 〔昔〕[1]曰先民." 尙書洪範云 "睿作聖." 左傳 "照臨四方曰明[2]." "昔者"非當時代之名, "明王"則聖王之稱也, 是汎指前代聖王之有德者. 經言"明王", 還指首章之"先王"也. 以代言之, 謂之先王, 以聖明言之, 則爲明王. 事義相同, 故注以至德要道釋之.

1) 〔昔〕: 저본에는 '昔'이 없으나, ≪國語≫ 〈魯語 下〉에 의거하여 '昔'을 보충하였다.(阮元의 〈校勘記〉 참조)

2) 照臨四方曰明 : ≪春秋左氏傳≫ 昭公 28년조에 보인다.

○ 注의 〔言先〕부터 〔孝理〕까지

○ 正義曰 : 이는 '孝治'의 뜻을 풀이한 것이다. ≪國語≫에 "옛날을 일컬어 '예전에〔在昔〕'라고 하고, 옛 〈백성을〉 일컬어 '先代의 백성〔先民〕'이라고 하였다." 하였고, ≪尙書≫ 〈洪範〉에 "〈지혜가〉 밝아 〈미묘한 것까지 환히〉 아는 것이 聖이다."라고 하였으며, ≪春秋左氏傳≫에 "四方을 비추는 것을 明이라고 한다."라고 하였다.

〈곧〉 '옛날에'는 當代가 아님을 표현한 말이고, '영명한 제왕'은 성스러운 임금을 칭한 것이다. 이는 前代의 성스러운 임금들 중 德이 있는 사람을 널리 가리킨 것이다. 經文에 말한 '영명한 제왕'은 첫 장의 '先王'을 다시 가리킨 것이다. 시대를 가지고 말할 때는 '先王'이라 일컫고, 성스럽고 영명함을 가지고 말할 때는 '영명한 제왕〔明王〕'이라고 한다. 〈두 章에서 말한〉 일의 내용이 서로 같기 때문에 〈이 章의〉 注에서 〈첫 章에서 말한〉 '지극한 덕과 簡要한 道로 풀이한 것이다.

【疏】 ○ 注'小國'至'敬也' ○ 正義曰：此依王注義也. 五等諸侯則公·侯·伯·子·男. 舊解云 "公者, 正也, 言正行其事. 侯者, 候也, 言斥候而服事. 伯者, 長也, 爲一國之長也. 子者, 字也, 言字愛於小人也. 男者, 任也, 言任王之職事也. 爵則上皆勝下, 若行事, 亦互相通." 舜典曰 "輯五瑞." 孔安國曰 "舜斂公・侯・伯・子・男之瑞圭璧." 斯則堯舜之代, 已有五等諸侯也. 論語云 "殷因於夏禮, 周因於殷禮." 案尚書武成篇云 "列爵惟五, 分土惟三." 鄭注王制云 "殷所因夏爵, 三等之制也. 是有公・侯・伯而無子・男. 武王增之, 摠建五等. 時九州界狹, 故土惟三等, 則王制云 '公・侯方百里, 伯七十里, 子・男五十里'. 至周公攝政, 斥大九州之界, 增諸侯之大者地方五百里, 侯四百里, 伯三百里, 子二百里, 男百里." 然據鄭玄, 夏・殷不建子・男, 武王復增之也. 案五等, 公爲上等, 侯・伯爲次等, 子・男爲下等, 則小國之臣謂子・男卿大夫. 況此諸侯則至卑也. 曲禮云 "列國之大夫, 入天子之國, 曰'某士'.[1)]" 諸侯言列國者, 兼小大. 是小國之卿大夫有見天子之禮也. 言雖至卑, 盡來朝聘, 則天子以禮接之. 案周禮掌客云 "(王)〔上〕[2)]公饔餼九牢, 飧五牢, 侯・伯饔餼七牢, 飧四牢, 子・男饔餼五牢, 飧三牢, 三等. 其五等之介・行人・宰・史, 皆有飧・饔餼, 唯上介有禽(獸)〔獻〕[3)]. 其卿・大夫・士有特來聘問者, 則待之如其爲介時也."[4)] 是待諸侯及其臣之禮, 是皆廣敬之道也.

1) 列國之大夫……曰某士 : 제후국의 대부가 천자국을 聘問할 때 천자국 사람들이 그를 '아무 나라의 士'라고 칭한다는 말이다. 鄭玄의 注에 "예컨대 晉나라 韓起가 周나라를 聘問했을 때 인도하는 사람이 그를 '晉士 起'라고 칭하였다."라고 한 것이 그것이다. 참고로, 천자국을 빙문한 제후국 대부가 스스로를 칭할 때는 '陪臣某'라고 한다.(≪禮記≫〈曲禮〉)

2) (王)〔上〕: 저본에는 '王'으로 되어 있으나, ≪周禮≫〈掌客〉에 의거하여 '上'으로 바로잡았다.(阮元의 〈校勘記〉 참조)

3) (獸)〔獻〕: 저본에는 '獸'로 되어 있으나, ≪周禮≫〈掌客〉에 의거하여 '獻'으로 바로잡았다.(阮元의 〈校勘記〉 참조)

4) 〔上〕公饔餼九牢……則待之如其爲介時也 : ≪周禮≫〈掌客〉에서 발췌 인용한 것이다.

○ 注의 〔小國〕부터 〔敬也〕까지

○ 正義曰 : 이는 王肅 注의 내용을 따른 것이다. 다섯 등급의 제후는 公・侯・伯・子・男이다. 옛 풀이에 "公은 正(바름)이니, 일을 바르게 행한다는 말이다. 侯는 候(살핌)이니, 살펴서 일에 복무한다는 말이다. 伯은 長(으뜸)이니, 한 나라의 으뜸이다. 子는 字(사랑함)이니, 백성들을 사랑한다는 말이다. 男은 任(맡음)이니, 임금의 직무를 맡는다는 말이다. 작위로는 윗등급이 모두 아래 등급보다 우월하나 일을 수행하는 것으로 말하면 서로 통한다."라고 하였다.

≪尙書≫ 〈舜典〉에 "다섯 가지 瑞玉(符信用 홀을 만드는 데 사용하는 옥, 또는 그 옥으로 만든 홀)을 모으시니"라고 하였는데, 공안국의 傳에 "舜임금이 公·侯·伯·子·男의 서옥으로 된 圭와 璧을 거둔 것이다."라고 하였다. 그렇다면 요순시대에 이미 다섯 등급의 제후가 있었던 것인데, ≪논어≫에 "殷나라는 夏나라의 예법을 따랐고, 周나라는 殷나라의 예법을 따랐으니"라고 하였다.

살펴보건대 ≪尙書≫ 〈武成〉에 "작위를 다섯 가지로 나열하고, 땅을 세 가지로 나누어 주며"라고 하였고, ≪禮記≫ 〈王制〉에 대한 鄭玄의 주에 다음과 같이 말하였다.

"殷나라가 따른 夏나라의 작위는 세 등급의 제도였다. 여기에는 公·侯·伯만 있고 子·男은 없었다. 武王이 등급 수를 늘려서 총 다섯 등급을 설치했다. 당시는 九州(中國)의 영역이 좁았기 때문에 땅을 〈나누어 줄 때〉 세 등급만 있었으니, 곧 〈왕제〉에 '公·侯는 사방 100리, 伯은 70리, 子·男은 50리'라고 한 것이다. 周公이 攝政함에 이르러 九州의 영역을 확장하여 제후국 중 큰 나라의 땅은 사방 500리, 侯는 400리, 伯은 300리, 子는 200리, 男은 100리로 늘려주었다."

그렇다면 鄭玄의 注에 근거할 때, 夏나라와 殷나라는 子와 男을 설치하지 않았었는데 武王이 增設한 것이다. 살펴보건대 다섯 등급 중 公은 상위 등급, 侯·伯은 다음 등급, 子·男은 하위 등급이므로 '작은 나라〈에서 온〉 신하'는 子·男의 卿·大夫를 일컫는다. 하물며 이 제후(子·男)는 가장 낮은 작위임에랴.

≪禮記≫ 〈曲禮〉에 "列國의 大夫가 天子國에 들어가면 〈천자국의 사람들이 그를〉 '아무 나라의 士'라고 부른다."라고 하였다. 제후국을 列國이라 한 것은 크고 작은 나라를 겸하여 말한 것이다. 이는 작은 나라의 경·대부가 천자를 뵙는 예가 있었던 것이다. '비록 지위가 지극히 낮더라도 모두 와서 朝聘하면 천자가 그를 禮로 대우했다.'라는 말이다.

살펴보건대 ≪周禮≫ 〈掌客〉에 "上公은 饔餼(빈객에게 선물로 보내는 죽은 가축과 산 가축) 9牢(9가지 가축), 飧(朝禮를 행하기 전에 빈객에게 간단히 대접하는 음식) 5牢이고, 侯·伯은 옹희 7뢰, 손 4뢰이며, 子·男은 옹희 5뢰, 손 3뢰로, 〈모두〉 세 등급이다. 다섯 등급 〈제후국〉의 介·行人·宰·史에게도 모두 손과 옹희가 있는데, 오직 上介에게만 날짐승을 주고, 그 卿·大夫·士 중에 특별히 와서 聘問하는 자가 있으면 介를 접대할 때와 같이 대우한다."라고 하였다. 이는 제후와 그 신하를 대하는 예로, 이것이 모두 널리 공경하는 방도이다.

【疏】 ○注'萬國'至'祭也' ○正義曰：云"萬國 擧其多也"者, 此依魏注也. 詩·書之言

萬國者多矣, 亦猶言萬方. 是擧多而言之, 不必數滿於萬也. 皇侃云 "春秋稱 '禹會諸侯於塗山, 執玉帛者萬國.'[1] 言禹要服之內, 地方七千里, 而置九州, 九州之中, 有方百里・七十里・五十里之國, 計有萬國也." 因引王制"殷之諸侯有千七(伯)〔百〕[2]七十三國也"・孝經稱"周諸侯有九千八百國"[3], 所以證萬國爲夏法也. 信如此說, 則周頌云"綏萬邦", 六月云"萬邦爲憲", 豈周之代復有萬國乎. 今不取也. 云"言行孝道 以理天下 皆得懽心 則各以其職來助祭也"者, 言明王能以孝道理於天下, 則得諸侯之懽心, 以事其先王也. "各以其職來〔助〕[4]祭"者, 謂天下諸侯各以其所職貢來助天子之祭也. 和[5]者, 禮器云 "大饗其王事與." 注云 "盛其饌與貢, 謂祫祭先王." 又云 "三牲・魚腊, 四海九州之美味也. 籩豆之薦, 四時之和氣也." 注云 "此饌, 諸侯所獻." 又云 "內(납)金, 示和也." 注云 "此所貢也, 內(납)之庭實, 先設之. (今)〔金〕[6]從革, 性和, 荊・楊二州貢金三品." 又云 "束帛加璧, 尊德也." 注云 "貢享所執致命者, 君子於玉比德焉." 又云 "龜爲前列, 先知也." 注云 "龜知事情者, 陳於庭, 在前. 荊州納錫大龜." 又云 "金次之, 見情也." 注云 "金炤物. 金有兩義, 先入後設." 又云 "丹・漆・絲・纊・竹・箭, 與衆共財也." 注云 "萬民皆有此物. 荊州貢丹, 兗(貢丹)〔州貢〕[7]漆・絲, 豫州貢纊, 楊州貢(篠蕩)〔篠簜〕[8]." 又云 "其餘無常貨, 各以國之所有, 則致遠物也." 注云 "其餘, 謂九州之外夷服・鎭服・蕃服之國. 周禮 '九州之外, 謂之蕃國, 世一見, 各以其所貴寶爲贄.' 周穆王征犬戎, 得白狼白鹿[9], 近之." 大傳云 "遂率天下諸侯, 執豆籩, 駿奔走." 又周頌曰 "駿奔走在廟." 此皆助祭者也.

1) 禹會諸侯於塗山 執玉帛者萬國 : ≪春秋左氏傳≫ 哀公 7년조에 보인다.
2) (伯)〔百〕: 저본에는 '伯'으로 되어 있으나, 閔本・監本・毛本 및 ≪禮記≫ 〈王制〉에 의거하여 '百'으로 바로잡았다.(阮元의 〈校勘記〉 참조)
3) 孝經稱周諸侯有九千八百國 : 이 말과 달리 현행본 ≪효경≫에는 '周諸侯有九千八百國'이라는 내용이 보이지 않는다.
4) 〔助〕: 저본에는 '助'가 없으나, 해당 御注에 의거하여 '助'를 보충하였다.
5) 和 : 浦鏜의 ≪十三經注疏正字≫에는 '知'로 교감했으나, 이 뒤에 열거된 사례들이 모두 職貢에 관한 것이므로 '職'이 되어야 할 듯하다.
6) (今)〔金〕: 저본에는 '今'으로 되어 있으나, ≪禮記≫ 〈禮器〉의 鄭玄 注에 의거하여 '金'으로 바로잡았다.(北京大 標點本 〈校勘記〉 참조)
7) (貢丹)〔州貢〕: 저본에는 '貢丹'으로 되어 있으나, 嘉靖本・汲古閣本・武英殿本에 의거하여 '州貢'으로 바로잡았다.

8) (蓧蕩)〔篠簜〕: 저본에는 '蓧(삼태기 조)蕩(쓸어버릴 탕)'으로 되어 있으나, 閔本・毛本 및 ≪禮記≫ 〈禮器〉의 鄭玄 注에 의거하여 '篠(조릿대 소)簜(왕대 탕)'으로 바로잡았다.(阮元의 〈校勘記〉 참조)

9) 周穆王征犬戎 得白狼白鹿 : ≪國語≫ 〈周語 上〉에 보이는 내용이다.

○ 注의 〔萬國〕부터 〔祭也〕까지

○ 正義曰 : 〔萬國 擧其多也〕 이는 魏眞克의 注를 따른 것이다. ≪시경≫과 ≪상서≫에 '萬國'을 말한 곳이 많은데, '萬方'이라는 말과도 같다. 이는 많음을 들어 말한 것이지, 數가 반드시 1만에 차는 것이 아니다.

皇侃은 "≪春秋≫에 '禹王이 塗山에서 제후들을 會合할 때 玉帛(신표로 제후가 잡는 玉과 제후의 世子가 잡는 帛)을 가지고 와서 바치는 나라가 萬國이었으니'라고 하였다. 우왕은 要服(천자국의 五服 중 변경 바로 안쪽의, 두 번째로 먼 구역) 안의 땅 사방 7,000리에 九州를 두었는데, 九州 안에 사방 100리, 70리, 50리의 나라가 있어서 모두 헤아리면 만 개의 나라가 있었던 것이다."라고 하고, 이어서 ≪禮記≫ 〈王制〉의 "殷나라의 제후로는 1,773개의 나라가 있었다."라는 말과 ≪효경≫의 "周나라의 제후로는 9,800개의 나라가 있다."라는 말을 인용하였으니, 만 개의 나라가 夏나라의 법이었음을 증명하려 한 것이다. 참으로 이 말대로라면, ≪詩經≫ 〈周頌 桓〉에 "萬邦을 편안히 하시니"라고 한 것과 〈小雅 六月〉에 "萬邦이 본보기로 삼도다."라고 한 것이 어찌 周代에 또 만 개의 나라가 있었다는 말이 아니겠는가. 〈황간의 설은〉 지금 취하지 않는다.

〔言行孝道 以理天下 皆得懽心 則各以其職來助祭也〕 '영명한 제왕이 孝道로 천하를 잘 다스리면 제후의 환심을 얻어 그 先王을 섬길 수 있다.'라는 말이다. '각기 저마다 맡은 貢物을 가지고 와서 제사를 도왔다.'라는 것은 '천하의 제후가 각기 자신이 맡은 貢物을 가지고 와서 천자의 제사를 도왔다.'는 말이다.

'職'〈에 대해 설명하면 다음과 같다.〉 ≪禮記≫ 〈禮器〉에 "大饗은 아마도 王者의 일일 것이다."라고 한 데 대한 注에 "〈大饗은〉 음식과 공물을 성대히 갖춘 〈제사이니〉 先王에게 협제사〔祫祭〕를 지냄을 말한다."라고 하였고, 또 "세 가지 희생과 魚腊는 四海와 九州의 맛난 음식이고, 籩豆에 올리는 것은 사계절의 조화로운 기운이다."라고 한 데 대한 注에 "이 음식들은 제후들이 바치는 것이다."라고 하였다. 또 "금속을 바치는 것은 화합의 뜻을 보이는 것이다."라고 한 데 대한 注에 "이는 공물로 바친 것이니, 庭實(사당 안 뜰에 진열해놓는 예물)로 바쳐 먼저 뜰에 늘어놓는다. 금속은 사람의 뜻대로 형상을 바꿀 수 있으므로 그 성질이 조화롭다. 荊州・楊州에서 세 가지 금속(금・은・동)을 공물로 바친다."

라고 하였다. 또 "束帛(다섯 필 한 묶음의 비단) 위에 璧을 올리는 것은 덕을 숭상하는 〈뜻을 보이는〉 것이다."라고 한 데 대한 注에 "〈璧은〉 공물을 바치거나 宴享할 때 잡고서 命을 전하는 標信이다. 군자는 玉에다 자신의 德을 비긴다."라고 하였다. 또 "龜甲(거북껍질)을 앞줄에 진열하는 것은 예지력이 있음을 보이는 것이다."라고 한 데 대한 注에 "귀갑은 일의 실정을 아는 물건이므로 뜰에 진열할 때 앞줄에 놓는다. 荊州에서 큰 귀갑을 바친다."라고 하였고, 또 "금속을 그 다음에 진열하는 것은 眞情을 보이는 것이다."라고 한 데 대한 注에 "금속은 〈사물을〉 비출 수 있는 물건〈이기 때문〉이다. 금속에는 두 가지 뜻이 있으므로 〈사당에〉 들여오기는 먼저하고 진열은 뒤에 한다."라고 하였다. 또 "丹沙·옻·명주실·목화솜·크고 작은 대나무〈를 진열하는 것은 천자가〉 백성들과 財貨를 공유함을 보이는 것이다."라고 한 데 대한 注에 "萬民이 모두 이 물건들을 공유한다는 것이다. 荊州는 단사를 공물로 바치고, 兗州는 옻과 명주실을 공물로 바치고, 豫州는 목화솜을 공물로 바치고, 楊州는 크고 작은 대나무를 공물로 바친다."라고 하였다. 또 "그 밖의 〈屬國〉은 공물로 바치는 일정한 財貨가 없고 각기 그 나라에 있는 것을 바치는데 이는 먼 곳의 물건을 불러들인다는 뜻을 보이는 것이다."라고 한 데 대한 注에 "'그 밖'은 九州 바깥의 夷服·鎭服·蕃服의 나라를 일컫는다. ≪周禮≫에 '九州 밖을 蕃國이라고 하는데, 한 王代에 한 번 천자를 알현하고 각기 자기 나라의 귀중한 보물을 예물로 사용한다.'라고 하였는데, 周 穆王이 犬戎을 정벌하여 흰 이리와 흰 사슴을 얻어 〈돌아온〉 일이 이와 유사한 사례이다."라고 하였다.

≪禮記≫ 〈大傳〉에 "마침내 천하의 제후들을 거느려 籩豆를 잡고 매우 분주하게 〈사당에서 선조에게 제사를 올렸다.〉"라고 하고, 또 ≪詩經≫ 〈周頌 淸廟〉에 "사당에 계신 神主를 매우 분주하게 받드나니"라고 하였는데, 이것이 모두 제사를 도운 것이다.

治國者는 不敢侮於鰥寡온 而況於士民乎아

나라를 다스리는 자(제후)는 감히 홀아비와 과부도 업신여기지 않았는데 하물며 士民이겠는가.

【注】 理國은 謂諸侯也라 鰥寡는 國之微者라 君尙不敢輕侮온 況知禮義之士乎아

나라를 다스리는 자는 제후를 일컫는다. 홀아비와 과부는 나라에서 미천한 사람들이다. 임금이 이들조차 감히 업신여기지 않았는데 하물며 禮와 義를 아는 士이겠는가.

故得百姓之懽心하야 以事其先君하니라

그러므로 백성들의 환심을 얻어 그 先君(제후의 조상)을 섬겼다.

【注】 諸侯能行孝理하야 得所統之懽心하니 則皆恭事助其祭享也라

제후가 孝道로 나라를 잘 다스려 〈자신이〉 통치하는 대상(백성들)의 환심을 얻자 백성들이 모두 〈각자 맡은 일을〉 恭順히 행하여 그(제후의) 제향을 도왔다.

【疏】 '治國者'至'先君' ○ 正義曰：此說諸侯之孝治也. 言諸侯以孝道治其國者, 尙不敢輕侮於鰥夫寡婦, 而況於知禮義之士民乎. 亦言必不輕侮也. 以此故得其國內百姓懽悅, 以事其先君也.

經의 〔治國者〕부터 〔先君〕까지

○ 正義曰：이는 제후가 孝道로 〈나라를〉 다스림을 말한 것이다. '제후 중에 효도로 나라를 다스린 사람은 홀아비와 과부조차 감히 업신여기지 않았는데 하물며 禮와 義를 아는 士民이겠는가.'라고 했으니, 이 또한 결코 업신여기지 않았다는 말이다. 이 때문에 국내 백성들의 환심을 얻어 先君을 섬겼다.

【疏】 ○ 注'理國'至'士乎' ○ 正義曰：云"理國 謂諸侯也"者, 此依魏注也. 案周禮云 "體國經野."[1] 詩曰 "生此王國." 是其天子亦言國也. 易曰 "先王以, 建萬國, 親諸侯." 是諸侯之國. 上言明王理天下, 此言理國, 故知諸侯之國也. 云"鰥寡 國之微者 君尙不敢輕侮"者, 案王制云 "老而無妻者謂之鰥, 老而無夫者謂之寡, 此天民之窮而無告者也." 則知鰥夫寡婦, 是國之微賤者也. 言微賤之者, 國君尙不輕侮, 況知禮義之士乎. 釋經之"士民", 詩云 "彼都人士." 左傳曰 "多殺國士."[2] 此皆(況惜)〔說指〕[3]有知識之人, 不必居官授職之士. 舊解 "士知義理." 又曰 "士, 丈夫之美稱." 故注言 '知禮義之士乎.' 謂民中知禮義者.

1) 體國經野：≪周禮≫ 〈天官 冢宰 上〉·〈地官 司徒 上〉·〈春官 宗伯 上〉·〈夏官 司馬 上〉·〈秋官 司寇〉에 공통으로 보인다.
2) 多殺國士：≪春秋左氏傳≫ 哀公 8년조에 보인다.
3) (況惜)〔說指〕：저본에는 '況惜'으로 되어 있으나, 閩本·監本·毛本에 의거하여 '說指'로 바로잡았다.(阮元의 〈校勘記〉 참조)

○ 注의 〔理國〕부터 〔士乎〕까지

○ 正義曰 : 〔理國 謂諸侯也〕 이는 魏眞克의 注를 따른 것이다. 살펴보건대 ≪周禮≫에 "國都를 구획하고 田野의 크기를 잰다."라고 하고, ≪詩經≫ 〈大雅 文王〉에 "이 王國에 태어나도다."라고 하였으니, 이는 천자국 역시 '나라〔國〕'라고 말한 것이다. ≪周易≫ 比卦 〈大象傳〉에 "先王이 본받아 萬國을 건설하고 諸侯들을 가까이하였다."라고 한 〈데서 萬國은〉 제후국들이다. 앞에서 영명한 제왕이 천하를 다스리는 일을 말하고 여기서는 나라 다스리는 일을 말하였으니, 따라서 〈여기서 말한 나라는〉 제후국임을 알 수 있다.

〔鰥寡 國之微者 君尙不敢輕侮〕 살펴보건대 ≪禮記≫ 〈王制〉에 "늙고 아내가 없는 사람을 홀아비라 일컫고, 늙고 남편이 없는 사람을 과부라 일컫는다. 이들은 백성들 중에 곤궁하여 하소연할 데 없는 자들이다."라고 하였으니, 홀아비와 과부는 나라 안에서 미천한 사람들임을 알 수 있다. '미천한 사람들조차 나라의 임금이 업신여기지 않았는데 하물며 禮와 義를 아는 士이겠는가.'라고 말한 것이다.

경문의 '士民'을 풀이하면 다음과 같다. ≪詩經≫ 〈小雅 都人士〉에 "저 王都의 人士여."라고 하고, ≪春秋左氏傳≫에 "國士를 죽일 뿐이니"라고 하였는데, 이는 모두 지식이 있는 사람을 가리킨 말로, 꼭 벼슬자리에서 직임을 부여받은 士만이 아니다. 옛 해설에 "士는 義理를 안다."라고 하였고, 또 "士는 丈夫의 美稱이다."라고 하였다. 이 때문에 御注에 '〈하물며〉 禮와 義를 아는 士이겠는가.'라고 했으니, 일반 백성들 중 禮와 義를 아는 사람을 일컬은 것이다.

【疏】 ○ 注'諸侯'至'享也' ○ 正義曰 : 云"諸侯能行孝理 得所統之懽心"者, 此言諸侯孝治其國, 得百姓之懽心也. 一國百姓, 皆是君之所統理, 故以所統言之. 孔安國曰 "亦以相統理", 是也. 云"則皆恭事助其祭享也"者, 祭享謂四時及禘祫[1]也. 於此祭享之時, 所統之人則皆恭其職事, 獻其所有, 以助於君, 故云助其祭享也.

1) 禘祫 : 천자와 제후가 종묘에서 지내는 큰 제사의 일종인데, 단일한 제사의 이름이라는 설도 있고 서로 다른 禘祭와 祫祭의 竝稱이라는 설도 있다.

○ 注의 〔諸侯〕부터 〔享也〕까지

○ 正義曰 : 〔諸侯能行孝理 得所統之懽心〕 이는 제후가 효도로 나라를 다스려 백성의 환심을 얻었다는 말이다. 한 나라의 백성은 모두 임금이 통치하는 사람들이다. 이 때문에 '통치하는 대상〔所統〕'이라고 말한 것이다. 孔安國이 "역시 서로 통치한다."라고 한 것이

이것이다.

〔則皆恭事助其祭享也〕 祭享은 사계절의 제사와 禘祫을 일컫는다. 이러한 제향 때, 〈제후가〉 통치하는 사람들이 모두 자신이 맡은 일을 恭順히 행하고 가진 것을 바쳐 임금을 도왔다. 이 때문에 "그(임금의) 제향을 도왔다."라고 한 것이다.

治家者는 不敢失於臣妾[1)]이온 而況於妻子乎아

1) 臣妾 : 천한 신분의 男女, 곧 奴婢들을 말한다. 고문본에는 이 뒤에 '之心' 2자가 더 있다. 이에 따르면 이 구는 "감히 臣妾의 마음도 잃지 않았는데"라는 말이 된다.

집안(卿·大夫의 采邑)을 다스리는 자(경·대부)는 감히 男종과 女婢들에게도 환심을 잃지 않았는데 하물며 아내와 자식한테이겠는가.

【注】 理家는 謂卿大夫라 臣妾은 家之賤者요 妻子는 家之貴者라

집안을 다스리는 자는 卿·大夫를 일컫는다. 男종과 女婢는 집안에서 賤한 사람이고, 아내와 자식은 집안에서 귀한 사람이다.

故得人之懽心하야 以事其親하니라

그러므로 사람들의 환심을 얻어서 그 어버이를 섬겼다.

【注】 卿大夫는 位以材進하야 受祿養親이라 若能孝理其家면 則得小大之懽心하야 助其奉養이라

卿·大夫는 벼슬자리에 재능으로 나아가서 녹봉을 받아 어버이를 봉양한다. 만약 자기 집안(채읍)을 孝道로 잘 다스린다면 〈채읍의〉 賤한 자와 貴한 자들의 환심을 얻어, 〈그들이〉 그(경·대부의) 봉양을 돕는다.

【疏】 '治家者'至'其親' ○ 正義曰 : 說卿大夫之孝治也. 言以孝道理治其家者, 不敢失於其家臣妾賤者, 而況於妻子之貴者乎, 言必不失也. 故得其家之懽心, 以承事其親也.

經의 〔治家者〕부터 〔其親〕까지

○ 正義曰 : 卿·大夫가 효도로 〈집안을〉 다스림을 말한 것이다. '효도로 집안을 다스리

는 사람은 감히 집안의 천한 男종과 女婢에게도 〈환심을〉 잃지 않았는데, 하물며 귀한 아내와 자식한테랴.'라고 말했으니, 절대로 잃지 않았다는 말이다. 이 때문에 집안 〈사람들〉의 환심을 얻어 어버이를 받들어 섬길 수 있었다.

【疏】 ○ 注'理家'至'貴者' ○ 正義曰 : 云"理家 謂卿大夫"者, 此依鄭注也. 案下章云 "大夫有爭臣三人, 雖無道, 不失其家."[1] 禮記王制曰 "上大夫卿." 則知治家謂卿大夫. 云"臣妾 家之賤者", 案尙書費誓曰 "竊馬牛, 誘臣妾." 孔安國云 "誘偸奴婢." 旣以臣妾爲奴婢, 是家之賤者也. 云"妻子 家之貴者", 案禮記 "哀公問於孔子, 孔子對曰 '妻者, (君)〔親〕[2]之主也, 敢不敬與. 子者, 親之後也, 敢不敬與.'[3]" 是"妻子, 家之貴者"也.

1) 大夫有爭臣三人……不失其家 : 본서 〈諫諍章〉에 보인다.
2) (君)〔親〕: 저본에는 '君'으로 되어 있으나, ≪禮記≫ 〈哀公問〉과 浦鏜의 ≪十三經注疏正字≫에 의거하여 '親'으로 바로잡았다.(阮元의 〈校勘記〉 참조)
3) 哀公問於孔子……敢不敬與 : ≪禮記≫ 〈哀公問〉에서 발췌 인용한 것이다.

○ 注의 〔理家〕부터 〔貴者〕까지

○ 正義曰 : 〔理家 謂卿大夫〕 이는 鄭玄의 注를 따른 것이다. 살펴보건대 뒤의 章(〈諫諍章〉)에 "大夫에게 간쟁하는 신하 세 사람이 있으면 無道하더라도 집안을 잃지 않는다."라고 하였고, ≪禮記≫ 〈王制〉에 "上大夫인 卿"이라고 하였으니, 그렇다면 '집안을 다스리는 자'는 卿·大夫임을 알 수 있다.

〔臣妾 家之賤者〕 살펴보건대 ≪尙書≫ 〈費誓〉에 "말과 소를 훔치고 臣妾을 꾀어낸다."라고 한 데 대해, 孔安國이 "奴婢를 꾀어내어 훔친다."라고 풀이하였다. 臣妾을 노비라고 한 이상 이들은 집안의 천한 자들이다.

〔妻子 家之貴者〕 살펴보건대 ≪禮記≫에 "哀公이 孔子에게 묻자 孔子가 대답하기를 '妻는 어버이를 받들어 섬기는 주체인데 감히 공경하지 않을 수 있겠습니까. 자식은 어버이의 代를 이을 사람인데 감히 공경하지 않을 수 있겠습니까.' 하였다."라고 하였다. 이것이 '아내와 자식은 집안에서 귀한 사람'〈인 까닭〉이다.

【疏】 ○ 注'卿大夫'至'奉養' ○ 正義曰 : 云"卿大夫 位以材進"者, 案毛詩傳曰 "建邦能命龜, 田能施命, 作器能銘, 使能造命[1], 升高能賦, 師旅能誓, 山川能說, 喪紀能誄, 祭祀能語, 君子能此九者, 可謂有德音, 可以爲大夫."[2] 是"位以材進"也. 云"受祿養親"者,若能孝理其家, 則受其所稟之祿, 以養其親. 云"若能孝理其家 則得小大之懽心"者, 謂小大皆得其懽心. 小謂臣妾, 大謂妻子也. 云"助其奉養"者, 案禮記內則稱 "子事父母, 婦事舅姑, 日以鷄初鳴, 咸盥漱, 以適父母舅姑之所. 問衣燠寒, 饘・酏・酒・醴・芼・羹・菽・麥・(蕡)〔蕡〕[3]・稻・黍・粱・秫, 唯所欲, 棗・栗・飴・蜜以甘之. 父母舅姑必嘗之, 而後退."[4] 此皆奉養事親也. 天子諸侯繼父而立, 故言先王・先君也. 大夫唯賢是授, 居位之時, 或有俸祿以逮於親, 故言其親也. 注順經文, 所以言助其奉養, 此謂事親生之義也. 若親以終沒, 亦當言助其祭祀也. 明王言"不敢遺小國之臣"・諸侯言"不敢侮於鰥寡"・大夫言"不敢失於臣妾"者, 劉炫云 "遺謂意不存錄, 侮謂忽慢其人, 失謂不得其意." 小國之臣位卑, 或簡其禮, 故云不敢遺也. 鰥寡, 人中賤弱, 或被人輕侮欺陵, 故曰不敢侮也. 臣妾營事産業, 宜須得其心力, 故云不敢失也. 明王"況公・侯・伯・子・男"・諸侯"況士民"・卿大夫"況妻子"者, 以王者尊貴, 故況[5]列國之貴者, 諸侯差卑, 故況國中之卑者. 以五等皆貴, 故況其卑也, 大夫或事父母, 故況家人之貴者也.

1) 造命 : 본디 운명의 신 또는 생사여탈권을 쥔 권력자가 사람의 禍福을 좌우함을 뜻하나, 여기서는 使臣이 轉禍爲福의 재치를 발휘함을 뜻한다. ≪說苑≫ 〈奉使〉에, 楚나라와 秦나라의 交戰 중에 진나라 사신이 초나라에 들어가자 楚王이 사신을 죽이려다가 "내가 죽어서 돌아가지 못한다면 우리 임금이 경계해야 함을 알고 군대를 정돈하여 초나라의 침공에 대비할 것이다."라는 사신의 말을 듣고 풀어주었다는 고사와 함께 "이를 일러 造命이라고 한다." 하였다.
2) 建邦能命龜……可以爲大夫 : ≪시경≫ 〈鄘風 定之方中〉의 ≪毛詩詁訓傳≫에 보인다.
3) (蕡)〔蕡〕 : 저본에는 '蕡'로 되어 있으나, ≪禮記≫ 〈內則〉에 의거하여 '蕡(들깨 분)'으로 바로잡았다.(阮元의 〈校勘記〉 참조)
4) 子事父母……而後退 : ≪禮記≫ 〈內則〉에서 발췌 인용한 것이다.
5) 況 : '비교하다〔比〕, 비유하다, 견주다'의 뜻에서 파생된 '미루어 헤아리다〔推及, 推測〕'의 뜻으로 쓰였다.

○ 注의 〔卿大夫〕부터 〔奉養〕까지

○ 正義曰 : 〔卿大夫 位以材進〕 살펴보건대 ≪毛詩詁訓傳≫에 "나라를 세울 때면 〈도읍을 정하기 위해 거북점을 칠 적에 점치는 목적을〉 龜甲에게 命할 수 있고, 사냥할 때면 敎令을 시행하여 〈참가자들의 맹세를 주도할〉 수 있고, 그릇을 만들 때면 銘을 지을 수 있고, 타국에 使臣 가서는 재앙을 복으로 바꿀 수 있고, 높은 곳에 올라서는 시를 읊을

수 있고, 군대를 이끌 때는 〈군사들에게〉 경계의 命을 내릴 수 있고, 산천을 지날 때면 그 형세를 말할 수 있고, 喪事에는 古人의 행적을 열거하여 誄文(죽은 사람의 공덕을 칭송하며 문상하는 글)을 지을 수 있고, 제사에 祝文을 지어 〈신위 앞에서〉 말할 수 있는 등, 군자가 이 아홉 가지를 할 수 있으면 德音이 있다고 할 수 있고 大夫라고 할 수 있다."라고 하였다. 이것이 '벼슬자리에 재능으로 나아간다.'는 것이다.

〔受祿養親〕 만약 효도로 집안을 잘 다스린다면 지급되는 녹봉을 받아 어버이를 봉양할 수 있다.

〔若能孝理其家 則得小大之懽心〕 천한 자와 귀한 자 모두에게서 환심을 얻는다는 말이다. '小'는 男종과 女婢를 일컫고, '大'는 아내와 자식을 일컫는다.

〔助其奉養〕 살펴보건대 ≪禮記≫ 〈內則〉에 "자식이 부모를 섬기고 며느리가 시부모를 섬기는 방법은 매일 첫닭이 울면 세수하고 양치하고서 부모 또는 시부모가 계신 곳에 가서 〈입고 계신〉 옷이 더운지 추운지를 여쭙고, 죽・쌀술〔酏〕・술〔酒〕・단술〔醴〕・잡탕〔芼〕・국〔羹〕 〈등의 早飯과〉 콩・밀・들깨・벼・찰기장・기장・차조 〈등의 점심〉을 오직 원하시는 대로 올리고, 대추・밤・엿・꿀 등을 달게 〈잡숫도록〉 하되, 부모 또는 시부모가 반드시 맛보신 뒤에 물러난다."라고 하였다. 이것이 모두 어버이를 봉양하여 모시는 일이다.

천자와 제후는 아버지를 이어 즉위하므로 先王과 先君을 말하였고, 大夫 〈자리〉는 오직 賢能한 자에게 주는데 그 자리에 있을 때 녹봉이 있어 어버이께 미치기도 하므로 어버이를 말하였다. 御注는 경문을 따랐기 때문에 "그(경・대부의) 봉양을 도왔다."라고 말한 것이니, 이는 살아계신 어버이 섬기는 도리를 일컬은 것이다. 만약 어버이가 돌아가셨다면 당연히 "그(경・대부의) 제사를 도왔다."라고 했을 것이다.

영명한 제왕에 대해서는 "감히 작은 나라〈에서 온〉 신하도 소홀히 하여 잊지 않았다."라고 하고, 제후에 대해서는 "감히 홀아비와 과부도 업신여기지 않았다."라고 하고, 대부에 대해서는 "감히 男종과 女婢에게도 환심을 잃지 않았다."라고 하였는데, 이에 대해 劉炫은 "'소홀히 하여 잊는다〔遺〕'는 것은 마음속에 기억하지 않는다는 말이고, '업신여긴다'는 것은 그 사람을 소홀하고 거만하게 대한다는 말이며, '잃는다'는 것은 그 마음을 얻지 못한다는 말이다."라고 하였다.

작은 나라〈에서 온〉 신하는 지위가 낮아서 혹 예우가 소홀할 수 있으므로 "감히 소홀히 하여 잊지 않았다."라고 하였고, 홀아비와 과부는 사람들 중에 천하고 미약한 존재라서 혹 사람들에게 경멸과 업신여김을 당할 수 있으므로 "감히 업신여기지 않았다."라고 하였으며, 신하와 첩은 생산 활동에 종사하는 이들이라 그들의 마음과 노력을 얻어야 하므로 "감히 잃지 않았다."라고 한 것이다.

영명한 제왕에 대해서는 "하물며 公·侯·伯·子·男이겠는가."라고 하고, 諸侯에 대해서는 "하물며 士民이겠는가."라고 하고, 卿·大夫에 대해서는 "하물며 아내와 자식한테이겠는가."라고 한 것은, 〈천하에서는〉 王者(天子)가 존귀하기 때문에 〈작은 나라에서 온 신하에 대한 태도를〉 미루어 제후국의 귀한 자들〈에 대한 태도〉를 헤아리고, 諸侯는 조금 낮기 때문에 〈홀아비와 과부에 대한 태도를〉 미루어 나라 안의 미천한 자들〈에 대한 태도〉를 헤아린 것이다. 〈제후국에서는〉 다섯 등급의 제후가 모두 존귀하기 때문에 〈홀아비와 과부에 대한 태도를〉 미루어 미천한 사람들〈에 대한 태도〉를 헤아리고, 대부는 〈직위에 있는 동안 녹봉을 사용하여〉 부모를 섬기기도 하므로 〈가신과 첩에 대한 태도를〉 미루어 집안사람들 중 귀한 자들〈에 대한 태도〉를 헤아린 것이다.

夫然故로 生則親安之하고 祭則鬼享之하니라

그렇기 때문에 살아계실 때는 어버이가 편안히 여기고, 제사 지내면 귀신이 흠향하였다.

【注】 夫然者는 上孝理하야 皆得懽心이니 則存安其榮하고 沒享其祭라

'그렇다〔夫然〕'는 것은 윗사람이 효도로 다스려서 모두에게 환심을 얻었다는 것이다. 이렇게 하자 〈어버이가〉 살아계실 때는 그 영화를 편안히 누리고, 돌아가시고 나서는 〈귀신이〉 그 제사를 흠향하였다.

是以로 天下和平하야 災害不生하고 禍亂不作[1]하니라

1) 災害不生 禍亂不作 : 董鼎은 "災害는 홍수·가뭄·전염병과 같은 것으로 자연에서 생기는 것이고, 禍亂은 임금을 해치고 아버지를 죽이는 것과 같은 것으로 사람에게서 일어나는 것이다."라고 하였다.(鄭太鉉 譯註, ≪孝經大義≫, 傳統文化硏究會, 2009, 64쪽)

이러므로 천하가 화평하여 災害가 생기지 않고 禍亂이 일어나지 않았다.

【注】 上敬下懽하야 存安沒享하야 人用和睦하야 以致太平하니 則災害禍亂이 無因而起라

윗사람을 공경하고 아랫사람의 환심을 얻어 〈부모가〉 살아계실 때는 편안하고 죽어서는 제사를 흠향하였다. 이리하여 사람들이 화목하여 태평을 이룩했으니, 그렇다면 재해와 禍亂이 일어날 까닭이 없었다.

故明王之以孝治天下也가 如此하니라

이 때문에 영명한 제왕이 孝로 천하를 다스린 것(효과)이 이와 같았다.

【注】言明王이 以孝爲理하니 則諸侯以下가 化而行之라 故致如此福應이라

'영명한 제왕이 효도로 다스리자 제후 이하가 감화 받아 효를 행하였다. 이 때문에 이와 같은 福과 應驗을 이루게 되었다.'라는 말이다.

【疏】'夫然'至'如此' ○正義曰：此摠結天子・諸侯・卿大夫之孝治也. 言明王孝治其下, 則諸侯以下各順其教, 皆治其國家也. 如此各得懽心, 親若存則安其孝養, 沒則享其祭祀, 故得和氣降生, 感動昭昧. 是以普天之下, 和睦太平, 災害之萌不生, 禍亂之端不起. 此謂明王之以孝治天下也, 能致如此之美.

經의 〔夫然〕부터 〔如此〕까지

○正義曰：이는 天子, 諸侯, 卿・大夫가 효도로 다스린 일을 총결한 것이다. '영명한 제왕이 효도로 아랫사람들을 다스리자 제후 이하가 각기 그 가르침을 따라서 모두 그들의 나라와 집안을 다스렸다. 이와 같이 하여 각기 환심을 얻으면, 만약 어버이가 살아계시다면 그 효성스러운 봉양을 편안히 받으시고, 돌아가셨다면 그 제사를 흠향하신다. 이 때문에 和氣가 〈천하에〉 내려와 생겨서 산 자와 죽은 자를 모두 감동시켰다. 이리하여 온 하늘 아래가 모두 화목하고 태평하여 재해의 싹이 생기지 않고 禍亂의 꼬투리가 일어나지 않았다.'라고 하였다. 이는 영명한 제왕이 효도로 천하를 다스려 이와 같이 아름다운 일을 이룰 수 있었다는 말이다.

【疏】○注'夫然者'至'其祭' ○正義曰：云"夫然者 (然)[1] 上孝理 皆得懽心"者, 此謂明王・諸侯・大夫能行孝治, 皆得其懽心也. 云"則存安其榮"者, 釋"生則親安之". 云"沒享其祭"者, 釋"祭則鬼享之"也.

1) (然)：저본에는 '然'자가 있으나, 御注에 의거하여 '然'자를 삭제하였다.

○ 注의 〔夫然者〕부터 〔其祭〕까지

○ 正義曰 : 〔夫然者 上孝理 皆得懽心〕 이는 '영명한 제왕, 제후, 대부가 효도로 다스리기를 잘하여 모두 그(아랫사람들의) 환심을 얻었다.'는 말이다.

〔則存安其榮〕 〈경문의〉 '살아계실 때는 어버이가 편안히 여기고'를 풀이한 것이다.

〔沒享其祭〕 〈경문의〉 '제사 지내면 귀신이 흠향하였다'를 풀이한 것이다.

【疏】 ○ 注'上敬'至'而起' ○ 正義曰 : 此釋"天下和平", 以皆由明王孝治之所致也. 皇侃云 "天反時爲災, 謂風雨不節. 地反物爲妖, 妖卽害物, 謂水旱傷禾稼也. 善則逢殃爲禍, 臣下反逆爲亂也."

○ 注의 〔上敬〕부터 〔而起〕까지

○ 正義曰 : 이는 〈경문의〉 '천하가 화평하여'를 풀이한 것으로, 모두 영명한 제왕이 효도로 통치함을 말미암아 이룩된 일들이라는 말이다. 皇侃은 "하늘이 때를 위반하는 것이 재앙〔災〕이니, 바람과 비가 절기에 맞지 않음을 일컫는다. 땅이 사물〈의 본성〉을 위반하는 것이 변괴〔妖〕이니, 변괴는 사물에 害를 입히는 것으로, 홍수와 가뭄이 곡식을 손상시킴을 일컫는다. 善한 사람이 재앙을 당하는 것이 禍이고, 신하가 반역하는 것이 亂이다."라고 하였다.

【疏】 ○ 注'言明'至'福應' ○ 正義曰 : 云"言明王 以孝爲理 則諸侯以下 化而行之"者, 案上文有明王·諸侯·大夫三等, 而經獨言明王孝治如此者, 言由明王之故也. 則諸侯以下奉而行之, 而功歸於明王也. 云"故致如此福應"者, 福謂天下和平, 應謂災害不生·禍亂不作.

○ 注의 〔言明〕부터 〔福應〕까지

○ 正義曰 : 〔言明王 以孝爲理 則諸侯以下 化而行之〕 살펴보건대 앞 글에 영명한 제왕·제후·대부의 세 등급이 언급된 〈데 비해 이곳의〉 경문에서 유독 영명한 제왕이 효도로 통치한 것이 이와 같았다고만 말한 것은, 〈이러한 효과가 나타난 것이 궁극적으로는〉 영명한 제왕 때문이라고 말한 것이다. 곧, 제후 이하가 받들어 행하고서 그 功을 영명한 제왕에게 돌린 것이다.

〔故致如此福應〕 福은 천하가 和平함을 일컫고, 應은 災害가 생기기 않고 禍亂이 일어나지 않음을 일컫는다.

詩云 有覺德行이면 四國順之라하니라

≪시경≫에 '큰 덕행이 있으면 사방의 나라들이 順從한다.'라고 하였다."

【注】 覺은 大也라 義取天子가 有大德行이면 則四方之國이 順而行之라

覺은 크다는 말이다. '천자에게 큰 덕행이 있으면 사방의 나라들이 따라서 행한다.'라는 뜻을 취한 것이다.

【疏】 '詩云'至'順之' ○ 正義曰：夫子述昔時明王孝治之義畢, 乃引大雅抑篇, 讚美之也. 言天子身有至大德行, 使四方之國, 皆順而行之.

經의 〔詩云〕부터 〔順之〕까지

○ 正義曰：夫子(孔子)가, 옛날 영명한 제왕이 효도로 통치한 내용을 다 서술하고 나서, ≪詩經≫ 〈大雅 抑〉을 인용하여 찬미하였다. '천자 자신에게 지극히 큰 덕행이 있으면 사방 나라들로 하여금 모두 따라서 행하도록 하게 된다.'라는 말이다.

【疏】 ○ 注'覺大'至'行之' ○ 正義曰：云"覺 大也", 此依鄭注也. 故詩箋云 "有大德行, 則天下順從其化." 是以覺爲大也. 云"義取天子 有大德行 則四方之國 順而行之"者, 言引詩之大意如此也.

○ 注의 〔覺大〕부터 〔行之〕까지

○ 正義曰：〔覺 大也〕 이는 鄭玄의 注를 따른 것이다. ≪毛詩箋≫에 "큰 덕행이 있으면 천하가 그 교화에 순종한다."라고 하였으니, 이는 '覺'을 大(큼)로 풀이한 것이다.

〔義取天子 有大德行 則四方之國 順而行之〕 〈≪시경≫의 이〉 시를 인용한 대의가 이와 같다는 말이다.

孝經注疏 제5권

聖治章 第九

【疏】 正義曰 : 此言曾子聞明王孝治以致和平, 因問聖人之德, 更有大於孝否. 夫子因問而說聖人之治, 故以名章, 次孝治之後.

正義曰 : 여기서는 '曾子가 영명한 제왕이 孝道로 통치하여 천하의 화평을 이룩했다는 말을 듣고는 聖人의 德 중에 孝보다 더 큰 것이 있는지 물은' 〈일을〉 말하였다. 夫子(孔子)가 그 질문에 따라 聖人의 다스림을 설명했기 때문에 이것(聖治)을 이 章의 이름으로 삼고 〈孝治章〉 뒤로 순서를 정하였다.

曾子曰 敢問하노니 聖人之德이 無以加於孝乎잇가

曾子가 말하였다.
"감히 여쭙겠습니다. 聖人의 덕 중에 孝보다 더한 것은 없습니까?"

【注】 參(問)〔聞〕[1)]明王孝理하야 以致和平하고 又問聖人德教가 更有大於孝不아하니라

1) (問)〔聞〕: 저본에는 '問'으로 되어 있으나, 曾參은 앞에서 '영명한 제왕이 효도로 통치해서 천하의 화평을 이룩한 일'에 대해 물은 적이 없고 다만 공자의 설명을 들었을 뿐이므로, 本章 서두의 疏 및 石臺本에 따라 '聞'으로 바로잡았다.(阮元의 〈校勘記〉 참조)

曾參이 영명한 제왕이 효도로 통치하여 천하의 화평을 이룩했음을 듣고는 다시 '聖人의 德教 중에 孝보다 더 큰 것이 있는가.' 하고 물었다.

子曰 天地之性[1)]은 人爲貴요

1) 性 : 生의 뜻으로 쓰였다. 231쪽 疏에 상세하다.

孔子께서 말씀하셨다.
"天地가 낸 것 중에는 사람이 귀하고

【注】貴其異於萬物也라

사람이 만물과 다름을 귀하게 여긴 것이다.

人之行은 莫大於孝니라

사람의 행실 중에는 孝보다 더 큰 것이 없다.

【注】孝者는 德之本也라

孝는 德의 근본이다.

孝는 莫大於嚴[1]父요

1) 嚴 : 董鼎은 "尊敬이다."라고 풀이하였다.(鄭太鉉 譯註, ≪孝經大義≫, 傳統文化研究會, 2009, 69쪽)

효는 아버지를 존경하는 것보다 큰 것이 없고

【注】萬物資始於乾하고 人倫資父爲天이라 故孝行之大가 莫過尊嚴其父也라

萬物은 하늘에 의지하여 발생하고, 사람들은 아버지에 의지하여 〈살아가므로 아버지를〉 하늘로 삼는다. 그러므로 孝行 중에 큰 것으로는 아버지를 존경하는 것보다 더한 것이 없다.

嚴父는 莫大於配天이니 則周公[1]이 其人也니라

1) 周公 : 武王의 동생으로 이름은 旦이다. 무왕을 도와 商나라를 멸망시킨 뒤에 官制와 禮樂을 제정하여 聖人으로 추앙되는 인물이다. 采邑이 岐周(岐山 밑. 周나라가 豊으로 천도하기 전의 도읍지)에 있었고 또 지위가 三公이었기 때문에 이와 같이 칭하였다.

아버지를 존경하는 일은 하늘에 配享하는 것보다 큰 것이 없는데, 周公이 그런 〈일을 처음 한〉 사람이다.

【注】謂父爲天은 雖無貴賤이나 然以父配天之禮가 始自周公이라 故曰其人也라

아버지를 일컬어 하늘이라 하는 것은 비록 貴賤의 차이가 없으나, 아버지를 하늘에 配

享하는 禮가 周公부터 시작되었기 때문에 〈周公이〉 '그런 〈일을 처음 한〉 사람'이라고 한 것이다.

【疏】 '曾子'至'其人也' ○ 正義曰 : 夫子前說孝治天下, 能致災害不生, 禍亂不作, 是言德行之大也. 將言聖德之廣不過於孝, 無以發端. 故又假曾子之問曰"聖人之德, 更有加於孝乎." 乎猶否也. 夫子承問而釋之曰 "天地之性, 人爲貴." 性, 生也. 言天地之所生, 唯人最貴也. "人之所行者, 莫有大於孝行也. 孝行之大者, 莫有大於尊嚴其父也. 嚴父之大者, 莫有大於以父配天而祭也." 言以父配天而祭之者, 則文王之子・成王叔父周公是其人也.

經의 〔曾子〕부터 〔其人也〕까지

○ 正義曰 : 夫子(孔子)가 앞에서 〈영명한 제왕이〉 효도로 천하를 다스려 災害가 생기지 않고 禍亂이 일어나지 않게 할 수 있었음을 말했는데, 이는 덕행 중에 큰 것을 말한 것이다. 〈이 장에서는〉 장차 聖人의 廣大한 덕도 孝에 지나지 않음을 말하려 했으나 말을 꺼낼 꼬투리가 없었다. 이 때문에 또 "聖人의 덕 중에 孝보다 더한 것이 또 있는가?"라는 증자의 질문을 가설하였다. '乎'는 '否(의문 종결사)'와 같다.

夫子(孔子)가 질문을 받고 "天地가 낸〔性〕 것 중에는 사람이 귀하고"라고 하여 〈의문을〉 풀어〈주기 시작했〉는데, 여기서 '性'은 生(냄)이다. '천지가 낸〔生〕 것 중에는 오직 사람이 가장 귀하다.'라는 말이다.

〈공자가 이어서〉 "사람의 행실 중에 孝行보다 위대한 것은 없다. 효행 중에 큰 것으로는 아버지를 존경하는 것보다 큰 것이 없다. 아버지를 존경하는 일 중에 큰 것으로는 아버지를 하늘에 짝하여〔配〕 제사하는 것보다 큰 것이 없다."〈라고 하고 또〉 "아버지를 하늘에 짝하여 제사한 사람은 文王의 아들이자 成王의 叔父인 周公이 그런 사람이다."라고 말하였다.

【疏】 ○ 注'貴其'至'物也' ○ 正義曰 : 此依鄭注也. 夫稱貴者, 是殊異可重之名. 案禮運曰 "人者, 五行之秀氣也."[1] 尙書曰 "惟天地, 萬物父母. 惟人, 萬物之靈." 是"異於萬物"也.

1) 人者 五行之秀氣也 : ≪예기≫ 〈禮運〉에서 발췌 인용한 것이다.

○ 注의 〔貴其〕부터 〔物也〕까지

○ 正義曰 : 이는 鄭玄의 注를 따른 것이다. '貴'라는 말은 특이하고 소중함을 뜻하는 표현이다. 살펴보건대 ≪禮記≫ 〈禮運〉에 "사람은 五行(金·木·水·火·土)의 빼어난 기운〈을 받아 태어난 존재〉이다."라고 하고, ≪尙書≫ 〈泰誓 上〉에 "天地는 만물의 부모이고, 사람은 만물의 靈長이다."라고 하였는데, 이것이 만물과 다른 점이다.

【疏】 ○ 注'萬物'至'父也' 正義曰 : 云"萬物資始於乾"者, 易云 "大哉乾元, 萬物資始", 是也. 云"人倫資父爲天"者, 曲禮曰 "父之讐, 弗與共戴天", 鄭玄曰 "父者, 子之天也, 殺己之天, 與共戴天, 非孝子也." 杜預左氏傳〔注〕[1]曰 "婦人在室則天父, 出則天夫."[2] 是人倫資父爲天也. 云"故孝行之大, 莫過尊嚴其父也"者, 尊謂崇也. 嚴, 敬也. 父旣同天, 故須尊嚴其父, 是孝行之大也.

1) 〔注〕 : 저본에는 '注'가 없으나 뒤에 인용된 내용이 ≪春秋左氏傳≫에 대한 杜預의 注에서 나온 것이므로 '注'를 보충하였다.(阮元의 〈校勘記〉 참조)

2) 婦人在室則天父 出則天夫 : ≪春秋左氏傳≫ 桓公 7년조 杜預 注에 보인다.

○ 注의 〔萬物〕부터 〔父也〕까지

正義曰 : 〔萬物資始於乾〕 ≪周易≫ 乾卦 〈彖傳〉에 "위대하다, 하늘의 德의 큰 시작이여. 萬物이 이에 의지하여 발생하도다."라고 한 것이 이것이다.

〔人倫資父爲天〕 ≪禮記≫ 〈曲禮〉에 "아버지〈를 죽인〉 원수와는 하늘을 함께 이지 않는다."라고 한 데 대해 鄭玄이 "아버지는 자식의 하늘이므로, 자신의 하늘을 죽인 〈자와〉 함께 하늘을 이는 〈사람은〉 효자가 아니다."라고 하고, 杜預의 ≪춘추좌씨전≫ 注에 "婦人이 〈시집가지 않아〉 집안에 있을 때는 아버지를 하늘로 삼고, 출가해서는 남편을 하늘로 삼는다."라고 하였는데, 이것이 사람은 아버지에 의지하여 〈살아가므로 아버지를〉 하늘로 삼음〈을 볼 수 있는 例〉이다.

〔故孝行之大 莫過尊嚴其父也〕 '尊'은 崇(높임)이고, '嚴'은 敬(공경함)이다. 아버지는 하늘과 같으므로 아버지를 높이고 공경해야 하는데, 이것이 효행 중에 큰 것이다.

【疏】 ○ 注'謂父'至'人也' ○ 正義曰 : 云"謂父爲天 雖無貴賤"者, 此將釋配天之禮始自周公. 故先張此文, 言人無限貴賤, 皆得謂父爲天也. 云"然以父配天之禮 始自周公 故曰其人也"者, 但以父配天, 徧檢群經, 更無殊說. 案禮記有虞氏尙德, 不郊其祖, 夏殷始尊祖於郊, 無父配天之禮也[1]. 周公大聖而首行之, 禮無二尊, 旣以后稷配郊天, 不可又以文王配之. 五帝[2), 天之別名也, 因享明堂, 而以文王配之. 是周公嚴父配天之義也, 亦所以申文王有尊祖之禮也. 經稱"周公其人", 注順經旨, 故曰"始自周公"也.

1) 禮記有虞氏尙德……無父配天之禮也 : ≪禮記≫ 〈祭法〉의 "有虞氏는……帝嚳에게 郊제사를 지냈으며……夏后氏도……鯀에게 郊제사를 지냈으며……殷나라 사람은……冥에게 郊제사를 지냈으며……周나라 사람은……稷에게 禘제사를 지냈다."를 두고 한 말이다. 〈祭法〉의 鄭玄 注에 "有虞氏는 덕을 숭상하여 禘·郊·祖·宗 제사에 은덕이 있는 사람을 배향했을 뿐인데, 夏나라 이후로는 차츰 族姓의 인물들로 대체하였다."라고 하였다.

2) 五帝 : 다섯 방위의 上帝로, 동쪽의 太昊, 남쪽의 炎帝, 중앙의 黃帝, 서쪽의 少昊, 북쪽의 顓頊이다.(≪周禮≫ 〈春官 小宗伯〉 鄭玄注)

○ 注의 〔謂父〕부터 〔人也〕까지

○ 正義曰 : 〔謂父爲天 雖無貴賤〕 이는 '아버지를 하늘에 配享하는 禮가 周公부터 시작되었다.'라는 말을 풀이하려고 한 것이다. 이 때문에 우선 이 문장을 써서 '사람은 귀천의 제한이 없이 모두 아버지를 일컬어 하늘이라 할 수 있다.'라고 말하였다.

〔然以父配天之禮 始自周公 故曰其人也〕 그러나 아버지를 하늘에 配享한 사례를 여러 經書에서 두루 조사해 보아도 더 이상 다른 말이 없다. ≪禮記≫를 살펴보건대, 有虞氏는 德을 숭상하여 先祖에게 郊제사를 지내지 않았고, 夏나라와 殷나라 때 비로소 선조를 높여 郊제사를 지냈다. 그러나 아버지를 하늘에 배향하는 禮는 없었다.

周公이 위대한 聖人으로서 맨 처음 그러한 예를 행하였다. 두 사람을 똑같이 높이는 禮는 없으므로, 后稷을 배향하여 하늘에 郊제사를 지내는 이상 文王을 다시 배향할 수는 없었다. 〈그래서〉 五帝는 하늘의 딴이름인데, 〈五帝를〉 明堂에서 享祀함으로 인해 文王을 배향하였다. 이는 周公이 아버지를 존경하여 하늘에 배향하는 도리〈를 편〉 것이고 또한 文王 때도 있었던 선조를 높이는 禮를 행한 것이다. 經文에 '周公이 그런 〈일을 처음 한〉 사람이다.'라고 하였는데 注는 경문의 뜻을 따르므로 '周公부터 시작되었다.'고 하였다.

昔者에 周公이 郊[1)祀后稷하야 以配天하고

1) 郊 : 도성 남쪽 교외에 圜丘壇을 쌓고 지내는 제사로, 주된 제향 대상은 하늘이고, 배향 대상은 국가의 始祖이다.

옛날에 周公이 后稷에게 郊제사를 지내어 하늘에 배향하고

【注】后稷은 周之始祖也라 郊謂圜丘祀天也라 周公攝政하고 因行郊天之祭할새 乃尊始祖以配之也라

后稷은 周나라의 始祖이다. 郊는 圜丘에서 하늘에 제사하는 것을 말한다. 周公이 攝政하고 이로 인해 하늘에 郊제사를 지낼 때 始祖를 높여 하늘에 배향하였다.

宗[1)]祀文王於明堂하야 以配上帝하니라

1) 宗 : 明堂에서 五帝에게 지내는 제사이다. ≪國語≫ 〈魯語 上〉의 "有虞氏禘黃帝而祖顓頊郊堯而宗舜(有虞氏는 黃帝에게 禘제사를 지내고 顓頊에게 祖제사를 지내고 堯에게 郊제사를 지내고 舜에게 宗제사를 지냈다.)"에 대한 韋昭의 注에 "이 네 사람(黃帝・顓頊・堯・舜)은 하늘에 제사하면서 배향하는 대상이다. 圜丘에서 昊天을 主神으로 삼아 제사 지내는 것을 禘라고 하고, 明堂에서 다섯 방위의 上帝를 主神으로 삼아 제사 지내는 것을 祖와 宗이라고 하고, 南郊에서 上帝를 主神으로 삼아 제사 지내는 것을 郊라고 한다."라고 하였다. 단, 郊제사의 主神에 대해서는 뒤의 疏에 보이듯이 논란이 있고, 바로 위의 御注에서 볼 수 있듯이 남교에서 지내는 제사와 환구단에서 지내는 제사를 동일한 것으로 보기도 한다.

明堂에서 文王에게 宗제사를 지내어 上帝에게 配享하였다.

【注】明堂은 天子布政之宮也라 周公이 因祀五方上帝於明堂하야 乃尊文王以配之也라

明堂은 天子가 정치를 펴는 궁전이다. 周公이 明堂에서 다섯 방위의 上帝에게 제사 지냄으로 인하여 문왕을 높여 배향하였다.

是以로 四海之內가 各以其職으로 來祭[1)]하니

1) 來祭 : 石臺本・唐石經・宋熙寧石刻本・閔本・監本・正義本에는 '來助祭'로 되어 있어 의미가 분명하게 드러난다.(北京大 標點本 〈校勘記〉 참조)

이 때문에 四海 안의 제후들이 각기 저마다 맡은 〈貢物을〉 가지고 와서 제사를 도왔으니

【注】君行嚴配之禮하니 則德教刑於四海하야 海內諸侯가 各脩其職하야 來助祭也라

임금(황제)이 〈아버지를〉 존경하여 〈하늘에〉 배향하는 禮를 행하자, 德教가 四海에 모범이 되어 海內의 제후들이 저마다 맡은 〈貢物을〉 마련해 가지고 와서 제사를 도왔다.

夫聖人之德이 **又何以加於孝乎**아

聖人의 德 중에 또 무엇이 孝보다 더하겠는가.

【注】言無大於孝者라

孝보다 큰 것은 없다는 말이다.

【疏】'昔者'至'孝乎' ○ 正義曰：前陳周公以父配天，因言配天之事．自昔武王旣崩，成王年幼卽位，周公攝政，因行郊天祭禮，乃以始祖后稷配天而祀之．因祀五方上帝於明堂之時，乃尊其父文王，以配而享之．尊父祖以配天，崇孝享以致敬．是以四海之內有土之君，各以其職貢，來助祭也．旣明聖治之義，乃總其意而答之也．周公，聖人，首爲尊父配天之禮，以極於孝敬之心．則夫聖人之德，又何以加於孝乎．是言無以加也．

經의 〔昔者〕부터 〔孝乎〕까지

○ 正義曰：앞에서 周公이 아버지를 하늘에 배향했음을 말했는데, 〈여기서는〉 이어서 〈아버지를〉 하늘에 배향한 일을 〈구체적으로〉 말하였다. 옛날에 武王이 죽고 成王이 어린 나이로 즉위하자 周公이 攝政했는데, 이로 인해 하늘에 郊제사 지내는 禮를 행하고 마침내 始祖 后稷을 하늘에 짝하여 제사하였다. 이어서 명당에서 다섯 방위의 상제에게 제사 지낼 때 아버지 文王을 높여서 배향하였다. 아버지와 시조를 높여 하늘에 배향함으로써 어버이에 대한 제사를 높여 공경을 다한 것이다. 이 때문에 四海 안에 영토가 있는 〈제후국의〉 임금들이 저마다 맡은 공물을 가지고 와서 제사를 도왔다.

〈앞에서〉 '聖人이 다스리는〔聖治〕' 도리를 밝혔는데, 〈여기서〉 마침내 그 내용을 총괄하여 대답하였다. 周公은 聖人인데, 아버지를 높여 하늘에 배향하는 禮를 맨 처음 행함으로써 효도와 공경의 마음을 지극히 폈다. 그렇다면 聖人의 德 중에 또 무엇이 孝보다 더하겠는가. 이는 더한 것이 없다는 말이다.

【疏】○ 注'后稷'至'配之' ○ 正義曰：云"后稷 周(公)[1]之始祖也"者，案周本紀云 "后稷名棄，其母有邰氏女，曰姜原[2]．爲帝嚳元妃，出野見巨人跡，心忻然，欲踐之．踐之而身動如孕者，居期而生子．以爲不祥，棄之隘巷，馬牛過者皆辟(피)不踐，徙置之林中，適會山林多人，遷之，而棄渠中氷上，飛鳥以其翼覆薦之．姜嫄以爲神，遂收養長之．初

欲棄之, 因名曰棄. 棄爲兒, 好種樹麻菽. 及爲成人, 遂好耕農. 帝堯擧爲農師, 天下得其利, 有功. 帝舜曰'棄, 黎民阻飢. 爾后稷, 播時百穀.' 封棄於邰, 號曰后稷."[3] 后稷曾孫公劉復脩其業. 自后稷至王季十五世而生文王, 受命作周. 案毛詩大雅生民之序曰"生民, 尊祖也. 后稷生於姜嫄, 文・武之功起於后稷, 故推以配天焉", 是也. 云"郊謂圜丘祀天也"者, 此孔傳文. 祀, 祭也. 祭天謂之郊. 周禮大司樂云"凡樂, 圜鍾爲宮, 黃鍾爲角, 大簇(태주)爲徵(치), 沽洗(선)[4]爲羽. 雷鼓雷鼗, 孤竹之管, 雲和之琴瑟, 雲門之舞. 冬日至, 於地上之圜丘奏之, 若樂六變, 則天神皆降, 可得而禮矣." 郊特牲曰"郊之祭也, 迎長日之至也[5], 大報天而主日也. 兆於南郊, 就陽位也." 又曰"郊之祭也, 大報本反始也." 言以冬至之後, 日漸長, 郊祭而迎之. 是建子之月, 則與經俱郊祀於天. 明圜丘南郊也. 云"周公攝政 因行郊天之祭 乃尊始祖以配之也"者, 案文王世子稱"仲尼曰'昔者周公攝政, 踐(祚)〔阼〕[6]而治, 抗世子法於伯禽, 所以善成王也'", 則郊祀是周公攝政之時也. 公羊傳曰"郊則曷爲必祭稷. 王者必以其祖配. 王者則曷爲必以其祖配. 自內出者, 無(主)〔匹〕[7]不行, 自外至者, 無主不止."[8] 言祭天則天神爲客, 是外至也. 須人爲主, 天神乃至. 故尊始祖以配天神, 侑坐而食之. 案左氏傳曰"凡祀, 啓蟄而郊."[9] 又云"郊祭后稷, 以祈農事也."[10] 而鄭注禮郊特牲乃引易說曰"'三王之郊, 一用夏正,'[11] 建寅之月也. 此言迎長日者, 建卯而晝夜分, 分而日長也." 然則春分而長短分矣. 此則迎在未分之前, 至謂春分之日也. 夫至者, 是長短之極也. 明分者, 晝夜均也. 分是四時之中, 啓蟄在建寅之月, 過至而未及分, 必於夜短, 方爲日長, 則左氏傳不應言啓蟄也. 若以日長有漸, 郊可預迎, 則其初長宜在極短之日. 故知傳啓蟄之郊, 是祈農之祭也. 周禮冬至之郊, 是迎長日報本反始之祭也. 鄭玄以祭法有"周人禘嚳"之文, 遂變郊爲祀感生之帝[12], 謂東方靑帝靈威仰. 周爲木德. 威仰木帝[13]. 以駁之曰"案爾雅曰'祭天曰燔柴, 祭地曰瘞薶(예매).' 又曰'禘, 大祭也.' 謂五年一大祭之名. 又祭法祖有功, 宗有德, 皆在宗廟, 本非郊配. 若依鄭說, 以帝嚳配祭圜丘, 是天之最尊也. 周之尊帝嚳, 不若后稷. 今配靑帝, 乃非最尊[14], 實乖嚴父之義也. 且徧窺經籍, 竝無以帝嚳配天之文. 若帝嚳配天, 則經應云'禘嚳於圜丘, 以配天', 不應云'郊祀后稷'也. 天一而已. 故以所在, 祭在郊則謂爲圜丘, 言於郊爲壇, 以象圜天. 圜丘卽郊也, 郊卽圜丘也." 其時中郎馬昭抗章, 固執當時, 勅博士張融質之. 融稱"漢世英儒, 自董仲舒, 劉向・馬融之倫, 皆斥周人之祀昊天於郊, 以后稷配, 無如玄說配蒼帝也. 然則周禮圜

丘, 則孝經之郊. 聖人因尊事天, 因卑事地, 安能復得祀帝嚳於圜丘, 配后稷於蒼帝之禮乎. 且在周頌'思文后稷, 克配彼天', 又昊天有成命, 郊祀天地也[15]. 則郊非蒼帝, 通儒同辭, 肅說爲長. 伏以孝爲人行之本, 祀爲國事之大,[16] 孔聖垂文, 固非臆說. 前儒詮證, 各擅一家. 自頃脩撰, 備經斟覆, 究理則依王肅爲長, 從衆則鄭義已久. 王義(其)〔具〕[17]聖證之論, 鄭義(其)〔具〕於三禮義宗. 王・鄭是非, 於禮記其義文多, 卒難詳縷說. 此略據機要, 且擧二端焉."

1) (公) : 저본에는 '公'이 있으나, 이에 해당하는 御注에 의거하여 '公' 1자를 삭제하였다. (阮元의 〈校勘記〉 참조)
2) 姜原 : 周나라의 시조 后稷의 어머니로, '姜嫄'으로 표기하기도 한다. 본서에는 주로 '姜嫄'으로 표기되고 여기만 '姜原'으로 표기된 데 비해, ≪史記≫ 권4 〈周本紀〉에는 주로 '姜原'으로 표기되었다.
3) 后稷名棄……號曰后稷 : ≪史記≫ 권4 〈周本紀〉에서 발췌 인용한 것이다.
4) 沽洗 : 姑洗으로도 표기한다.
5) 迎長日之至也 : 長日은 '길어나는 해' 곧 동지를 지나 점차 길어지는 해(낮)이다. 이 구는 '〈장차〉 도래할 長日을 맞이한다', '〈장차〉 길어날 해를 맞이한다.'라는 말로, ≪禮記≫ 〈郊特牲〉의 이 문구에 대한 孔穎達의 疏에 '장차 도래할 이 長日을 맞이한다.〔迎此長日之將至〕'라고 풀이되어 있다. 단, 이 疏 중에 '案左氏傳曰 凡祀……至謂春分之日也'에서는 '長日'이 '밤보다 길어진 해(낮)', 곧 춘분 뒤의 해를 뜻하는 말로 쓰이고, 이에 따라 '迎長日之至'는 '〈장차 밤보다〉 길어질 해를 맞이한다.'는 뜻으로 쓰였다.
6) (祚)〔阼〕 : 저본에는 '祚'로 되어 있으나, ≪禮記≫ 〈文王世子〉 및 監本・毛本에 의거하여 '阼'로 바로잡았다.(阮元의 〈校勘記〉 참조)
7) (主)〔匹〕 : 저본에는 '主'로 되어 있으나, ≪春秋公羊傳≫ 宣公 3년에 의거하여 '匹'로 바로잡았다.(阮元의 〈校勘記〉 참조)
8) 郊則曷爲必祭稷……無主不止 : ≪春秋公羊傳≫ 宣公 3년에 보인다.
9) 凡祀 啓蟄而郊 : ≪春秋左氏傳≫ 桓公 5년조에 보인다.
10) 郊祭后稷 以祈農事也 : ≪春秋左氏傳≫ 襄公 7년조에 보인다.
11) 易說曰……一用夏正 : 여기에 인용된 두 구가 撰者 미상의 漢代 저작으로서 易緯 중 하나인 ≪周易乾鑿度≫ 상권에 보인다. 단, ≪易說≫이 곧 ≪주역건착도≫인지는 미상이다.
12) 遂變郊爲祀感生之帝 : ≪禮記≫ 〈祭法〉의 鄭玄 注에 "여기서 禘는 圜丘에서 昊天에게 지내는 제사이다. 南郊에서 上帝에게 지내는 제사를 郊라 한다."라고 한 데서 '上帝'라는 말을 문제 삼은 것이다.

옛날 天子의 선조는 모두 하늘의 太微垣 다섯 방위에 있는 五行의 上帝 중 하나의 정기에 감응하여 태어난다고 생각했는데, 이들 오행의 상제를 感生帝, 感生, 感帝라고 칭한다.(≪東園叢說≫ 卷下〈雜說〉)

13) 威仰木帝 : 宋나라 黃榦과 楊復의 ≪儀禮經傳通解續≫에는 이 뒤에 "以后稷配蒼龍精也 韋昭所注亦符此說 惟魏太常王肅獨著論" 25자가 더 있으므로 이를 보충하여 번역하였다. '韋昭所注'는 ≪國語≫〈周語 下〉의 韋昭注에 ≪禮記≫〈祭法〉의 "周나라 사람은 嚳에게 禘제사를 지내고 稷에게 郊제사를 지냈다."라는 말을 근거로 "帝嚳은 后稷을 낳은 분"임을 말하고, 帝嚳과 周나라가 모두 木德에 기반했다고 말한 것을 가리킨다.

14) 若依鄭說……乃非最尊 : 이 문장에는 생략된 부분이 많아 ≪禮記正義≫〈祭法〉疏에 다음과 같이 인용된 王肅의 설을 참고해야만 이해할 수 있으므로, 필요에 따라 이를 번역에 보충하였다. "鄭玄以五帝爲靈威仰之屬 非也 玄以圜丘祭昊天 最爲首禮 周人立后稷廟 不立嚳廟 是周人尊嚳不若后稷及文武 以嚳配至重之天 何輕重顚倒之失所 郊則圜丘 圜丘則郊"

15) 昊天有成命 郊祀天地也 : ≪詩經≫〈周頌 昊天有成命〉의 毛序를 인용한 것이다.

16) 孝爲人行之本 祀爲國事之大 : 본장의 '人之行莫大於孝' 및 ≪春秋左氏傳≫ 文公 2년에 인용된 君子의 논평 중에 '祀 國之大事也'를 가리킨다.

17) (其)[具] : 저본에는 '其'로 되어 있으나, 문맥에 의거하여 '具'로 바로잡았다.(阮元의 〈校勘記〉 참조) 아래도 같다.

注의 〔后稷〕부터 〔配之〕까지

○ 正義曰 : 〔后稷 周之始祖也〕 살펴보건대 ≪史記≫〈周本紀〉에 다음과 같은 기록이 있다.

"后稷은 이름이 棄이다. 어머니는 有邰氏의 딸로, 이름이 姜嫄이다. 그녀는 帝嚳의 元妃인데, 야외에 나갔을 때 巨人의 발자국을 보고 기쁜 마음이 들어 밟고 싶어졌다. 발자국을 밟자 아기를 잉태한 것처럼 몸이 動하더니 1년 뒤에 아들을 낳았다. 그녀는 불길하게 여겨 아기를 좁은 골목에 버렸으나, 지나가는 마소들이 모두 밟지 않고 피해 갔다. 아기를 숲속으로 옮겨 놓자, 마침 山林 속의 많은 사람들을 만나 〈그들이 아기를 숲 밖으로〉 옮겨주었고, 도랑의 얼음 위에 버리자 새가 날개로 덮어주고 깔아주었다. 姜嫄이 신묘하게 여겨 마침내 아기를 거두어 길렀는데, 처음에 버리려 했었기 때문에 이름을 '棄'라고 하였다.

棄는 아이 적에 참깨와 콩 심기를 좋아하더니, 成人이 되어서 결국 농사짓기를 좋아하였다. 堯임금이 그를 農師(농사를 관장하는 長官)로 삼자, 천하 사람들이 모두 이로움을 얻게 하는 공이 있었다. 舜임금이 '棄야, 백성들이 굶주리고 있을 때 너를 后稷(농사 담당관)으로 삼았더니 때맞추어 온갖 곡식을 파종하〈는 방법을 가르쳐 그들을 구제하였〉다.'라고 하였다. 棄를 邰 땅에 봉하고 后稷이라 불렀다."

후직의 증손 公劉가 다시 그 일을 수행하였다. 후직부터 王季까지 15대가 지나 文王을 낳았는데, 〈문왕이〉 天命을 받아 周나라를 세웠다. 살펴보건대 ≪毛詩≫ 〈大雅 生民〉의 小序에 "〈生民〉은 조상을 높이는 내용의 시이다. 후직은 강원에게서 태어났고, 문왕과 무왕의 功業은 후직에게서 일어났다. 이 때문에 〈후직을〉 추앙하여 하늘에 배향한 것이다."라고 한 것이 이것이다.

〔郊謂圜丘祀天也〕 이는 공안국 傳의 문장이다. 祀는 제사이다. 하늘에 제사하는 것을 郊라고 한다. ≪周禮≫ 〈大司樂〉에 "모든 樂舞는, 圜鍾(12律呂 중 하나인 夾鍾)을 宮音으로 삼고 黃鍾을 角音으로 삼고 太蔟를 徵音으로 삼고 姑洗을 羽音으로 삼아서 雷鼓(八面鼓의 일종)와 雷鼗(자루 끝에 작은 북과 끈을 단 타악기)를 치고 하나의 대나무 管 및 雲和山〈의 목재로 만든〉 琴과 瑟을 연주하고 〈雲門〉 춤을 춘다. 동짓날에 地上의 圜丘(둥근 언덕)에서 악무를 연주한다. 악무가 여섯 번 바뀌면 天神이 모두 강림하여 禮를 올릴 수 있다."라고 하였다.

≪禮記≫ 〈郊特牲〉에는 "郊제사는 '〈장차〉 길어날 해'를 맞이하는 것으로, 하늘에 크게 보답하되 태양을 〈향사의〉 主神으로 삼는다. 도성 남쪽의 교외에 '제사하는 곳〔兆〕'을 정하여 陽의 방위로 나아간다."라고 하고, 또 "郊제사는 하늘과 조상의 은혜를 잊지 않고 크게 보답하는 일이다."라고 하였다. '동지 뒤에 해(낮)가 점차 길어나므로 郊제사를 지내어 〈장차 길어날 해를〉 맞이한다.'는 말이다. 이는 북두칠성 자루가 子方을 가리키는 달(음력 11월)이 되면, 〈≪주례≫〉 경문과 함께 모두 하늘에 郊제사를 지낸다고 한 것이니, 圜丘가 도성 남쪽의 교외임이 분명하다.

〔周公攝政 因行郊天之祭 乃尊始祖以配之也〕 살펴보건대 ≪禮記≫ 〈文王世子〉에 다음과 같은 말이 있다. "仲尼(孔子)가 '옛날에 周公이 섭정하여 천자의 자리에 〈잠시〉 올라 통치할 때 世子의 법도를 들어 伯禽에게 적용하였는데, 이는 成王을 善導하려는 것이었다.'라고 말하였다." 그렇다면 〈주공이〉 郊제사를 지낸 것은 주공이 섭정할 때의 일이었다.

≪春秋公羊傳≫에 "郊제사 때는 어째서 반드시 후직에게 제사하는가? 천자는 반드시 그 始祖를 배향해야 하기 때문이다. 천자는 어째서 반드시 그 시조를 배향하는가? 황족

안에서 나온 〈始祖는 함께 할〉 짝이 없으면 멀리 갈 수 없고, 황족 밖에서 온 〈天帝는 의탁할〉 주인이 없으면 머물 수 없기 때문이다."라고 하였다. 이는 '하늘에 제사 지낼 때면 天神이 〈강림하여〉 손님이 되는데, 이 〈천신〉은 황족 밖에서 온 존재이다. 사람이 〈천신을 의탁받는〉 주인이 되어야만 천신이 비로소 이른다. 이 때문에 시조를 높여 천신에게 배향함으로써 〈시조가 천신을〉 모시고 앉아 〈제향을〉 받아먹게 한다.'라는 말이다.

살펴보건대 ≪春秋左氏傳≫에 "모든 제사는, 驚蟄이 되면 郊제사를 지내고"라고 하고, 또 "후직에게 郊제사를 지내는 것은 농사의 풍년을 빌기 위함이다."라고 하였다. ≪禮記≫ 〈郊特牲〉의 鄭玄 注에는 ≪易說≫을 인용하여 "'三王(하·은·주 三代의 임금) 때 郊제사는 한결같이 夏나라 曆法의 正月(음력 1월)에 지냈다.'라고 하였는데, 이는 〈북두칠성 자루가〉 寅方을 가리키는 달(음력 1월)이다. 여기(〈교특생〉)에서 '〈장차 밤보다〉 길어질 해를 맞이한다.'고 한 것은, 〈북두칠성 자루가〉 卯方을 가리킬 때(음력 2월) 낮과 밤이 等分되고, 등분된 뒤에 낮이 〈밤보다〉 길어지기 때문이다."라고 하였다. 그렇다면 春分에 낮과 밤의 길이가 같으므로 여기(〈교특생〉의 말)에서 '맞이한다'고 한 것은 춘분이 되기 전에 이루어지는 일이고, '〈밤보다 낮이 길어지는 순간이〉 도래하는〔至〕' 것은 춘분날을 일컫는다.

〈冬至·夏至의〉 '至'는 〈낮과 밤의〉 길고 짧음이 지극한 것이므로, '등분된다는 것〔分〕'은 낮과 밤의 길이가 균등하다는 것이 분명하다. 〈낮과 밤의 길이가〉 균등한 때는 사계절의 중간(春分·秋分)이고 경칩은 〈북두칠성 자루가〉 寅方을 가리키는 달(음력 1월)에 있다. 〈경칩은〉 동지를 지났으나 춘분에 미치지 못한 때이므로 반드시 〈낮이 아직〉 밤보다 짧아서 낮이 한창 길어나는 때이다. 그렇다면 ≪춘추좌씨전≫에 〈장차 길어날 해를 맞이하기 위한 郊제사를〉 경칩에 지낸다고 말했을 리가 없다. 만약 해(낮)가 점차 길어나므로 郊제사로 미리 맞이할 수 있다고 한다면, 그 처음 길어나는 순간은 당연히 낮이 가장 짧은 날(동지)에 있다. 따라서 ≪춘추좌씨전≫에서 경칩에 지낸다고 한 郊제사는 농사의 풍년을 기원하는 제사이고, ≪주례≫에서 동짓날에 지낸다는 郊제사는 〈장차〉 길어날 해를 맞이하여 조상의 은혜에 보답하는 제사임을 알 수 있다.

정현은 ≪禮記≫ 〈祭法〉에 '周나라 사람은 帝嚳에게 禘제사를 올리고'라는 글이 있다 하여 마침내 郊제사를 感生帝에 대한 제사로 바꾸어 말했으니, 곧 동방의 青帝 靈威仰〈에게 郊제사를 올렸다고 한〉 것이다. 周나라는 木德으로 일어났고 靈威仰은 木帝이므로, 〈후직을 蒼龍의 정기에 배향했다는 것이다. 韋昭의 注도 이 설과 부합한다. 다만 魏

나라 太常 王肅은 홀로 논설을 지어〉 정현의 설을 다음과 같이 반박하였다.

"살펴보건대 ≪爾雅≫ 〈釋天〉에 '하늘에 제사하는 것을 燔柴라 하고, 땅에 제사하는 것을 瘞薶라고 한다.' 하였고, 또 '禘는 큰 제사이다.'라고 하였으니, 〈禘는〉 5년에 한 번 지내는 큰 제사의 이름이다. 또 제사의 법식에, 공로가 있는 조상에게 祖제사를 지내고 은덕이 있는 조상에게 宗제사를 지내도록 되어 있는데, 이는 모두 종묘에서 지내는 제사이지 본디 郊제사에 배향하는 것이 아니다.

만약 정현의 설대로라면 帝嚳을 圜丘의 제사에 배향한 것이 되는데 이(圜丘에서의 主享대상)는 天神 중에 가장 높은 존재이다. 그런데 周나라는 〈후직의 사당은 세웠으나 제곡의 사당은 세우지 않는 등〉 제곡에 대한 존숭이 후직만 못하였다. 〈정현의 설대로〉 지금 〈후직을〉 靑帝에게 배향했다고 한다면, 〈청제는 天神 중에〉 가장 높은 존재가 아니〈므로 후직에 대한 존숭이 제곡에 대한 존숭만 못한 것이 된다. 이렇게 되면 제곡과 후직에 대한 존숭이 상호 모순되며〉 실로 아버지를 존경하는 도리에 어긋난다.

그리고 經籍을 두루 살펴보아도 제곡을 천신에게 배향했다는 글은 전혀 없다. 만약 제곡을 천신에게 배향했다면 經文에 '圜丘에서 제곡에게 禘제사를 올려 천신에게 배향하고'라고 했을 것이고 '후직에게 郊제사를 지내어'라고 하지 않았을 것이다. 하늘은 하나뿐이다. 그러므로 있는 곳에 따라서, 제사가 南郊에서 있으면 圜丘라고 하니, 남교에 祭壇을 만들어 둥근 하늘을 표상했다는 말이다. 환구가 곧 남교이고 남교가 곧 환구이다."

그때 中郎 馬昭가 上書하여 당시〈의 통설을〉 고집하자, 博士 張融에게 갈피를 잡아 〈시비를 정하도록〉 勅命을 내렸는데, 장융〈이 올린〉 말은 다음과 같다.

"漢代의 학식 높은 儒者들은 董仲舒를 비롯하여 劉向・馬融의 무리가 모두 '周나라 사람이 남교에서 昊天에게 제사하고 후직을 배향했다.'고 꼭 집어 말했으니, 정현처럼 '蒼帝에게 배향했다.'고 말한 사람은 없습니다. 그렇다면 ≪주례≫의 圜丘는 곧 ≪효경≫의 南郊입니다. 聖人은 높음으로 인해 하늘을 섬기고 낮음으로 인해 땅을 섬겼으니, 어찌 다시 帝嚳을 圜丘에서 제사하고 후직을 蒼帝에게 배향하는 예가 있었겠습니까.

또 ≪詩經≫ 〈周頌 思文〉에 '文德 높은 후직이여, 저 하늘에 짝할 만하도다.'라고 하였고, 〈昊天有成命〉은 천지에 郊제사를 지내는 내용입니다. 그렇다면 郊제사가 蒼帝에게 제향하는 것이 아님은 사리에 통달한 유자들이 똑같이 하는 말이므로 왕숙의 설이 옳습니다.

삼가 생각건대, 孝는 사람 행실의 근본이고 제사는 나랏일 중에 큰 것이라는 孔子의 글은 실로 臆說이 아니니, 先儒의 해석과 증명이 각기 一家를 이루었습니다. 근래에 서책을 편찬하며 자세히 반복하여 따져보니, 이치를 궁구하는 데는 왕숙을 따르는 것이 좋지만, 다수 의견을 따르자면 정현의 설이 이미 오래되었습니다. 왕숙의 뜻은 ≪聖證論≫에 갖추어져 있고, 정현의 뜻은 崔靈恩(南朝 梁)의 ≪三禮義宗≫에 갖추어져 있습니다. 왕숙과 정현의 옳고 그름〈을 따져볼 수 있는 자료로〉, ≪예기≫ 注에 그들의 해설이 많지만 갑자기 상세히 설명하기는 어렵습니다. 여기서는 대략 그 핵심에 의거하여 우선 두 가지만 들었습니다."

【疏】○注'明堂'至'之也' ○正義曰:云"明堂 天子布政之宮也"者, 案禮記明(其二端注明堂)〔堂位"昔者周公〕[1]朝諸侯于明堂之位, 天子負斧依, 南鄕而立. 明堂也者, 明諸侯之尊卑也. 制禮作樂, 頒度量, 而天下大服."[2] 知明堂是布政之宮也. 云"周公因祀五方上帝於明堂 乃尊文王以配之也"者, 五方上帝, 卽是上帝也. 謂以文王配五方上帝之神, 侑坐而食也. 案鄭注論語云"皇皇后帝, 竝謂太微五帝. 在天爲上帝, 分王五方爲五帝." 舊說明堂在國之南, 去王城七里, 以近爲媟, 南郊去王城五十里, 以遠爲嚴. 五帝卑於昊天, 所以於郊祀昊天, 於明堂祀上帝也. 其以后稷配郊, 以文王配明堂, 義見於上也. 五帝謂東方青帝靈威仰, 南方赤帝赤熛怒, 西方白帝白招拒, 北方黑帝汁光紀, 中央黃帝含樞紐. 鄭(炫)〔玄〕[3]云"明堂居國之南, 南是明陽之地, 故曰明堂." 案史記云"黃帝接萬靈於明庭."[4] 明庭卽明堂也. 明堂起於黃帝. 周禮考工記曰"夏后(曰)〔氏〕[5]世室, 殷人重屋, 周人明堂[6]." 先儒舊說, 其制不同. 案大戴禮云"明堂凡九室, 一室而有四戶八牖, 三十六戶七十二牖, 以茅蓋屋, 上圓下方." 鄭玄據援神契云"明堂上圓下方, 八牖四闥." 考工記曰"明堂, 五室."[7] 稱九室者, 或云"取象陽數也." 八牖者, "陰數也, 取象八風也." "三十六戶, 取象六甲子之爻, 六六三十六[8]也. 上圓象天, 下方法地. 八牖者卽八節也, 四闥者象四方也. 稱五室者, 取象五行." 皆無明文也, 以意釋之耳. 此言宗祀於明堂, 謂九月大享靈威仰等五帝, 以文王配之, 卽月令云"季秋大享帝."[9] 注云"徧祭五帝." 以其上言"擧五穀之要, 藏帝藉之收於神倉." (六)〔九〕[10]月西方成事終而報功也.

1) (其二端注明堂)〔堂位昔者周公〕: 저본에는 '其二端注明堂'으로 되어 있으나, 浦鏜의 ≪十三經注疏正字≫에 의거하여 '堂位昔者周公'으로 바로잡았다.(阮元의 〈校勘記〉 참조)

2) 昔者周公朝諸侯于明堂之位……而天下大服: ≪禮記≫ 〈明堂位〉에서 발췌 인용한 것이다.

3) (炫)〔玄〕: 저본에는 '炫'으로 되어 있으나, "元이 되어야 한다."라고 한 阮元의 校勘記 및 阮元의 이 교감기는 淸 聖祖 康熙帝의 이름자를 피하기 위해 '玄'을 '元'으로 대체 표기한 例에 따른 것임을 감안하여 '玄'으로 바로잡았다.
4) 黃帝接萬靈於明庭 : ≪史記≫ 권12 〈孝武本紀〉와 권28 〈封禪書〉의 '黃帝接萬靈明廷'을 인용한 것이다. ≪漢書≫ 권25 〈郊祀志 上〉에는 '黃帝接萬靈明庭'으로 되어 있다.
5) (曰)〔氏〕: 저본에는 '曰'로 되어 있으나, ≪周禮注疏≫에 의거하여 '氏'로 바로잡았다.
6) 夏后(曰)〔氏〕世室……周人明堂 : ≪周禮≫ 〈考工記〉 '匠人'조에서 발췌 인용한 것이다. 世室은 조상에게 제사를 지내는 宗廟의 기능을 강조한 명칭이고, 重屋은 천자의 생활 공간인 寢殿의 기능을 강조한 명칭이며, 明堂은 제후들의 조회를 받고 정치를 행하는 正殿의 기능을 강조한 명칭이다.
7) 明堂 五室 : ≪周禮≫ 〈考工記〉 '匠人'조에서 발췌 인용한 것이다.
8) 六甲子之爻 六六三十六 : 1년을 360일로 볼 때 干支가 총 6번 반복된다. 특정 날짜의 길흉을 점칠 때, 乾卦의 初爻는 甲子, 姤卦의 초효는 辛丑 등과 같이 ≪周易≫ 卦의 爻를 낱낱이 干支에 대응시킨다.(≪星湖僿說≫ 卷2 〈天地門 八宮飛伏〉) 그런데 明나라 文翔鳳의 ≪皇極篇≫ 卷21 〈邵窩易詁〉에 "天干이 열 개인 것은 河圖의 수이고 地支가 12개인 것은 周天의 자리이다. 10干을 12支에 배합하여 나온 60은 甲子의 수이고, 6을 60에 곱하여 나온 360은 주천의 度數이다. 64괘에서 4괘를 제외하면 갑자와 주천이 딱 맞는다.〔天干之有十 蓋河圖之數 地支之有十二 蓋周天之次 以十因十二而爲六十則甲子 以六因六十而爲三百六十則周天之度 六十四卦去其四 而甲子周天協也〕"라고 한 데서 볼 수 있듯이 64괘 중 4괘를 빼어 전체 爻數를 周天度 360과 일치시킨 후 60간지에 대응시킨다. 따라서 1개의 간지마다 6개의 효에 대응되므로 6개의 甲子는 총 36개의 효에 대응된다.
9) 季秋大享帝 : ≪禮記≫ 〈月令〉에서 발췌 인용한 것이다.
10) (六)〔九〕: 저본에는 '六'으로 되어 있으나, 문맥에 의거하여 '九'로 바로잡았다.(阮元의 〈校勘記〉 참조)

○ 注의 〔明堂〕부터 〔之也〕까지

○ 正義曰 : 〔明堂 天子布政之宮也〕 살펴보건대 ≪禮記≫ 〈明堂位〉에 "옛날에 周公이 明堂의 자리에서 제후들의 조회를 받았다. 천자는 도끼 그림 병풍을 등 뒤에 두고 남쪽을 향해 섰다.……明堂은 제후들의 높고 낮은 지위를 드러내는 곳이다.……〈주공이 허다한〉 예절과 樂章을 제정하고 통일된 도량형을 반포하자 천하가 크게 복종하였다."라고 하였으니, 명당은 〈천자가〉 정치를 펴던 궁전임을 알 수 있다.

〔周公因祀五方上帝於明堂 乃尊文王以配之也〕 다섯 방위의 上帝가 곧 이(경문의) 상제

이다. '文王을 다섯 방위 상제의 神에게 배향하여 〈상제를〉 모시고 앉아 〈제향을〉 받아먹게 했다.'는 말이다. 살펴보건대 ≪論語≫ 〈堯曰〉에 대한 정현의 注에 "크고 크신 后帝는 太微垣의 五帝를 모두 일컫는다. 하늘에 있으면 上帝이고 다섯 방위를 나누어 왕이 되면 五帝이다."라고 하였다.

옛 說에 따르면 명당은 도성 남쪽에 있는데 王城과의 거리가 7리이므로 가까워서 친근하고, 南郊는 왕성과의 거리가 50리이므로 멀어서 장엄하다. 五帝는 하늘보다 낮기 때문에 南郊에서 하늘에게 제사하고 明堂에서 上帝에게 제사하였다. 후직을 남교〈의 제사〉에 배향하고 文王을 명당〈의 제사〉에 배향한 뜻은 앞에 보였다. 五帝는 東方의 靑帝 靈威仰, 南方의 赤帝 赤熛怒, 西方의 白帝 白招拒, 北方의 黑帝 汁光紀, 中央의 黃帝 含樞紐이다.

정현이 말하기를 "명당은 도성의 남쪽에 있다. 남쪽은 밝은 陽의 위치이므로 명당이라고 한 것이다."라고 하였다. 살펴보건대 ≪史記≫에 "黃帝가 온갖 神靈을 明庭에서 접견하였다."라고 하였는데, 明庭이 곧 명당이다. 명당은 黃帝 때 처음 건립되었다.

≪周禮≫ 〈考工記〉에 '夏后氏의 世室, 殷나라 사람의 重屋, 周나라 사람의 明堂'을 말했는데, 先儒의 옛 說에 따르면 그 양식이 서로 달랐다. 살펴보건대 ≪大戴禮記≫에 "명당은 방이 총 9칸인데 방 1칸마다 출입문 4개와 창문 8개가 있어 도합 출입문이 36개, 창문이 72개이고, 띠〔茅〕로 지붕을 덮었으며, 위는 둥글고 아래는 네모졌다."라고 하였다. 정현은 孝經緯 ≪援神契≫에 의거하여 "명당은 위는 둥글고 아래는 네모졌으며, 창문이 8개, 출입문〔闥〕이 4개이다."라고 하였다. 〈考工記〉에는 "명당은 방이 총 5칸이다."라고 하였다.

〈≪대대례기≫에서〉 방이 총 9칸이라고 한 데 대해 혹자는 "陽數를 상징한 것이다."라고 하고, 창문 여덟에 대해 "陰數이며, 八風(八方에서 불어오는 바람)을 상징한 것이다."라고 하였으며, "출입문 36개는 〈1년〉 6갑자의 爻數를 상징한 것이니, 6×6은 36이다. 위가 둥근 것은 하늘을 상징한 것이고, 아래가 네모진 것은 땅을 본뜬 것이다. 창문 여덟은 곧 여덟 절기(立春·立夏·立秋·立冬·春分·夏至·秋分·冬至)이고, 출입문 넷은 四方을 상징한 것이다. 방이 총 5칸이라고 한 것은 오행을 상징한 것이다."라고 하였으나, 모두 명백한 기록은 없고 뜻으로 풀이한 것일 뿐이다.

여기(경문)서 '明堂에서 〈文王에게〉 宗제사를 지내어'라고 한 것은 9월에 靈威仰 등 五帝에게 크게 제향을 올리면서 文王을 배향함을 말한다. 이것이 곧 ≪禮記≫ 〈月令〉에 "季秋(9월)에 상제에게 크게 제향을 올린다."라고 한 것인데, 그 注에 "五帝에게 두루 제사한다."라고 하였다. 〈〈월령〉의〉 이 문구 위에 "오곡의 수입을 장부에 기록하여 천자의 籍田에서 수확한 곡식과 함께 神倉(제수용품을 저장하는 창고)에 보관한다."라고 한 것은 9월에 가을걷이가 끝나서 功에 보답〈하기 위함〉이다.

【疏】 ○ 注'君行'至'祭也' ○ 正義曰 : 云"君行嚴配之禮"者, 此謂宗祀文王於明堂以配天, 是也. 云"則德教刑於四海, 海內諸侯, 各脩其職, 來助祭也"者, 謂四海之內, 六服諸侯, 各脩其職, 貢方物也. 案周禮大行人 "以九儀辨諸侯之命, 廟中將幣三享."[1] 又曰 "侯服貢祀物."[2] 鄭云 "犧牲之屬." "甸服貢嬪物." 注云 "絲(帛)〔枲〕[3]也." "男服貢器物." 注云 "尊彝之屬也." "采服貢服物." 注云 "玄纁絺纊也." "衛服貢材物." 注云 "八材也." "要服貢貨物." 注云 "龜貝也." 此是六服諸侯各脩其職來助祭. 又若尙書武成篇云 "丁未, 祀於周廟, 邦甸侯衛駿奔走, 執豆籩." 亦是助祭之義也.

1) 以九儀辨諸侯之命 廟中將幣三享 : ≪周禮≫ 〈大行人〉에서 발췌 인용한 것이다.
2) 侯服貢祀物 : ≪周禮≫ 〈大行人〉에서 발췌 인용한 것이다. 뒤의 '甸服貢嬪物', '男服貢器物', '采服貢服物', '衛服貢材物', '要服貢貨物'도 모두 마찬가지이다.
3) (帛)〔枲〕 : 저본에는 '帛'으로 되어 있으나, 문맥에 의거하여 '枲'로 바로잡았다.(阮元의 〈校勘記〉 참조)

○ 注의 〔君行〕부터 〔祭也〕까지

○ 正義曰 : 〔君行嚴配之禮〕 이는 '明堂에서 文王에게 宗제사를 지내어 하늘에 配享했다.'라고 한 것이 이것이다.

〔則德教刑於四海 海內諸侯 各脩其職 來助祭也〕 '四海 안의 六服의 제후들이 각기 職貢을 마련하여 方物(지방의 특산물)을 바쳤다.'라는 말이다. 살펴보건대 ≪周禮≫ 〈大行人〉에 "9가지 儀節을 이용하여 제후들의 命數(爵級)를 구분하고, 사당 안에서 〈聘禮를 행할 때〉 폐백(桓圭·信圭·躬圭·谷璧·蒲璧)을 지니고 세 번에 걸쳐 方物을 바친다."라고 하고, 또 "侯服(王城 밖 1,000리~1,500리 지역)의 제후는 제사에 쓰이는 공물을 바친다."라고 했는데, 정현이 "희생 따위이다."라고 하였고, "甸服(侯服 밖 500리까지 지역)의 제후는 빈객 접대에 쓰이는 공물을 바친다."라고 했는데, 注에 "명주실과 모시 등이다."라고 하였으며, "男服(甸服 밖 500리까지 지역)의 제후는 각종 用具를 공물로 바친다."라고 했는데, 注에 "술동이 따위이다."라고 하였고, "采服(男服 밖 500리까지 지역)의 제후는 의복을 공물로 바친다."라고 했는데, 注에 "검정색과 분홍색의 칡베 옷과 솜옷 따위이다."라고 하였

으며, "衛服(釆服 밖 500리까지 지역)의 제후는 물품 재료를 공물로 바친다."라고 했는데, 注에 "여덟 가지 재료(진주 · 옥구슬 · 돌 · 나무 · 금속 · 상아 · 가죽 · 깃털)이다."라고 하였고, "要服(衛服 밖 500리까지 지역)의 제후는 貨幣用 물품을 공물로 바친다."라고 했는데, 注에 "거북 껍질과 조개이다."라고 하였다. 이것이 六服의 제후들이 각기 맡은 貢物을 마련해 가지고 와서 제사를 도왔다는 것이다. 또 예컨대 ≪尙書≫ 〈武成〉에 "丁未日에 周나라의 사당에 제사할 적에 王城과 그 주변 및 甸服 · 侯服 · 衛服에서 매우 분주히 움직여 籩豆(祭器)를 잡더니"라고 한 것 역시 제사를 도왔다는 뜻이다.

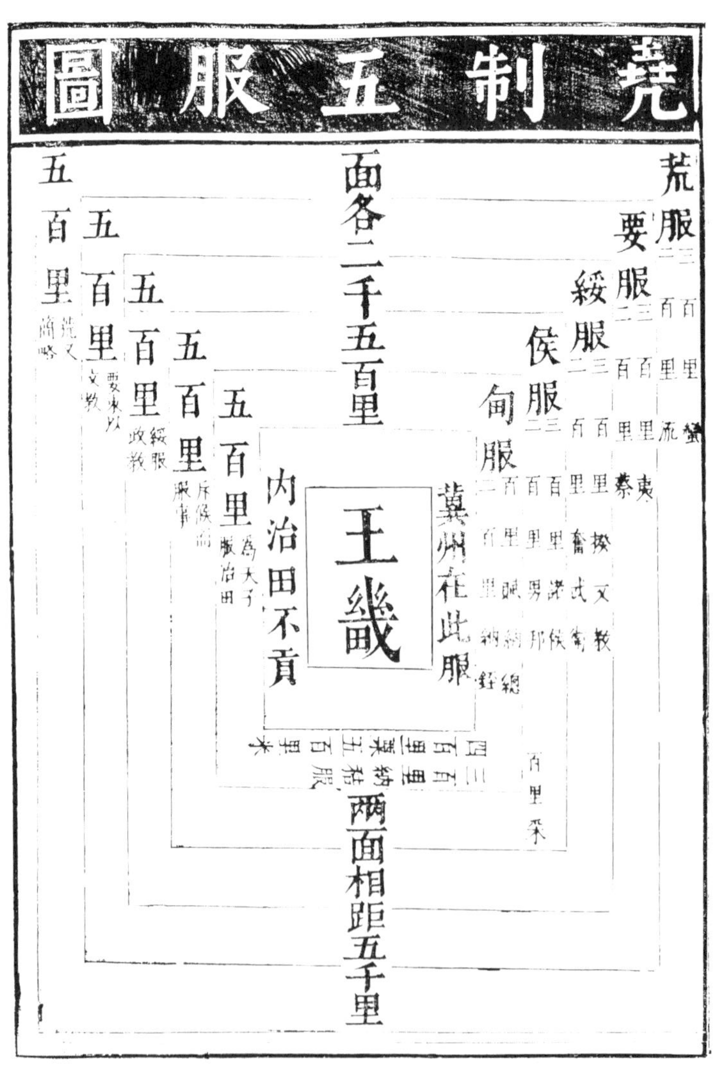

堯制五服圖(宋板 六經圖)

故親生之膝下[1)]하야 以養父母호되 日嚴하나니라

1) 故親生之膝下 : 고문본에는 '是故親生毓之(그러므로 어버이가 낳고 길러주는 〈존재로서〉)'로 되어 있다.

그러므로 친애하는 마음이 〈유아기에〉 슬하에 있을 때 생겨나서 부모를 봉양하되 날로 존경하게 된다.

【注】 親은 猶愛也라 膝下는 謂孩幼之時也라 言親愛之心이 生於孩幼하야 比及年長하야 漸識義方이면 則日加尊嚴하야 能致敬於父母也라

親은 愛와 같다. 膝下는 아주 어릴 적을 말한다. '친밀히 사랑하는 마음이 유아기에 생겨나서, 나이가 들면서 점차 규범과 도리를 알게 되면, 나날이 더욱 존경하여 부모에게 공경을 다할 수 있다.'라는 말이다.

聖人이 因嚴以教敬하시고 因親以教愛하실새

聖人이 〈자식 된 자가 아버지를〉 존경하는 마음을 바탕으로 공경을 가르치시고 친밀한 마음을 바탕으로 사랑을 가르치셨기에,

【注】 聖人이 因其親嚴之心하야 敦以愛敬之教라 故出以就傅하고 趨而過庭하야 以教敬也요 抑搔癢痛하고 懸衾篋枕하야 以教愛也라

聖人이 〈자식 된 자가 아버지에 대해 지니는〉 친밀하고 존경하는 마음을 바탕으로 사랑과 공경의 가르침을 돈독히 하였다. 그러므로 〈안채에서〉 나와 바깥 스승에게 나아가고 〈伯魚가〉 빠른 걸음으로 뜰을 지나갈 때 〈孔子가 잠시 불러 가르침을 준 것처럼 한 집에 함께 거처하더라도 자식을 너무 가까이하지 않음으로써〉 공경을 가르치고, 아픈 곳을 주물러 드리고 가려운 곳을 긁어드리고 부모님의 이부자리를 개고 베개를 상자에 넣게 함으로써 사랑을 가르쳤다.

聖人之教가 不肅而成하고 其政이 不嚴而治하니

聖人의 교화가 엄숙하지 않아도 이루어지고 그 政事가 엄중하지 않아도 다스려졌으니,

【注】聖人이 順群心以行愛敬하고 制禮則以施政教하니 亦不待嚴肅而成理也라

聖人이 사람들의 마음을 따라서 사랑과 공경을 행하고 예법을 제정하여 政事와 교화를 베풀자 또한 엄숙하고 엄중히 하지 않아도 다스림을 이룰 수 있었다.

其所因者가 本[1]也ㄹ새니라

1) 本 : 御注에는 孝라고 풀이되었지만, 天性으로 풀이한 董鼎의 풀이도 통용된다. 김용옥이 '인간의 본질'로 풀이한 것(김용옥, ≪효경한글역주≫, 통나무, 2010, 365~370쪽)이 그 예이다. 鄭太鉉은 "어버이를 사랑하고 공경하는 孝心은 성품에서 나온 것이고 人爲的으로 하는 것이 아니다.(鄭太鉉 譯註, ≪孝經大義≫, 傳統文化硏究會, 2009, 73쪽)"라고 하여 두 가지 관점을 동시에 취하였다.

그 말미암은 것이 근본이기 때문이다.

【注】本은 謂孝也라

근본은 孝을 일컫는다.

【疏】'故親'至'本也' ○ 正義曰 : 此更廣陳嚴父之由. 言人倫正性, 必在蒙幼之年, 教之則明, 不教則昧. 言親愛之心, 生在其孩幼膝下之時, 於是父母則教示. 比及年長, 漸識義方, 則日加尊嚴, 能致敬於父母, 故云"以養父母日嚴"也. 是以聖人因其日嚴而教之以敬, 因其知親而教之以愛. 故聖人因之以施政教, 不待嚴肅, 自然成治也. 然其所因者在於孝也, 言本皆因於孝道也.

經의 〔故親〕부터 〔本也〕까지

○ 正義曰 : 이는 아버지를 존경하는 까닭을 다시 넓게 진술한 것이다. '인륜과 바른 성품은 반드시 어린 나이에 〈어떻게 하느냐에〉 달렸으니, 가르치면 밝아지고 가르치지 않으면 어두워진다.'라고 하였다. 말하자면 '친애하는 마음은 유아기에 슬하에 있을 적에 생겨나므로 이때 부모가 가르쳐야 한다.'라는 것이다. 〈이리 하여〉 나이가 들면서 점차 규범과 도리를 알게 되면 날로 더욱 존경하여 부모에게 공경을 다할 수 있다. 이 때문에 "부모를 봉양하되 날로 존경하게 된다."라고 한 것이다.

그래서 聖人이 〈자식 된 자가 아버지를〉 날로 존경함을 말미암아 공경을 가르치고, 친밀할 줄 앎을 말미암아 사랑을 가르쳤다. 이 때문에 聖人이 이를 말미암아 政教를 베풀자

엄중하고 엄숙히 하지 않아도 자연히 다스림을 이룰 수 있었다. 그러나 그 말미암은 것은 孝에 있었으니, 본디 모두 孝道에 말미암았다는 말이다.

【疏】 ○ 注'親猶'至'母也' ○ 正義曰 : 云"親 猶愛也"者, 嫌以親爲父母, 故云"親猶愛也". 云"膝下 謂孩幼之時也"者, 案內則云 "子生三月, 妻以子見於父, 父執子之右手, 孩而名之." 案說文云 "孩, 小兒笑也." 謂指其頤下, 令之笑而爲之名. 故知膝下謂孩幼之時也. 云"親愛之心 生於孩幼之時也"者, 言孩幼之時, 已有親愛父母之心生也. 云"比及年長 漸識義方 則日加尊嚴 能致敬於父母也"者, 春秋左氏傳 石碏曰 "臣聞愛子, 教之以義方."[1] 方猶道也, 謂教以仁義合宜之道也. 其教之者, 案禮記內則 "子能(飮)〔食〕[2]食, 教以右手, 能言, 男'唯'女'兪', 男鞶革女鞶絲. 六年, 教之數與方名. 七年, 男女不同席, 不共食. 八年, 出入門戶, 及卽席飮食, 必後長者, 始教之讓. 九年, 教之數(目)〔日〕[3]." 又曲禮云 "幼子, 常視無誑, 立必正方, 不傾聽, 與之提携, 則兩手奉長者之手, 負劍辟咡詔之, 則掩口而對." 注約彼文爲說, 故曰"日加尊嚴". 言子幼而誨, 及長則能致敬其親也.

1) 臣聞愛子 教之以義方 : ≪春秋左氏傳≫ 隱公 3년조에 보인다.
2) (飮)〔食〕: 저본에는 '飮'으로 되어 있으나, ≪禮記≫ 〈內則〉에 의거하여 '食'으로 바로잡았다.(阮元의 〈校勘記〉 참조)
3) (目)〔日〕: 저본에는 '目'으로 되어 있으나, 監本・毛本에 의거하여 '日'로 바로잡았다. (阮元의 〈校勘記〉 참조)

○ 注의 〔親猶〕부터 〔母也〕까지

○ 正義曰 : 〔親 猶愛也〕 '親'을 父母의 뜻으로 여길까봐 염려되었기 때문에 "親은 愛와 같다."라고 한 것이다.

〔膝下 謂孩幼之時也〕 살펴보건대 ≪禮記≫ 〈內則〉에 "자식이 태어난 지 3개월이 되면 아내가 자식을 아버지(남편)에게 보인다. 아버지는 자식의 오른손을 잡고서 웃게〔孩〕 하고 이름을 지어준다."라고 하였다. 살펴보건대 ≪說文解字≫에 "孩는 어린 아이가 웃는 것이다."라고 하였으니, 턱 밑을 손가락으로 〈간지럽혀〉 웃게 하고 이름을 지어준다는 말이다. 따라서 '膝下'가 아주 어릴 때를 일컬음을 알 수 있다.

〔親愛之心 生於孩幼之時也〕 아주 어릴 때 이미 부모를 친밀히 사랑하는 마음이 생겨나 있다는 말이다.

〔比及年長 漸識義方 則日加尊嚴 能致敬於父母也〕≪春秋左氏傳≫에 石碏이 "신이 듣건대 자식을 사랑하되 '올바른 사람이 되는 바른길〔義方〕'을 가르친다고 하였습니다."라고 하였다. 이때 方은 道와 같으니, '仁義에 부합하는 도리를 가르친다.'는 말이다.

가르치는 것은, 살펴보건대 ≪禮記≫ 〈內則〉에 "아이가 〈스스로〉 밥을 먹을 수 있게 되면 오른손으로 먹도록 가르치고, 말을 할 수 있게 되면 아들은 빠르게 대답하고 딸은 느리게 대답하도록 가르치며, 아들은 가죽 주머니를 차고 딸은 명주 주머니를 차고 다니게 한다. 태어난 지 6년이 되면 숫자와 방향의 명칭(동·서·남·북)을 가르친다. 7년이 되면 남녀가 한 자리에 함께 앉지 않고 〈음식을〉 함께 먹지 않게 한다. 8년이 되면 문을 드나들거나 자리에 나아가고 음식을 먹을 때 반드시 어른보다 뒤에 하도록 하여 비로소 辭讓을 가르친다. 9년이 되면 날짜 세는 법(干支와 朔望)을 가르친다."라고 하였다. 또 ≪禮記≫ 〈曲禮〉에 "어린 자식에게는 속이지 않음을 늘 보여주고, 서 있을 때는 반드시 한 방향을 똑바로 향하게 하며, 고개를 한 쪽으로 기울인 채 말을 듣지 않게 하고, 〈어른이〉 손을 끌어주면 두 손으로 어른의 손을 받들게 하며, 〈어른이〉 몸을 숙여 귀엣말로 말을 하면 손으로 입을 가리고 대답하게 한다."라고 하였다. 〈≪효경≫ 이 대목의〉 注는 저 글(앞의 〈내칙〉과 〈곡례〉 인용문)을 요약하여 말하였기 때문에 '나날이 더욱 존경하여'라고 한 것이다. 〈注의 이 부분은〉 '자식이 어릴 때 가르치므로 자라면 어버이에게 공경을 다할 수 있다.'는 말이다.

【疏】 ○ 注'聖人'至'愛也' ○ 正義曰：父子之道, 簡易則慈孝不接, 狎則怠慢生焉. 故聖人因其親嚴之心, 敦以愛敬之敎也. 云"出以(外)〔就〕[1]傅"者, 案禮記內則云 "十年, 出就外傅, 居宿於外, 學書計." 鄭云 "外傅, 敎學之師也." 謂年十歲, 出就外傅, 居宿於外, 就師而學也. 案十年出就外傅, 指命士已上. 今此引之, 則尊卑皆然也. 云"趨而過庭 以敎敬也"者, 言父之與子, 於禮不得常同居處也. 案論語云 "陳亢問於伯魚曰 '子亦有異聞乎.' 對曰 '未也. 嘗獨立, 鯉趨而過庭, 〔曰「學詩乎.」對曰「未也.」「不學詩, 無以言.」鯉退而學詩. 他日又獨立, 鯉趨而過庭,〕[2] 曰「學禮乎.」對曰「未也.」「不學禮, 無以立.」鯉退而學禮. 聞斯二者.' 陳亢退而喜曰 '問一得三, 聞詩, 聞禮, 又聞君子之遠其子也.'" 故注約彼文以爲說也. 云"抑搔癢痛 懸衾篋枕 以敎愛(者)[3]也"者, 此竝約內則文. 案彼云 "以適父母舅姑之所. 及所, 下氣怡聲, 問衣燠寒, 疾痛苛癢, 而敬抑搔之. 父母舅姑將坐, 奉席請何鄕, 將衽, 長者奉席請何趾, 少者執牀與坐. 御者擧几, 斂

席與簟, 懸衾篋枕, 斂簟而襡之."[4] 鄭注云 "須臥乃敷之也. 襡, 韜也." 是父母未寢, 故衾被則懸, 枕則置篋中. 言子有近父母之道, 所以教其愛也. 夫愛以敬生, 敬先於愛, 無宜待教, 而此言教敬愛者, 禮記樂記曰 "樂者爲同, 禮者爲異. 同則相親, 異則相敬, 樂勝則流. 〔禮勝則離." 樂勝則流〕[5], 是愛深而敬薄也. 禮勝則離, 是嚴多而愛殺(쇄)也. 不教敬則不嚴, 不和親則忘愛, 所以先敬而後愛也. 舊注取士章之義, 而分愛敬父母之別, 此其失也.

1) (外)〔就〕: 저본에는 '外'로 되어 있으나, 監本·毛本에 의거하여 '就'로 바로잡았다.(阮元의 〈校勘記〉 참조)
2) 〔曰學詩乎 對曰未也 不學詩 無以言 鯉退而學詩 他日又獨立 鯉趨而過庭〕: 저본에는 이 29자가 없으나 ≪論語≫ 〈季氏〉와 浦鏜의 ≪十三經注疏正字≫에 의거하여 보충하였다.(阮元의 〈校勘記〉 참조)
3) (者): 저본에는 '者'가 있으나, 注에 없는 글자이므로 衍文으로 처리하였다.(阮元의 〈校勘記〉 참조)
4) 以適父母舅姑之所……斂簟而襡之: ≪禮記≫ 〈內則〉에서 발췌 인용한 것이다.
5) 〔禮勝則離 樂勝則流〕: 저본에는 이 8자가 없으나 ≪禮記≫ 〈樂記〉에 의거하여 보충하였다.(北京大 標點本 〈校勘記〉 참조)

○ 注의 〔聖人〕부터 〔愛也〕까지

○ 正義曰: 아버지와 자식의 관계는 서로 데면데면하면 자애와 효성이 교감하지 못하고 너무 허물없이 대하면 태만함이 생긴다. 이 때문에 성인이 〈자식이 아버지에 대해 지니는〉 친밀하고 존경하는 마음을 바탕으로 사랑과 공경의 가르침을 돈독히 하였다.

〔出以就傅〕 살펴보건대 ≪禮記≫ 〈內則〉에 "10년이 되면 〈안채에서〉 나와 바깥 스승에게 나아가 바깥채에서 거처하며 글씨와 算法을 배운다."라고 하였는데, 정현이 "바깥 스승은 학문을 가르치는 스승이다."라고 하였다. '10살이 되면 〈안채에서〉 나와 바깥 스승에게 나아가 바깥채에서 거처하며 스승에게 나아가 배운다.'라는 말이다. 살펴보건대 10년이 되면 〈안채에서〉 나와 바깥 스승에게 나아간다는 것은 〈〈내칙〉에서는 본디〉 命士(爵命을 받은 士) 이상을 가리켜 〈말한〉 것이지만, 지금 여기에 인용한 것은 尊卑〈를 막론하고〉 모두 그런 것이다.

〔趨而過庭 以教敬也〕 '아버지와 자식은 예법 상 늘 함께 거처해서는 안 된다.'라는 말이다. 살펴보건대 ≪논어≫에 다음과 같은 일화가 있다.

"陳亢이 伯魚에게 묻기를 '그대는 〈부친(孔子)께〉 특별히 들은 것이 있는가?' 하자, 〈백어가〉 대답하기를 '아니오. 언젠가 〈부친께서〉 홀로 서 계실 때 내가 빠른 걸음으로 뜰을 지나가자 「≪詩≫를 배웠느냐?」 하고 물으시기에 「아직 못 배웠습니다.」라고 답하였소. 이에 「≪시≫를 배우지 않으면 〈자신의 뜻을 원활히〉 말할 수 없느니라.」라고 하시기에, 나는 물러나 ≪시≫를 배웠소. 그 뒤에 또 홀로 서 계실 적에 내가 빠른 걸음으로 뜰을 지나가자 「≪禮≫를 배웠느냐?」 하고 물으시기에 「아직 못 배웠습니다.」라고 답하였소. 이에 「≪예≫를 배우지 않으면 〈사회에서 똑바로〉 처신할 수 없느니라.」라고 하시기에, 나는 물러나 ≪예≫를 배웠소. 이 두 가지를 들었소.'라고 하였다. 이에 진항이 물러나 기뻐하며 말하기를 '한 가지를 물어 세 가지를 알았다. ≪시≫〈가 중요함〉을 듣고 ≪예≫〈가 중요함〉을 듣고 또 군자는 자기 자식을 멀리한다〈는 사실을〉 들었다.' 하였다."

이 때문에 〈≪효경≫ 이 대목의〉 注에서 저 글(앞의 ≪論語≫ 〈계씨〉 인용문)을 요약하여 말한 것이다.

〔抑搔癢痛 懸衾篋枕 以教愛也〕 이것도 ≪예기≫ 〈내칙〉의 글을 요약한 것이다. 살펴보건대 저기(〈내칙〉)에 "〈채비가 된 뒤에〉 부모 또는 시부모의 거처로 간다. 도착하면 공순한 태도와 和悅한 음성으로 입고 계신 의복이 더운지 추운지, 아프거나 가려운 곳〈은 없는지〉를 여쭙고는 〈아픈 곳이 있으면〉 공경히 주물러 드리고 〈가려운 곳이 있으면〉 긁어 드린다. 부모 또는 시부모가 일어나 앉으려 하시면 깔자리를 받들고서 어느 쪽으로 향하게 할지 여쭙는다. 다시 누우려 하시거든 자식 중에 나이 많은 사람이 깔자리를 받들고서 발을 어느 쪽으로 뻗으실지 여쭙고 나이 적은 사람은 平床을 잡고 모시고 앉는다. 시중드는 사람은 안석을 들어 〈어른이 기댈 수 있도록〉 드리고, 깔자리와 요를 거둔다. 이불은 개어 높이 쌓아두고 베개는 상자에 넣으며 요는 거두어 〈싸개로〉 싼다〔襡〕."라고 하였는데, 정현의 주에 "누울 필요가 있을 때 비로소 편다. 襡은 韜(싸개로 쌈)이다."라고 하였다. 이는 부모가 취침하지 않는 때이기 때문에 이불은 개어 높이 쌓아두고 베개는 상자 속에 두는 것이다. '자식에게는 부모를 가까이해야 할 도리가 있기 때문에 사랑을 가르친다.'라는 말이다.

사랑은 공경으로 인해 생기므로 공경이 사랑보다 우선이다. 그렇다면 가르칠 필요가 없는데 여기서 공경과 사랑을 가르친다고 말한 〈까닭은 다음과 같다.〉 ≪禮記≫ 〈樂記〉에 "樂은 같음(화합)을 위한 것이고 禮는 다름(구분)을 위한 것이다. 같으면 서로 친밀하고 다르면 서로 공경하게 되므로, 樂으로 기울면 절도가 없고 禮로 기울면 疏遠하게 된다."라고 하였다. 樂으로 기울면 절도가 없어진다는 것은 사랑이 깊어 공경이 엷어지는 것이고, 禮로 기울면 소원하게 된다는 것은 존경하는 마음이 많아서 사랑이 줄어드는 것이다.

공경을 가르치지 않으면 존경하지 않고, 친밀함을 조화시키지 않으면 사랑을 잊는다. 이 때문에 먼저 공경을 〈가르치고〉 뒤에 사랑을 〈가르치는 것이다.〉 옛 注는 〈士章〉의 내용을 취하여 부모에 대한 사랑과 공경의 차이를 구분하였으나, 이는 잘못된 것이다.

【疏】 ○ 注'聖人'至'理也' ○ 正義曰：云"聖人 順群心以行愛敬"者, 聖人謂明王也. 聖者, 通也. 稱明王, 此言在位無不照也. 稱聖人者, 言用心無不通也. 順群心者, 則首章"以順天下", 是也. 以行愛敬者, 則天子能愛親敬親者, 是也. 云"制禮則以施政教"者, 則"德教加於百姓", 是也. 云"亦不待嚴肅而成理也"者, 蓋言王化順此而行也. 言"亦"者, 三才章已有成理之言, 故云"亦"也.

○ 注의 〔聖人〕부터 〔理也〕까지

○ 正義曰：〔聖人 順群心以行愛敬〕〈여기서〉 聖人은 영명한 제왕을 일컫는다. 聖은 通(사리에 달통함)이다. 영명한 제왕〔明王〕이라는 호칭은 帝位에 있으면서 살펴 알지 못하는 것이 없다는 말이고, 聖人이라는 호칭은 마음을 써서 환히 알지 못하는 것이 없다는 말이다. '사람들의 마음을 따른다'는 것은 〈본서의〉 첫 장에서 '천하 사람들의 마음을 따랐다.'고 한 것이 이것이다. '사랑과 공경을 행한다'는 것은 〈역시 본서의 첫 장에서〉 천자가 어버이를 사랑하고 어버이를 공경한다고 한 것이 이것이다.

〔制禮則以施政教〕〈天子章에서〉 '德教가 백성에게 입혀져'라고 한 것이 이것이다.

〔亦不待嚴肅而成理也〕 천자의 교화가 이를 따라 〈자연스럽게〉 행해진다는 말이다. '亦(또한)'이라고 한 것은 〈三才章〉에 이미 政事가 자연스럽게 이루어진다는 말이 있기 때문에 '또한'이라고 말한 것이다.

【疏】 ○ 注'本謂孝也' ○ 正義曰：此依鄭注也. 首章云 "夫孝, 德之本也." 制旨曰 "夫人倫正性, 在蒙幼之中. 導之斯通, 壅之斯蔽. 故先王愼其所養, 於是乎有胎中之教・膝下之訓. 感之以惠和, 而日親焉, 期之以恭順, 而日嚴焉. 夫親也者, 緣乎正性而達人情者也. 故因其親嚴之心, 教以愛敬之範, 則不嚴而治, 不肅而成." 謂其本於先祖[1)]也.

1) 本於先祖 : 경문의 "그 말미암은 것이 근본이기 때문이다."에서 '근본'을 孝로 풀이한 御注를 부연하여 '그 말미암은 바가 선조에 대한 孝이기 때문'이라고 풀이한 것이다.

○ 注의〔本謂孝也〕

○ 正義曰 : 이는 정현의 注를 따른 것이다. 첫 장에 '孝는 德行의 근본이고'라고 하였다. ≪孝經制旨≫에는 다음과 같이 설명하였다.

"人倫과 바른 성품은 어릴 적에 〈어떻게 하느냐에〉 달렸으니, 잘 인도하면 환히 통하고, 막으면 가려진다. 이 때문에 先王들은 그 기르는 방법을 신중히 선택했으니, 이리하여 胎中의 교육과 슬하의 가르침이 있게 되었다. 은혜와 온화함으로 감화시키면 날로 친밀해지고, 恭順하기를 기대하면 날로 존경한다. 친밀함은 바른 성품에 기인하여 사람 사이의 감정이 잘 통하는 것이다. 따라서 〈자식이 부모에 대해 지니는〉 친밀하고 존경하는 마음을 바탕으로 사랑하고 공경하는 법을 가르치면 엄중히 하지 않아도 다스려지고 엄숙히 하지 않아도 이루어진다."

이는 先祖에 〈대한 효에〉 근본함을 말한다.

父子之道[1)]는 天性也나 君臣之義也라

1) 父子之道 : 고문본에는 이 구 앞에 '子曰' 2자가 더 있고, 여기서부터 뒤의 '厚莫重焉'까지가 〈父母生績章 第十一〉이라는 제목으로 별도의 한 章이 되었다.

아버지〈가 자애하고〉 자식〈이 효도하는〉 도리는 천성이지만, 君臣間〈과 같은〉 義도 있다.

【注】 父子之道는 天性之常이나 加以尊嚴하니 又有君臣之義라

아버지〈가 자애하고〉 자식〈이 효도하는〉 도리는 항상된 천성이지만, 〈자식의〉 존경이 더해지므로 君臣間〈과 같은〉 義도 있다.

父母生之하시니 續[1)]莫大焉이요

1) 續 : 고문본에는 '績'으로 되어 있다. 이에 따르면 이 구는 "功績이 이보다 클 수 없고"라는 말이 된다.

부모가 낳아 주시니 代를 이음이 이보다 중대할 수 없고,

【注】 父母生子하야 傳體相續하나니 人倫之道가 莫大於斯라

부모가 자식을 낳음으로써 신체를 전하여 서로 代를 이으므로, 사람들 사이의 관계 중에 이보다 더 중대한 것은 없다.

君親臨之하시니 厚莫重焉이로다

임금처럼 어버이가 〈존엄히〉 임하시니 두터운 〈은혜와 의리가〉 이보다 중할 수 없다.

【注】 謂父爲君하야 以臨於己하니 恩義之厚가 莫重於斯라

'아버지가 임금 〈같은 존재가〉 되어 나에게 임하므로 두터운 은혜와 의리가 이보다 중할 수 없다.'라는 말이다.

【疏】 '父子'至'重焉' ○ 正義曰 : 此言父子恩親之情, 是天生自然之道. 父以尊嚴臨子, 子以親愛事父. 尊卑旣陳, 貴賤斯位, 則子之事父, 如臣之事君. 易稱 "乾元資始", "坤元資生"[1]. 又論語曰 "子生三年, 然後免於父母之懷." 是父母生己, 傳體相續, 此爲大焉. 言有父之尊同君之敬, 恩義之厚, 此最爲重也.

1) 乾元資始 坤元資生 : ≪주역≫ 乾卦 卦象의 彖辭에 '위대하다 乾의 元이여, 만물이 取하여 시작되나니'라고 한 것과, 곤괘 괘상의 단사에 '지극하다 坤의 元이여, 만물이 取하여 생겨나나니'라고 한 것을 축약한 말이다.

經의 〔父子〕부터 〔重焉〕까지

○ 正義曰 : 이는 '아버지와 자식 간의 은혜롭고 친밀한 정은 하늘이 낸 자연적인 도리이지만, 아버지는 자식에게 존엄히 임하고 자식은 아버지를 친밀히 사랑하여 섬긴다. 尊卑가 드러나 貴賤의 구분이 자리 잡으므로, 자식이 아버지를 섬기는 것이 신하가 임금을 섬기는 것과 같다.'라는 말이다.

≪주역≫에 "〈만물이〉 乾德의 元(큰 시작)을 취하여 시작된다."라고 하고, "〈만물이〉 坤德의 元을 취하여 생겨난다."라고 하였고, 또 ≪論語≫ 〈陽貨〉에 "자식이 태어나 3년이 지난 뒤에야 부모의 품을 벗어난다."라고 하였다. 이처럼 부모가 나를 낳음으로써 신체를 전하여 代를 이어주므로, 이 관계가 중대한 것이다.

'아버지에 대한 존경이 임금에 대한 공경과 같으므로 두터운 은혜와 의리가 여기(아버지와 자식의 관계)에서 가장 중하다.'라는 말이다.

【疏】○注'父子'至'之義' ○正義曰：云"父子之道 天性之常"者，父子之道，自然慈孝，本乎天性，則生愛敬之心，是常道也. 云"加以尊嚴 又有君臣之義"者，言父子相親本於天性，慈孝生於自然，旣能尊嚴於親，又有君臣之義. 故易家人卦曰"家人有嚴君焉，父母之謂也." 是謂父母爲嚴君也.

○注의 〔父子〕부터 〔之義〕까지

○正義曰：〔父子之道 天性之常〕아버지와 자식 간에 저절로 자애하고 효도하는 도리가 있는 것은 천성에 근본하므로, 사랑과 공경의 마음이 생기는 것은 常道(일반적인 이치)이다.

〔加以尊嚴 又有君臣之義〕'아버지와 자식이 서로 친밀한 것은 천성에 근본하므로 자애와 효성이 저절로 생기고, 어버이를 존경할 수 있으므로 또 君臣間〈과 같은〉 義도 있다.'라는 말이다. 이 때문에 ≪周易≫ 家人卦에 "집안 사람에게 엄한 임금이 있으니, 부모를 말한다."라고 하였으니, 이는 부모를 일컬어 엄한 임금이라고 한 것이다.

【疏】○注'父母'至'於斯' ○正義曰：案說文云 "續，連也." 言子繼於父母，相連不絶也. 易稱 "生生之謂易." 言後生次於前也. 此則傳續之義也.

○注의 〔父母〕부터 〔於斯〕까지

○正義曰：살펴보건대 ≪說文解字≫에 "續은 連(이음)이다."라고 하였다. '자식이 부모를 이어 서로 끊임없이 〈代를〉 잇는다.'는 말이다. ≪周易≫ 〈繫辭 上〉에 "낳고 낳는 것을 易이라 한다."라고 하였으니, 뒤에 태어나는 것이 앞의 것 다음에 있다는 말이다. 이는 곧 전하여 잇는다는 뜻이다.

【疏】○注'謂父'至'於斯' ○正義曰：上引家人之文，言人子之道，於父母有嚴君之義. 此章旣陳聖治，則事繫於人君也. 案禮記文王世子稱 "昔者周公攝政，抗世子法於伯禽，使之與成王居，欲令成王之知父子君臣之義. 君之於(太)〔世〕[1]子也，親則父也，尊則君也. 有父之親，有君之尊，然後兼天下而有之"者，言旣有天性之恩，又有君臣之義，厚重莫過於此也.

1) (太)〔世〕：저본에는 '太'로 되어 있으나, ≪禮記≫ 〈文王世子〉에 의거하여 '世'로 바로잡았다.(阮元의 〈校勘記〉 참조)

○注의 〔謂父〕부터 〔於斯〕까지

○ 正義曰 : 앞에서 ≪周易≫ 家人卦의 글을 인용하여, 자식의 도리는 부모에 대해 임금을 존엄히 받드는 것과 같은 도리가 있음을 말하였다. 이 章에서는 이미 聖人의 다스림을 진술했으므로, 일이 임금과 관계가 있다. 살펴보건대 ≪禮記≫ 〈文王世子〉에 "옛날에 周公이 섭정할 때 世子의 법도를 들어 伯禽에게 적용하여 成王과 함께 거처하도록 했는데, 이는 成王으로 하여금 父子·君臣의 義를 알게 하려는 것이었다. 임금이 世子에 대해 가깝기로는 아버지이고 존귀하기로는 임금이므로, 아버지의 친밀함도 있고 임금의 존엄함도 있다. 그런 뒤에야 천하를 모두 소유할 수 있다."라고 한 것은 이미 천부적인 은정이 있고 또 君臣間의 義가 있으므로 〈그 관계의〉 두텁고 중함이 이보다 더할 수 없다는 말이다.

故不愛其親[1]而愛他人者를 謂之悖德[2]이요 不敬其親而敬他人者를 謂之悖禮니라

1) 故不愛其親 : 고문본에는 '故'가 '子曰'로 되어 있고, 여기서부터 뒤의 '其儀不忒'까지가 〈孝優劣章 第十二〉라는 제목으로 별도의 한 章이 되었다.
2) 悖德 : 본서 注疏의 풀이와 달리, 다음과 같은 해석도 통용됨을 밝혀 둔다. "우선 자기 어버이를 사랑하고 이를 미루어 남의 어버이를 사랑하는 것이 자연의 이치인데, 거꾸로 자기 어버이는 사랑하지 않으면서 남의 어버이를 사랑한다면 이는 이치에 어긋난다. 이를 悖德이라고 한다." 뒤의 悖理도 마찬가지이다.(鄭太鉉 譯註, ≪孝經大義≫, 傳統文化硏究會, 2009, 77~79쪽)

그러므로 자기 어버이를 사랑하지 않으면서 다른 사람들더러 〈그들의 어버이를〉 사랑하게 하는 것을 悖德이라 하고, 자기 어버이를 공경하지 않으면서 다른 사람들더러 〈그들의 어버이를〉 공경하게 하는 것을 悖禮라고 한다.

【注】 言盡愛敬之道然後에 施教於人이니 違此면 則於德禮爲悖也라

'사랑과 공경의 도리를 다한 뒤에 타인에게 가르침을 베푸는 것이니, 이를 어기면 德과 禮에 어긋난다.'라는 말이다.

以順이어늘 則逆이면 民無則焉[1]이니

1) 以順……民無則焉 : 고문본에는 '以訓則昏 民亡則焉(이것을 가르치면 昏亂하여 백성들이 본

받을 것이 없으니)'으로 되어 있다.

〈교화를 행할 때는 백성들의 마음을〉 따라야 하는데 거스르면 백성들이 본받을 것이 없으니,

【注】 行教엔 以順人心이어늘 今自逆之면 則下無所法則也라

교화를 행할 때는 사람들의 마음을 따라야 하는데 지금 스스로 이를 거스르면 아랫사람들이 본받을 것이 없다.

不在[1)]於善이요 而皆在於凶德하야

1) 在 : 고문본에는 '宅'으로 되어 있다. 의미는 같다.

〈그 마음이〉 善에 있지 않고 모두 凶德에 있어서

【注】 善은 謂身行愛敬也요 凶은 謂悖其德禮也라

善은 몸소 사랑과 공경을 행함을 말하고, 凶은 德과 禮에 어그러짐을 말한다.

雖得之[1)]라도 君子不貴[2)]也니라

1) 之 : 고문본에는 '志'로 되어 있다.
2) 不貴 : 고문본에는 '弗從(따르지 않는다)'으로 되어 있다.

비록 〈사람들의 윗자리에서〉 뜻을 이루어 〈쫓겨나지 않는다〉 하더라도 군자는 귀하게 여기지 않는다.

【注】 言悖其德禮면 雖(德)〔得〕[1)]志於人上이라도 君子之不貴也라

1) (德)〔得〕 : 저본에는 '德'으로 되어 있으나, 嘉靖本・汲古閣本・四庫全書本에 의거하여 '得'으로 바로잡았다.

'德과 禮에 어그러진다면, 비록 사람들의 윗자리에서 뜻을 이루어 〈쫓겨나지 않는다〉 하더라도 이는 군자가 귀하게 여기지 않는 것이라는 말이다.

【疏】'故不'至'貴也' ○ 正義曰 : 此說愛敬之失悖於德禮之事也. 所謂"不愛敬其親"者, 是君上不能身行愛敬也. "而愛他人敬他人"者, 是教天下行愛敬也. 君自不行愛敬, 而使天下人行, 是謂悖德悖禮也. 唯人君合行政教, 以順天下人心. 今則自逆不行, 翻使天下之人法行於逆道, 故人無所法則. 斯乃不在於善, 而皆在於凶德. 在謂心之所在也, 凶謂凶害於德也. 如此之君, 雖得志於人上, 則古先哲王聖人君子之所不貴也.

經의 〔故不〕부터 〔貴也〕까지

○ 正義曰 : 이는 사랑과 공경이 잘못되어 德과 禮에 어그러지는 일을 말한 것이다. '자기 어버이를 사랑하지 않고 공경하지 않는다.'는 것은 임금이 몸소 사랑과 공경을 행하지 못하는 것이고, '다른 사람들더러 〈그들의 어버이를〉 사랑하고 공경하게 한다.'는 것은 천하 〈사람들〉로 하여금 사랑과 공경을 행하게 하는 것이다.

임금 자신은 사랑과 공경을 행하지 않으면서 천하 사람들로 하여금 행하게 하는 것, 이것을 悖德, 悖禮라고 한다. 오직 임금이 政教를 행하여 천하 사람들의 마음을 따라야 한다. 그런데 지금 〈임금〉 자신이 거스르고 행하지 않아서, 도리어 천하 사람들로 하여금 도리에 위배되는 일을 본받아 행하도록 하기 때문에, 사람들이 본받을 것이 없다. 이는 〈마음이〉 善에 있지 않고 모두 凶德에 있는 것이다.

'있다〔在〕'는 것은 마음이 〈어디에〉 있음을 말하고, 凶은 德에 흉한 해가 된다는 말이다. 이와 같은 임금은 비록 사람들의 윗자리에서 뜻을 이루어 〈쫓겨나지 않는다〉 하더라도 옛날의 명철한 황제와 聖人君子가 귀히 여기지 않았던 것이다.

【疏】 ○ 注'言盡'至'悖也' ○ 正義曰 : 云"言盡愛敬之道 然後施教於人"者, 此孔傳也, 則天子章言 "愛敬盡於事親, 而德教加於百姓", 是也. 云"違此 則於德禮爲悖也"者, 案禮記大學云 "堯舜率天下以仁, 而民從之. 桀紂率天下以暴, 而民從之. 其所令反其所好, 而民不從. 是故君子有諸己而后求諸人, 無諸己而后非諸人. 所藏乎身不恕, 而能喩諸人者, 未之有也." 是知人君若(達)〔違〕此, 〔不〕[1]盡愛敬之道, 而教天下人行愛敬, 是悖逆於德禮也.

1) (達)〔違〕此 〔不〕 : 저본에는 '達此'로 되어 있으나, 閔本・監本・毛本에 의거하여 '達'을 '違'로 바로잡고 '此' 뒤에 '不'을 보충하였다.(阮元의 〈校勘記〉 참조)

○ 注의 〔言盡〕부터 〔悖也〕까지

○ 正義曰 : 〔言盡愛敬之道 然後施教於人〕 이는 孔安國의 傳이다. 곧 〈天子章〉에 말

한 "사랑과 공경을 어버이 섬기는 데에 다하면 德敎가 백성들에게 입혀진다."는 것이 이것이다.

〔違此 則於德禮爲悖也〕 살펴보건대 ≪禮記≫ 〈大學〉에 다음과 같은 내용이 있다.

"堯임금과 舜임금이 仁을 행하여 천하를 이끌자 백성들이 〈그 仁을〉 따랐고(본받았고), 桀王과 紂王이 포악함을 행하여 천하를 이끌자 백성들이 〈그 폭악함을〉 따랐다(본받았다). 임금이 명령하는 것이 자기가 좋아하는 것과 반대이면 백성들이 따르지 않는다. 이 때문에 군자는 자신에게 〈善行이〉 있은 뒤에 남에게도 그것을 요구하고, 자신에게 〈惡行이〉 없은 뒤에 남에게 있는 그것을 비난한다. 자기 몸에 품은 것을 '남에게 미루어 적용〔恕〕'하지 않고서 남을 깨우칠 수 있는 사람은 있지 않다."

여기에서 '임금이 만약 이를 어겨 사랑과 공경의 도리를 다하지 않으면서 천하 사람들로 하여금 사랑과 공경을 행하게 한다면 이는 德과 禮를 거스르는 것이 됨'을 알 수 있다.

【疏】 ○ 注'善謂'至'禮也' ○ 正義曰 : 云"善謂身行愛敬也"者, 謂身行愛敬, 乃爲善也. 云"凶謂悖其德禮也"者, 悖猶逆也. 言逆其德禮, 則爲凶也.

○ 注의 〔善謂〕부터 〔禮也〕까지

○ 正義曰 : 〔善謂身行愛敬也〕 몸소 사랑과 공경을 행해야만 善이 된다는 말이다.

〔凶謂悖其德禮也〕 悖는 逆(거스름)과 같다. 德과 禮를 거스르면 凶함이 된다는 말이다.

【疏】 ○ 注'言悖'至'貴也' ○ 正義曰 : 云"悖其德禮"者, 此依魏注也, 謂人君不行愛敬於其親. 鄭注云 "悖若桀紂", 是也. 云"雖得志於人上(者)[1] 君子之不貴也"者, 言(君子)〔人君〕[2]如此, 是雖得志, 居臣人之上, 幸免簒逐之禍, (言)〔亦〕[3]聖人君子之所不貴, 言賤惡之也.

1) (者) : 저본에는 '者'가 있으나, 이에 해당하는 御注에 의거하여 삭제하였다.(阮元의 〈校勘記〉 참조)

2) (君子)〔人君〕 : 저본에는 '君子'로 되어 있으나, 浦鏜의 ≪十三經注疏正字≫에 의거하여 '人君'으로 바로잡았다.(阮元의 〈校勘記〉 참조)

3) (言)〔亦〕 : 저본에는 '言'으로 되어 있으나, 浦鏜의 ≪十三經注疏正字≫에 의거하여 '亦'으로 바로잡았다.(阮元의 〈校勘記〉 참조)

○ 注의 〔言悖〕부터 〔貴也〕까지

○ 正義曰 : 〔悖其德禮〕 이는 魏眞克의 注를 따른 것이다. 임금이 자기 어버이에게 공경과 사랑을 행하지 않는다는 말이다. 정현의 注에 "도리에 어긋남이 桀王·紂王과 같다."라고 한 것이 이것이다.

〔雖得志於人上 君子之不貴也〕 '임금이 이와 같으면 이는 비록 뜻을 이루어 신하와 백성들의 윗자리를 차지한 채 요행히 왕위를 빼앗겨 쫓겨나는 재앙을 면한다 하더라도 聖人君子가 귀하게 여기지 않는 것이다.'라고 했으니, 천시하고 미워한다는 말이다.

君子則不然하야

군자는 그렇지 않아서

【注】 不悖德禮也라

德과 禮를 거스르지 않는다.

言思可道하고 行思可樂하야

말할 때는 말할 만한지를 생각하고, 행동할 때는 〈사람들이〉 즐거워할 만한지를 생각하여,

【注】 思可道而後言하면 人必信也요 思可樂而後行하면 人必悅也라

말할 만한지를 생각한 뒤에 말하면 사람들이 반드시 믿고, 〈사람들이〉 즐거워할 만한지를 생각한 뒤에 행동하면 사람들이 반드시 기뻐한다.

德義可尊하고 作事可法하며

道德과 道義가 존숭할 만하고, 〈法式을〉 만들고 시행하는 것이 본받을 만하며,

【注】 立德行義가 不違道正이라 故可尊也요 制作事業이 動得物宜라 故可法也라

도덕을 세우고 도의를 행하는 것이 도리와 바름에 어긋나지 않기 때문에 존숭할 만하고, 〈法式을〉 만들고 시행하는 것이 매번 사리에 맞기 때문에 본받을 만하다.

容止可觀하고 **進退可度**하야

몸가짐이 볼 만하고, 일상적인 행위가 법도가 될 만하여,

【注】 容止는 威儀也니 必合規矩면 則可觀也요 進退는 動靜也니 不越禮法이면 則可度也라

容止는 威儀(위엄 있고 예법에 맞는 행동거지)이니, 반드시 규범에 맞게 하면 볼 만하게 된다. 進退는 動靜(일상적인 행위)이니, 禮法을 벗어나지 않으면 법도가 될 만하게 된다.

以臨其民이라 **是以**로 **其民畏而愛之**하야 **則而象之**하나니라

그 백성에게 임한다. 그러므로 그 백성이 경외하고 사랑하여, 준칙으로 삼아 본받는다.

【注】 君行六事하야 臨撫其人이면 則下畏其威하고 愛其德하야 皆放象於君也라

임금이 〈앞에 말한〉 여섯 가지 일을 행하면서 백성들에게 임하여 다스리면 아랫사람들이 그(임금의) 위엄을 경외하고 그 덕을 사랑하여 모두 임금을 본받는다.

故能成其德教하고 **而行其政令**하나니라

이 때문에 그 德教를 완성하고 그 政令을 행할 수 있다.

【注】 上正身以率下하야 下順上而法之면 則德教成하고 政令行也라

윗사람이 몸가짐을 바르게 하여 아랫사람을 이끌어서, 아랫사람들이 윗사람을 따르고 본받으면, 德教가 이루어지고 政令이 시행된다.

【疏】 '君子'至'政令' ○ 正義曰：前說爲君而爲悖德禮之事, 此言聖人君子則不然也. 君子者, 須愼其言行・動止・擧措. 思可道而後言, 思可樂而後行, 故德義可以尊崇, 作業可以爲法, 威容可以觀望, 進退皆脩禮法. 以此六事, 君臨其民, 則人畏威而親愛之, 法則而象效之. 故德教以此而成, 政令以此而行也.

經의 〔君子〕부터 〔政令〕까지

○ 正義曰 : 앞에서는 임금이면서 德과 禮에 어긋난 일을 하는 경우를 말하였고, 여기

서는 성인군자는 그렇게 하지 않음을 말하였다. 군자는 말과 행동, 일상적인 행위, 몸가짐을 삼가야 한다. 말할 만한지를 생각한 뒤에 말하고 〈사람들이〉 즐거워할 만한지를 생각한 뒤에 행동하기 때문에, 도덕과 도의가 존숭할 만하고 〈법식을〉 만들고 시행하는 것이 본받을 만하며 몸가짐이 볼 만하고 일상적인 행위가 모두 예법에 맞다. 이 여섯 가지 일을 갖추어 백성에게 임금으로서 임하면 사람들이 임금의 위엄을 경외하고 친애하여, 준칙으로 삼아 본받는다. 따라서 德教가 이로 인해 이루어지고 政令이 이로 인해 시행된다.

【疏】 ○ 注'不悖德禮也' ○ 正義曰：此依魏注也. 言君子擧措皆合德禮, 無悖逆也.

○ 注의 〔不悖德禮也〕

○ 正義曰：이는 魏眞克의 注를 따른 것이다. '君子는 행동거지가 모두 德과 禮에 부합하여 도리에 어긋나는 일이 없다.'라는 말이다.

【疏】 ○ 注'思可'至'悅也' ○ 正義曰：言者, 心之聲也, 思者, 心之慮也. 可者, 事之合也, 道者, 陳說也. 行謂施行也, 樂謂使人悅服也. 禮記中庸稱 "天下至聖, 言而民莫不信, 行而民莫不說"[1]也.

1) 天下至聖……行而民莫不說：≪禮記≫ 〈中庸〉에서 발췌 인용한 것이다.

○ 注의 〔思可〕부터 〔悅也〕까지

○ 正義曰：말은 마음의 소리이고, 생각은 마음속의 생각이다. '可(할 만하다)'는 일이 합당한 것이고, 道(말할 도)는 말하는 것이다. 行은 시행함을 말하고, 樂은 사람들을 悅服시킴을 말한다. ≪禮記≫ 〈中庸〉에 "천하의 지극한 聖人은, 말하면 백성들이 믿지 않는 것이 없고, 행동하면 백성들이 기뻐하지 않는 것이 없다."라고 하였다.

【疏】 ○ 注'立德'至'可法也' ○ 正義曰：(此)〔云〕[1]"立德行義 不違道正 故可尊也"者, 此依孔傳也. 劉炫云 "德者, 得於理也. 義者, 宜於事也. 得理在於身, 宜事見於外." 謂理得事宜, 行道守正, 故能爲人所尊也. (知)〔云〕[2]"制作事業 動得物宜 故可法也"者, 作謂造立也, 事謂施爲也. 易曰 "擧而措之天下之民, 謂之事業." 言能作衆物之端, 爲器用之式, 造立於己, 成式於物, 物得其宜, 故能使人法象也.

1) (此)〔云〕：저본에는 '此'로 되어 있으나, 薈要本 및 浦鏜의 ≪十三經注疏正字≫에 의거

하여 '云'으로 바로잡았다.(阮元의 〈校勘記〉 참조)

2) (知)〔云〕: 저본에는 '知'로 되어 있으나, 薈要本에 의거하여 '云'으로 바로잡았다.

○ 注의 〔立德〕부터 〔可法也〕까지

○ 正義曰 : 〔立德行義 不違道正 故可尊也〕 이는 공안국의 傳을 따른 것이다. 劉炫이 "德은 이치를 얻은 것이고, 義는 일에 마땅한 것이다. 이치를 얻은 것은 몸에 존재하고, 일에 마땅한 것은 밖에 드러난다."라고 하였다. '이치가 얻어지고 일이 마땅하게 되어 도리를 행하고 바름을 지키기 때문에 사람들에게 존경을 받을 수 있게 된다.'는 말이다.

〔制作事業 動得物宜 故可法也〕 作은 〈法式을〉 만들어 세움을 말하고, 事는 시행함을 말한다. ≪周易≫ 〈繫辭傳 上〉에 "〈형이상의 道와 형이하의 器 및 變과 通을〉 들어 천하의 백성에게 시행하는 것을 事業이라고 한다."라고 하였다. '뭇 사물의 기본(도량형)을 만들어 器用의 法式으로 삼고 자신에게 〈원칙을〉 만들어 세워 타인에게 법식이 되면 〈모든〉 사물이 사리에 맞게 된다. 이 때문에 사람들로 하여금 본받게 할 수 있다.'라는 말이다.

【疏】 ○ 注'容止'至'度也' ○ 正義曰 : "容止 威儀也 必合規矩 則可觀也"者, 此依孔傳也. 容止謂禮容所止也, 漢書儒林傳[1]云 "魯徐生善爲容, 以容爲禮官大夫", 是也. 威儀卽儀禮也, 中庸云 "威儀三千", 是也. 春秋左氏傳曰 "有威而可畏, 謂之威, 有儀而可象, 謂之儀."[2] 言君子有此容止威儀, 能合規矩. 案禮記玉藻云 "周還中規, 折還中矩." 鄭云 "反行也宜圜, 曲行也宜方." 是合規矩, 故可觀. 云"進退 動靜也"者, 進則動也, 退則靜也. 案易乾文言曰 "進退無常, 非離群也."[3] 又艮卦彖曰 "時止則止, 時行則行, 動靜不失其時, 其道光明." 是進退則動靜也. 云"不越禮法 則可度也"者, 動靜不乖越禮法, 故可度也.

1) 漢書儒林傳 : 이 뒤에 인용된 문구가 실은 이 자료보다 ≪史記≫ 권121 〈儒林列傳 徐生〉의 문구와 더 잘 합치하고 또 시대도 앞선다.
2) 有威而可畏……謂之儀 : ≪春秋左氏傳≫ 襄公 31년조에 보인다.
3) 進退無常 非離群也 : ≪周易≫ 乾卦 九四爻에 대한 〈文言傳〉에는 '常'이 '恒'으로 되어 있다.

○ 注의 〔容止〕부터 〔度也〕까지

○ 正義曰 : 〔容止 威儀也 必合規矩 則可觀也〕 이는 공안국의 傳을 따른 것이다. 容止는 禮容(예법에 맞는 행동거지)이 그치는〔止〕 곳이다. ≪漢書≫ 〈儒林列傳〉에 "魯나라 徐生이 몸가짐〔容〕을 〈예법에 맞게〉 잘 지녀서, 몸가짐〔容〕으로 禮官大夫가 되었다."라고 한 것이 그 예이다. 威儀는 곧 儀禮이니, ≪中庸≫에 '威儀가 3천 가지'라고 한 것이 그 예이다. ≪春秋左氏傳≫에 "위엄이 있어 경외할 만한 것을 威라고 하고, 禮儀가 있어 본받을 만한 것을 儀라고 한다."라고 하였다. '군자가 이러한 몸가짐과 威儀(위엄 있고 예법에 맞는 행동거지)를 지니면 규범에 맞을 수 있다.'라고 한 것이다.

살펴보건대 ≪禮記≫ 〈玉藻〉에 "둥글게 돌아 〈되돌아 올〉 때는 圓形에 맞고, 〈옆으로〉 꺾어서 갈 때는 곱자에 맞는다."라고 하였는데, 정현이 "되돌아 올 때는 〈동선을〉 둥글게 해야 하고, 꺾어서 갈 때는 〈동선을〉 당연히 모나게 해야 한다."라고 하였다. 이렇게 하면 규범에 맞기 때문에 볼 만하다.

〔進退 動靜也〕 進은 움직이는 것이고, 退는 고요히 있는 것이다. 살펴보건대 ≪周易≫ 乾卦의 〈文言傳〉에 "나아가고〔進〕 물러남〔退〕이 일정하지 않은 것은 同類를 떠나 〈홀로 쓸쓸히 지내는〉 것이 아니다."라고 하였고, 또 艮卦의 彖辭에 "때가 멈출 만한 때이면 멈추고, 때가 갈 만한 때이면 가서, 움직이거나〔動〕 고요히〔靜〕 있는 것이 적합한 때를 잃지 않으니, 그 道가 밝게 빛난다."라고 하였다. 여기서 '進退'는 곧 '動靜'의 뜻이다.

〔不越禮法 則可度也〕 움직이거나 고요히 있는 것이 예법에 어긋나지 않기 때문에 법도가 될 만한 것이다.

【疏】 ○ 注'君行'至'君也' ○ 正義曰 : 云"君行六事 臨撫其人"者, 言君施行六事, 以臨撫下人. 六事卽"可度"以上之事有六也. 云"則下畏其威 愛其德 皆放象於君也"者, 案左傳北宮文子對衛侯說威儀之事, 稱"有威而可畏, 謂之威, 有儀而可象, 謂之儀. 君有君之威儀, 其臣畏而愛之, 則而象之."[1] 又因引周書數文王之德曰"'大國畏其力, 小國懷其德', 言畏而愛之也. 詩云 '不識不知, 順帝之則'. 言則而象之也." 又云 "君子在位可畏, 施舍可愛, 進退可度, 周旋可則, 容止可觀, 作事可法, 德行可象, 聲氣可樂, 動作有文, 言語有章, 以臨其下, 謂之有威儀也." 據此, 與經雖稍殊別, 大抵皆敍君之威儀也. 故經引詩云 "其儀不忒", 其義同也.

1) 有威而可畏……則而象之 : ≪춘추좌씨전≫ 襄公 31년조에 보인다. 아래의 두 인용문도 마찬가지이다. 北宮文子는 춘추시대 衛나라의 대부로, 이름은 佗이다.

○ 注의 〔君行〕부터 〔君也〕까지

○ 正義曰 : 〔君行六事 臨撫其人〕 '임금이 여섯 가지 일을 행하면서 아랫사람들에게 임하여 다스린다.'라는 말이다. 여섯 가지 일은 곧 '可度(법도가 될 만하여)' 이전의 일이 여섯 가지인 것이다.

〔則下畏其威 愛其德 皆放象於君也〕 살펴보건대 ≪춘추좌씨전≫에서 北宮文子가 衛侯에게 威儀에 대해 다음과 같이 설명하였다.

"위엄이 있어 경외할 만한 것을 威라 하고, 禮儀가 있어 본받을 만한 것을 儀라고 한다. 임금에게 임금다운 威儀가 있으면 신하가 경외하고 사랑해서 준칙으로 삼아 본받는다."

또 이어서 ≪周書(逸周書)≫에서 文王의 덕을 열거한 대목을 인용하여 "'큰 나라는 그 힘을 두려워하고 작은 나라는 그 은덕을 그리워한다.'라고 한 것이 경외하고 사랑한다는 말이다. ≪詩經≫ 〈大雅 皇矣〉에 '古今의 일을 아무것도 모른 채 天帝의 법칙만을 따랐다.'라고 한 것이 준칙으로 삼아 본받았다는 말이다."라고 하고, 또 다음과 같이 말하였다.

"君子(文王)는 帝位에 있는 모습이 경외할 만하고, 은혜를 베푸는 것이 사랑할 만하며, 나아가거나 물러나는 것이 법도가 될 만하고, 禮를 행하는 동작이 준칙이 될 만하며, 예법에 맞는 몸가짐과 행동거지가 볼 만하고, 일을 하는 것이 규범이 될 만하며, 덕행이 본받을 만하고, 음성이 〈사람들을〉 즐겁게 할 만하며, 動作에 禮節〔文〕이 있고, 언어에 조리〔章〕가 있었다. 이런 것들을 갖추어 그 아랫사람들에게 임하는 것을 威儀가 있다고 한다."

이에 근거할 때, 〈이 인용문이〉 經文과 비록 다소 다르기는 하나 대체로 다 임금의 威儀를 서술한 것이다. 이 때문에 경문에서 ≪시경≫을 인용하여 "그 威儀가 〈법도에〉 어긋나지 않는구나."라고 한 것이니, 그 뜻이 같다.

【疏】 ○ 注'上正'至'行也' ○ 正義曰 : 云"上正身以率下"者, 此依孔傳也. 論語 "孔子對季康子曰 '子率以正, 孰敢不正.'" 又曰 "其身正, 不令而行." 是正其身之義也. 云"下順上而法之"者, 言正其身以率下, 則下人皆從之, 無不法. "則德敎成 政令行也"者, 言風化當如此也.

○ 注의 〔上正〕부터 〔行也〕까지

○ 正義曰 : 〔上正身以率下〕 이는 공안국의 傳을 따른 것이다. ≪論語≫ 〈顔淵〉에서 "孔

子가 季康子에게 대답하기를 '그대가 바름을 행하여 이끈다면 누가 감히 바르지 않겠는가.'라고 했다."고 하고, 또 〈子路〉에 "자기 자신이 바르면 명령하지 않아도 시행되고"라고 하였다. 이는 윗사람이 몸가짐을 바르게 한다는 뜻이다.

〔下順上而法之〕 '윗사람이 몸가짐을 바르게 하여 아랫사람을 이끌면 아랫사람들이 모두 따라서 본받지 않는 자가 없게 된다.'라는 말이다.

〔則德教成 政令行也〕 風化가 당연히 이와 같이 된다는 말이다.

詩云 淑人君子여 其儀不忒이로다하니라

≪시경≫에 "'善한 사람 군자여, 그 威儀가 〈법도에〉 어긋나지 않는구나.'라고 하였다."

【注】 淑은 善也요 忒은 差也라 義取君子威儀不差하여 爲人法則이라

淑은 善(착함)이고, 忒은 差(어긋남)이다. '군자의 위의가 〈법도에〉 어긋나지 않아서 사람들에게 준칙이 된다.'는 뜻을 취한 것이다.

【疏】 '詩云'至'不忒' ○ 正義曰 : 夫子述君子之德旣畢, 乃引曹風鳲鳩之詩, 以贊美之. 言善人君子威儀不差失也.

經의 〔詩云〕부터 〔不忒〕까지

○ 正義曰 : 夫子(孔子)가 君子의 德에 대한 서술을 마치고 나서 ≪詩經≫ 〈曹風 鳲鳩〉의 시를 인용하여 찬미하였다. '善한 사람 군자는 그 威儀가 〈법도에〉 어긋나지 않았다.'라는 말이다.

【疏】 ○ 注'淑善'至'法則' ○ 正義曰 : 云"淑 善也 忒 差也" 此依鄭注也. "淑, 善", 釋詁文. 釋言云"爽, 差也. 爽, 忒也." 轉互相訓, 故忒得爲差也. 云"義取君子威儀不差 爲人法則"者, 亦言引詩大意如此也.

○ 注의 〔淑善〕부터 〔法則〕까지

○ 正義曰 : 〔淑 善也 忒 差也〕 이는 정현의 注를 따른 것이다. "淑은 善(착함)이다."는 ≪爾雅≫ 〈釋詁〉의 글이다. ≪爾雅≫ 〈釋言〉에 "爽은 差(어긋남)이다. 爽은 忒(어긋남)이다."라고 하였으므로 〈이 세 글자는〉 순서를 돌아가며 서로 訓이 된다. 따라서 忒의 訓이

差(어긋남)가 될 수 있다.

〔義取君子威儀不差 爲人法則〕 이 또한 〈≪시경≫의 이〉 시를 인용한 大意가 이와 같다는 말이다.

孝經注疏 제6권

紀孝行章 第十

【疏】 正義曰：此章紀錄孝子事親之行也. 前章孝治天下, 所施政教, 不待嚴肅, 自然成理. 故君子皆由事親之心, 所以孝行有可紀也. 故以名章, 次聖(人)〔治〕[1]之後. 或於“孝行”之下, 又加“犯法”兩字, 今不取也.

1) (人)〔治〕: 저본에는 ‘人’으로 되어 있으나, 앞 章의 章名이 ‘聖治章’이므로 ‘治’로 바로잡았다.(阮元의 〈校勘記〉 참조)

正義曰 : 이 章은 孝子가 어버이를 섬기는 행실을 기록하였다. 앞 장(〈聖治章〉)에서, 〈聖人이〉 孝로 천하를 다스리자 시행하는 政事와 敎化를 엄중하고 엄숙히 하지 않아도 저절로 다스림이 이루어진 일을 말하였다. 그래서 군자가 모두 어버이 섬기는 마음을 말미암았으니, 이 때문에 기록할 만한 효행이 있었다. 이 때문에 이것(紀孝行)을 이 章의 이름으로 삼고 〈聖治章〉 뒤로 순서를 정한 것이다. 간혹 〈章名의〉 ‘孝行’ 아래에 또 ‘犯法’ 2자를 더하기도 하나 지금은 취하지 않는다.

子曰 孝子之事親也에 居則致其敬하고

孔子께서 말씀하셨다.
“孝子가 어버이를 섬길 적에 평상시에는 〈자식의〉 공경을 다하고,

【注】 平居에 必盡其敬이라

평상시에는 반드시 〈자식으로서의〉 공경을 다해야 한다.

養則致其樂하고

봉양할 때는 부모를 즐겁게 해드리고,

【注】 就養에 能致其懽이라

봉양할 적에는 부모를 기쁘게 해드릴 수 있어야 한다.

病則致其憂하고

병을 앓으실 때는 〈자식의〉 근심을 다하고,

【注】 色不滿容하고 行不正履라

얼굴에 和悅한 표정을 짓지 않고, 걸음을 똑바로 걷지 못한다.

喪則致其哀하고

喪事에는 〈자식의〉 슬픔을 다하고,

【注】 擗踊哭泣하야 盡其哀情이라

가슴을 치고 발을 구르고 哭하고 눈물을 흘리면서 〈자식으로서의〉 슬픔을 다한다.

祭則致其嚴이니

제사 지낼 때는 〈자식의〉 엄숙함을 다할 것이니,

【注】 齊戒沐浴하야 明發不寐니라

재계하고 목욕하고서 날이 밝도록 잠들지 않는다.

五者가 備矣然後에 能事親이니라

이 다섯 가지가 갖추어진 뒤에야 어버이를 잘 섬기는 것이 된다.

【注】 五者闕一이면 則未爲能이라

다섯 가지에서 하나라도 빠지면 〈어버이를〉 잘 섬긴다고 할 수 없다.

【疏】'子曰'至'事親' ○ 正義曰：致猶盡也. 言爲人子能事其親而稱孝者, 謂平常居處家之時也, 當須盡於恭敬, 若進飮食之時, 怡顔悅色, 致親之(孝)〔懽〕[1], 若親之有疾, 則冠者不櫛, 怒不至詈, 盡其憂謹之心, 若親喪亡, 則擗號毁瘠, 終其哀情也, 若卒哀之後, 終盡其祥練[2], 及春秋祭祀, 又當盡其嚴肅. 此五者, 無限貴賤, 有盡能備者, 是其能事親.

1) (孝)〔懽〕: 저본에는 '孝'로 되어 있으나, 이에 해당하는 御注에 '能致其懽'이라고 한 것과 浦鏜의 ≪十三經注疏正字≫에 의거하여 '懽'으로 바로잡았다.(阮元의 〈校勘記〉 참조)
2) 祥練 : 삼년상에서 練은 13개월째에 지내는 小祥, 祥은 25개월째에 지내는 大祥이고(≪周禮≫ 〈春官 大祝〉의 賈公彦 疏), 기년상에서 練은 11개월째에 지내는 소상, 祥은 13개월째 지내는 대상이다.(≪禮記≫ 〈雜記 下〉)

經의 〔子曰〕부터 〔事親〕까지

○ 正義曰 : 致는 盡(다함)과 같다. 자식이 어버이를 잘 섬겨 孝로 일컬어지는 경우를 말한 것이다. '평상시 집안에 거처할 때면 공경을 다하고, 음식을 올릴 때면 안색을 和悅하게 가져 어버이를 기쁘게 해드리고, 어버이에게 질병이 있을 때면 冠을 쓴 자(成人)는 머리를 빗지 않고 화가 나도 꾸짖지 않는 등 근심하고 조심하는 마음을 다하며, 어버이 喪을 당했을 때는 슬피 통곡하고 몸이 야위는 등 슬픔을 다하며, 卒哭(葬禮 후 三虞祭를 지낸 뒤에 곡을 끝낸다는 뜻으로 지내는 제사) 뒤에는 小祥과 大祥을 극진히 모시고 봄가을의 제사에 또 엄숙함을 다해야 한다. 이 다섯 가지는 貴賤의 제한이 없으니, 모두 갖출 수 있는 사람이 있다면 그런 사람은 어버이를 잘 섬기는 것이다.'라는 말이다..

【疏】○ 注'平居 必盡其敬' ○ 正義曰：此依王注也. 平居謂平常在家, 孝子則須恭敬也. 案禮記內則云"子事父母, 鷄初鳴, 咸盥漱, 至於父母之所, 敬進甘脆而后退."[1] 又祭義曰"養可能也, 敬爲難." 皆是盡敬之義也.

1) 子事父母……敬進甘脆而后退 : ≪禮記≫ 〈內則〉에서 발췌하고 요약하여 인용한 것이다.

○ 注의 〔平居 必盡其敬〕

○ 正義曰 : 이는 王肅의 注를 따른 것이다. 平居는 평상시 집안에 있을 때를 말하는데, 〈이때〉 효자는 공경해야 한다. 살펴보건대 ≪禮記≫ 〈內則〉에 "자식이 부모를 섬길 적에 첫닭이 울면 모두 〈일어나〉 세수하고 양치하고는 부모가 거처하는 곳으로 가서 맛난 음

식을 공경히 올린 다음 물러나온다."라고 하고, 또 ≪禮記≫ 〈祭義〉에 "봉양은 잘할 수 있어도 공경하기는 어렵다."라고 하였는데, 이것이 모두 공경을 다하는 내용이다.

【疏】 ○ 注'就養 能致其懽' ○ 正義曰 : 此依魏注也. 案檀弓曰 "事親有隱而無犯, 左右就養無方." 言孝子冬溫夏凊, 昏定晨省, 及進飮食以養父母, 皆須盡其敬安之心, 不然則難以致親之懽.

○ 注의 〔就養 能致其懽〕

○ 正義曰 : 이는 魏眞克의 注를 따른 것이다. 살펴보건대 ≪禮記≫ 〈檀弓〉에 "어버이를 섬길 적에 隱微한 諫言은 있어도 〈위엄을〉 犯하는 간언은 없어야 하며, 항상 좌우에서 봉양하면서 정해진 일이 없〈이 모든 일을 다 한〉다."라고 하였다. '효자는 겨울에는 따뜻하게 해드리고 여름에는 시원하게 해드리며, 저녁이면 이부자리를 펴 드리고 아침이면 문안을 드리며, 음식을 올려 부모를 봉양함에 있어 모두 공경하고 편안히 해드리려는 마음을 다해야 한다. 이렇게 하지 않으면 어버이를 기쁘게 해드리기 어렵다.'라는 말이다.

【疏】 ○ 注'色不'至'正履' ○ 正義曰 : 此依鄭注也. 案禮記文王世子云 "王季有不安節, 則內豎以告文王. 文王色憂, 行不能正履." 又下文 "此古之世子, 亦朝夕問於內豎, 其有不安(止)〔節〕[1], 世子色憂不滿容."[2] 此注減"憂"·"能"二字者. 以此章通於貴賤, 雖儗人非其倫, 亦擧重以明輕之義也.

1) (止)〔節〕: 저본에는 '止'로 되어 있으나, 閩本·監本·毛本 및 ≪禮記≫ 〈文王世子〉에 의거하여 '節'로 바로잡았다.(阮元의 〈校勘記〉 참조)

2) 此古之世子……世子色憂不滿容 : ≪禮記≫ 〈文王世子〉에 인용된 '世子之記(세자의 기록)'의 내용을 발췌한 것이다.

○ 注의 〔色不〕부터 〔正履〕까지

○ 正義曰 : 이는 정현의 注를 따른 것이다. 살펴보건대 ≪禮記≫ 〈文王世子〉에 "王季의 건강이 좋지 못하면 내시가 文王에게 고하였다. 〈그러면〉 문왕은 얼굴빛이 근심스러워지고 '걸음을 똑바로 걷지 못하였다.〔行不能正履〕'"라고 하였고, 또 그 뒤의 글에 "이는 옛 世子도 朝夕으로 내시에게 물었던 것이니, 〈父王의 건강이〉 좋지 못하면 세자는 '얼굴빛이 근심스러워져서 和悅한 표정이 나타나지 않았다.〔色憂不滿容〕'"라고 하였다.

이 注는 여기에서 '憂'와 '能' 2字를 뺀 것이다. 이 장의 내용은 貴賤에 공통되니, 비록 사람을 비긴 것이 등급 상 걸맞지 않기는 하나, 이 또한 重한 것을 들어 輕한 것을 밝히는 義例(저술의 범례 또는 체재)이다.

【疏】 ○ 注'擗踊'至'哀情' ○ 正義曰：此依鄭注也. 竝約喪親章文, 其義(奥)〔具〕[1]於彼.

1) (奥)〔具〕: 저본에는 '奥'로 되어 있으나, 浦鏜의 ≪十三經注疏正字≫에 의거하여 '具'로 바로잡았다.(阮元의 〈校勘記〉 참조)

○ 注의 〔擗踊〕부터 〔哀情〕까지

○ 正義曰：이는 정현의 注를 따른 것이다. 〈喪親章〉의 문장을 아울러 요약한 것으로, 그 내용은 저기(〈喪親章〉)에 상세하다.

【疏】 ○ 注'齋戒'至'不寐' ○ 正義曰：此皆說祭祀嚴敬之事也. 案祭義曰"孝子將祭, 夫婦齋戒, 沐浴盛服, 奉承而進之."[1] 言將祭必先齊戒沐浴也. 又云"文王之祭也, 事死如事生. 詩云'明發不寐, 有懷二人'[2], 文王之詩也." 鄭注云"明發不寐, 謂夜而至旦也. 二人謂父母也." 言文王之嚴敬祭祀如此也.

1) 孝子將祭……奉承而進之：≪禮記≫ 〈祭義〉에서 발췌 인용한 것이다. 이어지는 두 인용문도 마찬가지이다.

○ 注의 〔齋戒〕부터 〔不寐〕까지

○ 正義曰：이는 모두 제사를 엄숙하고 경건히 지내는 일을 말한 것이다. 살펴보건대 ≪禮記≫ 〈祭義〉에 "효자가 제사를 지내려 할 때는, 부부가 재계하고 목욕하고서 祭服을 차려 입고 祭需를 받들어 올린다."라고 하였으니, 제사를 지내려 할 때는 반드시 먼저 재계하고 목욕한다는 말이다. 또 〈祭義〉에 "문왕은 제사를 지낼 적에 돌아가신 어버이 섬기기를 살아계실 때처럼 하였다. ≪詩經≫ 〈小雅 小宛〉에 '날이 밝도록 잠들지 않고, 두 분을 생각하네.'라고 한 것이 문왕을 읊은 시이다."라고 하였는데, 〈이에 대한〉 정현의 注에 "날이 밝도록 잠들지 않았다는 것은 밤을 새워 아침에 이르렀다는 말이고, 두 분은 부모를 일컫는다."라고 하였으니, 문왕이 엄숙하고 경건히 제사를 지냄이 이와 같았다는 말이다.

【疏】 ○ 注'五者'至'爲能' ○ 正義曰：此依魏注也. 凡爲孝子者, 須備此五等事也. 五事若闕於一, 則未爲能事親也.

○ 注의 〔五者〕부터 〔爲能〕까지

○ 正義曰 : 이는 魏眞克의 注를 따른 것이다. 孝子로 일컬어지려면 이 다섯 가지 일을 갖추어야 한다. 다섯 가지 일 중 만약 한 가지라도 빠진다면 어버이를 잘 섬긴다고 할 수 없다.

事親者는 居上不驕하며

어버이를 섬기는 자는 윗자리에 있어서는 교만하지 않으며,

【注】 當莊敬以臨下也라

莊重하고 敬虔한 〈태도로〉 아랫사람에게 임해야 한다.

爲下不亂하며

아랫사람이 되어서는 난동을 부리지 않으며,

【注】 當恭謹以奉上也라

공순하고 삼가는 〈태도로〉 윗사람을 받들어야 한다.

在醜不爭하나니라

〈같은〉 무리에 있어서는 다투지 않는다.

【注】 醜는 衆也요 爭은 競也라 當和順以從衆也라

醜는 衆(무리)이고, 爭은 競(다툼)이다. 온화하고 良順한 〈태도로 같은〉 무리를 따라야 한다.

居上而驕則亡하고 爲下而亂則刑하고 在醜而爭則兵하나니

윗자리에 있으면서 교만하면 망하고, 아랫사람이 되어서 난동을 부리면 형벌을 받고, 같은 무리에 있으면서 다투면 兵器로 〈서로 해치게〉 되니,

【注】 謂以兵刃相加라

〈兵은〉 兵器의 날〔刃〕을 사용하여 서로 해침을 일컫는다.

三[1)]者不除면 雖日用三牲之養이라도 猶爲不孝也[2)]니라

1) 三 : 고문본에는 이 앞에 '此' 1자가 더 있다.
2) 猶爲不孝也 : 고문본에는 '繇爲弗孝也'로 되어 있다. 여기서 '繇'는 '猶'의 통용자로 같은 뜻이다.

이 세 가지를 없애지 않으면 비록 날마다 세 종류의 가축(소·양·돼지)을 잡아서 봉양하더라도 不孝가 된다."

【注】 三牲은 太牢也라 孝는 以不毁爲先이라 言上三事가 皆可亡身이니 而不除之면 雖日致太牢之養이라도 固非孝也라

三牲은 太牢(소·양·돼지)이다. 孝는 〈신체를〉 손상하지 않음을 우선으로 한다. '위의 세 가지 일이 모두 자기 몸을 죽일 수 있으므로, 이를 제거하지 않으면 비록 매일 태뢰의 봉양을 바치더라도 실로 孝가 아니다.'라는 말이다.

【疏】 '事親'至'孝也' ○ 正義曰 : 此言居上位者不可爲驕溢之事, 爲臣下者不可爲撓亂之事, 在醜輩之中不可爲忿爭之事. 是以居上須去驕, 不去則危亡也. 爲下須去亂, 不去則致刑辟. 在醜輩須去爭, 不去則兵刃或加於身. 若三者不除, 雖復日日能用三牲之養, 終貽父母之憂, 猶爲不孝之子也.

經의 〔事親〕부터 〔孝也〕까지

○ 正義曰 : 이는 '윗자리에 있는 자는 驕慢하고 自滿하는 일을 해서는 안 되고, 신하된 자는 질서를 어지럽히는 일을 해서는 안 되며, 〈같은〉 무리 안에서는 忿爭(성내어 다툼)하는 일을 해서는 안 된다. 그러므로 윗자리에 있을 때는 교만함을 제거해야 하니, 제거하지 않으면 망할 지경에 이르고, 아랫사람이 되어서는 난동을 부리는 행동을 제거해야 하니, 제거하지 않으면 형벌을 부르며, 같은 무리 안에서는 다툼을 제거해야 하니, 제거하지 않으면 兵器가 몸에 닥칠 수 있다. 만약 이 세 가지를 제거하지 않는다면 비록 날마다 三牲의 봉양을 사용하더라도 끝내는 부모에게 근심을 끼치게 되므로 오히려 불효자

가 된다.'라는 말이다.

【疏】 ○ 注'醜 衆也 爭 競也' ○ 正義曰：此依魏注也. "醜, 衆", 釋詁文. 左傳曰 "師競已甚."[1] 杜預云 "競猶爭也." 故注以競釋爭也.

1) 師競已甚：≪春秋左氏傳≫ 襄公 10년조에 보인다.

○ 注의〔醜 衆也 爭 競也〕

○ 正義曰：이는 魏眞克의 注를 따른 것이다. "醜는 衆이다."는 ≪爾雅≫ 〈釋詁〉의 문장이다. ≪春秋左氏傳≫의 "出兵하여 전쟁함〔競〕이 너무 심하다."에 대해 杜預가 "競은 爭(다툼)과 같다."라고 하였다. 이 때문에 注에 '競'으로 '爭'을 풀이한 것이다.

【疏】 ○ 注'謂以兵刃相加' ○ 正義曰：此依常義. 案左傳云 "晉范鞅用劍以帥卒."[1] 杜預曰 "用短兵接敵." 此則刃劍之屬, 謂之兵也. 必有刃, 堪害於人, 則左傳"齊莊公請自刃於廟", 是也. 言處儕衆之中而每事好爭競, 或有以刃相讐害也.

1) 晉范鞅用劍以帥卒：≪春秋左氏傳≫ 襄公 23년조에 보인다.

○ 注의〔謂以兵刃相加〕

○ 正義曰：이는 일반적인 뜻을 따른 것이다. 살펴보건대 ≪春秋左氏傳≫의 "晉나라 范鞅이 劍을 사용하여 군졸을 이끌었다."에 대해 杜預가 "짧은 병기〔兵〕를 사용하여 敵軍과 接戰한 것이다."라고 하였다. 이는 칼 따위를 兵(병기)이라고 한 것이다. 〈병기는〉 반드시 날〔刃〕이 있어서 사람을 해칠(죽일) 수 있으니, ≪춘추좌씨전≫의 '齊 莊公이 사당에서 자살〔自刃〕하게 해달라고 청했다.'는 것이 이 〈같은 例이다.〉 '같은 무리 안에 있으면서 매사에 다투기 좋아하면 간혹 칼을 사용하여 서로 원수처럼 危害하는 일이 있게 된다.'라는 말이다.

【疏】 ○ 注'三牲'至'非孝也' ○ 正義曰：云"三牲 太牢也"者, 三牲, 牛・羊・豕也. 案尙書召誥稱 "越翼日戊午, 乃社於新邑, 牛一・羊一・豕一." 孔云 "用太牢也." 是謂三牲爲太牢也. 云"孝 以不毁爲先"者, 則首章"不敢毁傷"也. 云"言上三事 皆可亡身"者, 謂上"居上而驕"・"爲下而亂"・"在醜而爭"之三事, 皆可喪亡其身命也. 云"而不除之 雖日致太牢之養 固非孝也"者, 言奉養雖優, 不除驕亂及爭競之事, 使親常憂, 故非孝也.

○ 注의 〔三牲〕부터 〔非孝也〕까지

○ 正義曰：〔三牲 太牢也〕 三牲은 소・양・돼지이다. 살펴보건대 ≪尙書≫ 〈召誥〉의 “이튿날인 戊午日에 새 도읍에서 社祭를 지냈는데, 소 한 마리, 양 한 마리, 돼지 한 마리 〈를 사용하였〉다.”라고 한 데 대해 孔安國이 “太牢를 사용한 것이다.”라고 하였다. 이는 三牲을 太牢라고 한 것이다.

〔孝 以不毁爲先〕 첫 章의 ‘〈부모에게 받은 신체를〉 감히 毁傷하지 않는 것’이다.

〔言上三事 皆可亡身〕 앞의 ‘윗자리에 있으면서 교만한 것’, ‘아랫사람이 되어서 난동을 부리는 것’, ‘같은 무리에 있으면서 다투는 것’ 등 세 가지 일이 모두 자기 몸을 죽이고 목숨을 잃게 할 수 있다는 말이다.

〔而不除之 雖日致太牢之養 固非孝也〕 봉양이 비록 넉넉하더라도 〈윗자리에 있으면서〉 교만하거나 〈아랫사람이 되어서〉 난동을 부리거나 〈같은 무리에 있으면서〉 다투는 일을 제거하지 않으면 어버이를 늘 근심시켜 드리게 되므로 효가 아니라는 말이다.

五刑章 第十一

【疏】正義曰：此章五刑之屬三千. 案舜命皐陶云"汝作士, 明于五刑[1]." 又禮記(問喪)〔服問〕[2]云"(喪多而服五, 罪多而刑五)〔罪多而刑五, 喪多而服五〕[3]." 以其服有親疏, 罪有輕重也, 故以名章. 以前章有驕亂忿爭之事, 言此罪惡, 必及刑辟, 故此次之.

1) 汝作士 明于五刑：≪尙書≫〈大禹謨〉에 보인다.
2) (問喪)〔服問〕：저본에는 '問喪'으로 되어 있으나, ≪禮記≫의 篇名에 의거하여 '服問'으로 바로잡았다.(阮元의 〈校勘記〉 참조)
3) (喪多而服五 罪多而刑五)〔罪多而刑五 喪多而服五〕：저본에는 '喪多而服五'가 '罪多而刑五' 앞에 있으나 ≪禮記≫〈服問〉에 의거하여 순서를 바로잡았다.(阮元의 〈校勘記〉 참조)

正義曰：이 章에서 말한 五刑은 그에 屬한 犯法 행위가 3천 가지이다. 살펴보건대 舜임금이 皐陶에게 명하기를 '네가 師士가 되어 五刑을 밝혀'라고 하였고, 또 ≪禮記≫〈服問〉에 "罪의 종류가 많지만 형벌은 다섯 가지이고, 喪의 종류가 많지만 喪服은 다섯 가지이다."라고 하였으니, 喪服에는 친소의 차이가 있고 罪에는 경중의 차이가 있는 것이다. 이 때문에 이것(五刑)을 이 章의 이름으로 삼았다.

앞 장(〈紀孝行章〉)에 〈윗자리에 있으면서〉 교만하거나 〈아랫사람이 되어서〉 난동을 부리거나 〈같은 무리에 있으면서〉 분노하여 다투는 일이 〈언급되어〉 있는데, 이러한 죄악은 반드시 형벌〈을 받는 데에〉 이름을 〈말하려〉 하였다. 이 때문에 이 장의 순서를 그 뒤로 정한 것이다.

子曰 五刑之屬이 三千이로되 而罪莫大於不孝니라

孔子께서 말씀하셨다.
"五刑에 속하는 犯法 행위가 3천 가지나 되지만 불효보다 큰 죄는 없다.

【注】五刑은 謂墨・劓(의)・剕・宮・大辟也라 條有三千이로되 而罪之大者는 莫過不孝라

五刑은 墨刑・劓刑・剕刑・宮刑・大辟이다. 〈이에 속하는 犯法 행위의〉 가짓수가 3천

이나 되지만 중대한 죄로는 불효죄보다 더한 것이 없다.

要君[1)]者는 無上이요

1) 要君 : 뭔가를 믿고서 임금에게 요구하여, 겉으로는 요청하는 듯하나 실제로는 협박하는 것을 말한다.

임금에게 강요하는 것은 윗사람을 업신여기는 짓이고,

【注】 君者는 臣之稟命也어늘 而敢要之면 是無上也라

임금은 신하가 〈그에게서〉 命을 받는 존재인데 감히 강요한다면 이는 윗사람을 업신여기는 것이다.

非聖人者는 無法이요

聖人을 비난하는 것은 법을 무시하는 짓이며,

【注】 聖人이 制作禮樂이어늘 而敢非之면 是無法也라

聖人이 예악을 제정했는데 감히 〈성인을〉 비난한다면 이는 법을 무시하는 것이다.

非孝者는 無親이니

孝를 비난하는 것은 어버이를 업신여기는 짓이니,

【注】 善事父母爲孝어늘 而敢非之면 是無親也라

부모를 잘 섬기는 것이 孝인데 감히 〈孝를〉 비난한다면 이는 어버이를 업신여기는 것이다.

此大亂之道也니라

이는 大亂의 길이다."

【注】 言人有上三惡이면 豈唯不孝리오 乃是大亂之道라

'사람에게 위의 세 가지 惡이 있으면 〈그것이〉 어찌 불효일 뿐이겠는가. 이는 바로 大亂의 길이다.'라는 말이다.

【疏】'子曰'至'道也' ○正義曰：五刑者，言刑名有五也．三千者，言所犯刑條有三千也．所犯雖異，其罪乃同，故言"之屬"以包之．就此三千條中，其不孝之罪尤大，故云"而罪莫大於不孝"也．凡爲人子，當須遵承聖教，以孝事親，以忠事君．君命宜奉而行之，敢要之，是無心遵於上也．聖人垂範，當須法則，今乃非之，是無心法於聖人也．孝者，百行之本，事親爲先，今乃非之，是無心愛其親也．卉木無識，尙感君政，禽獸無禮，尙知戀親，況在人靈，而敢要君・不孝也．逆亂之道，此爲大焉．故曰"此大亂之道也"．

經의 〔子曰〕부터 〔道也〕까지

○ 正義曰：五刑은 刑罰의 명목이 다섯 가지가 있다는 말이다. 三千은 犯法 행위의 가짓수가 3천 가지가 있다는 말이다. 범법 행위가 다르더라도 그에 대한 형벌은 같기 때문에 '之屬(에 속하는 것)'이라는 말로 포괄하였다. 이 3천 가지 중에서 불효죄가 특히 크다. 이 때문에 "불효보다 큰 죄는 없다."라고 하였다.

사람의 자식은 聖人의 가르침을 따르고, 孝로 어버이를 섬기고, 忠으로 임금을 섬겨야 한다. 임금의 命을 받들어 행해야 하는데 감히 임금에게 강요한다면 이는 윗사람을 따를 마음이 없는 것이다. 聖人이 모범을 전했으므로 당연히 본받아야 하는데 지금 성인을 비난한다면 이는 성인을 본받을 마음이 없는 것이다. 孝는 온갖 행실의 근본이므로 어버이를 섬기는 일이 우선인데 지금 孝를 비난한다면 이는 어버이를 사랑하는 마음이 없는 것이다. 知覺이 없는 초목도 임금의 政事에 감동하고, 禮가 없는 금수도 어버이를 그리워할 줄 아는데, 하물며 사람으로서 감히 임금에게 강요하고 〈부모에게〉 불효한단 말인가. 逆亂의 길로는 이것이 〈가장〉 중대하다. 이 때문에 "이는 大亂의 길이다."라고 한 것이다.

【疏】○注'五刑'至'不孝' ○正義曰：云"五刑，謂墨劓剕宮大辟也"者，此依魏注也．此五刑之名，皆尙書呂刑文．孔安國云"(割)〔刻〕[1]其顙而涅之曰墨刑．"顙，額也．謂刻額爲瘡，以墨塞瘡孔，令變色也．墨，一名黥[2]．又云"截鼻曰劓，刖足曰剕[3]．"釋言云"剕[4]，刖也．"李巡曰"斷足曰刖"，是也[5]．又云"宮，淫刑也．男子割勢，婦人幽閉[6]，次死之刑．"以男子之陰名爲勢，割去其勢與椓去其陰，事亦同也．婦人幽閉，閉於宮，使不得出也．又云"大辟，死刑也．"案此五刑之名，見於經傳，唐虞以來，皆有之矣，未知

上古起自何時. 漢文帝始除肉刑, 除墨・劓・剕耳, 宮刑猶在. 隋開皇之初, 始除男子宮刑[7], 婦人猶閉於宮. 此五刑之名義. 鄭注周禮司刑, 引書傳[8]曰 "決關梁・踰城郭而略盜者, 其刑臏. 男女不以義交者, 其刑宮. 觸易君命・革輿服制度・姦軌盜攘傷人者, 其刑劓. 非事而事之・出入不以道義而誦不詳[9]之辭者, 其刑墨. 降畔寇賊, 劫略奪攘矯虔者, 其刑死." 案說文云 "臏, 膝骨也." 刖臏謂斷其膝骨. 此注不言"臏"而云"剕"者, 據呂刑之文也. 云"條有三千 而罪之大者 莫過不孝"者, 案周禮司刑 "掌五刑之法, 以(厲)〔麗〕[10]萬民之罪. 墨罪五百, 劓罪五百, 宮罪五百, 剕罪五百, 殺罪五百." 合二千五百. 至周穆王, 乃命呂侯入爲司寇, 令其訓暢夏禹贖刑, 增輕削重, 依夏之法, 條有三千. 則周三千之條, 首自穆王始也. 呂刑云 "墨罰之屬千, 劓罰之屬千, 剕罰之屬五百, 宮罰之屬三百, 大辟之罰其屬二百, 五刑之屬三千." 言此三千條中, 罪之大者, 莫有過於不孝也. 案舊注說及謝安・袁宏・王獻之・殷仲文等, 皆以不孝之罪, 聖人惡之, 云在三千條外. 此失經之意也. 案上章云 "三者不除, 雖日用三牲之養, 猶爲不孝." 此承上不孝之後, 而云"三千之罪, 莫大於不孝", 是因其事而便言之, 本無在外之意. 案檀弓云 "子弑父, 凡在(官)〔宮〕[11]者, 殺無赦. 殺其人, 壞其室, 洿其宮而豬焉." 旣云"學斷斯獄", 則明有條可斷也. 何者. 易序卦稱 "有天也, 然後萬物生焉. 自屯・蒙至需・訟, 卽爭訟之始也. 故聖人法雷電以申威刑, 所興其來遠矣. 唐虞以上, 書傳靡詳, 舜命皐陶有五刑, 五刑斯著. 案風俗通曰 "皐陶謨是虞時造也. 及周穆王訓夏,[12] 里悝(회)[13]師魏, 乃著法經六篇, 而以盜賊爲首. 賊之大者, 有惡逆[14]焉, 決斷不違時, 凡赦不免, 又有不孝之罪, 竝編十惡之條. 前世不忘, 後世爲式[15]." 而安・宏, 不孝之罪, 不列三千之條中, 今不取也.

1) (割)〔刻〕: 저본에는 '割'로 되어 있으나, 문맥에 의거하여 '刻'으로 바로잡았다.(阮元의 〈校勘記〉 참조)
2) 顙 額……一名黥 : ≪尙書≫ 〈呂刑〉의 孔安國 傳에 대한 孔穎達 疏에서 발췌하고 문구의 순서를 약간 바꾼 것이다.
3) 截鼻曰劓 刖足曰剕 : ≪尙書≫ 〈呂刑〉의 孔安國 傳에서 발췌 인용한 것이다.
4) 剕 : 이 글자(발 벨 비)가 ≪爾雅≫와 ≪說文解字≫에는 '䠊(발꿈치 벨 비)'로 되어 있다.(阮元의 〈校勘記〉 참조)
5) 釋言云……是也 : ≪尙書≫ 〈呂刑〉의 孔安國 傳에 대한 孔穎達 疏의 문구를 그대로 옮겨 쓴 것이다. 뒤의 '男子之陰名爲勢……使不得出也', '五刑之名……未知上古起自何時'도 같다.

6) 婦人幽閉 : 여성에 대한 宮刑의 방법을 '幽閉'라고 한 것이다. 공안국의 이러한 설 및 이에 대한 공영달의 해석은 漢代 이후에 시행되던 방법에 기초한 것이다. 肉刑이 처음 만들어진 시대의 본원적 방법에 대해서는 여성의 生殖 또는 性交 능력을 육체적으로 영구히 손상시키기 위한 모종의 방법이었다는 해석이 있으나, 漢代에는 그러한 방법이 사용되지 않은 것으로 보고 있다.(孔林山, 〈幽閉考辨〉 ≪政法論壇 : 中國政法大學學報≫, 1986, p74~76)
7) 隋開皇之初 始除男子宮刑 : 이 말과 달리 宋나라 王應麟은 ≪資治通鑑≫에 따르면 宮刑은 隋나라 이전인 西魏 文帝 大統 13년(547) 3월에 이미 혁파되었다고 하였다.(李學勤 주편, ≪孝經注疏≫, 北京大學出版社, 1999년, p.41)
8) 書傳 : 濟南의 伏生이 ≪尙書≫에 傳을 낸 ≪尙書大傳≫을 줄인 말이다.(≪儀禮注疏≫ 〈鄕射禮〉 '禮射不主皮'에 대한 疏)
9) 詳 : '祥'의 통용자로 쓰였다.
10) (厲)〔麗〕: 저본에는 '厲'로 되어 있으나, ≪周禮≫ 〈司寇〉에 의거하여 '麗'로 바로잡았다. 여기서 '麗'는 '施(시행함)'의 뜻으로 쓰인 것이다.(阮元의 〈校勘記〉 참조)
11) (官)〔宮〕: 저본에는 '官'으로 되어 있으나, ≪禮記≫ 〈檀弓 下〉 및 監本에 의거하여 '宮'으로 바로잡았다.(阮元의 〈校勘記〉 참조)
12) 周穆王訓夏 : 周 穆王 때 司寇(刑獄 담당 장관)를 맡은 呂侯가 夏나라의 贖刑 제도에 의거하여 새로 규정을 제정 반포한 일을 말한다. 그 내용이 ≪尙書≫ 〈呂刑〉에 실려 있다.
13) 里悝 : B.C. 455~B.C. 395. 전국시대 魏 文侯 때 魏나라의 變法을 제창하여 富强을 이끈 정승으로, 李悝로도 표기한다. 그는 여러 나라의 刑典을 集成하여 〈盜法〉·〈賊法〉·〈囚法〉·〈捕法〉·〈雜法〉·〈具法〉 등 6편의 法典을 제정하고 ≪法經≫이라고 칭하였다. ≪漢書≫ 〈藝文志〉 法家類에 수록된 ≪李子≫가 이 책인데, 지금은 유실되어 전하지 않는다.
14) 惡逆 : 고대 형률의 10惡 大罪 중 하나로, 조부모나 부모를 구타하거나 살해를 모의한 경우, 伯叔父母·고모·형·누나·외조부모·남편, 남편의 조부모나 부모를 살해한 경우가 이에 해당한다.
15) 皐陶謨是虞時造也……後世爲式 : 지금 전하는 ≪風俗通≫에는 보이지 않는다. 이 책은 東漢 應劭가 31권으로 저술하여 宋나라 李昉 등이 ≪太平御覽≫을 편찬할 때까지만 해도 온전히 전해졌으나 지금은 10권만 남아 있다.

○ 注의 〔五刑〕부터 〔不孝〕까지

○ 正義曰 : 〔五刑 謂墨劓剕宮大辟也〕 이는 魏眞克의 注를 따른 것이다. 이 五刑의 명칭은 모두 ≪尙書≫ 〈呂刑〉의 표현이다.

孔安國이 "이마〔顙〕에 〈글자나 문양을〉 새기고 검게 물들이는 것을 墨刑이라고 한다."라고 하였다. 顙은 額(이마)이다. 이마에 〈글자나 문양을〉 새겨 상처를 내고 먹물을 상처에 채워 변색시키는 것을 말한다. 〈墨刑의〉 '墨'은 '黥'이라고도 한다.

〈공안국이〉 또 "코를 자르는 것을 劓라고 하고, '발을 베는 것〔刖足〕'을 剕라고 한다."라고 하였다. ≪爾雅≫ 〈釋言〉에 "剕는 刖이다."라고 하였는데, 李巡이 "발을 끊는 것을 刖이라 한다."라고 한 것이 이것이다.

〈공안국이〉 또 "宮은 淫刑이다. 男子의 '불알을 베어내고〔割勢〕' 부인을 幽閉하는 것으로, 死刑 다음으로 중한 형벌이다."라고 하였다. 남자의 陰部에 대한 명칭이 勢이므로, '불알을 베어내는 것〔割勢〕'과 '陰部를 쳐 내는 것〔椓陰〕'은 같은 일이다. 부인을 幽閉하는 것은 방안에 가두어 밖으로 나가지 못하게 하는 것이다.

〈공안국이〉 또 "大辟은 사형이다."라고 하였다. 살펴보건대 이 五刑의 명칭이 經傳에 보이므로 唐虞(堯舜時代) 이래로 모두 있었던 것이지만, 上古의 어느 시기에 시작되었는지는 알 수 없다.

漢 文帝가 처음 肉刑을 없앴으나 墨刑・劓刑・剕刑을 없앴을 뿐 宮刑은 여전히 남아 있었다. 隋나라 開皇(文帝의 연호, 581~600) 初에 비로소 남자의 宮刑을 없앴으나 부인은 여전히 방안에 가두었다. 이상이 五刑의 명칭의 뜻이다.

정현이 ≪周禮≫ 〈司刑〉에 注를 내면서 ≪尙書大傳≫을 다음과 같이 인용하였다.

"관문과 橋梁을 헐거나 성곽을 넘어 노략질한 자는 臏刑에 처하고, 남녀가 정당치 못한 방법으로 交合한 자는 宮刑에 처하며, 임금의 명령을 거스르거나 〈임의로〉 변경한 자, 수레와 복식 제도를 〈임의로〉 바꾼 자, 나라 안이나 밖에서 난을 일으키거나 도둑질하거나 사람을 상해한 자는 劓刑에 처하고, 그릇된 일을 일삼거나 出入을 道義에 맞지 않게 하거나 상서롭지 못한 말을 한 자는 墨刑에 처하며, 적에게 항복하여 임금을 배반하고 도적 떼가 되어 협박과 약탈과 詐取(上部의 命을 사칭하여 재물을 빼앗음)를 일삼은 자는 死刑에 처한다."

살펴보건대 ≪說文解字≫에 "臏은 무릎뼈이다."라고 하였으니, 刖臏은 무릎뼈를 끊는 것을 말한다. 이 注에서 '臏'이라 하지 않고 '剕'라고 한 것은 〈呂刑〉의 글에 의거한 것이다.

〔條有三千 而罪之大者 莫過不孝〕 살펴보건대 ≪周禮≫ 〈司刑〉에 "〈司刑은〉 五刑의 법을 담당하여 萬民의 죄에 적용한다. 묵형에 해당하는 죄가 500가지, 의형에 해당하는 죄

가 500가지, 궁형에 해당하는 죄가 500가지, 剕罪에 해당하는 죄가 500가지, 사형에 해당하는 죄가 500가지이다."라고 하였으니, 도합 2,500가지이다.

周 穆王 때 이르러 呂侯에게 명하여 〈조정에〉 들어와 司寇가 되게 하고는, 夏禹의 贖刑(돈으로 죗값을 치르는 형벌)을 해석하고 公布하며 가벼운 형벌을 늘리고 무거운 형벌을 줄이도록 하여 夏나라의 법에 따라 세부 조목이 3,000가지가 되게 하였다. 그렇다면 周나라에 3,000가지 조목이 있었던 것은 맨 처음 穆王 때부터 시작되었다.

〈呂刑〉에 "墨罰에 속하는 죄목이 1,000가지이고, 劓罰에 속하는 죄목이 1,000가지이며, 剕罰에 속하는 죄목이 500가지이고, 宮罰에 속하는 죄목이 300가지이며, 大辟의 벌에 속하는 죄목이 200가지이므로, 五刑에 속하는 죄목이 3,000가지이다."라고 하였다. '이 3,000가지 죄목 중에 죄가 큰 것으로는 불효보다 더한 것이 없다.'라는 말이다.

살펴보건대 舊注의 說과 謝安·袁宏·王獻之·殷仲文 등은 모두 불효죄를 聖人이 미워했다는 이유로 '〈불효죄는〉 3,000가지의 밖에 있었다.'라고 하였으나, 이는 經文의 뜻에 맞지 않다. 살펴보건대 앞 장(〈紀孝行章〉)에서 "세 가지를 없애지 않으면 비록 날마다 소·양·돼지 등 세 종류의 짐승을 잡아서 봉양하더라도 不孝가 된다."라고 하고, 여기서는 앞에서 말한 不孝의 뒤를 이어 "3,000가지 죄 중에 불효보다 큰 것은 없다."라고 했으니, 이는 그 일에 따라 편의대로 말한 것이지 본디 〈불효죄가 3,000가지의〉 밖에 있다는 뜻은 없다.

살펴보건대 《禮記》 〈檀弓〉에 "자식이 아버지를 弑害한 경우, 그 집안사람이면 〈누구나 그 시해한 자를〉 가차 없이 죽인다. 그 사람을 죽이고 그 집을 허물고 집터를 파서 물웅덩이로 만든다."라고 했는데, 〈이에 앞서〉 이미 "이러한 옥사를 판결하는 법을 배웠다."라고 했으니, 그렇다면 판결할 수 있는 법 조항이 분명히 있었던 것이다. 어째서인가?

《周易》 〈序卦傳〉에 "하늘이 있은 뒤에 만물이 생겨났다."라고 했는데, 屯卦(水雷☵☳)와 蒙卦(山水☶☵)에서 시작하여 需卦(水天☵☰)와 訟卦(天水☰☵)에 이르면 〈이것(訟卦)이〉 곧 爭訟의 시작이다. 그러므로 聖人이 '우레와 번개(雷☳)'를 본받아 엄한 형법을 제정했으니, 시작된 유래가 멀다. 唐虞 이전은 典籍의 기록이 상세하지 않으나, 舜임금이 皐陶에게 명하여 五刑을 제정하자 五刑이 드러났다.

살펴보건대 《風俗通》에 다음과 같은 기록이 있다.

"《尙書》 〈皐陶謨〉는 虞나라(舜임금) 때 만들어진 것이다. 周 穆王 때 夏나라〈의 형법〉을 해석하였고, 里悝(李悝)가 魏나라의 太師가 되어 《法經》 6편을 저술하면서 〈盜

法〉편과 〈賊法〉편을 맨 처음으로 삼았다. 賊 중에 큰 것으로는 惡逆(부모와 기타 尊屬을 때리거나 살해를 모의한 죄)이 있는데, 이 죄는 때를 넘기지 않고 판결하며 어떤 사면령에도 사면하지 않았다. 또 불효죄가 있는데, 이것까지 아울러 十惡의 조목을 엮었다. 앞 시대의 일을 잊지 않고 전하여 후세에 법식이 되〈도록 한 것이다〉."

謝安・袁宏은 불효죄를 3,000가지 죄목 속에 끼워 넣지 않았으나, 지금 그 설은 취하지 않는다.

【疏】 ○ 注'君者'至'無上也' ○ 正義曰：此依孔傳也. 案晉語云 "諸大夫迎悼公, 公曰 '孤始願不及此, 孤之及此, 天也. 抑人之有元君, 將稟命焉.'" 明凡爲臣下者, 皆稟君教命, 而敢要以從己, 是有無上之心, 故非孝子之行也. 若臧武仲以防求爲後於魯[1]・晉舅犯及河授璧請亡[2]之類是也.

1) 臧武仲以防求爲後於魯：魯 襄公 23년에 季武子를 도왔다가 孟孫氏에게 죄를 얻어 邾나라로 망명했던 장무중이 노나라에 있는 그의 封地 防邑을 점거하고서 '후계자를 세워주면 떠나겠다.'라고 요청하였다.(≪論語≫ 〈憲問〉)

2) 晉舅犯及河授璧請亡：晉나라 重耳(文公)가 秦나라의 도움을 받아 망명 생활을 마치고 王權을 차지하기 위해 본국으로 들어갈 때의 일이다. 舅犯은 본명은 狐偃이고 字가 子犯인데, 중이의 外叔〔舅〕이기 때문에 이렇게도 불렸다. 璧玉을 중이에게 준 것은 이제 곧 임금이 될 중이에게서 즉위 후 자신에게 보복하지 않겠다는 서약을 받아내려는 뜻이었는데, 중이가 이에 따라 벽옥을 강물 속에 던지며 서약하였다.(≪春秋左氏傳≫ 僖公 24年)

○ 注의 〔君者〕부터 〔無上也〕까지

○ 正義曰：이는 공안국의 傳을 따른 것이다. 살펴보건대 ≪國語≫ 〈晉語〉에 다음과 같은 내용이 있다.

"여러 大夫가 悼公을 맞이할 때 公이 말하기를 '나의 처음 바람은 여기에 이르려 〈한 것이〉 아니었으니, 내가 여기에 이른 것은 하늘의 뜻이다. 사람에게 임금이 있는 것은 장차 명을 받기 위함이다.'라고 하였다."

〈이 말은〉 신하 된 사람은 모두 임금에게서 教命을 받음을 밝힌 것이다. 그런데 감히 〈임금에게〉 강요하여 자기를 따르게 한다면 이는 윗사람을 무시하는 마음이 있는 것이므로, 효자의 행동이 아니다. 이를테면 臧武仲이 防땅을 점거하고서 後嗣를 세워주기를 魯나라에 요구한 일과 晉나라 舅犯이 黃河에 이르러 〈重耳에게〉 璧玉을 주면서 〈망명 기간

동안 자신이 지은 죄가 많으므로 이제는 그만〉 떠나겠다고 청한 따위가 그 例이다.

【疏】 ○ 注'聖人'至'法也' ○ 正義曰 : 此依孔傳也. 聖人規模天下, 法則兆民, 敢有非毁之者, 是無聖人之法也.

○ 注의 〔聖人〕부터 〔法也〕까지

○ 正義曰 : 이는 공안국의 傳을 따른 것이다. 聖人은 천하에 모범이 되고 萬民에게 본보기가 되는데 감히 비난하는 자가 있다면 이는 성인의 법을 무시하는 것이다.

【疏】 ○ 注'善事'至'親也' ○ 正義曰 : 孝爲百行之本, 敢有非毁之者, 是無親愛之心也.

○ 注의 〔善事〕부터 〔親也〕까지

○ 正義曰 : 孝는 온갖 행실의 근본인데 감히 비방하는 자가 있다면 이는 〈어버이를〉 친애하는 마음이 없는 것이다.

【疏】 ○ 注'言人'至'之道' ○ 正義曰 : 言人不忠於君, 不法於聖, 不愛於親, 此皆爲不孝, 乃是罪惡之極, 故經以大亂結之也.

○ 注의 〔言人〕부터 〔之道〕까지

○ 正義曰 : '사람이 임금에게 충성하지 않거나 성인을 본받지 않거나 어버이를 사랑하지 않는다면 이 모두가 불효로, 곧 지극한 죄악이다. 이 때문에 경문을 大亂으로 끝맺은 것이다.'라는 말이다.

廣要道章 第十二

【疏】 正義曰：前章明不孝之惡, 罪之大者, 及要君・非聖人, 此乃禮敎不容. 廣宣要道以敎化之, 則能變而爲善也. 首章略云至德・要道之事, 而未詳悉, 所以於此申而演之, 皆云廣也. 故以(右)〔名〕[1]章, 次五刑之後. 要道先於至德者, 謂以要道施化, 化行而後(徧)〔德〕[2]彰, 亦明道德相成, 所以互爲先後也.

1) (右)〔名〕: 저본에는 '右'로 되어 있으나, 閔本・監本・毛本에 의거하여 '名'으로 바로잡았다.(阮元의 〈校勘記〉 참조)
2) (徧)〔德〕: 저본에는 '徧'으로 되어 있으나, 浦鏜의 ≪十三經注疏正字≫에 의거하여 '德'으로 바로잡았다.(阮元의 〈校勘記〉 참조)

正義曰：앞 장(〈五刑章〉)에서 不孝의 惡은 죄 중에 큰 것이며 임금에게 강요하거나 聖人을 비난하는 것은 禮敎에 용납되지 않는 일임을 밝혔다. 簡要한 道를 널리 펴서 교화하면 〈이런 자들도〉 변하여 선해질 수 있다. 첫 장에서 지극한 덕과 간요한 道에 관한 일을 간략히 언급하여 자세하지 않았기 때문에, 여기(이 장과 다음 장)서 거듭 말하여 부연하면서 모두 '확장한다〔廣〕'고 하였다. 이 때문에 이것(廣要道와 廣至德)을 이들 章의 이름으로 삼고, 〈五刑章〉 뒤로 순서를 정하였다.

〈廣要道章〉이 〈廣至德章〉보다 앞에 있는 것은 '간요한 道로 교화를 베풀어서 교화가 행해진 뒤에 德이 드러난다.'는 뜻이다. 이는 또한 道와 德이 서로 이루어줌을 밝힌 것이니, 이 때문에 〈두 章이〉 서로 앞뒤〈에 배치된〉 것이다.

子曰 敎民親愛ㄴ댄 莫善於孝요 敎民禮順인댄 莫善於悌요

孔子께서 말씀하셨다.

"백성들에게 〈임금을〉 가까이하여 사랑하도록 가르치려면 〈임금 자신이〉 孝를 행하는 것보다 좋은 방법이 없고, 백성들에게 〈上官에게〉 禮를 갖추어 순종하도록 가르치려면 〈임금 자신이〉 형을 공경하는 것보다 좋은 방법이 없고,

【注】言教人親愛禮順인댄 無加於孝悌也라

‘백성들에게 〈임금을〉 가까이하여 사랑하며 〈上官에게〉 禮를 갖추어 순종하도록 가르치려면 〈임금 자신이 부모에 대한〉 효와 〈형에 대한〉 공경을 행하는 것보다 더 좋은 방법이 없다.’라는 말이다.

移風易俗인댄 莫善於樂이요

風俗을 변화시키려면 음악보다 좋은 방법이 없고,

【注】風俗移易은 先入樂聲이라 變隨人心하고 正由君德이니 正之與變이 因樂而彰이라 故曰莫善於樂이라

風俗의 바뀜은 먼저 ‘음악소리〔樂聲〕’에 스며든다. 변화는 사람의 마음을 따르고 바름〔正〕은 임금의 덕에 말미암는데, 바름과 변화가 음악으로 인하여 드러난다. 이 때문에 ‘음악보다 좋은 방법이 없다.’고 한 것이다.

安上治民인댄 莫善於禮니라

윗사람을 편안하게 하고 백성을 다스리려면 禮보다 좋은 방법이 없다.

【注】禮는 所以正君臣父子之別하고 明男女長幼之序라 故可以安上化下也라

禮는 임금과 신하, 아버지와 자식의 구별을 바르게 하고 남자와 여자, 연장자와 연소자의 순서를 밝히는 것이다. 이 때문에 윗사람을 편안하게 하고 아랫사람을 교화할 수 있다.

【疏】‘子曰’至‘於禮’ ○ 正義曰：此夫子述廣要〔道〕[1]之義. 言君欲敎民親於君而愛之者, 莫善於身自行孝也. 君能行孝, 則民效之, 皆親愛其君. 欲敎民禮於長而順之者, 莫善於身自行悌也. 人君行悌, 則人效之, 皆以禮順從其長也. 欲移易風俗之弊敗者, 莫善於聽樂而正之, 欲身安於上, 民治於下者, 莫善於行禮以帥之.

1) 〔道〕: 저본에는 ‘道’가 없으나, 本章의 章名과 浦鏜의 ≪十三經注疏正字≫에 의거하여 ‘道’를 보충하였다.(阮元의 〈校勘記〉 참조)

經의 〔子曰〕부터 〔於禮〕까지

○ 正義曰 : 이는 夫子(孔子)가 '廣要道'의 뜻을 서술한 것이다. '임금이 백성들로 하여금 임금을 가까이하여 사랑하게 하려면 자신이 스스로 孝를 행하는 것보다 좋은 방법이 없다. 임금이 孝를 잘 행하면 백성들이 본받아 모두 임금을 가까이 하고 사랑한다. 〈임금이〉 백성들로 하여금 上官에게 禮를 갖추어 순종하게 하려면 자신이 스스로 형을 공경하는 것보다 좋은 방법이 없다. 임금이 형을 잘 공경하면 사람들이 본받아 모두 상관에게 예를 갖추어 순종한다. 〈임금이〉 풍속 중에 낡고 망가진 점을 바꾸려 한다면 음악을 듣고서 〈실태를 진단하여〉 바로잡는 것보다 좋은 방법이 없고, 자신은 윗자리에서 편안하고 백성은 아래에서 다스려지게 하려면 禮를 행하여 통솔하는 것보다 좋은 방법이 없다.'라는 말이다.

【疏】 ○ 注'言教'至'悌也' ○ 正義曰 : 言欲民親愛於君, 禮順於長者, 莫善於身自行孝悌之善也.

○ 注의 〔言教〕부터 〔悌也〕까지

○ 正義曰 : '백성들이 임금을 가까이하여 사랑하고 上官에게 예를 갖추어 순종하기를 바란다면 〈임금〉 자신이 스스로 부모에게 효도하고 형을 공경하는 善을 행하는 것보다 좋은 방법이 없다.'라는 말이다.

【疏】 ○ 注'風俗'至'於樂' ○ 正義曰 : 云"風俗移易 先入樂聲"者, 子夏詩序[1)]云 "風, 風也, 教也. 風以動之, 教以化之." 韋昭曰 "人之性繫於大人, 大人風聲,[2)] 故謂之風. 隨其(越)〔趨〕舍之情欲, 故謂之俗[3)]." 詩序又曰 "至于王道衰, 禮義廢, 政教失, 國異政, 家殊俗, 而變風・變雅作矣." 是"入樂聲"之義也. 云"變隨人心 正由君德"者, 詩序又曰 "國史明乎得失之迹, 傷人倫之廢, 哀刑政之苛, 吟詠情性, 以風其上. 故變風發乎情, 止乎禮義. 發乎情, 民之性也. 止乎禮義, 先王之澤也." 以斯言之, 則知樂者本於情性, 聲者因乎政教, 政教失則人情壞, 人情壞則樂聲移, 是變隨人心也. 國史明之, 遂吟以風上也. 受其風上而(行)〔明〕[4)]其失, 乃行禮義以正之, 教化以美之, 上政既和, 人情自治, 是正由君德也. 云"正之與變 因樂而彰 故曰莫善於樂"者, 詩序又曰 "治世之音安以樂, 其政和. 亂世之音怨以怒, 其政乖. 亡國之音哀以思, 其民困." 又尙書益稷篇, 舜曰 "予欲聞六律・五聲・八音, 在治忽." 孔安國云 "在, 察. 天下理治及忽怠者, 皆是因樂而彰也." 案禮記云 "大樂與天地同和." 則自生人以來, 皆有樂性也. 世本[5]曰 "伏羲造琴瑟." 則其樂器漸於伏羲也. 史籍皆言黃帝樂曰雲門, 顓頊曰六英, 帝嚳曰五莖, 堯曰咸池, 舜曰大韶, 禹曰大夏, 湯曰大濩, 武曰大武, (於)〔則〕[6]樂之聲節, 起自黃帝也.

1) 子夏詩序 : ≪詩經≫ 〈關雎〉의 毛序 중 〈관저〉에 국한되지 않은 설명 부분을 大序라고 하는데, 鄭玄이 이를 '子夏의 서문'이라고 칭한 것이다.
2) 風聲 : ≪尙書≫ 〈畢命〉의 "風聲을 세워주며"에 대한 공안국 傳의 "좋은 風氣를 세우고, 좋은 名聲을 드날림〔立其善風 揚其善聲〕"이라는 풀이를 참고하여 이해할 수 있다. 곧 敎化를 편다는 말이다.
3) 隨其(越)〔趨〕舍之情欲 故謂之俗 : '其' 다음의 글자가 저본에는 '越'로 되어 있으나, 監本·毛本에 의거하여 '趨'로 바로잡았다.(阮元의 〈校勘記〉 참조) 이 구절은 ≪漢書≫ 〈地理志〉의 "백성들의……好惡·取舍·動靜은 임금의 情欲에 따르기 때문에 '俗'이라고 한다."라는 말을 참고하여 이해할 수 있다.
4) (行)〔明〕 : 저본에는 '行'으로 되어 있으나, 문맥이 순하지 않으므로 武英殿本과 乾隆御覽四庫全書薈要本에 의거하여 '明'으로 바로잡았다.
5) 世本 : 黃帝부터 秦代 또는 춘추시대까지 제왕, 제후, 경·대부의 世系와 事跡을 기록한 작자 미상의 저술로, 宋代에 유실되어 지금은 전하지 않는다.
6) (於)〔則〕 : 저본에는 '於'로 되어 있으나, 浦鏜의 ≪十三經注疏正字≫에 의거하여 '則'으로 바로잡았다.(阮元의 〈校勘記〉 참조)

○ 注의 〔風俗〕부터 〔於樂〕까지

○ 正義曰 : 〔風俗移易 先入樂聲〕 子夏의 ≪시경≫ 大序에 "〈風俗의〉 '風'은 風(바람)이요, 敎(가르침)이니, 바람이 불어 〈사물을〉 움직이듯이 〈백성을〉 가르쳐 변화시키는 것이다."라고 하였고, 韋昭(韋曜)는 다음과 같이 말하였다.

"백성의 성품은 임금〔大人〕에게 달렸는데, 임금은 '좋은 風氣를 세우고 좋은 명성을 드날리므로〔風聲〕' 風이라고 하고, 〈백성의 성품은〉 그(임금)가 取捨하는 情欲을 따르므로 俗이라고 한다."

≪시경≫ 大序에 또 "王道가 쇠하여 禮와 義가 버려지고 政敎가 잘못되어 나라마다 정사가 다르고 집안마다 풍속이 달라짐에 이르러 變風과 變雅가 지어졌다."라고 하였는데, 이것이 '〈風俗의 바뀜은 먼저〉 음악소리〔樂聲〕에 스며든다.'는 말의 뜻이다.

〔變隨人心 正由君德〕 ≪시경≫ 大序에 또 다음과 같은 말이 있다.

"나라의 史官이 得失의 자취를 잘 알고는, 인륜이 버려짐을 가슴 아파하고 刑政이 가혹함을 슬퍼하여 〈당시 사람들의〉 性情을 읊어 윗사람을 풍자하였다. 그래서 變風은 情에서 나와 禮·義에 그쳤는데, 情에서 나왔다는 것은 백성의 성품이고, 禮·義에 그친 것은 先王의 은택이다."

이것을 가지고 말하면, 음악〔樂〕은 〈인간의〉 性情에 근본하고 소리〔聲〕는 政敎에 말미암는데, 政敎가 잘못되면 사람들의 성정이 파괴되고 사람들의 성정이 파괴되면 '음악소리〔樂聲〕'가 달라진다. 이것이 '변화는 사람 마음을 따른다.'는 것이다.

나라의 史官이 이를 잘 알아서 마침내 〈시로〉 읊어 윗사람을 풍자하였다. 〈임금이〉 윗사람(임금)에 대한 풍자를 받아들여 그 잘못을 밝히고 마침내 禮·義를 행하여 바로잡고 교화를 행하여 아름답게 〈바꾸어서〉 임금의 政事가 조화롭게 되고 나면 사람들의 성정이 저절로 다스려진다. 이것이 '바름〔正〕은 임금의 덕에 말미암는다.'는 것이다.

〔正之與變 因樂而彰 故曰莫善於樂〕 ≪시경≫ 大序에 또 다음과 같은 말이 있다.

"治世의 음악은 편안하고 즐거운 분위기인데, 〈이는〉 그 정사가 조화롭기 때문이다. 亂世의 음악은 원망하고 노여워하는 분위기인데, 〈이는〉 그 정사가 어그러졌기 때문이다. 亡國의 음악은 슬프고 그리워하는 분위기인데, 〈이는〉 그 백성이 괴롭기 때문이다."

또 ≪尙書≫ 〈益稷〉에서 舜임금이 말하기를 "내가 六律·五聲·八音을 듣고서 治亂을 살피고자〔在〕 하면"이라고 한 데 대해, 공안국이 "在는 察(살핌)이다. 천하가 잘 다스려지는 것과 소홀히 방치되는 것이 모두 음악으로 인하여 드러난다."라고 하였다.

살펴보건대 ≪禮記≫ 〈樂記〉에 "위대한 음악은 천지와 더불어 그 조화로움이 같다."라고 하였으니, 인간이 생겨난 뒤로 〈사람들에게는〉 모두 音樂性이 있어 왔다. 또 ≪世本≫에 "伏羲가 琴瑟을 만들었다."라고 하였으니, 樂器는 복희로부터 시작된 것이다. 史籍에 모두 黃帝의 음악을 雲門, 顓頊〈의 음악을〉 六英, 帝嚳〈의 음악을〉 五莖, 堯〈의 음악을〉 咸池, 舜〈의 음악을〉 大韶, 禹〈의 음악을〉 大夏, 湯〈의 음악을〉 大濩, 武〈의 음악을〉 大武라고 하였으니, 그렇다면 음악의 聲音과 節奏가 黃帝로부터 시작된 것이다.

【疏】 ○ 注'禮所'至'下也' 正義曰 : 云"禮 所以正君臣父子之別 明男女長幼之序"者, 此依魏注也. 禮云 "非禮, 無以辨君臣·上下·長幼之位, 非禮, 無以辨男女·父子·兄弟之親", 是也. 云"故可以安上化下也"者, 釋"安上治民"也. (制百ロ)〔樂記云〕[1] "禮殊事而合敬, 樂異(人)〔文〕[2]而同愛." 敬愛之極, 是謂要道. 神而明之, 是謂至德. 故必由斯人以(私)〔弘〕[3]斯敎, 而後禮樂興焉, 政令行焉. 以盛德之訓, 傳於樂聲, 則感人深而風俗移易. 以盛德之化, 措諸禮容, 則悅者衆而名敎著明. 蘊乎其樂, 章乎其禮, 故相待而成矣. 然則韶樂存於齊, 而民不爲之易, 周禮備於魯, 而君不獲其安, 亦政教失其極耳, 夫豈禮樂之咎乎.

1) (制百口)〔樂記云〕: 저본에는 '制百口'로 되어 있으나, 閩本・監本・毛本에 의거하여 '樂記云'으로 바로잡았다.(阮元의 〈校勘記〉 참조) 이어지는 인용문이 ≪禮記≫ 〈樂記〉에는 "(如此則四海之內 合敬同愛也) 禮者 殊事合敬者也 樂者 異文合愛者也"로 되어 있다.
2) (人)〔文〕: 저본에는 '人'으로 되어 있으나, ≪禮記≫ 〈樂記〉에 의거하여 '文'으로 바로잡았다.(阮元의 〈校勘記〉 참조)
3) (私)〔弘〕: 저본에는 '私'로 되어 있으나, 嘉靖本・汲古閣本・武英殿本에 의거하여 '弘'으로 바로잡았다.

○ 注의 〔禮所〕부터 〔下也〕까지

正義曰 : 〔禮 所以正君臣父子之別 明男女長幼之序〕 이는 魏眞克의 注를 따른 것이다. ≪禮記≫ 〈哀公問〉에 "禮가 없으면 君臣・上下・長幼의 지위를 변별할 수 없고, 禮가 없으면 男女・父子・兄弟의 親疏를 구별할 수 없다."라고 한 것이 이것이다.

〔故可以安上化下也〕 〈경문의〉 "윗사람을 편안하게 하고 백성을 다스리려면"이라는 말을 풀이한 것이다. ≪禮記≫ 〈樂記〉에 "禮는 일(儀式)이 〈여러 가지로〉 달라도 〈그 목적이〉 공경임은 동일하고, 樂은 꾸밈(歌舞)이 〈여러 가지로〉 달라도 〈그 목적이〉 사랑임은 동일하다."라고 하였다. 공경과 사랑이 지극한 것, 이는 簡要한 道를 이름이고, 신묘하게 〈체화하여〉 밝게 〈드러난〉 것, 이는 지극한 德을 이름이다. 그러므로 반드시 이 사람을 통해 이 가르침을 확장해야 하니, 그런 뒤에야 예악이 융성하고 政令이 행해진다.

성대한 德의 가르침을 음악 소리로 표현하면 사람을 깊이 감동시켜 풍속이 변화하고, 성대한 德의 교화를 禮에 맞는 몸가짐으로 드러내면 기뻐하는 사람이 많아서 名敎가 밝게 드러난다. 음악에 온축되고 禮에 드러나므로 〈음악과 禮는〉 상호 보완하여 완성된다. 그렇다면 〈순임금의 음악인〉 韶가 齊나라에 존재했으나 백성들이 바뀌지 않았고 周나라의 禮가 魯나라에 갖추어져 있었으나 임금이 편안하지 못했던 것은 政敎가 준칙에 맞지 않았기 때문이지, 어찌 예악의 허물이겠는가.

禮者는 敬而已矣라

禮는 공경〔敬〕일 뿐이다.

【注】 敬者는 禮之本也라

공경은 禮의 근본이다.

故敬其父則子悅하고 敬其兄則弟悅하고 敬其君則臣悅하나니 敬一人而千萬人悅하나니라

그러므로 그 아버지를 공경하면 자식들이 기뻐하고, 그 형을 공경하면 아우들이 기뻐하고, 그 임금을 공경하면 신하들이 기뻐하니, 한 사람을 공경하면 千萬 사람이 기뻐한다.

【注】 居上敬下면 盡得懽心이라 故曰悅也라

윗자리에 있으면서 아랫사람을 공경하면 〈아랫사람들의〉 환심을 모두 얻게 된다. 이 때문에 기뻐한다고 말한 것이다.

所敬者寡나 而悅者衆이니 此之謂要道也니라

공경하는 대상은 적으나 기뻐하는 자가 많으니, 이것을 일러 '簡要한 道〔要道〕'라고 한다."

【疏】 '禮者'至'道也' ○ 正義曰 : 此承上"莫善於禮"也. 言"禮者 敬而已矣", 謂禮主於敬也. (入)〔又〕[1]明敬功至廣, 是要道也. 其要正以謂天子敬人之父, 則其子皆悅, 敬人之兄, 則其弟皆悅, 敬人之君, 則其臣皆悅. 此皆敬父兄及君一人, 則其子弟及臣千萬人皆悅. 故其所敬者寡而悅者衆. 卽前章所言"先王有至德要道"者, 皆此義之謂也.

1) (入)〔又〕: 저본에는 '入'으로 되어 있으나, 閩本·監本·毛本에 의거하여 '又'로 바로잡았다.(阮元의 〈校勘記〉 참조)

經의 〔禮者〕부터 〔道也〕까지

○ 正義曰 : 이는 위의 '禮보다 좋은 방법이 없다.'라는 말을 받은 것이다.

〔禮者 敬而已矣〕 '禮는 공경을 위주로 한다.'라는 말이다.

또 공경의 효과가 지극히 넓으므로 이것이 簡要한 道임을 밝혔다. 그 간요하다는 것은

바로 '천자가 남의 아버지를 공경하면 그 자식들이 모두 기뻐하고, 남의 형을 공경하면 그 아우들이 모두 기뻐하며, 남의 임금을 공경하면 그 신하들이 모두 기뻐한다.'라는 것을 일컫는다. 이는 모두 아버지·형·임금 등 한 사람을 공경하면 그 자식·아우·신하 등 천만 사람이 모두 기뻐하는 것이다. 이 때문에 공경하는 대상은 적으나 기뻐하는 사람이 많다. 앞 장(〈開宗明義章〉)에서 말한 '선왕들은 지극한 덕과 간요한 道가 있으시어'라는 것이 모두 이러한 내용을 말한 것이다.

【疏】○ 注'敬者 禮之本也' ○ 正義曰：此依鄭注也. 案曲禮曰 "毋不敬"[1], 是也.

1) 毋不敬：이 3字는 모든 禮의 기본 정신을 압축적으로 표현한 말로 일컬어진다.(≪論語集註≫〈爲政〉)

○ 注의〔敬者 禮之本也〕

○ 正義曰：이는 정현의 注를 따른 것이다. 살펴보건대 ≪禮記≫〈曲禮〉에 '공경하지 않음이 없다.'라는 것이 이것이다.

【疏】○ 注'居上'至'悅也' ○ 正義曰：云"居上敬下"者, 案尚書五子之歌云 "爲人上者, 奈何不敬." 謂居上位, 須敬其下. 云"盡得懽心 故曰悅也"者, 言得懽心, 則無所不悅也. 案孝治章云 "故得萬國·百姓及人之懽心", 是也. 舊注云 "一人謂父·兄·君. 千萬人謂子·弟·臣也"者, 此依孔傳也. 一人指受敬之人, 則知謂父·兄·君也. 千萬人指其喜悅者, 則知謂子·弟·臣也. 夫子·弟及臣名, 何啻千萬. 言千萬人者, 擧其大數也.

○ 注의〔居上〕부터〔悅也〕까지

○ 正義曰：〔居上敬下〕살펴보건대 ≪尙書≫〈五子之歌〉에 "백성의 윗사람 된 자가 어찌 공경하지 않는가."라고 하였는데, 〈이는〉 윗자리에 있으면 아랫사람들을 공경해야 한다는 말이다.

〔盡得懽心 故曰悅也〕환심을 얻으면 기뻐하지 않는 일이 없게 된다는 말이다. 살펴보건대 〈孝治章〉에 '그러므로 萬國의, 백성들의, 사람들의 환심을 얻어서'라고 한 것이 이것이다.

옛 注에 "한 사람은 아버지·형·임금을 말하고, 천만 사람은 자식·아우·신하들을 말한다."라고 한 것은 공안국의 傳을 따른 것이다. 한 사람은 〈천자의〉 공경을 받는 사람을 가리키므로 아버지·형·임금을 말함을 알 수 있다. 천만 사람은 기뻐하는 사람들을 가리키므로 자식·아우·신하들을 말함을 알 수 있다. 자식·아우·신하들의 수가 어찌 천만뿐이겠는가. 천만 사람이라고 말한 것은 큰 수를 든 것이다.

孝經注疏 제7권

廣至德章 第十三

【疏】 正義曰 : 首章標至德之目, 此章明廣至德之義. 故以名章, 次廣要道之後.

正義曰 : 첫 장에서 '지극한 덕〔至德〕'이라는 명목을 드러내고, 이 장에서 '지극한 덕을 확장하는〔廣至德〕' 뜻을 밝혔다. 이 때문에 이것(廣至德)을 이 章의 이름으로 삼고, 〈廣要道章〉 뒤로 순서를 정하였다.

子曰 君子之教以孝也는 非家至而日見之也[1)]니라

1) 也 : 고문본에는 없는 글자이다.

孔子께서 말씀하셨다.
"군자가 孝를 가르치는 것은 집집마다 가서 날마다 만나 〈일러주는〉 것이 아니다.

【注】 言教不必家到戶至하야 日見而語之요 但行孝於內면 其化自流於外라

'가르침을 〈위해〉 집집마다 가서 날마다 만나 일러줄 필요는 없고, 다만 〈궁궐〉 안에서 孝를 행하면 그 교화가 자연히 밖으로 흐른다.'라는 말이다.

教以孝는 所以敬天下之爲人父者也요 教以悌는 所以敬天下之爲人兄者也요

孝를 가르치는 것은 〈천하의 자식 된 사람들로 하여금〉 천하의 아버지 된 자들을 공경〔敬〕하게 하는 것이고, '형에 대한 공경〔悌〕을 가르치는 것은 〈천하의 아우 된 사람들로 하여금〉 천하의 兄 된 자들을 공경〔敬〕하게 하는 것이고,

【注】 擧孝悌以爲教면 則天下之爲人子弟者가 無不敬其父兄也라

부모에 대한 孝와 형에 대한 공경〔悌〕을 들어 가르침으로 삼으면 天下의 자식 된 사람들과 아우 된 사람들 중에 제 아버지와 형을 공경〔敬〕하지 않는 자가 없게 된다.

教以臣은 **所以敬天下之爲人君者也**니라

신하의 도리를 가르치는 것은 〈천하의 신하 된 사람들로 하여금〉 천하의 임금 된 자들을 공경〔敬〕하게 하는 것이다.

【注】 擧臣道以爲敎면 則天下之爲人臣者가 無不敬其君也라

신하의 도리를 들어 가르침으로 삼으면 天下의 신하 된 사람들 중에 제 임금을 공경〔敬〕하지 않는 자가 없게 된다.

【疏】 '子曰'至'君者也' ○ 正義曰：此夫子述廣至德之義. 言聖人君子, 敎人行孝事其親者, 非家家悉至而日見之. 但敎之以孝, 則天下之爲人父者, 皆得其子之敬也. 敎之以悌, 則天下之爲人兄者, 皆得其弟之敬也. 敎之以臣, 則天下之爲〔人〕[1]君者, 皆得其臣之敬.

1) 〔人〕: 저본에는 '人'이 없으나, 앞뒤 문장의 일관된 체재 및 이 疏에 해당하는 經文, 浦鏜의 ≪十三經注疏正字≫에 의거하여 '人'을 보충하였다.(阮元의 〈校勘記〉 참조)

經의 〔子曰〕부터 〔君者也〕까지

○ 正義曰 : 이는 夫子(孔子)가 '지극한 덕을 확장하는〔廣至德〕' 뜻을 서술한 것이다. "성인군자가 사람들에게 孝를 행하여 그들의 어버이를 섬기도록 가르치는 방법은 집집마다 모두 찾아가서 매일 만나 〈일러주는〉 것이 아니다. 다만 효를 가르치면 천하의 아버지 된 자들이 모두 자식의 공경〔敬〕을 받게 되고, '형에 대한 공경〔悌〕'을 가르치면 천하의 형 된 자들이 모두 아우의 공경〔敬〕을 받게 되며, 신하〈의 도리〉를 가르치면 천하의 임금 된 자들이 모두 신하의 공경〔敬〕을 받게 된다."라는 말이다.

【疏】 ○ 注'言敎'至'於外' ○ 正義曰：此依鄭注也. 祭義所謂"孝悌發諸朝廷, 行乎道路, 至乎閭巷[1]", 是流於外.

1) 閭巷 : ≪禮記≫ 〈祭義〉에는 '州巷'으로 되어 있고, 이어지는 형병의 소에는 '州里'로 인용되었다.

○ 注의 〔言敎〕부터 〔於外〕까지

○ 正義曰 : 이는 정현의 注를 따른 것이다. ≪禮記≫ 〈祭義〉의 "부모에 대한 孝와 '형에

대한 공경〔悌〕'은 조정에서 시작되어 도로를 흘러서 민간의 작은 골목에까지 도달한다."라는 말이 '〈궁궐〉 밖으로 흐른다.'는 것이다.

【疏】 ○ 注'擧孝'至'父兄也' ○ 正義曰：云"擧孝悌以爲教"者, 此依王注也. 案禮記祭義曰 "祀乎明堂, 所以教諸侯之孝也. 食三老五更於太學, 所以教諸侯之弟[1]也." 此卽謂 "發諸朝廷, 至乎州里[2]", 是也. 云"則天下之爲人子弟者 無不敬其父兄也"者, 言皆敬也. 案舊注用應劭漢官儀[3]云 "'天子無父[4], 父事三老, 兄事五更', 乃以事父事兄爲教孝悌之禮." 案禮, 教(敬)〔孝〕[5]自有明文. 假令天子事三老, 蓋同庶人倍年以長之敬[6], 本非教孝子[7]之事. 今所不取也.

1) 弟：悌의 통용자로 쓰였다.
2) 州里：297쪽 주 1) 참조.
3) 漢官儀：東漢 應劭의 저술로, 오래 전에 유실되었다. 淸 孫星衍의 집일본에 따르면 이는 漢代의 職官제도·朝會·郊제사·封禪의식 등에 대한 규정을 기록한 것이다.
4) 天子無父：周代 이후의 天子는 부자간에 세습되었으며, 기본적으로 아버지가 죽고 나서 喪期를 마친 뒤에야 天子의 칭호를 쓸 수 있었기 때문에 한 말이다.(≪禮記≫ 〈曲禮 下〉)
5) (敬)〔孝〕: 저본에는 '敬'으로 되어 있으나, 문맥으로 볼 때 이 구는 앞에 인용된 ≪禮記≫ 〈祭義〉의 "祀乎明堂 所以教諸侯之孝也"를 가리키므로 浦鏜의 ≪十三經注疏正字≫에 의거하여 '孝'로 바로잡았다.
6) 庶人倍年以長之敬："자기보다 나이가 갑절 이상인 사람은 아버지뻘로 섬기고, 10년 이상 나이가 많은 사람은 형뻘로 섬긴다."라고 하였다.(≪禮記≫ 〈曲禮 上〉)
7) 子：저본에는 '子'가 있으나 앞의 '教孝悌' 및 '教(敬)〔孝〕'와 함께 놓고 볼 때 衍文으로 판단된다.

○ 注의 〔擧孝〕부터 〔父兄也〕까지

○ 正義曰：〔擧孝悌以爲教〕 이는 王肅의 注를 따른 것이다. 살펴보건대 ≪禮記≫ 〈祭義〉에 "明堂에서 제사 지내는 것은 제후들에게 孝를 가르치는 것이고, 三老(周나라의 老人職 중 하나)와 五更(周나라의 老人職 중 하나)을 太學에 〈초청하여〉 접대하는 것은 제후들에게 '형에 대한 공경〔悌〕'을 가르치는 것이다."라고 하였는데, 이것이 곧 "조정에서 시작되어 鄕里에까지 도달한다."는 것이다.

〔則天下之爲人子弟者 無不敬其父兄也〕 모두 공경한다는 말이다. 살펴보건대 舊注에 應劭의 ≪漢官儀≫를 이용하여 다음과 같이 말하였다.

"'천자에게는 아버지가 없으므로 三老를 아버지처럼 섬기고 五更을 형처럼 섬긴다.'라고 하였는데, 이는 〈천자 스스로〉 아버지처럼 섬기고 형처럼 섬기는 행위를 가지고 〈백성에게〉 부모에 대한 효와 '형에 대한 공경〔悌〕'을 가르치는 禮로 삼은 것이다."

그러나 살펴보건대 ≪예기≫에 孝를 가르치는 것은 분명한 문장이 따로 있다. 천자가 三老를 섬기는 것으로 말하면 이는 庶人이 자기보다 나이가 갑절 이상인 어른을 공경하는 것과 같은 것으로, 본디 효를 가르치는 일이 아니다. 지금은 〈舊注를〉 취하지 않는다.

【疏】 ○ 注'擧臣'至'君也' ○ 正義曰：此依王注也. 案祭義云 "朝覲, 所以教諸侯之臣也"者, 諸侯, 列國之君也. (若)〔君〕[1]朝覲於王, 則身行臣禮. 言聖人制此朝覲之法, 本以教諸侯之爲臣也, 則諸侯之卿大夫, 亦各放象其君, 而行事君之禮也. 劉炫以爲 "'將教爲臣之道, 固須天子身行'者. 案禮運曰 '故先王患禮之不達於下也, 故祭帝於郊.' 謂郊祭之禮, 冊祝稱臣, 是亦以見天子以身率下之義也."

1) (若)〔君〕: 저본에는 '若'으로 되어 있으나, 閩本·監本·毛本에 의거하여 '君'으로 바로잡았다.(阮元의 〈校勘記〉 참조)

○ 注의 〔擧臣〕부터 〔君也〕까지

○ 正義曰：이는 王肅의 注를 따른 것이다. 살펴보건대 ≪禮記≫ 〈祭義〉에 "朝覲(신하가 조정에 나아가 임금을 뵙는 일)은 제후들에게 신하〈의 도리〉를 가르치는 것이다."라고 한 데서 '제후'는 제후국의 임금들이다. 〈제후국의〉 임금이 천자를 朝覲할 때면 몸소 신하의 예를 행한다. '聖人이 이 朝覲하는 법을 제정한 것은 본디 제후들에게 신하 된 〈도리를〉 가르치기 위함이지만, 이렇게 하면 제후의 卿·大夫들도 각기 자기 임금을 본받아 임금 섬기는 예를 행하게 된다.'라는 말이다.

劉炫은 "'신하 〈된 도리〉를 가르치려면 실로 천자가 몸소 행해야 한다.'라는 말이다. 살펴보건대 ≪禮記≫ 〈禮運〉에 '그러므로 先王이 禮가 아래까지 도달하지 못할까봐 염려하였다. 이 때문에 南郊에서 天帝에게 제사하였다.'라고 하였는데, 이는 郊제사의 예법에서 冊에 쓰는 축문에 〈천자 자신을〉 신하로 칭하는 것은 천자가 몸소 솔선하여 아랫사람들을 이끄는 뜻을 보인 것이다."라고 하였다.

詩云 愷悌君子여 民之父母[1]라하니

1) 愷悌君子 民之父母：董鼎은 이 시구의 의미를 "군자에게 이처럼 사근사근한 德이 있으면

백성들이 그를 사랑하기를 부모처럼 할 것이다."라고 풀이하였다.(鄭太鉉 譯註, ≪孝經大義≫, 傳統文化硏究會, 2009, 48~49쪽)

≪시경≫에 '사근사근한 군자여, 백성의 부모로다!'라고 하였으니,

【注】 愷는 樂也요 悌는 易(이)也라 義取君以樂易之道化人이면 則爲天下蒼生之父母也라

愷는 樂(즐거움, 낙천적임)이고, 悌는 易(원만함)이다. '임금이 사근사근〈하게 사람들을 대하는〉 방법으로 사람들을 교화하면 천하 蒼生의 부모〈와 같은 존재〉가 된다.'는 뜻을 취한 것이다.

非至德이면 其孰能順[1]民이 如此其大者乎아

1) 順 : 고문본에는 '訓'으로 되어 있다. 이에 따르면 이 구와 다음 구는 '그 누가 이처럼 위대하게 백성을 가르칠 수 있겠는가."라는 말이 된다.

지극한 덕〈을 갖춘 임금〉이 아니라면 그 누가 이처럼 위대하게 백성의 마음을 따라 〈교화할〉 수 있겠는가."

【疏】 '詩云'至'者乎' ○ 正義曰 : 夫子旣述至德之敎已畢, 乃引大雅泂酌之詩, 以贊美之. 愷, 樂也. 悌, 易也. 言樂易之君子, 能順民心而行敎化, 乃爲民之父母. 若非至德之君, 其誰能順民心如此其廣大者乎. 孰, 誰也. 案禮記表記稱 "子言之 '君子所謂仁者, 其難乎. 詩云「凱弟君子, 民之父母.」凱以强敎之, 弟以說安之. 使民有父之尊, 有母之親. 如此而后可以爲民父母矣. 非至德, 其孰能如此乎[1].'" 此章於"孰能"下加"順民", "如此"下加"其大"者, 與表記爲異, 其大意不殊. 而皇侃以爲 "幷結要道・至德兩章", 或失經旨也. 劉炫以爲 "詩美民之父母, 證君之行敎, 未證至德之大. 故於詩下別起歎辭, 所以異於餘章", 頗近之矣.

1) 子言之……其孰能如此乎 : ≪禮記≫ 〈表記〉에서 발췌 인용한 것이다.

經의 〔詩云〕부터 〔者乎〕까지

○ 正義曰 : 夫子(孔子)가 '지극한 덕〔至德〕'에 대한 가르침을 다 서술하고 나서 ≪詩經≫ 〈大雅 泂酌〉의 시를 인용하여 이(지극한 덕)를 찬미하였다. 愷는 樂(즐거움, 낙천적임)이고, 悌는 易(원만함)이다. '낙천적이고 원만한 군자가 백성들의 마음을 따라 교화를 행할

수 있으면 곧 백성들의 부모〈와 같은 존재〉가 된다. 만약 지극한 덕을 갖춘 임금이 아니라면 그 누가 이와 같이 넓고 크게 백성들의 마음을 따라 〈다스릴〉 수 있겠는가.'라는 말이다. 孰은 誰(누구)이다.

살펴보건대 ≪禮記≫ 〈表記〉에 다음과 같은 말이 있다.

"공자가 말하기를 '君子가 말하는 仁은 〈실천하기〉 어렵다. ≪시경≫에 「사근사근한 군자여, 백성의 부모로다!」라고 했는데, 즐거우므로 〈백성들이〉 노력하여 교화되고, 원만하므로 〈백성들이〉 기뻐하여 편안히 여긴다. 〈이렇게 하면〉 백성들로 하여금 아버지처럼 존경하고 어머니처럼 친밀감을 느끼게 한다. 이와 같이 한 뒤에 백성의 부모〈와 같은 존재〉가 될 수 있다. 지극한 덕을 갖춘 임금이 아니라면 그 누가 이렇게 할 수 있겠는가.'라고 하였다."

이 장에서 〈이 대목을 인용하면서〉 '孰能' 아래에 '順民'을 덧붙이고 '如此' 아래에 '其大'를 덧붙인 것은 〈表記〉와 다르지만 그 大意는 다르지 않다.

皇侃은 "〈廣要道章〉과 〈廣至德章〉 두 章을 아울러 총결한 것이다."라고 하였으나, 〈이는〉 어쩌면 경문의 뜻에 맞지 않는 듯하다. 劉炫이 "〈≪시경≫의 이〉 시에서 백성의 부모라고 찬미한 것은 임금이 교화를 행함에 대한 방증이지, 지극한 덕의 위대함에 대한 방증이 아니다. 이 때문에 시 뒤에 별도로 감탄의 말을 한 것이니, 이는 다른 章들과 다른 점이다."라고 한 것이 상당히 〈本旨에〉 가깝다.

【疏】 ○ 注'愷樂'至'母也' ○ 正義曰 : "愷 樂"·"悌 易", 釋詁文. 云"義取君以樂易之道化人 則爲天下蒼生之父母也"者, 亦言引詩大意如此. 蒼生, 尙書文, 謂天下黔首蒼蒼然衆多之貌也. 孔安國以爲 "蒼蒼然生草木之處", 今不取也.

○ 注의 〔愷樂〕부터 〔母也〕까지

○ 正義曰 : 〔愷 樂〕·〔悌 易〕 ≪爾雅≫ 〈釋詁〉의 문장이다.

〔義取君以樂易之道化人 則爲天下蒼生之父母也〕 이 또한 〈≪시경≫의 이〉 시를 인용한 大意가 이와 같다는 말이다. 蒼生은 ≪尙書≫ 〈益稷〉의 문구로, 천하의 백성이 蒼蒼(많음)히 많은 모양을 뜻한다. 孔安國은 "草木이 무성히〔蒼蒼〕 자라는 곳이다."라고 하였으나, 지금은 취하지 않는다.

廣揚名章 第十四

【疏】 正義曰 : 首章略言揚名之義而未審, 而於此廣之. 故以名章, 次〔廣〕[1]至德之後.

1) 〔廣〕 : 저본에는 '廣'이 없으나, 앞장의 제목 '廣至德章'에 의거하여 '廣'을 보충하였다. (阮元의 〈校勘記〉 참조)

正義曰 : 첫 장에서 '이름을 드날린다〔揚名〕'는 내용을 간략히 말했으나 상세하지 않았는데, 여기서 그 〈내용을〉 확장하였다. 이 때문에 이것(廣揚名)을 이 章의 이름으로 삼고, 〈廣至德章〉 뒤로 순서를 정한 것이다.

子曰 君子之事親孝라 故忠可移於君이요

孔子께서 말씀하셨다.

"君子는 어버이를 효성으로 섬기므로 忠誠으로 〈바꾸어〉 임금에게 옮길 수 있고,

【注】 以孝事君則忠이라

효도로 임금을 섬기면 충성이 된다.

事兄悌라 故順可移於長이오

형을 공경히〔悌〕 섬기므로 恭順함으로 〈바꾸어〉 上官에게 옮길 수 있고,

【注】 以敬事長則順이라

공경으로 上官을 섬기면 공순함이 된다.

居家理라 故治可移於官이니

집안에 거처할 때 〈집안을〉 잘 다스리므로 〈官府에 대한〉 다스림으로 〈바꾸어〉

관부에 옮길 수 있다.

【注】 君子所居則化라 故可移於官也라

군자가 거처하는 곳은 교화된다. 이 때문에 〈다스림을〉 官府에 옮길 수 있다.

是以로 行成於內하야 而名立於後世矣니라

이 때문에 행실이 집안에서 이루어져서 명성이 후세에까지 세워진다."

【注】 脩上三德於內면 名自傳於後代라

위의 세 가지 덕을 집안에서 닦으면 명성이 저절로 후대에 전해진다.

【疏】 '子曰'至'世矣' ○ 正義曰：此夫子(廣述)〔述廣〕[1]揚名之義. 言君子之事親能孝者, 故資孝爲忠, 可移孝行以事君也. 事兄能悌者, 故資悌爲順, 可移悌行以事長也. 居家能理者, 故資治爲政, 可移(於)〔治〕[2]績以施於官也. 是以君子(居)〔若〕[3]能以此善行, 成之於內, 則令名立於身沒之後也. 先儒以爲"'居家理'下, 闕一'故'字, 御注加之."

1) (廣述)〔述廣〕: 저본에는 '廣'이 '述' 앞에 있으나, 문맥 및 〈廣要道章〉·〈廣至德章〉 疏의 유사 용례에 의거하여 두 글자의 순서를 바로잡았다.(阮元의 〈校勘記〉 참조)
2) (於)〔治〕: 저본에는 '於'로 되어 있으나, 해당 經文과 浦鏜의 ≪十三經注疏正字≫에 의거하여 '治'로 바로잡았다.(阮元의 〈校勘記〉 참조)
3) (居)〔若〕: 저본에는 '居'로 되어 있으나, 浦鏜의 ≪十三經注疏正字≫에 의거하여 '若'으로 바로잡았다.(阮元의 〈校勘記〉 참조)

經의 〔子曰〕부터 〔世矣〕까지

○ 正義曰：이는 夫子(孔子)가 '廣揚名'의 내용을 서술한 것이다. '군자는 어버이를 효성으로 잘 섬기는 사람이므로 효성을 취하여 충성으로 삼으면 효행을 옮겨 임금을 섬길 수 있고, 형을 공경히〔悌〕 잘 섬기는 사람이므로 「형에 대한 공경〔悌〕」을 취하여 恭順으로 삼으면 공경스러운〔悌〕 행실을 옮겨 上官을 섬길 수 있으며, 집안에 거처할 때 잘 다스릴 수 있는 사람이므로 집안 다스림을 취하여 政事로 삼으면 治績을 옮겨 官府에 시행할 수 있다. 따라서 군자가 만약 이들 善行을 집안에서 이룬다면 죽은 뒤에까지 아름다운 명성이 세워진다.'라는 말이다. 先儒는 "'居家理' 뒤에 '故' 1자가 빠졌었는데, 御注本에서 덧붙

였다."라고 하였다.

【疏】 ○ 注'以孝事君則忠' ○ 正義曰 : 此(一)〔士〕[1]章之文, 義已見於上.

1) (一)〔士〕: 저본에는 '一'로 되어 있으나, 제5장의 章名 '士章'과 浦鏜의 ≪十三經注疏正字≫에 의거하여 '士'로 바로잡았다.(阮元의 〈校勘記〉 참조)

○ 注의 〔以孝事君則忠〕

○ 正義曰 : 이는 〈士章〉의 문구로, 그 뜻은 앞에 이미 보였다.

【疏】 ○ 注'以敬事長則順' ○ 正義曰 : 此依鄭注也, 亦士章之[1]. 敬悌義同, 已具上釋[2]. 然人之行敬, 則有輕有重. 敬父敬君, 則重也. 敬兄敬長, 則輕也.

1) 亦士章之 : 이 구는 바로 앞의 邢昺 疏에서 御注의 '以孝事君則忠'에 대해 '이는 〈士章〉의 문구'라고 한 것을 이어 이곳의 御注의 '以敬事長則順' 역시 〈士章〉의 문구임을 밝힌 말이므로 '之' 뒤에 '文'이 빠진 것으로 판단된다.
2) 敬悌義同 已具上釋 : 〈士章〉 疏의 "下章云 事兄悌 故順可移於長 注不言悌而言敬者 順經文也 左傳曰 兄愛弟敬 又曰 弟順而敬 則知悌之與敬 其義同焉"을 두고 한 말이다.

○ 注의 〔以敬事長則順〕

○ 正義曰 : 이는 정현의 注를 따른 것으로, 이 역시 〈士章〉의 문구이다. '敬'과 '悌'의 뜻이 같음은 이미 앞의 풀이에 자세히 언급하였다. 그러나 사람이 敬을 행하는 것은 輕한 경우가 있고 重한 경우가 있으니, 아버지를 공경하는 것과 임금을 공경하는 것은 重하고, 형을 공경하는 것과 上官을 공경하는 것은 輕하다.

【疏】 ○ 注'君子'至'官也' ○ 正義曰 : 此依鄭注也. 論語云 "君子不器." 言無所不施.

○ 注의 〔君子〕부터 〔官也〕까지

○ 正義曰 : 이는 정현의 注를 따른 것이다. ≪論語≫ 〈爲政〉에 "군자는 그릇〈처럼 용도가 국한되지〉 않는다."라고 하였는데, 〈이는〉 쓰이지 않는 곳이 없다는 말이다.

【疏】 ○ 注'脩上'至'後代' ○ 正義曰 : 此依鄭注也. 三德則上章[1]云"移孝以事於君"・"移悌以事於長"・"移理以施於官"也. 言此三德不失, 則其令名常自傳於後世. 經云"立"而注爲"傳"者, 立謂常有之名, 傳謂不絕之稱. 但能不絕, 卽是常有之行, 故以傳釋立也.

1) 上章 : 이 책의 疏에서 '上章'은 '앞 章'을 지칭하는 말로 사용되었으니, 제11장 〈五刑章〉의 疏에서 제10장 〈紀孝行章〉을 지칭한 것(281쪽), 제15장 〈諫諍章〉의 疏에서 제8장 〈孝治章〉과 제1장 〈開宗明義章〉을 지칭한 것(307쪽)이 그것이다. 한편 '上文'은 동일 章 안에서 앞에 위치한 經文을 지칭하는 말로 사용되었으니, 〈三才章〉의 疏(202쪽), 〈孝治章〉의 疏(227쪽), 〈諫諍章〉의 疏(313쪽), 〈感應章〉의 疏(326쪽)가 그것이다. 여기서 이 말은 이 〈廣揚名章〉 안에서 앞에 위치한 경문을 지칭한 '上文'이 되어야 한다.

○ 注의 〔脩上〕부터 〔後代〕까지

○ 正義曰 : 이는 정현의 注를 따른 것이다. 세 가지 덕은 앞 글의 '부모에 대한 孝를 옮겨 임금을 섬김', '「형에 대한 공경〔悌〕」을 옮겨 上官을 섬김', '집안 다스림을 옮겨 官府에 시행함'이다. '이 세 가지 덕을 잃지 않으면 아름다운 명성이 항상 저절로 후세에 전해진다.'라는 말이다.

경문에 '立(명성이 세워짐)'이라고 한 것을 注에서 '傳(명성이 전해짐)'이라고 한 데 〈대해 설명하면 다음과 같다.〉 '立'은 '항상 있음'을 표현한 말이고, '傳'은 '끊이지 않음'을 일컫는 말이다. 그런데 끊이지 않을 수 있으면 이것이 곧 항상 있는 행실이기 때문에, '傳'으로 '立'을 풀이한 것이다.

〔古文孝經 閨門章 第十九〕

〔子曰 閨門之內에 具禮矣乎ㄴ저 嚴親嚴兄이요 妻子臣妾이 猶百姓徒役也니라〕[1)]

1) 〔子曰……猶百姓徒役也〕: 今文을 근간으로 한 저본과 달리 古文本에는 〈廣揚名章〉과 〈諫諍章〉 사이에 다음과 같은 〈閨門章 第十九〉가 더 있다.(古·今文의 서로 다른 章次에 대해서는 본서의 해제 참조.) 참고를 위해 經文에 한하여 全文을 실어둔다. 이는 卿·大夫가 집안의 다른 구성원들과 맺는 관계 속에 국가 경영과 관련된 모든 관계가 녹아 있음을 천명한 내용으로, 국가 경영이 집안 운영과 본질적으로 상통함을 보인 것이다.

공자께서 말씀하셨다.
"閨門 안에 모든 예법이 갖추어져 있다. 어버이를 존경하고 형을 공경하〈는 것은 임금을 존경하고 上官을 공경하는 것과 같으〉며, 처·자식과 男종·女종이 〈있는 것은 나라에〉 백성과 徒役(노역에 종사하는 賤民)〈이 있는 것〉과 같다."

諫諍章 第十五

【疏】正義曰：此章言爲臣子之道，若遇君父有失，皆諫爭也．曾子問聞揚名已上之義，而問子從父之令．夫子以令有善惡，不可盡從，乃爲述諫爭之事．故以名章[1]，次揚名之後．

1) 故以名章 : '諫諍章'을 이 장의 제목으로 삼았다는 말이다. 단, 이 장의 제목이 고문본과 石臺本에는 '諫爭章'으로 되어 있다. 이때 '爭'은 '諍'의 통용자이다. 이 장의 경문에 보이는 '爭臣', '爭友', '爭子'의 '爭'도 모두 마찬가지이다.

正義曰 : 이 章에서는 '신하와 자식의 도리는 만약 임금과 아버지에게 잘못이 있는 경우를 만난다면 모두 간쟁해야 한다.'라고 말하였다.

曾子가 〈공자에게〉 여쭈어 〈廣揚名章〉 이상의 내용을 듣고는, '자식이 아버지의 명령을 따르기만 하는 일'에 대해 물었다. 夫子(孔子)는 〈아버지의〉 명령 중에는 善한 것도 있고 惡한 것도 있으므로 모조리 따를 수는 없다면서 마침내 간쟁하는 일에 대해 서술하였다. 이 때문에 이것(諫諍)을 이 章의 이름으로 삼고, 〈廣揚名章〉 뒤로 순서를 정하였다.

曾子曰 若夫慈愛恭敬과 **安親揚名**은 **則**[1]**聞命矣**어니와 **敢問子從父之令**[2]을 **可謂孝乎**잇가

1) 則 : 고문본에는 '參'으로 되어 있다. 이에 따르면 이 구는 '參(증자 자신의 이름)이 가르침을 들었습니다만'이라는 말이 된다.
2) 令 : 고문본에는 '命'으로 되어 있다. 의미는 같다.

曾子가 말하였다.

"慈惠와 사랑, 恭順과 공경 및 어버이를 편안히 해드리고 이름을 드날리는 것에 대해서는 〈제가〉 가르침을 들었습니다만, 감히 여쭙건대 자식이 아버지의 命을 따르〈기만 하〉는 것을 孝라 할 수 있습니까?"

【注】 事父에 有隱無犯이요 又敬不違[1)]라 故疑而問之라

1) 不違 : 朱熹는 이 말에 '은미하게 간하겠다는 뜻을 어기지 않음〔不違微諫之意〕'과 '간언하려는 마음을 어기지 않음〔不違欲諫之心〕'의 두 측면이 모두 있다고 하였다.(≪朱子語類≫ 卷27 〈論語 里仁 下 事父母幾諫章〉)

아버지를 섬길 적에 隱微하게 諫하는 일은 있어도 〈위엄을〉 犯하며 간언하는 일은 없어야 하며 〈아버지가 諫言을 따르지 않으면〉 더욱 공경하여 〈은미하게 간하겠다는 뜻을〉 어기지 않아야 한다. 이 때문에 의심하여 여쭌 것이다.

【疏】 '曾子'至'孝乎' ○ 正義曰 : 前章以來, 唯論愛敬及安親之事, 未說規諫之道. 故又假曾子之問, 曰 "若夫慈愛恭敬, 安親揚名, 則已聞命矣. 敢問子從父之敎令, 亦可謂之孝乎." 疑而問之, 故稱"乎"也. 尋上所陳, 唯言敬愛, 未及慈恭. 而曾子幷言慈恭"已聞命矣"者, 皇侃以爲 "上陳愛敬, 則包於慈恭矣. 慈者, 孜孜. 愛者, 念惜. 恭者, 貌多心少. 敬者, 心多貌少." 如侃之說, 則慈・恭・愛・敬之別, 何故云"包慈恭"也. 或曰 "慈者, 接下之別名, 愛者, 奉上之通稱." 劉炫引禮記內則, 說"子事父母, '慈[1)]以旨甘', 喪服四制云 '高宗慈良[2)]於喪', 莊子曰 '事親則孝慈[3)]', 此竝施於事上. 夫愛出於內, 慈爲愛體, 敬生於心, 恭爲敬貌. 此經悉陳事親之跡, 寧有接下之文. 夫子據心而爲言, 所以唯稱愛敬, 曾參體貌而兼取, 所以幷擧慈恭." 如劉炫此言, 則知慈是愛親也, 恭是敬親也. 安親則上章云"故生則親安之", 揚名卽上章云"揚名於後世"矣. 經稱"夫"有六焉, 蓋發言之端也. 一曰"夫孝, 始於事親", 二曰"夫孝, 德之本", 三曰"夫孝, (人)〔天〕[4)]之經", 四曰"夫然, 故生則親安之", 五曰"夫聖人之德", 此章云"若夫慈愛", 竝却明前理, 而下有其趣. 故言"夫"以起之. 劉(獻)〔瓛〕[5)]曰 "夫, 猶凡也."

1) 慈 : 鄭玄은 이곳의 '慈'를 '사랑과 공경으로 〈음식을〉 올리다'의 뜻으로 풀이하였다.(≪禮記注≫ 〈內則〉)
2) 慈良 : 王引之는 이곳의 '慈良'의 뜻을 '孝'로 풀이하였다.(≪經義述聞≫ 〈通說 上〉)
3) 孝慈 : ≪莊子≫ 〈漁父〉에는 두 글자의 순서가 바뀌어 '慈孝'로 되어 있다.
4) (人)〔天〕 : 저본에는 '人'으로 되어 있으나, 본서 〈三才章〉에 "夫孝 天之經也"라고 한 것에 의거하여 '天'으로 바로잡았다.(阮元의 〈校勘記〉 참조)
5) (獻)〔瓛〕 : 저본에는 '獻(드릴 헌)'으로 되어 있으나, 閩本・監本・毛本에 의거하여 '瓛(옥홀 환)'으로 바로잡았다. 宋 欽宗 趙桓의 이름자 桓이 '公이 朝聘할 때 信標로 잡는 홀'을 뜻하는 경우에는 '瓛'과 통용되기 때문에 '獻'으로 피휘한 것이다.(阮元의 〈校勘記〉

참조)

經의 〔曾子〕부터 〔孝乎〕까지

○ 正義曰 : 앞 장(〈天子章〉) 이후로 오직 사랑과 공경 및 어버이를 편안히 해드리는 일만을 논하였고 바른 말로 諫爭하는 도리는 말하지 않았다. 이 때문에 또 曾子의 질문을 가설하여 "慈惠와 사랑, 恭順과 공경 및 어버이를 편안히 해드리고 이름을 드날리는 것에 대해서는 이미 가르침을 들었습니다만, 감히 여쭙건대 자식이 아버지의 命을 따르기만 하는 것도 '孝라 할 수 있습니까?〔可謂孝乎〕'"라고 하였다. 의심하여 물은 것이기 때문에 〈語尾를〉 '乎'라고 하였다.

앞에 서술된 말을 살펴보면 오직 공경〔敬〕과 사랑〔愛〕만을 말했고 자혜〔慈〕와 공순〔恭〕은 언급하지 않았다. 그런데 曾子는 자혜〔慈〕와 공순〔恭〕까지 아울러 '이미 가르침을 들었다.'라고 하였다. 皇侃이 〈이에 대해〉 다음과 같이 설명하였다.

"앞에서 사랑〔愛〕과 공경〔敬〕을 말했는데, 이는 자혜〔慈〕와 공순〔恭〕을 포괄한다. 자혜〔慈〕는 부지런히 〈돌봐주는〉 것이고, 사랑〔愛〕은 마음으로 아껴주는 것이다. 공순〔恭〕은 〈공경하는〉 마음에 비해 〈겉으로 드러난〉 태도가 더 〈공경스러운〉 것이고, 공경〔敬〕은 〈겉으로 드러난〉 태도에 비해 〈공경하는〉 마음이 더 큰 것이다."

황간의 설대로라면 자혜〔慈〕·공순〔恭〕·사랑〔愛〕·공경〔敬〕이 각기 다른 것인데 무슨 이유로 '자혜〔慈〕와 공순〔恭〕을 포괄한다.'라고 한 것일까?

혹자는 "'慈'는 아랫사람을 대하는 〈마음〉만을 따로 일컫는 말이고, '愛'는 윗사람을 받드는 마음까지 통틀어 일컫는 말이다."라고 하였다. 劉炫은 ≪禮記≫ 〈內則〉 등을 인용하여 다음과 같이 말하였다.

"〈〈內則〉에〉 자식이 부모를 섬길 때 '맛있는 음식을 「사랑과 공경으로 올린다.〔慈〕」'라고 하였고, 〈喪服四制〉에 '〈殷나라〉 高宗이 喪事에 「효성으로 임하였다.〔慈良〕」'라고 하였으며, ≪莊子≫에 '어버이를 섬길 때는 「효성으로 잘 섬긴다.〔孝慈〕」'라고 하였는데, 여기서 〈'慈'는〉 모두 윗사람을 섬긴다는 말에 쓰인 것이다.

'愛'가 내면에서 나오는 것이라면 '慈'는 '愛'가 행동으로 나타난 것이고, 공경〔敬〕이 마음에서 생기는 것이라면 공순〔恭〕은 공경〔敬〕이 태도에 드러난 것이다. 이 經文은 모두 어버이 섬기는 자취를 말한 것인데 어찌 아랫사람을 접하는 〈일을 말한〉 문구가 있겠는가.

夫子(孔子)는 마음을 가지고 말했기 때문에 오직 사랑〔愛〕과 공경〔敬〕만을 말하였고,

曾參은 행동과 태도까지 취하여 〈말했기〉 때문에 자혜〔慈〕와 공순〔恭〕도 아울러 거론한 것이다.”

유현의 이 말대로라면 ‘慈’는 어버이를 사랑하는 것이고, ‘恭’은 어버이를 공경하는 것임을 알 수 있다.

어버이를 편안히 해드린다는 것은 앞 장(〈孝治章〉)에서 ‘그러므로 살아계실 때는 어버이가 편안히 여기고’라고 한 것이 〈이것이고〉, 이름을 드날린다는 것은 앞 장(〈開宗明義章〉)에서 ‘후세에 이름을 드날려’라고 한 것이 〈이것이다.〉

경문에서 ‘夫’가 쓰인 곳이 여섯 군데인데, 이들은 말끝을 꺼낸 것이다. 첫째, 〈〈開宗明義章〉의〉 ‘효는 어버이 섬기는 것이 시작이고〔夫孝 始於事親〕’, 둘째, 〈〈개종명의장〉의〉 ‘孝는 德行의 근본이고〔夫孝 德之本〕’, 셋째, 〈〈三才章〉의〉 ‘孝는 하늘의 항상됨이고〔夫孝天之經〕’, 넷째, 〈〈孝治章〉의〉 ‘그렇기 때문에 살아계실 때는 어버이가 편안히 여기고〔夫然故 生則親安之〕’, 다섯째, 〈〈聖治章〉의〉 ‘聖人의 德 중에〔夫聖人之德〕’와 이 章의 ‘慈惠와 사랑〔若夫慈愛〕’이 모두 앞의 이치를 밝히면서 그 뜻이 뒤에 있는 경우들이다. 이 때문에 ‘夫’ 자를 써서 〈말끝을〉 꺼낸 것이다.

劉瓛은 “夫는 凡(무릇)과 같다.”라고 하였다.

【疏】 ○ 注‘事父’至‘問之’ ○ 正義曰：禮記檀弓云 “事親, 有隱而無犯”, 以經云 “從父之令”, 故注變親爲父. 案論語云 “事父母幾諫, 見志不從, 又敬不違.”[1] 引此二文以成疑, 疏證曾子有可問之端也.

1) 事父母幾諫……又敬不違：≪論語≫ 〈里仁〉에 보인다. ‘不違’는 307쪽 주1) 참조.

○ 注의 〔事父〕부터 〔問之〕까지

○ 正義曰：≪禮記≫ 〈檀弓〉에 “어버이를 섬길 적에 隱微하게 諫言하는 일은 있어도 〈위엄을〉 犯하면서 간언하는 일은 없어야 하며”라고 했으나, 경문에 ‘아버지의 命을 따르기만 하는 것’이라고 했기 때문에, 注에서 ‘어버이’를 ‘아버지’로 바꾸어 말하였다. 살펴보건대 ≪論語≫에 “부모를 섬길 때는 기미를 보아 간해야 하니, 〈부모가 나의〉 뜻을 따르지 않음을 보면 더욱 공경하여 〈은미하게 간하겠다는 뜻을〉 어기지 않아야 한다.”라고 하였다. 이 두(≪예기≫와 ≪논어≫) 문장을 인용하여 의문점이 생기게 함으로써 증자에게 질문할 만한 꼬투리가 있었음을 밝혀 증명하였다.

子曰 是何言與오 是何言與[1)]오

1) 是何言與 是何言與 : 고문본에는 이 두 구 앞에 '參' 1자가 더 있고, 뒤에 '言之不通邪' 5자가 더 있다. 이에 따르면 이 문장은 "參아, 이것이 무슨 말이냐! 이것이 무슨 말이냐! 말도 안 되지!"라는 말이 된다.

孔子께서 말씀하셨다.
"이것이 무슨 말이냐! 이것이 무슨 말이냐!

【注】 有非而從하야 成父不義는 理所不可라 故再言之라

〈아버지에게〉 그릇된 점이 있는데도 순종하여 아버지의 不義를 완성시키는 것은 도리상 해서는 안 되는 일이다. 이 때문에 거듭 〈'이것이 무슨 말이냐!'라고〉 말하였다.

昔者에 天子有爭臣七人이면 雖無道라도 不失其天下하고 諸侯有爭臣五人이면 雖無道라도 不失其國하고 大夫有爭臣三人이면 雖無道라도 不失其家하고

옛날에 천자에게 諫爭하는 신하 일곱 사람이 있으면 아무리 無道해도 천하를 잃지 않았고, 제후에게 간쟁하는 신하 다섯 사람이 있으면 아무리 무도해도 그 나라를 잃지 않았으며, 대부에게 간쟁하는 신하 셋이 있으면 아무리 무도해도 그 집안을 잃지 않았고,

【注】 降殺(쇄)以兩은 尊卑之差라 爭은 謂諫也라 言雖無道나 爲有爭臣이면 則終不至失天下亡家國也라

〈간쟁하는 신하의 수가〉 내려오면서 둘씩 줄어드는 것은 尊卑의 等差〈가 그러한 것〉이다. '爭'은 諫(간쟁함)을 뜻한다. '아무리 無道해도 간쟁하는 신하가 있으면 끝내 천하를 잃거나 나라와 집안을 멸망시키는 데는 이르지 않았다.'라는 말이다.

士有爭友면 則身不離於令名하고

士에게 간쟁하는 벗이 있으면 그 自身이 아름다운 명예에서 멀어지지 않았으며,

【注】令은 善也라 益者三友라 言受忠告라 故不失其善名이라

令은 善(아름다움)이다. 유익한 벗이 세 가지이다. '충고를 받아들였기 때문에 아름다운 명예를 잃지 않았다.'라는 말이다.

父有爭子면 則身不陷於不義하니라

아버지에게 간쟁하는 자식이 있으면 그 자신이 불의에 빠지지 않았다.

【注】父失則諫이라 故免陷於不義라

아버지가 잘못하면 〈자식이〉 간쟁했기 때문에 不義에 빠짐을 면하였다.

故當不義면 則子不可以不爭於父며 臣不可以不爭於君이니라

그러므로 〈아버지나 임금에게〉 불의〈한 점이 있는 경우〉를 당하면 자식은 아버지에게 간쟁하지 않아서는 안 되고 신하는 임금에게 간쟁하지 않아서는 안 된다.

【注】不爭則非忠孝라

간쟁하지 않으면 충과 효가 아니다.

故當不義면 則爭之니 從父之令이 又焉得爲孝乎아

그러므로 〈어버이에게〉 不義〈한 점이 있는 경우〉를 당하면 간쟁해야 하니, 아버지의 명령을 따르〈기만 하〉는 것이 또 어찌 孝일 수 있겠는가."

【疏】'子曰'至'孝乎' ○ 正義曰：夫子以曾參所問, 於理乖僻, (陳)〔非〕[1]諫爭之義. 因乃諮而答之, 曰"汝之此問, 是何言與." 再言之者, 明其深不可也. 旣諮之後, 乃爲曾子說必須諫爭之事, 言臣之諫君, 子之諫父, 自古攸然. 故言"昔者天子治天下, 有諫爭之臣七人, 雖復無道, 昧於政敎, 不至失於天下." 言無道者, 謂無道德. "諸侯有諫爭之臣五人, 雖無道, 亦不失其國也. 大夫有諫爭之臣三人, 雖無道, 亦不失於其家. 士有諫爭之友, 則其身不離遠於善名也. 父有諫爭之子, 則身不陷於不義. 故君父有不義之事, 凡爲臣子者, 不可以不諫爭. 以此之故, 當不義則須諫之." 又結此以答曾子曰 "今若每事從父之令, 又焉得爲孝乎." 言不得也. 案曾子唯問從父之令, 不指當時而言. "昔者", 皇侃云 "夫子述孝經之時, 當周亂衰之代, 無此諫爭之臣, 故言昔者也." 不言"先王"而言"天子"者, 諸稱先王, 皆指聖德之主. 此言"無道", 所以不稱先王也.

1) (陳)〔非〕: 저본에는 '陳'으로 되어 있으나, 문맥에 맞지 않으므로 '非'로 바로잡았다.(阮元의 〈校勘記〉 참조)

經의 〔子曰〕부터 〔孝乎〕까지

○ 正義曰 : 夫子(孔子)가 曾參의 질문 내용은 이치상 괴이하여 간쟁하는 도리가 아니라고 여겼다. 이로 인해 마침내 꾸짖으며 대답하기를 "너의 이 질문이라니! 이 무슨 말이냐!"라고 하였다. 두 번 말한 것은 매우 옳지 않음을 밝힌 것이다.

꾸짖은 뒤에 曾子를 위하여 '반드시 간쟁해야 하는 일'을 설명하여 '신하가 임금에게 간쟁하고 자식이 아버지에게 간쟁하는 것은 예로부터 그러했다.'고 말하〈고자〉 하였다. 이 때문에 "옛날에 천자가 천하를 다스릴 적에 간쟁하는 신하 일곱 사람이 있으면 아무리 또 無道하여 政敎에 어두워도 천하를 잃는 데까지는 이르지 않았다."라고 말하였다. 無道하다는 말은 도덕이 없음을 뜻한다. 〈그리고〉 "제후에게 간쟁하는 신하 다섯 사람이 있으면 아무리 무도해도 또한 그 나라를 잃지 않았고, 대부에게 간쟁하는 신하 세 사람이 있으면 아무리 무도해도 또한 그 집안을 잃지 않았으며, 士에게 간쟁하는 벗이 있으면 그 자신이 아름다운 명성에서 멀어지지 않았고, 아버지에게 간쟁하는 자식이 있으면 그 자신이 불의에 빠지지 않았다. 그러므로 임금과 아버지에게 不義한 일이 있으면 신하와 자식 된 사람은 간쟁하지 않아서는 안 된다. 이 때문에 〈임금이나 아버지에게〉 불의〈한 일이 있는 경우〉를 당하면 간쟁해야 한다."라고 하고, 또 이 말을 마무리하여 증자에게 답하기를 "지금 만약 매사를 아버지의 명령에 따른다면 또 어떻게 孝일 수 있겠느냐."라고 하였으니, 그럴 수 없다는 말이다.

살펴보건대 曾子는 오직 '아버지의 命을 따르〈기만 하〉는 것'에 대해 물었지, 當時를 가리켜 말하지 않았다. '옛날에'라는 말에 대해 皇侃은 "夫子(孔子)가 ≪효경≫을 저술하던 때는 周나라가 혼란하고 쇠약한 시대여서 이처럼 간쟁하는 신하가 없었기 때문에 옛날〈일〉을 말한 것이다."라고 하였다.

'先王'이라고 하지 않고 '天子'라고 한 것은, 모든 '선왕'이라는 호칭은 다 聖德을 갖춘 임금을 가리키는데 여기서는 '무도함'을 말하였기 때문에 '선왕'이라고 칭하지 않은 것이다.

【疏】 ○ 注'有非'至'不義' ○ 正義曰 : 言父有非, 子從而行, 不諫, 是成父之不義. 云"理所不可 故再言之"者, 義見於上.

○ 注의 〔有非〕부터 〔不義〕까지

○ 正義曰 : '아버지에게 잘못이 있는데도 자식이 따라 행하〈기만 하〉고 간하지 않으면 이는 아버지의 不義를 이루어주는 것이다.'라는 말이다.

〔理所不可 故再言之〕 〈이 말의〉 뜻은 앞(직전 疏의 첫 부분)에 보인다.

【疏】 ○ 注'降殺'至'國也' ○ 正義曰 : 左傳云 "自上以下, 降殺(쇄)以兩, 禮也."[1] 謂天子尊, 故七人. 諸侯卑於天子, 降兩, 故有五人. 大夫卑於諸侯, 降兩, 故有三人. 論語云 "信而後諫." 左傳云 "伏死而爭."[2] 此蓋謂極諫爲爭也. 若隨無道, 人各有心, 鬼神(之)〔乏〕主[3], 季梁猶在, 楚不敢伐[4], 是有爭臣, 不亡其國. 擧中而率, 則大夫・天子, 從可知也. 不言"國家", 嫌如獨指一"國"也. 國則諸侯也, 家則大夫也. 注貴省文, 故曰"家國"也. 案孔・鄭二注及先儒所傳, 竝引禮記文王世子以解七人之義. 案文王世子 "記曰 '虞・夏・商・周, 有師・保, 有疑・丞, 設四輔及三公, 不必備, 惟其人.'" 又尙書大傳曰 "古者天子必有四鄰, 前曰疑, 後曰丞, 左曰輔, 右曰弼. 天子有問無對, 責之疑. 可志而不志, 責之丞. 可正而不正, 責之輔. 可揚而不揚, 責之弼. 其爵視卿, 其祿視次國之君." 大傳四鄰則見之四輔, 兼三公, 以充七人之數. 諸侯五者, 孔傳指天子所命之孤[5], 及三卿與上大夫. 王肅指三卿・內史・外史以充五人之數. 大夫三者, 孔傳指家相・室老・側室, 以充三人之數. 王肅無側室, 而謂邑宰. 斯竝以意解說, 恐非經義. 劉炫云 "案下文[6]云 '子不可以不爭於父, 臣不可以不爭於君', 則爲子爲臣, 皆當諫爭, 豈獨大臣當爭, 小臣不爭乎. 豈獨長子當爭其父, 衆子不爭者乎. 若父有十子, 皆得諫爭. 王之百辟, 惟許七人, 是天子之佐, 乃少於匹夫也. 又案洛誥云 成王謂周公曰 '誕保文武受民, 亂爲四輔.' 冏命穆王命伯冏 '惟予一人無良, 實賴左右前後有位之士, 匡其不及.' 據此而言, 則左右前後, 四輔之謂也. 疑・丞・輔・弼, 當指於諸臣, 非是別立官也. 謹案周禮不列疑・丞. 周官歷敍群司, 顧命摠名卿(七)〔士〕[7], 左傳云'龍師'・'鳥紀'[8], 曲禮云'五官'・'六大'[9], 無言疑・丞・輔・弼專掌諫爭者. 若使爵視於卿, 祿比次國, 周禮何以不載, 經傳何以無文. 且伏生大傳以四輔解爲四鄰, 孔注尙書以四鄰爲前

後左右之臣, 而不爲疑・丞・輔・弼, 安得又采其說也. 左傳稱 '周(主申父)〔辛甲〕[10]之爲太史也, 命百官, 官箴王闕.'[11] 師曠說匡諫之事, '史爲書, 瞽爲詩, 工誦箴諫, 大夫規誨, 士傳言. 官師相規, 工執藝事以諫.[12]' 此則凡在人臣, 皆合諫也. 夫子言天子有天下之廣. 七人則足以見諫爭功之大, 故擧少以言之也. 然父有爭子, 士有爭友, 雖無定數, 要一人爲率(율). 自下而上, 稍增二人, 則從上而下, 當如禮之降殺, 故擧七・五・三人也." 劉炫之讜義, 雜合通途. 何者. 傳載"忠言比於藥石, 逆耳苦口, 隨要而施." 若指不備之員, 以匡無道之主, 欲求不失, 其可得乎. 先儒所論, 今不取也.

1) 自上以下……禮也 : ≪春秋左氏傳≫ 襄公 26년조에 보인다.
2) 伏死而爭 : ≪춘추좌씨전≫ 成公 2년조에 보인다.
3) 鬼神(之)〔乏〕主 : '乏'이 저본에는 '之'로 되어 있으나, ≪春秋左氏傳≫ 桓公 6년조와 浦鏜의 ≪十三經注疏正字≫에 따라 '乏'으로 바로잡았다.(阮元의 〈校勘記〉 참조)
　이 구는 본디 季梁이 隨나라 임금에게 간쟁할 때 '백성들이 굶주려(또는 不和하여) 제사를 지낼 수 없는 지경에 이름'을 '귀신에게 제사 지내줄 祭主가 없다'고 표현한 것이다.
4) 隨無道……楚不敢伐 : ≪春秋左氏傳≫ 桓公 6년조에서 발췌 요약한 것이다. 楚 武王이 隨나라를 침공하고 講和를 요구하자 수나라 임금이 少師를 보내어 회담을 주재하게 하였다. 소사가 초나라 진영에 들어갔을 때 초나라는 일부러 군대의 약한 모습을 보여주었다. 수나라 임금이 소사의 말을 듣고 섣불리 초나라 진영을 공격하려다가 초나라의 의도를 눈치 챈 季梁의 간쟁으로 인해 자중한 결과, 초나라는 결국 수나라를 더 이상 치지 못하였다.
5) 孤 : 孤卿을 줄인 말이다. 일반적으로는 三公 아래의 少師・少傅・少保를 일컬으나, 여기서는 3명이어서는 안 되고 1명이어야 하므로 통상적인 의미와는 조금 다른 것이다. '천자가 임명한 孤'라는 말에서 알 수 있듯이 제후국의 관원이면서도 천자가 임명하는 자리인데, 본서 166쪽의 疏에 이를 子・男 아래, 卿・大夫 위의 등급으로 설명한 것이 보인다.
6) 下文 : 지금 ≪효경주소≫의 배치를 따르면 '上文'이라고 해야 한다.
7) (七)〔士〕 : 저본에는 '七'로 되어 있으나, 監本・毛本 및 ≪尙書≫ 〈顧命〉에 의거하여 '士'로 바로잡았다.(阮元의 〈校勘記〉 참조)
8) 龍師鳥紀 : ≪春秋左氏傳≫ 昭公 17년에 "太皞氏는 龍으로 일을 기록〔紀〕하였다. 이 때문에 백관의 장관〔師〕을 모두 '龍'으로 명명하였다. 나의 高祖 少皞 摯가 즉위할 때 마침 봉황새가 날아왔다. 이 때문에 새〔鳥〕로 일을 기록〔紀〕하고 백관의 장관〔師〕을 모두 '鳥'로 명명하였다."라고 하였다.

9) 五官六大：≪禮記≫ 〈曲禮 下〉에 "천자가 神에 관한 일과 天文 氣象에 관한 일을 담당할 관직을 설치할 때 우선 '大자로 시작되는 여섯 관직〔六大〕'을 설치하여 大宰・大宗・大史・大祀・大士・大卜에게 여섯 가지 典則을 담당하게 하였다. 天子의 '다섯 관사를 총괄하는 관직〔五官〕'은 司徒・司馬・司空・司士・司寇로, 각자 다섯 관사의 관원들을 통솔하게 하였다."라고 하였다.

10) (主申父)〔辛甲〕：저본에는 '主申父'로 되어 있으나, ≪春秋左氏傳≫ 襄公 4년조에 의거하여 '辛甲'으로 바로잡았다.(阮元의 〈校勘記〉 참조)

11) 周(主申父)〔辛甲〕之爲太史也……官箴王闕：≪春秋左氏傳≫ 襄公 4년조에 보인다.

12) 師曠說匡諫之事……工執藝事以諫：≪春秋左氏傳≫ 襄公 14년조에서 발췌 인용한 것이다.

○ 注의 〔降殺〕부터 〔國也〕까지

○ 正義曰：≪春秋左氏傳≫에 "위에서부터 아래로 내려오면서 둘씩 줄어드는 것이 禮이다."라고 하였다. '천자는 가장 높으므로 〈간쟁하는 신하〉 일곱 사람〈이 있고,〉 제후는 천자보다 낮아 둘을 줄였기 때문에 다섯 사람이 있으며, 대부는 제후보다 낮아 〈또〉 둘을 줄였기 때문에 세 사람이 있었다.'라는 말이다.

≪論語≫ 〈子張〉에 "〈군자는 윗사람의〉 신임을 얻은 뒤에 간쟁한다."라고 하였고, ≪춘추좌씨전≫에 "〈신하는 임금에게〉 죽음을 무릅쓰고 간쟁하는 것이다."라고 했는데, 이는 힘껏 諫하여 다툼을 말한다. 예컨대 隨나라 〈임금이〉 無道한 나머지 백성들의 마음이 각기 달라서 귀신에게 〈제사 지내줄〉 祭主가 없었지만 그나마 季梁이 있었기에 楚나라가 감히 〈隨나라를〉 치지 못한 일이, 간쟁하는 신하를 둔 덕에 그 나라를 멸망시키지 않〈을 수 있었〉던 사례이다. 중간(諸侯)의 사례를 들어 본보기로 삼노니, 대부와 천자의 경우도 따라서 알 수 있다.

'國家'라고 말하지 않〈고 순서를 바꾸어 '家國'이라고 한〉 것은 마치 한 '나라〔國〕'만을 가리키는 것 같을까봐 염려해서이다. 나라〔國〕는 제후에 대한 말이고, 집안〔家〕은 대부에 대한 말인데, 注는 간결한 문장을 중시하기 때문에 〈제후와 대부의 경우를 따로 말하지 않고 함께 말하면서〉 '家國'이라고 한 것이다.

살펴보건대 공안국과 정현의 注 및 先儒들이 전하는 설에 모두 ≪예기≫ 〈文王世子〉를 인용하여 '〈천자의 간쟁하는 신하〉 일곱 사람'의 뜻을 풀이하였다. 살펴보건대 〈문왕세자〉에 다음과 같은 말이 있다.

"옛 기록에 '虞・夏・商・周나라는 師・保를 두고 疑・丞을 두어 四輔와 三公을 설치하되, 〈적임자가 없으면〉 군이 인원을 갖추지 않았고 오직 사람을 보아 임명하였다.'라고 하였다"

또 ≪尙書大傳≫에는 다음과 같은 말이 있다.

"옛날에 천자는 반드시 '전후좌우에서 보필하는 신하〔四鄰〕'를 두었으니, 앞〈의 신하〉를 疑, 뒤〈의 신하〉를 丞, 왼쪽〈의 신하〉를 輔, 오른쪽〈의 신하〉를 弼이라고 하였다. 천자의 질문에 대답하지 못하면 疑를 꾸짖고, 기록할 만한데 기록하지 않으면 丞을 꾸짖으며, 바로잡을 만한데 바로잡지 않으면 輔를 꾸짖고, 宣揚할 만한데 선양하지 않으면 弼을 꾸짖었다. 그 작위는 卿과 맞먹고 그 녹봉은 둘째 등급의 제후(侯)와 맞먹는다."

〈천자의 간쟁하는 신하 일곱 사람은〉 ≪상서대전≫의 '전후좌우에서 보필하는 신하〔四鄰〕'를 〈〈문왕세자〉의〉 四輔로 간주하고 三公을 더하여 일곱 사람의 수를 채운 것이다.

제후의 〈간쟁하는 신하〉 다섯 사람에 대해, 공안국의 傳은 천자가 임명한 孤卿과 三卿(司徒·司馬·司空) 및 上大夫를 지목하고, 왕숙은 三卿·內史(爵祿의 廢置를 관장하는 관직)·外史(京畿 밖에 왕명을 선포하고 사방의 地志를 관장하는 관직)를 지목하여 다섯 사람의 수를 채웠다.

대부의 〈간쟁하는 신하〉 세 사람에 대해, 공안국의 傳은 家相(집안의 財務 등을 담당하는 家臣)·室老(가신의 우두머리)·側室(宗族의 일을 담당하는 가신)을 지목하여 세 사람의 수를 채웠고, 왕숙은 〈여기에서〉 측실을 빼고 邑宰를 일컬었다. 〈그러나〉 이들은 모두 〈주석가가〉 自意로 해설한 것이니, 經文의 뜻이 아닌 듯하다. 劉炫의 설명은 다음과 같다.

"살펴보건대 뒤의 문장에 '자식이 아버지에게 간쟁하지 않아서는 안 되고, 신하가 임금에게 간쟁하지 않아서는 안 된다.'라고 하였다. 그렇다면 자식 된 자와 신하 된 자는 모두 간쟁해야 하는 것이니, 어찌 大臣만 간쟁해야 하고 小臣은 간쟁하지 않는 것이며, 어찌 맏아들만 아버지에게 간쟁해야 하고 〈그 밖의〉 아들들은 간쟁하지 않는 것이겠는가. 만약 아버지에게 열 아들이 있다면 〈열 아들이〉 모두 간쟁할 수 있다. 천자의 신하들 중에 오직 일곱 사람에게만 〈간쟁을〉 허락했다면 이는 천자를 보좌하는 사람이 오히려 필부〈를 보좌하는 사람〉보다 적은 것이 된다.

또 살펴보건대 ≪尙書≫ 〈洛誥〉에, '成王이 周公에게 「〈그대는〉 문왕과 무왕이 〈하늘한테〉 받은 백성을 잘 보호하고 다스려서 四輔가 되라.」라고 말했다.'고 하였고, ≪尙書≫ 〈冏命〉에서 穆王이 伯冏에게 命하기를, '나는 어질지 못하니, 실로 좌우·전후의 職位에 있는 선비들이 나의 부족한 점을 바로잡아주는 데에 힘입고자 한다.'라고 하였다. 이에 의거하여 말하면 '좌우·전후〈의 직위에 있는 선비들,〉 四輔를 말한 것이니, 〈≪상서대전≫의〉 疑·丞·輔·弼은 당연히 여러 신하들을 가리킨 것이지 별도의 관직을 설치한 것이 아니다.

삼가 살펴보건대 ≪周禮≫에는 疑·丞이 열거되지 않았다. ≪尙書≫ 〈周官〉에는 뭇 官司〈의 관원〉들을 낱낱이 서술하였고, ≪尙書≫ 〈顧命〉에서는 〈뭇 관원을〉 통칭하여 '卿士'라고 하였으며, ≪춘추좌씨전≫에서는 '龍師'와 '鳥紀'라고 하였고, ≪禮記≫ 〈曲禮〉에서는 '五官'과 '六大'라고 하였는데, 疑·丞·輔·弼이 간쟁을 전담했다는 말은 〈어디에도〉 없다. 만약 작위가 卿과 맞먹고 녹봉이 둘째 등급의 제후(侯)와 맞먹었다면 ≪주례≫에 어째서 실리지 않았겠으며 經傳에 어째서 기록이 없겠는가.

그리고 伏生의 ≪상서대전≫에서 四輔를 四鄰으로 풀이했지만, 공안국이 ≪상서≫에 注를 내면서 四鄰을 前後·左右의 신하라고 하였고 疑·丞·輔·弼이라고 하지 않았는데, 어떻게 또 그(≪상서대전≫) 말을 채택할 수 있겠는가.

≪춘추좌씨전≫에 '周나라 辛甲이 〈武王의〉 太史로 있을 때 백관에게 명하여 관원마다 왕의 허물을 諫하게 하였다.'라고 하였고, 師曠이 〈임금의 잘못을〉 바로잡기 위해 간쟁하는 일을 말하기를 '太史는 〈임금의 거동을〉 기록하고, 樂師〔瞽〕는 〈임금의 잘못을〉 詩로 諷刺하며, 樂人은 箴諫(훈계하여 諫함)하는 말을 낭송하고, 大夫는 規諫하여 가르치며, 士는 〈임금의 과실을 임금에게 직접 말하지 못하므로 大夫에게〉 傳하고, 官師(일반 관원)는 서로 신칙하고, 工人은 기예를 가지고 諫한다.'라고 하였다. 이러하다면 모든 신하가 다 諫해야 하는 것이다.

夫子(孔子)는, 천자가 광활한 천하를 소유하지만 〈간쟁하는 신하가〉 일곱 사람이면 간쟁의 큰 효과를 보기에 충분하다고 말하〈고자 하〉였다. 그래서 작은 수를 들어 말한 것이다. 그러나 아버지가 간쟁하는 자식을 두고 士가 간쟁하는 벗을 둔 데에 비록 정해진 인원수가 없기는 하나, 요컨대 〈이 두 경우에〉 한 사람을 비율로 삼고 아래에서 시작하여 위로 올라가면서 차츰 두 사람씩 증가시키면 위에서부터 시작하여 아래로 내려오면서는 당연히 禮數가 줄어드는 것과 같게 된다. 이 때문에 일곱·다섯·세 사람을 든 것이다."

〈위 같은〉 유현의 올바른 풀이는 자료를 잡다하게 모았어도 뜻이 통한다. 어째서인가. 전하는 기록에 "충직한 말은 藥石(약)과 같아서, 약이 입에 쓰듯이 귀에 거슬리지만 필요에 따라 사용된다."라고 했기 때문이다. 만약 定員을 굳이 채울 필요가 없는 관원을 지목하여 無道한 임금〈의 잘못〉을 바로잡게 한다면 잘못되지 않게 하려 한들 그럴 수 있겠는

가. 선유들의 주장을 지금은 취하지 않는다.

【疏】 ○ 注'令善'至'善名' ○ 正義曰 : "令 善也", 釋詁文. 云"益者三友", 論語文, 卽"友直, 友諒, 友多聞, 益矣", 是也. 云"言受忠告 故不失其善名"者, 論語云 "子貢問友, 子曰 '忠告而善道之.'" 言善名爲受忠告而後成也. 大夫以上皆云"不失", 士獨云"不離", 不離卽不失也.

○ 注의 〔令善〕부터 〔善名〕까지

○ 正義曰 : 〔令 善也〕 ≪爾雅≫ 〈釋詁〉의 문장이다.

〔益者三友〕 ≪論語≫ 〈季氏〉의 문장으로, 곧 "정직한 이를 벗하며 진실한 이를 벗하며 견문이 많은 이를 벗하면 유익하다."라는 것이 이것이다.

〔言受忠告 故不失其善名〕 ≪論語≫ 〈顔淵〉에 다음과 같은 내용이 있다. "子貢이 벗〈을 사귀는 도리를〉 묻자, 공자께서 '충직하게 일러주고 잘 인도해야 한다.'라고 하셨다."

〈注의 말은〉 '아름다운 명예는 충고를 받아들인 뒤에 완성된다.'라는 말이다.

大夫 이상에게는 모두 '잃지 않았다'고 말하고 士에게만 유독 '멀어지지 않았다'고 하였지만, '멀어지지 않음'이 곧 '잃지 않음'이다.

【疏】 ○ 注'父失'至'不義' ○ 正義曰 : 此依鄭注也. 案內則云 "父母有過, 下氣怡色, 柔聲以諫. 諫若不入, 起敬起孝, 說(열)則復諫." 曲禮曰 "子之事親也, 三諫而不聽, 則號泣而隨之." 言父有非, 故須諫之以正道, 庶免陷於不義也.

○ 注의 〔父失〕부터 〔不義〕까지

○ 正義曰 : 이는 정현의 注를 따른 것이다. 살펴보건대 ≪禮記≫ 〈內則〉에 "부모님께 잘못이 있으면 공손한 태도, 온화한 안색, 부드러운 목소리로 간쟁한다. 간언이 만약 받아들여지지 않으면 더욱 공경하고 더욱 효도하여 〈부모님이〉 기뻐하시면 다시 간한다."라고 하였고, ≪禮記≫ 〈曲禮〉에 "자식이 어버이를 섬길 때, 세 번을 간해도 들어주지 않으시면 울부짖으며 따라 다니면서 〈잘못을 깨달아 고치기를 바란〉다."라고 하였다. '아버지에게 잘못이 있으므로 正道로 간쟁하여 불의에 빠짐을 면하시기를 바라야 한다.'라는 말이다.

孝經注疏 제8권

感應章 第十六

【疏】 正義曰 : 此章言 "天地明察, 神明彰矣", 又云 "孝悌之(事)〔至〕[1], 通於神明", 皆是應感之事也. 前章論諫諍之事, 言人主若從諫爭之善, 必能脩身愼行, 致應感之福. 故以名章[2], 次於諫爭之後.

1) (事)〔至〕 : 저본에는 '事'로 되어 있으나, 本章의 經文에 의거하여 '至'로 바로잡았다.(阮元의 〈校勘記〉 참조)

2) 故以名章 : '感應章'을 이 장의 제목으로 삼았다는 말이다. 단, 고문본과 石臺本에는 이 장의 제목이 '應感章'으로 되어 있다.

正義曰 : 이 章에서 "하늘과 땅〈을 섬김에 있어 하늘의 원리〉에 밝고 〈땅의 이치를〉 잘 살피면 神明〈의 도움〉이 나타난다."라고 하고, 또 "부모에 대한 孝와 '형에 대한 공경〔悌〕'을 다하려는 지극한 心性이 신명에 통하고"라고 하였는데, 모두 感應의 일이다. 앞 장(〈諫諍章〉)에서 諫爭의 일을 논하고, 〈이 장에서는〉 '임금이 만약 좋은 간쟁을 따른다면 틀림없이 몸을 수양하고 행실을 삼가서 감응의 복을 부를 수 있을 것이다.'라고 말하였다. 이 때문에 이것(感應)을 이 章의 이름으로 삼고, 〈諫諍章〉 뒤로 순서를 정하였다.

子曰 昔者에 **明王**은 **事父孝**라 **故事天明**하고 **事母孝**라 **故事地察**하며

孔子께서 말씀하셨다.

"옛날에 영명한 제왕은 아버지를 섬김이 효성스러웠기에 하늘을 섬김에 〈있어 하늘의 원리에〉 밝았고, 어머니를 섬김이 효성스러웠기에 땅을 섬김에 〈있어 땅의 이치를〉 잘 살폈으며,

【注】 王者는 父事天하고 母事地라 言能(致)〔敬〕[1]事宗廟면 則事天地能明察也라

1) (致)〔敬〕 : 저본에는 '致'로 되어 있으나, 이에 해당하는 뒤의 疏 및 石臺本 · 岳本 · 閩本 · 監本 · 毛本에 의거하여 '敬'으로 바로잡았다.(阮元의 〈校勘記〉 참조)

제왕은 하늘을 아버지로 섬기고 땅을 어머니로 섬긴다. '종묘〈의 아버지 신주와 어머니 신주〉를 공경히 잘 섬기면 하늘과 땅을 섬기는 데 〈있어 하늘의 원리에〉 밝고 〈땅의 이치를〉 잘 살필 수 있다.'라는 말이다.

長幼順이라 故上下治하니

長幼의 차례를 따랐기에〔順〕 上下가 다스려졌으니,

【注】 君能尊諸父하고 先諸兄이면 則長幼之道順하고 君人之化理라

임금이 諸父(아버지와 같은 항렬의 팔촌 이내 일가붙이)를 높이고 諸兄에게 순서를 양보하면 長幼의 도리가 順하고 君臣의 교화가 조리 있게 된다.

天地明察[1]이면 神明彰[2]矣니라

1) 天地明察 : 董鼎은 이를 〈三才章〉의 '天之經'·'地之義'와 연결 지어 다음과 같이 풀이하였다. "공자께서는 '하늘의 道에 밝고〔明〕 백성의 일에 상세하다〔察〕.'라고 하였고(≪周易≫ 〈繫辭 上〉), 맹자는 '舜은 모든 사물의 이치에 밝고〔明〕 人倫에 더욱 밝았다〔察〕.'라고 하였으니(≪孟子≫ 〈離婁 上〉), 經은 그 큰 것을 총괄해 말한 것이고, 義는 그 사이에 들어 있는 사물의 세세한 곡절의 마땅한 도리이다."(鄭太鉉 譯註, ≪孝經大義≫, 傳統文化硏究會, 2009, 93~94쪽)

2) 神明彰 : 고문본에는 '鬼神章'으로 되어 있다. 이때 '章'은 '彰'의 통용자이며, 이 구는 '귀신〈의 도움〉이 나타난다.'라는 말이 된다.

하늘과 땅〈을 섬김에 있어 하늘의 원리〉에 밝고 〈땅의 이치를〉 잘 살피면 神明〈의 도움〉이 나타난다.

【注】 事天地能明察이면 則神感至(誠)〔諴〕[1]하야 而降福佑라 故曰彰也라

1) (誠)〔諴〕 : 저본에는 '誠'으로 되어 있으나, 毛本 및 이에 해당하는 뒤의 疏에 의거하여 '諴(화할 함)'으로 바로잡았다.(阮元의 〈校勘記〉 참조)

하늘과 땅을 섬김에 있어 〈하늘의 원리에〉 밝고 〈땅의 이치를〉 잘 살피면 神이 〈그〉 지극한 調和로움에 감동하여 福과 도움을 내린다. 이 때문에 '나타난다'라고 한 것이다.

【疏】'子曰昔者明王'至'神明彰矣' ○ 正義曰：此章夫子述明王以孝事父母，能致感應之事. 言昔者明聖之王，事父能孝，故事天能明，言能明天之道. 故易說卦云"乾爲天爲父."[1] 此言事父孝，故能事天明，是事父之孝通天也. 事母能孝，故事地能察，言能察地之理. 故說卦云"坤爲地爲母." 此言事母孝，故事地察，則是事母之道通於地也. 明王又於宗族長幼之中，皆順於禮，則凡在上下之人，皆自化也. 又明王之事天地旣能明察，必致福應，則神明之功彰見. 謂陰陽和，風雨時，人無疾厲，天下安寧也. 經稱"明王"者二焉，一曰"昔者，明王之以孝治天下也"[2]，二郎此章言"昔者，明王事父孝". 俱是聖明之義，與先王爲一也. 言"先王"，示及遠也，言"明王"，示聰明也.

1) 乾爲天爲父：≪周易≫〈說卦傳〉에서 발췌 인용한 것이다. 아래 '坤爲地爲母'도 같다.
2) 昔者 明王之以孝治天下也：〈孝治章〉에 보인다.

經의 〔子曰昔者明王〕부터 〔神明彰矣〕까지

○ 正義曰：이 장은 夫子(孔子)가 '영명한 제왕이 孝로 부모를 섬겨 감응을 부른 일'을 서술하였다. '옛날 영명하고 성스러운 황제는 아버지를 섬김이 효성스러웠으므로 하늘을 섬김에 〈있어 하늘의 원리에〉 밝을 수 있었다.'라고 한 것은 〈아버지를 효성으로 섬겨〉 하늘의 원리를 밝게 알 수 있었다는 뜻이다. 이 때문에 ≪周易≫ 〈說卦傳〉에 "乾은 하늘이고 아버지이다."라고 하였다. 여기서 '아버지를 섬김이 효성스러웠기 때문에 하늘을 섬김에 〈있어 하늘의 원리에〉 밝았고'라고 하였으니, 이는 아버지를 섬기는 효성이 하늘에 통한 것이다.

'어머니를 섬김이 효성스러웠기 때문에 땅을 섬김에 〈있어 땅의 이치를〉 잘 살필 수 있었다.'라고 한 것은 〈어머니를 효성으로 섬겨〉 땅의 이치를 잘 살필 수 있었다는 뜻이다. 이 때문에 〈설괘전〉에 "坤은 땅이고 어머니이다."라고 하였다. 여기서 '어머니를 섬김이 효성스러웠기 때문에 땅을 섬김에 〈있어 땅의 이치를〉 잘 살폈으며'라고 하였으니, 이는 어머니를 섬기는 도리가 땅에 통한 것이다.

영명한 제왕이 또 宗族의 손위아래 사람들 속에서 모두 禮를 따르자 위아래에 있는 모든 사람이 다 저절로 교화되었다. 또 영명한 제왕은 하늘과 땅을 섬김에 〈있어 하늘의 원리에〉 밝고 〈땅의 이치를〉 잘 살펴 반드시 복된 응험을 불렀으니, 신명의 공덕이 드러난 것이다. 이는 음양이 조화롭고 風雨가 때에 맞으며 사람에게 역병이 없고 천하가 안녕했음을 말한다.

경문에 '영명한 제왕〔明王〕'을 일컬은 것이 두 군데이니, 첫째는 〈〈孝治章〉의〉 "옛날에 영명한 제왕이 孝로 천하를 다스릴 적에"라고 한 것이고, 둘째는 이 장에서 "옛날에 영명한 제왕은 아버지를 섬김이 효성스러웠으므로"라고 한 것이다. 〈두 경우〉 모두 성스럽고 영명하다는 뜻이므로, 先王과 같다. '선왕'이라고 한 것은 먼 시대〈의 사람〉임을 드러낸 말이고, '영명한 제왕'이라고 한 것은 총명함을 드러낸 말이다.

【疏】 ○ 注'王者'至'察也' ○ 正義曰 : 云"王者 父事天 母事地"者, 此依王注義也. 案白虎通云 "王者父天母地."[1] 此言事者, 謂移事父母之孝, 以事天地也. 云"言能敬事宗廟則事天地能明察也"者, 謂蒸[2]嘗以時, 疏數(삭)合禮, 是敬事宗廟也. 旣能敬宗廟, 則不違犯天地之時. 若祭義曾子曰 "樹木以時伐焉, 禽獸以時殺焉. 夫子曰 '斷一樹, 殺一獸, 不以其時, 非孝也.'" 又王制曰 "獺祭魚, 然後虞人入澤梁. 豺祭獸, 然後田獵. 鳩化爲鷹, 然後設罻羅. 草木零落, 然後入山林. 昆蟲未蟄, 不以火田." 此則令無大小, 皆順天地, 是事天地能明察也.

1) 王者父天母地 : ≪白虎通≫ 권1 〈爵〉에 보인다.
2) 蒸 : 烝(겨울제사 증)의 뜻으로 쓰였다.

○ 注의 〔王者〕부터 〔察也〕까지

○ 正義曰 : 〔王者 父事天 母事地〕 이는 王肅 注의 내용을 따른 것이다. 살펴보건대 ≪白虎通≫에 "제왕은 하늘을 아버지로 삼고 땅을 어머니로 삼는다."라고 하였는데, 여기서 '섬긴다〔事〕'고 한 것은 부모를 섬기는 孝를 옮겨 천지를 섬긴다는 말이다.

〔言能敬事宗廟 則事天地能明察也〕 〈종묘에 올리는〉 겨울제사와 가을제사를 때에 맞게 하고 親疏〈에 따른 禮數〉가 禮에 맞음을 일컬으니, 이것이 종묘를 공경히 잘 섬기는 것이다. 종묘를 공경히 잘 섬기면 천지의 때를 어기지 않게 된다. 예컨대 ≪禮記≫ 〈祭義〉에 다음과 같은 曾子의 말이 있다.

"나무는 베어도 될 때 베고, 짐승은 잡아도 될 때 잡는 것이니, 夫子께서 말씀하시기를 '나무 하나를 베고 짐승 하나를 잡는 것도 합당한 때에 하지 않으면 孝가 아니다.'라고 하셨다."

또 ≪禮記≫ 〈王制〉에 다음과 같은 내용이 있다.

"〈정월이 되어〉 수달이 물고기를 잡아 늘어놓은 뒤에야 虞人(山川과 동산 관리원)이 魚梁에 들어가 〈물고기를 잡〉고, 〈9월이 되어〉 승냥이가 짐승을 잡아 늘어놓은 뒤에야 사냥을 하며, 〈8월이 되어〉 비둘기가 매〔鷹〕로 변한 뒤에야 새 잡는 그물을 치고, 〈9월이 되어〉 초목이 시들어 떨어진 뒤에야 산림에 들어가 〈나무를 하〉며, 〈10월이 되어〉 곤충들이 〈풀속으로〉 숨어들기 전에는 밭에 불을 놓지 않는다."

이는 지침〔令〕의 대소를 막론하고 모두 천지〈의 때〉를 따른 것이다. 이것이 '천지를 섬김에 있어 〈하늘의 원리에〉 밝고 〈땅의 이치를〉 잘 살핀다.'는 것이다.

【疏】 ○ 注'君能'至'化理' ○ 正義曰 : 此言明王能順長幼之道, 則臣下化之而自理也, 謂放效於君. 書曰 "違上所命, 從厥攸好."[1] 是效之也.

1) 違上所命 從厥攸好 : 백성들은 윗사람의 말이 아니라 행실을 따른다는 뜻으로, 백성들이 堯舜의 仁과 桀紂의 포악함을 본받았다고 한 ≪禮記≫ 〈大學〉의 내용(259쪽 疏)이 이와 통한다.

○ 注의 〔君能〕부터 〔化理〕까지

○ 正義曰 : 이는 '영명한 제왕이 長幼의 도리를 잘 따르면 신하들이 교화되어 저절로 다스려진다.'라고 말한 것이니, 〈신하들이〉 임금을 본받는다는 말이다. ≪尙書≫ 〈君陳〉에 "〈백성들이〉 윗사람이 命한 것은 어기고 〈윗사람이〉 좋아하는 것을 따르나니"라고 하였는데, 이것이 본받는 것이다.

【疏】 ○ 注'事天'至'彰也' ○ 正義曰 : (誠)〔諴〕[1], 和也. 言事天地若能明察, 則神祇感其至和, (不)〔而〕[2]降福應以祐助之, 是神明之功彰見也. 書云 "至(誠)〔諴〕[3]感神." 又瑞應圖[4]曰 "聖人能順天地, 則天降膏露, 地出醴泉." 詩云 "降福穰穰." 易曰 "自天祐之, 吉無不利." 注約諸文以釋之也. 案此則"神感至諴", 當爲"至諴". 今定本作"至誠", 字之誤也[5].

1) (誠)〔諴〕 : 저본에는 '誠'으로 되어 있으나, 疏의 이 단락 말미에 御注의 '至誠'은 '至諴'이 되어야 한다고 한 것과 監本·毛本에 의거하여 '諴(화할 함)'으로 바로잡았다.(阮元의 〈校勘記〉 참조)

2) (不)〔而〕 : 저본에는 '不'로 되어 있으나, 閔本·監本·毛本에 의거하여 '而'로 바로잡았다.(阮元의 〈校勘記〉 참조)

3) (誠)〔諴〕 : 저본에는 '誠'으로 되어 있으나, ≪尙書≫ 〈大禹謨〉 및 毛本에 의거하여 '諴'으로 바로잡았다.(阮元의 〈校勘記〉 참조)

4) 瑞應圖 : 천지의 상서로운 감응이 나타난 물건들에 대해 기록한 저자 미상의 책이다.

5) 案此則……字之誤也 : 御注의 '誠'이 '諴'으로 바로잡히기 전의 상태를 두고 한 말이다.

'定本'은 시대의 선후를 고려할 때 元나라 吳澄의 ≪孝經定本≫일 수는 없다. 唐初에 顔師古가 정리한 ≪五經定本≫이 있었던 것과 유사하게 ≪孝經定本≫도 있었던 것으로 생각되나 상세하지 않다.

○ 注의 〔事天〕부터 〔彰也〕까지

○ 正義曰 : 諴은 和(조화로움)이다. '하늘과 땅을 섬김에 있어 〈하늘의 원리를〉 분명히 알고 〈땅의 이치를〉 잘 살피면 天神과 地祇가 그 지극한 調和에 감동하여 복된 응험을 내려 돕는데, 이것이 神明의 功德이 드러나는 것이다.'라는 말이다.

≪尙書≫ 〈大禹謨〉에 "지극한 조화로움이 神을 감동시킨다."라고 하였고, 또 ≪瑞應圖≫에 "聖人이 천지를 잘 따르면 하늘이 기름진 이슬을 내리고 땅에서 감미로운 샘물이 솟는다."라고 하였으며, ≪詩經≫ 〈周頌 執競〉에 "복을 내림이 많도다."라고 하였고, ≪周易≫ 大有卦 上九 爻辭에 "하늘부터 〈이하가 모두〉 돕는지라, 吉하여 이롭지 않음이 없도다."라고 하였다. 注는 이 문장들을 요약하여 〈경문을〉 풀이한 것이다. 이들을 살펴볼 때, 〈注에서〉 '神感至誠'의 '至誠'은 '至諴'이 되어야 한다. 지금 定本에 '至誠'으로 되어 있는 것은 글자가 잘못된 것이다.

故雖天子라도 必有尊也니 言有父也요 必有先也니 言有兄也[1]니라

1) 言有兄也 : 고문본에는 이 뒤에 '必有長也' 4자가 더 있다. 이에 따르면 이 문장의 현토와 의미는 다음과 같이 된다. "故雖天子라도 必有尊也니 言有父也ㄹ새 必有先也요 言有兄也ㄹ새 必有長也니라(그러므로 아무리 천자라 해도 반드시 〈자기보다〉 높은 사람이 있으니, 아버지가 있으므로 반드시 先代가 있고, 형이 있으므로 반드시 연장자가 있다.)"

그러므로 비록 천자라 하더라도 반드시 존경해야 할 대상이 있으니 諸父가 있다는 말이고, 반드시 〈순서를〉 양보해야 할 대상이 있으니 諸兄이 있다는 말이다.

【注】 父謂諸父요 兄謂諸兄이니 皆祖考之胤也라 禮에 君讌族人에 與父兄齒也[1]라

1) 君燕族人 與父兄齒也 : ≪禮記≫ 〈文王世子〉의 "若公與族燕 則異姓爲賓 膳宰爲主人 公與父兄齒"에서 발췌하고 변형한 것이다.

父는 諸父를 말하고, 兄은 諸兄을 말하니, 모두 할아버지와 아버지의 자식들이다. ≪예기≫에, 임금이 친족과 잔치할 적이면 父兄들과 長幼의 순서를 따진다〈고 하였다.〉

宗廟致敬은 **不忘親也**요

종묘에 공경을 다하는 것은 어버이를 잊지 않기 위함이고,

【注】 言能敬事宗廟면 則不敢忘其親也라

'종묘를 공경히 잘 섬기면 감히 그 어버이를 잊지 않게 된다.'라는 말이다.

脩身愼行은 **恐辱先也**ㄹ새니라

몸을 수양하고 언행을 삼가는 것은 先祖를 욕되이 하게 될까 염려해서이다.

【注】 天子雖無上於天下나 猶脩持其身하고 謹愼其行은 恐辱先祖而毁盛業也ㄹ새라

天子가 비록 천하에 〈자기보다〉 높은 사람이 없음에도 불구하고 몸을 수양하여 지키고 언행을 삼가는 것은 선조를 욕되이 하고 〈선조의〉 거룩한 遺業을 무너뜨리게 될까 염려해서이다.

宗廟致敬이면 **鬼神著矣**니

종묘에 공경을 다하면 귀신〈의 감응〉이 드러나니,

【注】 事宗廟能盡敬이면 則祖考來格하야 享於克誠이라 故曰著也라

宗廟를 섬기는 데에 공경을 다할 수 있으면 돌아가신 할아버지와 아버지〈의 혼령이〉 오시어 정성스러운 〈제사를〉 흠향한다. 이 때문에 '드러난다'라고 한 것이다.

孝悌之至가 **通於神明**하고 **光**[1]**于四海**하야 **無所不通**[2]일새니라

1) 光 : 廣(넓음)의 뜻으로 쓰였다. 王引之의 ≪經義述聞≫ 〈尙書 上〉에서 〈堯典〉의 '光被四表'에 대해 "光은 廣과 통한다."라고 하고 '넓힌다'는 뜻으로 풀이한 예가 있다.
2) 通 : 고문본에는 '曁'로 되어 있다. 이에 따르면 이 구는 '도달하지 않는 곳이 없기 때문이다.'라는 말이 된다.

부모에 대한 孝와 '형에 대한 공경〔悌〕'을 다하려는 지극한 心性이 신명에 통하고 四海(미개 민족 거주 지역)에까지 널리 퍼져서 통하지 않는 곳이 없기 때문이다.

【注】能敬宗廟하고 順長幼하야 以極孝悌之心이면 則至性通於神明하고 光于四海라 故曰無所不通이라

종묘를 공경히 섬기고 長幼의 차례를 따라 부모에 대한 효심과 '형에 대한 공경〔悌〕심'을 다할 수 있으면 〈효와 공경〔悌〕을 다하려는〉 지극한 심성이 신명에 통하고 四海에 널리 퍼진다. 이 때문에 "통하지 않는 곳이 없다."라고 한 것이다.

【疏】'故雖'至'不通' ○ 正義曰："故"者, 連上起下之辭. 以上文云"事父孝", 又云"事母孝", 又云"長幼順", 所以於此述尊父先兄之義, 以及致敬與脩身之道, 兼言鬼神之著, 孝悌之至, 無所不通也. 言王者雖貴爲天子, 於天下宗族之中, 必有所尊之者, 謂天子有諸父也, 必有所先之者, 謂天子有諸兄也. 宗廟致敬, 是不忘其親, 脩身愼行, 是不辱其祖考. 故能致敬於宗廟, 則鬼神明著而歆享之. 是明王有孝悌之至性, 感通神明, 則能光于四海, 無所不通. 然諫爭兼有諸侯大夫, 此章唯稱王者, 言王能致應感, 則諸侯已下, 亦當自勉勵也.

經의 〔故雖〕부터 〔不通〕까지

○ 正義曰：'故(그러므로)'는 윗말을 이어 아래 말을 일으키는 접속사이다. 윗글에 "아버지를 섬김이 효성스러웠기에"라고 하고 또 "어머니를 섬김이 효성스러웠기에"라고 하고 또 "長幼의 차례를 따랐기에"라고 하였다. 이 때문에 여기에서 諸父를 높이고 諸兄에게 순서를 양보하는 내용 및 〈종묘에〉 공경을 다하고 몸을 수양하는 도리를 서술하고, 아울러 귀신〈의 감응〉이 드러나니 이는 부모에 대한 孝와 '형에 대한 공경〔悌〕'을 다하려는 지극한 心性이 통하지 않는 곳이 없기 때문임을 말하였다.

'제왕이 비록 존귀한 天子이기는 하나, 천하의 宗族 중에는 반드시 높여야 할 대상이 있으니 천자에게 諸父가 있다는 말이고, 반드시 〈순서를〉 양보해야 할 대상이 있으니 천자에게 諸兄이 있다는 말이다. 종묘에 공경을 다하는 것은 어버이를 잊지 않기 위함이고, 몸을 수양하고 언행을 삼가는 것은 돌아가신 할아버지와 아버지를 욕되지 않게 하기 위함이다. 이 때문에 종묘에 공경을 다할 수 있으면 귀신이 밝게 드러나 흠향한다. 이는 영명한 제왕이 부모에 대한 孝와 '형에 대한 공경〔悌〕'을 다하려는 지극한 心性을 지녀 신명에게 感通하면 四海에 널리 퍼져 통하지 않는 곳이 없기 때문이다.'라는 말이다.

그런데 〈諫諍章〉에는 제후와 대부〈에 대한 언급〉까지 있는 데 비해 이 장에서는 오직 제왕만을 말하였으니, '천자가 감응을 부를 수 있으면 제후 이하도 당연히 스스로 힘쓰게

된다.'라는 말이다.

【疏】 ○ 注'父謂'至'齒也' ○ 正義曰：云"父謂諸父 兄謂諸兄"者, 父之昆弟曰伯父叔父, 己之昆曰兄, 其屬非一, 故言諸也. 詩曰 "以速諸父", 又曰 "復我諸兄", 是也. 云"皆祖考之胤也"者, 案曲禮曰 "父死曰考." 言父以上, 通謂之祖考. 胤, 嗣也. 謂其廟未毁[1], 其胤皆是王者之族親也. 云"禮 君讌族人 與父兄齒也"者, 此依孔傳也. 案詩序角弓 "父兄刺幽王." 蓋謂君之諸父諸兄也. 古者天子祭畢, 同姓則留之, 謂與族人讌. 故(其)〔楚茨〕[2]詩曰 "諸父兄弟, 備言燕私." 鄭箋云 "祭畢, 歸賓客之俎, 同姓則留, 與之燕." 是天子讌族人也. 又禮記文王世子云 "若公與族燕, 則異姓爲賓, 膳宰爲主人. 公與父兄齒." 則知燕族人, 亦以尊卑爲列, 齒於父兄之下也.

1) 其廟未毁：親盡(제사 지내는 代數가 다 됨)하기 전임을 뜻한다.
2) (其)〔楚茨〕：저본에는 '其'로 되어 있으나, 뒤에 인용된 시가 ≪詩經≫ 〈楚茨〉의 시이므로 浦鏜의 ≪十三經注疏正字≫에 의거하여 '楚茨'로 바로잡았다.(阮元의 〈校勘記〉 참조)

○ 注의 〔父謂〕부터 〔齒也〕까지

○ 正義曰：〔父謂諸父 兄謂諸兄〕 아버지의 형제를 伯父·叔父라고 하고 자신의 형을 兄이라고 하는데, 이에 속하는 사람이 하나가 아니기 때문에 '諸'자를 붙인 것이다. ≪詩經≫ 〈伐木〉에 '諸父를 부르니'라고 한 것과 〈黃鳥〉에 '우리 諸兄에게 돌아가리라'라고 한 것이 그 例이다.

〔皆祖考之胤也〕 살펴보건대 ≪禮記≫ 〈曲禮〉에 "아버지가 돌아가시면 考라고 한다."라고 하였다. 〈돌아가신〉 아버지 이상을 통틀어 祖考라고 일컫는다는 말이다. 胤은 嗣(자손)이다. 〈선조의〉 사당이 헐리지 않았으면 그 자손은 모두 제왕의 族親이라는 말이다.

〔禮 君燕族人 與父兄齒也〕 이는 공안국의 傳을 따른 것이다. 살펴보건대 ≪毛詩≫ 〈角弓〉의 小序에 "父兄들이 幽王을 풍자한 것이다."라고 하였는데, 〈이때 父兄들은〉 임금의 諸父와 諸兄을 말한다.

옛날에 천자는 제사가 끝나면 同姓들을 머물게 하였는데, 〈이는 제사 뒤에〉 종족들과 잔치를 했다는 말이다. 그래서 ≪詩經≫ 〈楚茨〉의 시에 "諸父와 兄弟들이, 갖추어 잔치하여 사사로운 은정을 나누네."라고 한 것인데, 정현의 箋에 "제사가 끝나면 빈객들에게 제사 고기를 돌리고 同姓들은 머물게 하여 함께 잔치하였다."라고 하였으니, 이것이 천자가 족인들과 잔치한 例이다.

또 ≪禮記≫ 〈文王世子〉에 "만약 公(임금)이 종족들과 잔치하게 되면 異姓은 손님이 되고 膳宰(임금의 요리사)가 주인이 되며, 公은 부형들과 長幼의 순서를 따져 〈자리를 정하였다.〉"라고 하였으니, 族人들과 잔치할 때면 尊卑의 순서대로 벌여 앉아서 부형의 아랫자리에 끼어 앉았음을 알 수 있다.

【疏】 ○ 注'言能'至'親也' 正義曰：案禮記文王世子稱 "五廟[1]之孫, 祖廟未毁, 雖爲庶人, 冠・取妻必告, 死必赴." 是不忘親也. 禮記大傳稱 "其不可得變革者則有矣, 親親也, 尊尊也, 長長也. 親親故尊祖, 尊祖故敬宗, 敬宗故收族, 收族故宗廟嚴."[2] 言君致敬宗廟, 則不敢忘其親也.

1) 五廟：鄭玄의 注에, 실은 四廟(父・祖・曾祖・高祖)인데 여기서 五廟라고 한 것은 高祖가 始祖의 아들인 경우를 두고 말한 것이라고 하였다.
2) 其不可得變革者則有矣……收族故宗廟嚴：≪禮記≫ 〈大傳〉에서 발췌 인용한 것이다.

○ 注의 〔言能〕부터 〔親也〕까지

正義曰：살펴보건대 ≪禮記≫ 〈文王世子〉에 "五廟의 자손들은 조상의 사당이 아직 헐리지 않았으므로 비록 庶人이라 하더라도 冠禮를 행할 때와 아내를 맞이할 때 반드시 〈임금에게〉 고하고 죽으면 반드시 〈임금에게〉 訃告한다."라고 하였는데, 이것이 어버이를 잊지 않는 것이다.

≪禮記≫ 〈大傳〉에 "바꾸어서는 안 될 것이 있으니, 어버이를 친애하는 것, 존귀한 사람을 존대하는 것, 어른을 어른으로 대우하는 것이다. 어버이를 친애하기 때문에 조상을 높이고, 조상을 높이기 때문에 同宗(한 조상에서 내려온 一家)을 공경하고, 同宗을 공경하기 때문에 친족을 거두고, 친족을 거두기 때문에 宗廟가 엄숙해진다."라고 하였는데, 〈이것이〉 '임금이 종묘에 공경을 다하면 감히 그 어버이를 잊지 않게 된다.'라는 것이다.

【疏】 ○ 注'天子'至'業也' ○ 正義曰：云"天子雖無上於天下"者, 此依(正)〔王〕[1]注也. 禮坊記云 "天無二日, 土無二王, 家無二主, 尊無二上." 謂普天之下, 天子至尊也. 云"猶脩持其身 謹愼其行 恐辱先祖而毁盛業也"者, 案禮記祭義云 "父母既沒, 沒愼行, 不辱先也."[2] 盛業, 謂先祖積德累功, 而有天下之業. 上言"必有先也", 先, 兄也. 此言"恐辱先也", 是先祖也.

1) (正)〔王〕：저본에는 '正'으로 되어 있으나, 閩本・監本・毛本에 의거하여 '王'으로 바로

잡았다.(阮元의 〈校勘記〉 참조)

2) 父母既沒……不辱先也 : ≪禮記≫ 〈祭義〉의 "父母既沒 愼行其身 不遺父母惡名"을 변형하여 인용한 것이다.

○ 注의 〔天子〕부터 〔業也〕까지

○ 正義曰 : 〔天子雖無上於天下〕 이는 王肅의 注를 따른 것이다. ≪禮記≫ 〈坊記〉에 "하늘에는 두 개의 태양이 없고, 땅에는 두 제왕이 없으며, 집안에는 두 주인이 없고 지극히 존귀한 윗사람은 두 사람이 없다."라고 하였으니, 온 천하에서 천자만이 지극히 존귀하다는 말이다.

〔猶脩持其身 謹愼其行 恐辱先祖而毁盛業也〕 살펴보건대 ≪禮記≫ 〈祭義〉에 "부모가 돌아가신 뒤에도 종신토록 행동을 삼가서 돌아가신 부모를 욕되지 않게 한다."라고 하였다. 〈선조의〉 거룩한 遺業은 先祖가 덕과 공을 쌓아 천하를 소유한 王業을 일컫는다. 앞의 '必有先也'라고 한 데서 先〈의 대상〉은 형이고, 여기 '恐辱先也'라고 한 데서 先은 先祖이다.

【疏】 ○ 注'事宗'至'著也' ○ 正義曰 : 云"祖考來格"者, 尙書益稷文. 格, 至也. 言事宗廟能恭敬, 則祖考之神來格. 詩曰 "神保是格, 報以景福."[1] 亦是言神之至. 云"享於克誠 故曰著也"者, "享於克誠", 尙書太甲篇文, 孔傳云 "言鬼神不保一人, 能誠信者, 則享其祀." 則"祖考來格"·"享於克誠", 皆(招)〔昭〕[2]著之義. 上言"宗廟致敬", 謂天子尊諸父, 先諸兄, 致敬祖考, 不敢忘其親也. 此言"宗廟致敬", 述天子致敬宗廟, 能感鬼神. 雖同稱"致敬", 而各有所屬也. 舊注以爲 "事生者易, 事死者難, 聖人愼之, 故重其文." 今不取也. 上言"神明", 謂天地之神也, 此言"鬼神", 謂祖考之神. 易曰 "陰陽不測之謂神."[3] 先儒釋云 "若就三才相對, 則天曰神, 地曰祇, 人曰鬼." 言天道玄遠, 難可測, 故曰神也. 祇者, 知也, 言地去人近, 長育可知, 故曰祇也. 鬼者, 歸也, 言人生於無, 還歸於無, 故曰鬼也. 亦謂之神, 案五帝德云 "黃帝死, 而民畏其神百年", 是也. 上言"神明", 尊天地也. 此言"鬼神", 尊祖考也.

1) 神保是格 報以景福 : ≪詩經≫ 〈楚茨〉에 보인다. 현행본 ≪시경≫에는 景이 介로 되어 있다.

2) (招)〔昭〕 : 저본에는 '招'로 되어 있으나, 嘉靖本·汲古閣本·武英殿本에 의거하여 '昭'로 바로잡았다.

3) 陰陽不測之謂神 : ≪周易≫ 〈繫辭傳 上〉에 보인다. 음양의 변화는 일정한 법칙을 따르나, 그 구체적인 발현은 미묘하여 헤아리기 어렵기 때문에 神이라고 한 것이다. 여기서 神은 포착하기 어려움을 뜻한다.(≪中國儒學百科全書≫ '陰陽不測之謂神'조)

○ 注의 〔事宗〕부터 〔著也〕까지

○ 正義曰 : 〔祖考來格〕 이는 ≪尙書≫ 〈益稷〉의 문구이다. 格은 至(이름)이다. '종묘를 섬김에 있어 공경스러울 수 있으면 돌아가신 할아버지와 아버지의 신이 오신다.'라는 말이다. ≪시경≫ 〈楚茨〉에 "조상의 신령께서 이에 이르러서〔格〕 큰 복으로 보답하니"라고 하였는데, 여기서 '格'도 神이 옴을 말한 것이다.

〔享於克誠 故曰著也〕 '정성스러운 〈제사를〉 흠향한다〔享於克誠〕'는 말은 ≪尙書≫ 〈太甲〉의 문구인데, 공안국의 傳에 "귀신은 한 사람만을 保佑하지 않으니, 〈제사하는 자가〉 성실한 사람이면 그가 올린 제사를 흠향〈하여 보우〉한다."라고 하였다. 그렇다면 '돌아가신 할아버지와 아버지가 오시어'와 '정성스러운 〈제사를〉 흠향한다.'는 것이 모두 밝게 드러난다는 뜻이다.

앞에서 말한 '宗廟致敬(종묘에서 공경을 다하는 것)'은 천자가 諸父를 높이고 諸兄에게 〈순서를〉 양보하여 돌아가신 할아버지와 아버지에게 공경을 다함으로써 감히 어버이를 잊지 않음을 일컫고, 여기서 말한 '宗廟致敬(종묘에 공경을 다하면)'은 천자가 종묘에 공경을 다하여 귀신을 감응시킴을 말한 것이니, 〈두 경우에〉 똑같이 '致敬(공경을 다함)'이라고는 했지만 각자 속한 대상이 따로 있다. 舊注에 '산 자를 섬기는 것은 쉽고 죽은 자를 섬기는 것은 어려워 聖人이 삼갔기 때문에 그 문구를 거듭 쓴 것이다.'라고 하였으나, 지금은 취하지 않는다.

앞에서 말한 '神明'은 천지의 신을 일컫고 여기서 말한 '鬼神'은 조상신을 일컫는다. ≪주역≫에 "陰陽의 변화를 헤아릴 수 없는 것을 神이라고 한다."라고 하였는데, 先儒가 해석하기를 "三才를 가지고 서로 대비하여 〈말하면〉 하늘〈의 신〉은 神이라 하고, 땅〈의 신〉은 祇라 하고, 사람〈의 신〉은 鬼라고 한다."라고 하였다. 이는 '하늘의 道는 아득하고 멀어서 헤아리기 어렵기 때문에 神이라고 한다.'는 말이다. 祇는 知(앎)이니, '땅은 사람과 가까워 만물을 키우는 것을 알 수 있기 때문에 祇라고 한다.'는 말이다. 鬼는 歸(돌아감)이니, '사람이 無에서 태어나 無로 돌아가기 때문에 鬼라고 한다.'는 말이다.

〈사람의 경우를〉 神이라고도 하니, 살펴보건대 ≪大戴禮記≫ 〈五帝德〉에 "黃帝가 죽고 나서 백성들이 그 神을 두려워한 것이 100년이다."라고 한 것이 그 例이다. 위에서 '神明'이라고 한 것은 天地〈의 신을〉 높인 말이고, 여기서 '鬼神'이라고 한 것은 조상신을 높인 말이다.

【疏】 ○ 注'能敬'至'不通' ○ 正義曰："能敬宗廟 順長幼 以極孝悌之心"者，敬宗廟爲孝，順長幼爲悌，此極孝悌之心也. 云"則至性通於神明 光於四海"(故曰)〔者，言〕[1]至性如此，則通於神明，光於四海.

1) (故曰)〔者言〕: 저본에는 '故曰'로 되어 있으나, 薈要本에 의거하여 '者言'으로 바로잡았다.

○ 注의 〔能敬〕부터 〔不通〕까지

○ 正義曰：〔能敬宗廟 順長幼 以極孝悌之心〕 宗廟를 공경히 〈섬기는〉 것이 孝이고, 長幼의 차례를 따르는 것이 공경〔悌〕이니, 이것이 부모에 대한 효심과 '형에 대한 공경〔悌〕심'을 다하는 것이다.

〔則至性通於神明 光於四海〕 〈부모에 대한 효와 '형에 대한 공경〔悌〕'을 다하는〉 지극한 심성이 이와 같으면 신명에 통하고 四海에 널리 퍼진다는 말이다.

詩云 自西自東하며 自南自北하야 無思不服[1]이라하니라

1) 自西自東……無思不服 : 고문본에는 '自東自西 自南自北 亡思不服'으로 되어 있다.

≪시경≫에 '서쪽에서 오고 동쪽에서 오고, 남쪽에서 오고 북쪽에서 와서, 마음으로 복종하지 않는 이가 없다.'라고 하였다."

【注】 義取德教流行하야 莫不服義從化也라

'德教가 널리 행해져서 大義에 감복하고 교화를 따르지 않는 자가 없다.'라는 뜻을 취한 것이다.

【疏】 '詩云'至'不服' ○ 正義曰：夫子述孝悌之事・應感之美既畢，乃引大雅文王有聲之詩，以贊美之. 自，從也. 言從近及遠，至於四方，皆感德化，無有思而不服之者，以明"無所不通". 詩本文云 "鎬京辟雍，自西自東，自南自北，無思不服." 此則"雍"・"東"，"北"・"服"，對句爲韻. 而皇侃云 "先言西者，此是周詩，謂化從西起. 所以文王爲西伯，又爲西鄰，自西而東滅紂." 恐非其義也.

經의 〔詩云〕부터 〔不服〕까지

○ 正義曰 : 夫子(孔子)가 부모에 대한 효도와 '형에 대한 공경〔悌〕'의 일 및 應感의 아름다움에 대한 서술을 마치고 나서 ≪詩經≫ 〈大雅 文王有聲〉의 시를 인용하여 찬미하였다. 自는 從(부터)이다. '가까운 데서부터 먼 데까지 사방 〈미개 민족 지역〉에 이르기까지 모두 德化에 감화되어, 마음으로 복종하지 않는 자가 없다.'라는 말이니, 〈이 시를 인용하여〉 '통하지 않는 곳이 없다.'라는 말을 증명한 것이다.

〈위〉 시의 본디 문구는 "鎬京의 辟雍에, 서쪽에서 오고 동쪽에서 오고, 남쪽에서 오고 북쪽에서 와서, 마음으로 복종하지 않는 이가 없다.〔鎬京辟雍 自西自東 自南自北 無思不服〕"이니, 이는 '雍'과 '東', '北'과 '服'을 對句의 〈상응하는 자리에 놓아〉 韻을 맞춘 것이다. 皇侃은 "서쪽을 먼저 말한 것은 이것이 周나라의 시이기 때문에 교화가 서쪽에서 시작되었음을 말한 것이다. 이 때문에 文王을 西伯이라 하고 또 西鄰이라 하니, 서쪽에서 동쪽으로 와서 紂王을 멸망시켰다."라고 하였으나, 〈이는〉 그(위 시에서 서쪽을 먼저 말한) 본래의 뜻이 아닐 것이다.

【疏】 ○ 注'義取'至'化也' ○ 正義曰 : 此依鄭注也. 德化流行, 則"無不通". 服義從化, 卽"無思不服". 言服明王之義, 從明王之化也.

○ 注의 〔義取〕부터 〔化也〕까지

○ 正義曰 : 이는 정현의 注를 따른 것이다. '德化가 널리 행해졌다'는 것은 곧 〈경문에서〉 '통하지 않는 곳이 없다'〈라고 한 것〉이다. '그 뜻에 감복하고 교화를 따랐다'는 것은 곧 〈인용한 시에서〉 '마음으로 복종하지 않는 이가 없다.'〈라고 한 것〉이니, '영명한 제왕의 大義에 감복하고 영명한 제왕의 교화를 따랐다.'는 말이다.

事君章 第十七

【疏】 正義曰 : 此章首言君子之事上, 又言進思盡忠, 退思補過, 皆是事君之道. 孔子曰 "天下有道則見, 無道則隱."[1] 前章言明王之德・應感之美, 天下從化, 無思不服, 此孝子升朝事君之時也. 故以名章, 次應感[2]之後.

1) 天下有道則見 無道則隱 : ≪論語≫ 〈泰伯〉에 보인다.
2) 應感 : 앞 장의 章名 '感應'과 비교해 보면 두 글자의 순서가 바뀌었다. 앞 장의 장명이 石臺本・唐石經・岳本・古文本에는 '應感章'으로 되어 있는 것과 관련된 異文이다.

正義曰 : 이 章의 맨 처음에 "군자가 임금을 섬긴다."라는 말을 하고, 또 "나아가서는 충성을 다할 생각을 하고, 물러나서는 임금의 허물을 보완할 생각을 한다."라고 했는데, 이 모두가 임금을 섬기는 도리이다. 孔子는 "천하에 道가 있으면 出仕하고 道가 없으면 은둔해야 한다."라고 하였다.

앞 장(〈感應章〉)에서 영명한 제왕의 덕과 應感의 아름다움〈으로 인해〉 천하가 교화에 순종하여 마음으로 복종하지 않는 이가 없음을 말하였는데, 이는 孝子가 조정에 올라 임금을 섬길 때〈의 일〉이다. 이 때문에 이것(事君)을 이 章의 이름으로 삼고, 〈感應章〉 뒤로 순서를 정한 것이다.

子曰 君子之事上也에

孔子께서 말씀하셨다.
"군자가 임금을 섬길 적에

【注】 上은 謂君也라

上은 임금을 일컫는다.

進思盡忠하며

〈조정에〉 나아가서 〈政務를 볼 때〉는 충성을 다할 생각을 하고

【注】 進見於君이면 則思盡忠節이라

〈조정에〉 나아가 임금을 뵐 때면 忠節을 다할 생각을 한다.

退思補過하야

〈조정에서〉 물러나 〈집으로 돌아와〉서는 임금의 잘못을 보완할 생각을 하여,

【注】 君有過失이면 則思補益이라

임금에게 잘못이 있으면 보완하여 보탬을 드릴 생각을 한다.

將順其美하고

임금의 아름다운 점은 따라 행하고

【注】 將은 行也라 君有美善이면 則順而行之라

將은 行(행함)이다. 임금에게 아름다운 점이 있으면 따라 행한다.

匡救其惡이라

임금의 나쁜 점은 바로잡아 제지한다.

【注】 匡은 正也요 救는 止也라 君有過惡이면 則正而止之라

匡은 正(바로잡음)이고, 救는 止(그치게 함)이다. 임금에게 나쁜 점이 있으면 바로잡아 그치게 한다.

故上下能相親也하나니라

그러므로 윗사람과 아랫사람이 서로 친할 수 있다.

【注】下以忠事上하고 上以義接下하야 君臣同德이라 故能相親이라

아랫사람은 충성으로 윗사람을 섬기고, 윗사람은 義로 아랫사람을 대하여, 임금과 신하가 한마음 한뜻이 된다. 이 때문에 서로 친할 수 있는 것이다.

【疏】'子曰'至'親也' ○ 正義曰：此明賢人君子之事君也. 言入朝進見, 與謀慮國事, 則思盡其忠節. 若退朝而歸, 常念己之職事, 則思補君之過失. 其於政化, 則當順行君之美道, 止正君之過惡. 如此則能君臣上下情志通協, 能相親也. 經稱"君子"有七焉. 一曰"君子不貴", 二曰"君子則不然", 三曰"淑人君子"[1], 四曰"君子之教以孝", 五曰"愷悌君子".[2] 已上皆斷章, 指於聖人君子, 謂居君位而子下人也. 六曰"君子之事親孝"[3], 故[4]此章"君子之事上", 則皆指於賢人君子也.

1) 君子不貴……淑人君子：인용된 세 문구는 모두 〈聖治章〉에 보인다.
2) 君子之教以孝……愷悌君子：인용된 두 문구는 모두 〈廣至德章〉에 보인다.
3) 君子之事親孝：〈廣揚名章〉에 보인다.
4) 故：畢竟의 뜻으로 쓰였다.

經의 〔子曰〕부터 〔親也〕까지

○ 正義曰：이는 현인군자가 임금을 섬기는 일을 밝힌 것이다. '조정에 들어가서 〈임금께〉 나아가 뵙고 나랏일을 함께 헤아릴 때면 충절을 다할 생각을 하고, 조정에서 물러나 〈집으로〉 돌아와 항상 자신의 직무를 생각하면서는 임금의 잘못을 보완할 생각을 한다. 政事와 교화에 있어서는 임금의 아름다운 노선을 따라 행하고, 임금의 나쁜 점을 제지하여 바로잡는다. 이와 같이 하면 君臣 上下가 情과 뜻이 서로 통하고 맞아서 서로 친할 수 있다.'라는 말이다.

경문에서 '君子'라고 칭한 곳이 일곱 군데가 있다. 첫째는 〈〈聖治章〉의〉 '군자는 귀하게 여기지 않는다', 둘째는 '군자는 그렇지 않아서', 셋째는 '善한 사람 군자여', 넷째는 〈〈廣至德章〉의〉 '군자가 孝를 가르치는 것은', 다섯째는 '사근사근한 군자여'인데, 이상은 모두 斷章取義하여 성인군자를 가리킨 것으로, '임금〔君〕의 지위에 있으면서 아랫사람들을 자식처럼 사랑한다.〔子〕'라는 뜻이다.

여섯째는 〈〈廣揚名章〉의〉 '군자가 어버이를 효성으로 섬기므로'이고, 끝으로 이 장의 '군자가 임금을 섬길 때는'인데, 이는 모두 현인군자를 가리킨다.

【疏】 ○ 注'上 謂君也' ○ 正義曰 : 此對論語云 "孝悌, 而好犯上者, 鮮矣", 彼"上"謂凡在己上者, 此"上"惟指君. 故云"上, 謂君也".

○ 注의 〔上 謂君也〕

○ 正義曰 : 이를 ≪論語≫ 〈學而〉에 "부모에게 효도하고 형을 공경〔悌〕하면서 윗사람〔上〕 범하기를 좋아하는 자는 드물다."라고 한 말과 대비해 보면, ≪논어≫의 '上'은 자기 위에 있는 모든 사람을 말한 것이고, 여기의 '上'은 임금만을 가리킨 것이다. 이 때문에 "上은 임금을 일컫는다."라고 한 것이다.

【疏】 ○ 注'進見'至'忠節' ○ 正義曰 : 此依韋注也. 說文云 "忠, 敬也. 盡心曰忠."[1] 字詁[2]曰 "忠, 直也." 論語曰 "臣事君以忠." 則忠者, 善事君之名也. 節, 操也. 言事君者敬其職事, 直其操行, 盡其忠誠也. 言臣常思盡其節操, 能致身授命也.

1) 忠……盡心曰忠 : 현행본 ≪說文解字≫에는 '盡心曰忠' 4자가 없으나, 淸나라 段玉裁가 ≪說文解字注≫ '忠'조에 이 4자를 보충하고, 그 근거를 ≪효경≫의 이 疏로 들었다. 唐元行沖이 인용한 ≪설문해자≫에는 본디 이 4자가 있었다는 것이다.

2) 字詁 : 삼국시대 魏나라 초기에 張揖이 저술한 字書 ≪古今字詁≫의 略稱이다.(≪魏書≫ 卷91 〈術藝列傳 江式〉)

○ 注의 〔進見〕부터 〔忠節〕까지

○ 正義曰 : 이는 韋昭(韋曜)의 注를 따른 것이다. ≪說文解字≫에 "忠은 敬(공경)이다. 마음을 다하는 것을 忠이라고 한다."라고 하였고, ≪字詁≫에 "忠은 直(곧음)이다."라고 하였다. ≪論語≫ 〈八佾〉에 "신하는 임금을 충성〔忠〕으로 섬긴다."라고 하였으니, 그렇다면 忠은 임금을 잘 섬긴다는 말이다. 節은 操(지조)이다.

'임금을 섬기는 사람은 자신의 직무에 「마음을 다하여〔敬〕」 몸가짐과 행실을 곧게 하고 충성을 다한다.'라고 말한 것이니, 신하는 절조를 다하여 〈임금에게〉 몸을 바치고 목숨을 바칠 수 있기를 늘 생각한다는 말이다.

【疏】 ○ 注'君有'至'補益' ○ 正義曰 : 案舊注韋昭云 "退歸私室, 則思補其身過." 以禮記少儀曰 "朝廷曰退, 燕遊曰歸." 左傳引詩曰 "退食自公." 杜預注 "臣自公門而退入私門, 無不順禮." 室猶家也. 謂退朝, 理公事畢, 而還家之時. 則當思慮以補身之過. 故國語曰 "士朝而受業, 晝而講貫, 夕而習復, 夜而計過, 無憾而後卽安." 言若有憾則不能安, 是思自補也. 案左傳 "晉荀林父爲楚所敗, 歸, 請死於晉侯. 晉侯許之, 士渥濁諫曰 '林父之事君也, 進思盡忠, 退思補過.' 晉侯赦之, 使復其位."[1] 是其義也. 文意正與此同, 故注依此傳文而釋之[2]. 今云"君有過則思補益", 出制旨也, 義取詩大雅烝民云 "袞職有闕, 惟仲山甫補之." 毛傳云 "有袞冕者, 君之上服也. 仲山甫補之, 善補過也." 鄭箋云 "袞職者, 不敢斥王言也. 王之職有(缺)〔闕〕[3], 輒能補之者, 仲山甫也." 此理爲勝, 故易舊也.

1) 晉荀林父爲楚所敗……使復其位 : ≪春秋左氏傳≫ 宣公 12년조에서 요약 인용한 것이다.
2) 注依此傳文而釋之 : 疏의 이 단락 첫 부분에 인용된 韋昭의 풀이가 ≪春秋左氏傳≫의 내용과 같이 "자신의 잘못을 보완할 생각을 한다."라고 한 것을 말한다.
3) (缺)〔闕〕 : 저본에는 '缺'로 되어 있으나, 監本・毛本과 ≪詩經注疏≫ 〈烝民〉의 鄭箋에 의거하여 '闕'로 바로잡았다.(阮元의 〈校勘記〉 참조)

○ 注의 〔君有〕부터 〔補益〕까지

○ 正義曰 : 살펴보건대 舊注 중에 韋昭가 "〈조정에서〉 물러나 집〔私室〕으로 돌아오면 자신의 잘못을 보완할 생각을 한다."라고 하였는데, 그 근거는 다음과 같다.

≪禮記≫ 〈少儀〉에 "조정〈에서 물러나오는 것〉은 退(물러남)라고 하고, 잔치〈에서 돌아오는 것〉은 歸(돌아옴)라고 한다."라고 하였다. ≪春秋左氏傳≫에 ≪詩經≫ 〈召南 羔羊〉의 시를 인용하기를 "조정에서 물러나와 밥을 먹는데"라고 하였는데, 杜預의 注에 "신하가 公門(조정)에서 물러나 私門(집)으로 들어가기까지 禮를 따르지 않음이 없다."라고 하였다. 室은 家(집)와 같다. '조정에서 물러나서 공무 처리가 끝나 집으로 돌아왔을 때는 자신의 잘못을 보완할 생각을 해야 한다.'라는 말이다. 이 때문에 ≪國語≫ 〈魯語 下〉에 "士는 아침에 〈조정에서〉 일을 받고, 낮에 강습하고, 저녁에 복습하고, 밤에 잘못을 헤아려 유감이 없은 뒤에야 편안히 쉰다."라고 하였다. 만약 유감이 있다면 편안히 쉬지 못한다는 말이니, 이것이 자신의 잘못을 보완하려고 생각하는 것이다.

살펴보건대 ≪춘추좌씨전≫에 "晉나라 荀林父가 楚나라 군대에 패배하여 돌아와서 晉侯(晉나라 임금)에게 죽음을 내려달라고 청하였다. 晉侯가 허락하려 하자, 士渥濁이 諫하기를 '순림보는 임금을 섬길 적에 〈조정에〉 나아가서는 충성을 다할 생각을 하고 〈집으로〉 물러나와서는 〈자신의〉 잘못을 보완할 생각을 하였습니다.'라고 하였다. 이에 晉侯가 〈순림보를〉 용서하고 원래의 職位를 회복시켜 주었다."라고 하였는데, 이것이 그러한 뜻이다. 經文의 의미가 바로 이(≪춘추좌씨전≫의 인용 내용)와 같기 때문에 舊注에서 이 ≪춘추좌씨전≫의 문장을 따라 경문을 해석한 것이다.

지금 〈注에〉 "임금에게 잘못이 있으면 보완하여 보탬이 되어 드릴 생각을 한다."라고 한 것은 ≪孝經制旨≫에서 나온 말이다. ≪詩經≫ 〈大雅 烝民〉에 "袞職(임금의 職務)에 잘못이 있으면, 오직 仲山甫가 보완해드리네."라고 한 뜻을 취한 것이다. ≪毛詩詁訓傳≫에 〈이 시에 대해〉 "袞冕(袞服과 冕旒冠)이 임금의 〈복장 중〉 上等의 복장〈이기 때문에 임금의 직무를 袞職이라고 칭하였〉다. 仲山甫가 보완했다는 것은 〈임금의〉 잘못을 잘 보완한 것이다."라고 하였고, 정현의 箋에 "'袞職'은 감히 제왕을 직접 가리켜 말할 수 없〈기 때문에 옷을 대신 가리켜 칭한 것이다.〉 제왕의 직무에 잘못이 있을 때마다 잘 보완해드린 사람이 仲山甫였다."라고 하였다. 이것(임금의 잘못을 보완하는 것으로 풀이한 해석)이 사리상 우수하므로 舊注를 대체하였다.

【疏】 ○ 注'將行'至'行之' ○ 正義曰：此依王注也. 案孔注尙書太誓云 "肅將天威, 爲敬行天罰." 是"將"訓爲"行"也. 言君施政敎有美, 則當順而行之.

○ 注의 〔將行〕부터 〔行之〕까지

○ 正義曰：이는 王肅의 注를 따른 것이다. 살펴보건대 공안국이 ≪尙書≫ 〈泰誓〉에 注를 내기를 "'공경히 하늘의 위엄을 행하게〔將〕 했다.'는 것은 하늘의 誅罰을 공경히 〈대신〉 行하게 했다는 말이다."라고 하였으니, '將'의 뜻을 '行(행하다)'으로 푼 것이다. '임금이 시행하는 政敎에 아름다운 점이 있으면 당연히 그것을 따라 행해야 한다.'라는 말이다.

【疏】 ○ 注'匡 正也 救 止也' ○ 正義曰：此依王注也. "匡 正", 釋(詁)〔言〕[1]文也. 馬融注論語云 "救猶止也."[2] 云"君有過惡, 則正而止之"者, 尙書云 "予違汝弼, 汝無面從", 是也.

1) (詁)〔言〕: 저본에는 '詁'로 되어 있으나, 앞의 인용문이 ≪爾雅≫ 〈釋言〉의 내용이므로 '言'으로 바로잡았다.(阮元의 〈校勘記〉 참조)

2) 救猶止也 : ≪論語≫ 〈八佾〉의 "季氏旅於泰山 子謂冉有曰 女弗能救與(季氏가 태산에 旅제사를 지내자 공자가 冉有에게 말하였다. "네가 그것을 제지할 수 없었느냐?")"의 '救'에 대한 주석이다.

○ 注의 〔匡 正也 救 止也〕

○ 正義曰 : 이는 王肅의 注를 따른 것이다.

〔匡 正〕 ≪爾雅≫ 〈釋言〉의 문장이다. 馬融이 ≪논어≫에 注를 내기를 "救는 止(제지함)와 같다."라고 하였다.

〔君有過惡 則正而止之〕 ≪尙書≫ 〈益稷〉에 "내가 도리에 어긋난 행동을 하면 네가 보필〈하여 바로잡을〉지니, 너는 面前에서만 순종하는 척하지 말라."라고 한 것이 이것이다.

【疏】 ○ 注'下以'至'相親' ○ 正義曰 : 此依魏注也. 書曰 "居上克明, 爲下克忠", 是其義也. 左傳曰 "君義臣行."[1] 如此則能相親也.

1) 君義臣行 : ≪춘추좌씨전≫ 隱公 3년조에 보인다.

○ 注의 〔下以〕부터 〔相親〕까지

○ 正義曰 : 이는 魏眞克의 注를 따른 것이다. ≪尙書≫ 〈伊訓〉에 "윗자리에 있을 때는 밝게 다스리고, 아랫사람이 되어서는 충성하며"라고 한 것이 이러한 뜻이다. ≪춘추좌씨전≫에 "임금은 의롭고 신하는 〈임금의 명을〉 행하며"라고 하였는데, 이같이 하면 〈임금과 신하가〉 서로 친할 수 있다.

詩云 心乎愛矣어니 遐不謂矣라 中心藏之어니 何日忘之[1]리오하니라

1) 心乎愛矣……何日忘之 : 뒤에 보이는 注疏의 해석과 달리 ≪詩經集傳≫의 해석은 다음과 같음을 밝혀둔다. "마음으로 사랑하니, 어찌 말하지 않으랴. 마음속에 간직하고 있으니, 어느 날인들 잊으리오."

≪시경≫에 '마음으로 사랑하니 멀리 있어도 멀다고 생각되지 않네. 마음속에 간직하고 있으니 어느 날인들 잊겠는가.'라고 하였다."

【注】 遐는 遠也라 義取臣心愛君하니 雖離左右라도 不謂爲遠이라 愛君之志를 恒藏心中하니 無日蹔忘也라

遐는 遠(멂)이다. '신하가 마음으로 임금을 사랑하니 비록 곁에서 떨어져 있어도 멀리 있다고 생각되지 않는다. 임금을 사랑하는 뜻을 항상 마음속에 간직하고 있으니 잠시도 잊히는 날이 없다.'라는 뜻을 취한 것이다.

【疏】 '詩云'至'忘之' ○ 正義曰 : 夫子述事君之道旣已, 乃引小雅隰桑之詩以結之. 言忠臣事君, 雖復有時離遠, 不在君之左右, 然其心之愛君, 不謂爲遠, 中心常藏事君之道, 何日暫忘之.

經의 〔詩云〕부터 〔忘之〕까지

○ 正義曰 : 夫子(孔子)가 임금 섬기는 도리에 대한 서술을 마치고 나서 ≪시경≫ 〈小雅 隰桑〉의 시를 인용하여 마무리하였다. '忠臣이 임금을 섬길 적에 비록 멀리 떠나 임금 곁에 있지 못하는 때가 있더라도 임금을 사랑하는 마음에는 멀리 있다고 생각되지 않는다. 마음속에 항상 임금 섬기는 도리를 간직하고 있으니, 어느 날인들 잠시라도 잊겠는가.'라는 말이다.

【疏】 ○ 注'遐遠'至'忘也' ○ 正義曰 : 云"遐 遠也 義取臣心愛君 雖離左右 不謂爲遠"者, "遐, 遠也",[1] 釋詁文, 此釋"心乎愛矣, 遐不謂矣". 云"愛君之志 恒藏心中 無日蹔忘也"者, 釋"中心藏之, 何日忘之". 案檀弓說事君之禮云 "左右就養有方." 此則臣之事君, 有常在左右之義也. 若周公出征管叔·蔡叔[2], 召公聽訟於甘棠[3], 是離左右也.

1) 遐 遠也 : ≪爾雅≫ 〈釋詁〉에는 "遠 遐也"로 되어 있고, 이에 대한 晉나라 郭璞의 注에 "遐 亦遠也"라고 하였다.

2) 周公出征管叔蔡叔 : 周 武王이 殷나라 紂王을 정벌하였으나 안정기에 접어들기 전에 죽었다. 어린 成王이 즉위하자 무왕의 아우인 周公이 攝政하며 紂王의 아들 武庚을 은나라 도읍 이북의 邶 땅에 봉하여 은나라의 제사를 잇도록 하였다. 그러나 무왕의 다른 아우들인 管叔 鮮과 蔡叔 度가 武庚을 끼고 반란을 일으키자, 주공이 성왕의 명으로 정벌하여 무경과 관숙을 죽이고 채숙을 유배 보냈다.(≪史記≫ 卷35 〈管蔡世家〉)

3) 召公聽訟於甘棠 : 召公은 周 武王의 殷나라 정벌을 돕고 成王 때 太保로서 周公과 함께 성왕을 보필한 인물로, 이름이 奭이다. 그는 남쪽 나라들을 巡行하다가 팥배나무〔甘棠〕 아래서 송사를 잘 처결하여 큰 존경을 받았다고 한다.(≪詩經≫ 〈甘棠〉)

○ 注의 〔遐遠〕부터 〔忘也〕까지

○ 正義曰 : 〔遐 遠也 義取臣心愛君 雖離左右 不謂爲遠〕 "遐는 遠(멂)이다."는 ≪爾雅≫ 〈釋詁〉의 문장이다. 이는 〈경문의〉 "마음으로 사랑하니 멀리 있어도 멀다고 생각되지 않네."를 풀이한 것이다.

〔愛君之志 恒藏心中 無日蹔忘也〕 〈경문의〉 "마음속에 간직하고 있으니 어느 날인들 잊겠는가."를 풀이한 것이다. 살펴보건대 ≪禮記≫ 〈檀弓〉에 임금 섬기는 禮에 대해 말하면서 "항상 좌우에서 봉양하면서 일정한 所任이 있다."라고 하였는데, 이러하다면 신하가

임금을 섬길 때 항상 임금 곁에 있는 도리가 있는 것이다. 周公이 管叔·蔡叔을 정벌하러 나간 일과 召公이 甘棠에서 송사를 다스린 일 같은 것이 임금 곁을 떠난 경우이다.

孝經注疏 제9권

喪親章 第十八

【疏】 正義曰 : 此章首云"孝子之喪親也", 故章中皆論喪親之事. 喪, 亡也, 失也. 父母之亡沒, 謂之喪親, 言孝子亡失其親也. 故以名章, 結之於末矣.

正義曰 : 이 章의 첫머리에 "孝子(부모상을 당한 자식)가 어버이 喪을 당해서는"이라고 말하였다. 이 때문에 이 章 안에서는 모두 어버이 상을 당했을 때의 일을 논하였다. 喪은 亡(죽음)이고 失(잃음)이다. 부모가 죽는 것을 喪親이라고 하니, 효자가 그 어버이를 잃었다는 말이다. 이 때문에 이것(喪親)을 이 장의 이름으로 삼고, 〈≪효경≫ 전체의〉 끝에서 〈孝에 대한 서술을〉 마무리하였다.

子曰 孝子之喪親也에

孔子께서 말씀하셨다.
"효자가 어버이 喪을 당해서는

【注】 生事已畢이나 死事未見이라 故發此事라

살아계실 때 모시는 〈禮는〉 이미 다 서술하였으나 돌아가신 뒤에 모시는 〈도리는〉 아직 보이지 않았다. 이 때문에 이 〈장의〉 일을 꺼낸 것이다.

哭不偯(의)하며

哭을 길게 빼지 않으며,

【注】 氣竭而息하야 聲不委曲이라

숨기운이 다하면 멈추어서 소리가 〈길게 남아〉 구불거리지 않는다.

禮無容하며

禮를 행할 때 儀容을 갖추지 않으며,

【注】 觸地[1)]無容이라

1) 觸地 : 搶地(이마를 땅에 부딪치다. 비탄에 잠기다)와 같은 말이다.

이마를 땅에 부딪치며 〈슬픔을 그대로 드러낼 뿐〉 의용을 갖추지 않는다.

言不文하며

말을 할 때는 文飾하지 않으며,

【注】 不爲文飾이라

文飾하지 않는다.

服美不安하며

아름다운 옷을 입어도 편안하지 않으며,

【注】 不安美飾이라 故服縗麻라

아름다운 장식이 편안하지 않기 때문에 삼베로 된 상복을 입는다.

聞樂不樂하며

음악을 들어도 즐겁지 않으며,

【注】 悲哀在心이라 故不樂也라

슬픔이 마음속에 있기 때문에 즐겁지 않다.

食旨不甘하나니

맛난 음식을 먹어도 달지 않으니,

【注】 旨는 美也라 不甘美味라 故蔬食水飮이라

旨는 美(맛난 음식)이다. 맛있는 음식이 달지 않기 때문에 거친 밥을 먹고 맹물을 마신다.

此哀戚之情也니라

이것이 부모의 죽음을 슬퍼하는 〈자식의 지극한〉 감정이다.

【注】 謂上六句라

앞의 여섯 구를 일컫는다.

三日而食은 敎民無以死傷生[1)]하고 毁不滅性이니 此聖人之政也니라

1) 生 : 고문본에는 이 뒤에 '也' 1자가 더 있다.

3일 만에 먹는 것은 백성에게 죽은 사람 때문에 산 사람을 상하게 하지 말고 몸이 야위더라도 生命을 滅하는 〈지경에는 이르지〉 말도록 가르친 것이니, 이것이 聖人의 政事이다.

【注】 不食三日하고 哀毁過情하야 滅性而死면 皆虧孝道라 故聖人制禮施敎하야 不令至於殞滅이라

3일 동안 먹지 않고 슬픔이 지나쳐 건강을 상한 나머지 생명을 滅하여 죽게 된다면 이는 모두 孝의 도리를 손상하는 것이다. 이 때문에 聖人이 예법을 제정하고 가르침을 베풀어 죽음에 이르지 않게 하였다.

喪不過三年은 示民有終也라

喪期가 3년을 넘지 않는 것은 백성에게 끝〈내는 기한〉이 있음을 보여준 것이다.

【注】 三年之喪은 天下達禮니 使不肖企及하고 賢者俯從이라 夫孝子有終身之憂니 聖人以三年爲制者는 使人知有終竟之限也라

三年喪은 天下의 공통적인 禮이니, 不肖한 자는 발돋움하여〔企〕 도달하게 하고 어진 자는 감정을 억제하여〔俯〕 따르게 한 것이다. 효자(부모상을 당한 자식)에게는 畢生의 근심이 있으니, 聖人이 3년으로 제도를 정한 것은 사람들로 하여금 끝내는 기한이 있음을 알게 한 것이다.

【疏】'子曰'至'終也' ○ 正義曰：此夫子述喪親之義. 言孝子之喪親, 哭以氣竭而止, 不有餘偯之聲, 擧措進退之禮, 無趨翔之容, 有事應言, 則言不爲文飾, 服美不以爲安, 聞樂不以爲樂, 假食美味, 不以爲甘. 此上六事, 皆哀慼之情也. 三日而食者, 聖人設敎, 無以親死, 多日不食, 傷及生人, 雖卽毁瘠, 不令至於殞滅性命, 此聖人所制喪禮之政也. 又服喪不過三年, 示民有終畢之(終)〔限〕[1]也.

1) (終)〔限〕: 저본에는 '終'으로 되어 있으나, 閩本·監本·毛本에 의거하여 '限'으로 바로잡았다.(阮元의 〈校勘記〉 참조)

經의 〔子曰〕부터 〔終也〕까지

○ 正義曰 : 이는 夫子(孔子)가, 효자가 어버이 喪을 치루는 도리를 서술한 것이다. '효자가 어버이 상을 당했을 때, 哭은 숨기운이 다하면 멈추어서 뒤에 남아 길게 늘어지는 소리가 있지 않고, 몸을 움직이고 나아가고 물러나는 등 禮〈를 행할 때〉는 趨蹌(공손하게 종종걸음으로 걸어감)하는 모습이 없으며, 일이 있어 말을 해야 할 때면 말을 文飾하지 않고, 좋은 옷을 입어도 편안하지 않고, 음악을 들어도 즐겁지 않으며, 맛있는 음식을 구해 먹어도 달지 않다. 이상의 여섯 가지 일이 모두 비통한 심정 때문이다. 3일 만에 음식을 먹는 것은, 聖人이 가르침을 베풀어 어버이의 죽음 때문에 여러 날 먹지 않아 산 사람까지 상하게 하는 일이 없게 하고, 비록 몸이 야위더라도 생명을 죽이는 데에는 이르지 않도록 한 것이니, 이것이 聖人이 제정한 喪禮의 규칙〔政〕이다. 또 상복 입는 기간이 3년을 넘지 않는 것은 백성들에게 〈喪을〉 끝내는 기한이 있음을 보여준 것이다.'라는 말이다.

【疏】○ 注'生事'至'此事' ○ 正義曰：此依鄭注也. 生事謂上十七章說. 生事之禮已畢, 其死事經則未見, 故又發此章以言也.

○ 注의 〔生事〕부터 〔此事〕까지

○ 正義曰 : 이는 정현의 注를 따른 것이다. 살아계실 때 모시는 禮는 앞의 17개 章의 내용을 말한다. 살아계실 때 모시는 禮는 이미 다 서술하였으나 돌아가신 뒤에 모시는 도

리는 經文에 아직 보이지 않는다. 이 때문에 또 이 章을 꺼내어 말한 것이다.

【疏】 ○ 注'氣竭'至'委曲' ○ 正義曰：此依鄭注也. 禮記間傳曰 "斬衰之哭, 若往而不反. 齊衰之哭, 若往而反." 此注據斬衰而言之, 是氣竭而後止息. 又曰 "大功之哭, 三曲而偯." 鄭注云 "三曲, 一擧聲而三折也. 偯, 聲餘從容也." 是偯爲聲餘委曲也. 斬衰則不偯, 故云"聲不委曲"也.

○ 注의 〔氣竭〕부터 〔委曲〕까지

○ 正義曰：이는 정현의 注를 따른 것이다. ≪禮記≫ 〈間傳〉에 "斬衰를 입는 사람(아버지 상을 당한 사람)의 哭은 한번 가면 돌아오지 않는 것과 같고, 齊衰를 입는 사람(어머니 상을 당한 사람)의 哭은 갔다가 돌아오는 것과 같다."라고 하였다. 이 注는 斬衰를 기준으로 말한 것으로, 숨기운이 다한 뒤에 멈춘다는 말이다. 〈〈間傳〉에〉 또 "大功服을 입는 사람의 哭은 세 번 꺾으며 길게 뺀다."라고 하였는데, 정현의 注에 "세 번 꺾는 것은 소리를 한 번 시작하여 세 번 꺾는 것이고, 길게 뺀다는 것은 소리가 남아 여운이 있는 것이다."라고 하였다. 그렇다면 길게 뺀다〔偯〕는 것은 소리가 남아 구불거리는 것이다. 참최를 입는 사람〈의 곡〉은 길게 빼지〔偯〕 않기 때문에 '소리가 〈길게 남아〉 구불거리지 않는다.'라고 한 것이다.

【疏】 ○ 注'觸地無容' ○ 正義曰：此禮記問喪之文也. 以其悲哀在心, 故形變於外[1], 所以稽顙觸地無容, 哀之至也.

1) 悲哀在心 故形變於外：≪禮記≫ 〈問喪〉의 "夫悲哀在中 故形變於外也"를 원용한 표현이다.

○ 注의 〔觸地無容〕

○ 正義曰：이는 ≪禮記≫ 〈問喪〉의 문장이다. 슬픔이 마음에 있으므로 모습이 외면에서 변한다. 이 때문에 이마를 땅에 부딪칠 뿐 儀容을 갖추지 않는 것이니, 슬픔이 지극한 것이다.

【疏】 ○ 注'不爲文飾' ○ 正義曰：案喪服四制云 "三年之喪, 君不言." 又云 "不言而事行者, 扶而起, 言而后事行者, 杖而起." 鄭玄云 "扶而起, 謂天子諸侯也. 杖而起, 謂大夫士也." 今此經云 "言不文", 則是謂臣下也. 雖則有言, 志在哀慼, 不爲文飾也.

○ 注의〔不爲文飾〕

○ 正義曰 : 살펴보건대 ≪禮記≫ 〈喪服四制〉에 "삼년상 중에 임금은 말하지 않는다."라고 하고, 또 "말하지 않고도 일이 행해지는 사람은 부축을 받아 일어서고, 말한 뒤에야 일이 행해지는 사람은 喪杖을 짚고 일어선다."라고 하였는데, 정현이 "부축을 받아 일어서는 사람은 천자와 제후를 일컫고, 喪杖을 짚고 일어서는 사람은 대부와 士를 일컫는다."라고 하였다. 지금 이 경문에 "말을 할 때는 文飾하지 않으며"라고 한 것은 신하를 일컬은 말이다. 비록 말을 하기는 하나 마음이 슬픔에 있기 때문에 문식하지 않는 것이다.

【疏】 ○ 注'不安'至'縗麻' ○ 正義曰 : 案論語孔子責宰我云 "食夫稻, 衣夫錦, 於汝安乎." 美飾謂錦繡之類也. 故禮記問喪云 "身不安美", 是也. 孝子喪親, 心如斬截, 爲其不安美飾. 故聖人制禮, 令服縗麻. 〔縗〕[1], 當心麤布, 長六寸, 廣四寸. 麻爲腰絰・首絰, 俱以麻爲之. 縗之言摧也, 絰之言實也. 孝子服之, 明其心實摧痛也. 韋昭引書云 "成王旣崩, 康王冕服卽位, 旣事畢, 反喪服."[2] 據此則天子諸侯, 但(位定)〔定位〕[3]初喪, 是皆服美, 故宜不安也.

1) 〔縗〕 : 저본에는 '縗'가 없으나, 뒤에 이어진 내용이 '縗'와 '麻'를 각각 설명한 것이며, '麻'에 대한 설명 앞에 '麻'라는 주제어가 제시된 예에 따라 '縗'를 보충하였다.(阮元의 〈校勘記〉 참조)

2) 成王旣崩……反喪服 : ≪尙書≫ 〈顧命〉과 〈康王之誥〉의 내용을 요약 인용한 것이다.

3) (位定)〔定位〕 : 저본에는 '位'가 '定' 앞에 있으나, 閩本・監本・毛本에 의거하여 두 글자의 순서를 바로잡았다.(阮元의 〈校勘記〉 참조)

○ 注의 〔不安〕부터 〔縗麻〕까지

○ 正義曰 : 살펴보건대 ≪論語≫에서 孔子가 宰我를 꾸짖기를 "쌀밥을 먹고 비단옷을 입는 것이 네 마음에 편안하더냐?"라고 하였으니, 아름다운 장식은 비단에 수놓은 것 따위를 일컫는다. ≪禮記≫ 〈問喪〉에 "아름다운 옷이 몸에 편안하지 않다."라고 한 것이 이것이다. 효자가 어버이 상을 당하면 마음이 끊어지는 듯하여 아름다운 꾸밈이 편안하지 않다. 이 때문에 聖人이 예법을 제정하여 縗麻를 입게 하였다.

縗는 가슴 앞에 댄 거친 베로, 길이가 6치, 너비가 4치이다. 麻는 腰絰과 首絰로, 모두 삼〔麻〕으로 만든다. '縗'의 뜻은 摧(꺾임, 부서짐)이고 '絰'의 뜻은 實(실제)이니, 효자가 이를 착용하는 것은 그 마음이 실제로 부서질 듯이 아픔을 표명하는 것이다. 韋昭가 ≪尙書≫를 인용하기를 "成王이 죽자 康王이 冕服 차림으로 즉위하고 일이 끝난 다음 도로 喪

服을 입었다."라고 하였다. 이에 따르면 천자와 제후가 다만 喪을 막 당하여 王位를 확정할 때 모두 아름다운 복장을 입는다. 이 때문에 당연히 편안하지 않은 것이다.

【疏】○ 注'悲哀'至'樂也' ○ 正義曰：此依鄭注也. 言至痛中發, 悲哀在心, 雖聞樂聲, 不爲樂也.

○ 注의 〔悲哀〕부터 〔樂也〕까지

○ 正義曰：이는 정현의 注를 따른 것이다. '지극한 悲痛이 안에서 발현되어 슬픔이 마음에 있기 때문에 음악 소리를 들어도 즐겁지 않다.'라는 말이다.

【疏】○ 注'旨美'至'水飮' ○ 正義曰："旨 美", 經傳常訓也. 嚴植之曰 "美食, 人之所甘. 孝子不以爲甘, 故問喪云 '口不甘味.' 是不甘美味也. 間傳曰 '父母之喪旣殯, 食粥. 旣虞・卒哭, 疏食水飮, 不食菜果.' 是疏食水飮也." 韋昭引曲禮云 "'有疾則飮酒食肉', 是爲食旨, 故宜不甘也."

○ 注의 〔旨美〕부터 〔水飮〕까지

○ 正義曰：〔旨 美〕 經傳에서 일반적인 풀이이다. 嚴植之가 다음과 같이 말하였다.

"맛있는 음식은 사람들이 달게 먹는 것이지만 효자는 달게 느끼지 못한다. 이 때문에 ≪禮記≫ 〈問喪〉에 '맛난 음식이 입에 달지 않고'라고 하였으니, 이것이 〈注에〉 '맛난 음식이 달지 않다.'라고 한 것이다. ≪禮記≫ 〈間傳〉에 '부모의 喪에 草殯을 하고 나서 粥을 먹고, 虞祭와 卒哭祭를 지내고 나서 거친 밥을 먹고 맹물을 마실 뿐 채소와 과일은 먹지 않는다.'라고 하였는데, 이것이 〈注에〉 '거친 밥을 먹고 맹물을 마신다.'라고 한 것이다."

韋昭는 ≪禮記≫ 〈曲禮〉를 인용하여 "〈〈곡례〉에〉 '〈居喪 중에도〉 질병이 있으면 술을 마시고 고기를 먹는다.'라고 하였는데, 이것이 '〈거상 중에〉 맛난 음식을 먹는' 상황이다. 이 때문에 당연히 달지 않은 것이다."라고 하였다.

【疏】○ 注'不食'至'殞滅' ○ 正義曰：經云"三日而食, 毁不滅性", 注言"不食三日"卽三日不食也. 云"哀毁過情"者, 是毁瘠過度也. 言三日不食及毁瘠過度, 因此二者, 有致危亡, 皆虧孝行之道. 禮記問喪云 "親始死, 傷腎乾肝焦肺, 水漿不入口三日." 又間傳稱 "斬衰三日不食." 此云"三日而食"者何. 劉炫言 "三日之後乃食, 皆謂滿三日則食也." 云 "故聖人制禮施敎 不令至於殞滅"者, 曲禮云 "居喪之禮, 毁瘠不形", 又曰 "不勝喪, 乃比於不慈不孝", 是也.

○ 注의 〔不食〕부터 〔殞滅〕까지

○ 正義曰 : 經文에 "3일 만에 먹는 것은 몸이 야위더라도 生命을 滅하는 〈지경에는 이르지〉 말도록 한 것이다."라고 하였으니, 注에 '不食三日'이라고 한 것은 곧 3일 동안 먹지 않는 것이다.

〔哀毁過情〕 이는 지나치게 야위는 것이다. '3일 동안 먹지 않는 것과 지나치게 야위는 것, 이 두 가지로 인해 죽을 지경에 이른다면 이는 모두 효행을 훼손하는 것이다.'라는 말이다.

≪禮記≫ 〈問喪〉에 "어버이가 막 돌아가시면 腎臟이 손상되고 肝臟이 마르고 肺臟이 타들어가 3일 동안 국물조차 입으로 삼키지 못한다."라고 하였고, 또 ≪禮記≫ 〈間傳〉에 "斬衰를 입는 사람(아버지 상을 당한 사람)은 3일 동안 먹지 않는다."라고 하였는데, 여기서 "3일 만에 먹는 것은"이라고 한 것은 어째서인가? 劉炫이 말하기를 "3일 뒤에 비로소 먹는 것이니, 모두 滿 3일이 되면 먹는다는 말이다."라고 하였다.

〔故聖人制禮施教 不令至於殞滅〕 ≪禮記≫ 〈曲禮〉의 "居喪하는 예법은, 야위더라도 뼈가 드러나게까지는 하지 않는다."라는 말과, 또 "喪事의 슬픔을 이기지 못하여 〈건강을 손상하는 데에 이른다면〉 이는 〈자손에게〉 자애롭지 못하고 〈부모에게〉 효도하지 않는 것에 비견된다."라는 말이 이것이다.

【疏】 ○ 注'三年'至'限也' ○ 正義曰 : 云"三年之喪 天下達禮"者, 此依鄭注也. 禮記三年問云 "夫三年之喪, 天下之達喪也." 鄭玄云 "達謂自天子至於庶人." 注與彼同, 唯改喪爲禮耳. 云"使不肖企及 賢者俯從"者, 案喪服四制曰 "此喪之所以三年, 賢者不得過, 不肖者不得不及." 檀弓曰 "先王制禮也, 過之者俯而就之, 不至焉者跂而及之"也. 注引彼二文, 欲擧中爲節也. 起踵曰企, 俛首曰俯. 云"夫孝子有終身之憂 聖人以三年爲制"者, 聖人雖以三年爲文, 其實二十五月而畢. 故三年問云 "將(申天)〔由夫〕[1]脩飾之君子與, 則三年之喪, 二十五月而畢, 若駟之過隙, 然而遂之, 則是無窮也. 故先王焉爲之立中制節, 壹使足以成文理, 則釋之矣", 是也. 喪服四制曰 "始死, 三日不怠, 三月不解, 期悲哀, 三年憂, 恩之殺(쇄)也." 故孔子云 "子生三年, 然後免於父母之懷. 夫三年之喪, 天下之達喪也."[2] 所以喪必三年爲制也.

1) (申天)〔由夫〕 : 저본에는 '申天'으로 되어 있으나, 閔本・監本・毛本 및 ≪禮記≫ 〈三年

問〉에 의거하여 '由夫'로 바로잡았다.(阮元의 〈校勘記〉 참조)

2) 子生三年……天下之達喪也 : ≪論語≫ 〈陽貨〉에 보인다. 통행본 ≪논어≫에는 '達'이 '通'으로 되어 있다.

○ 注의 〔三年〕부터 〔限也〕까지

○ 正義曰 : 〔三年之喪 天下達禮〕 이는 정현의 注를 따른 것이다. ≪禮記≫ 〈三年問〉에 "〈부모에 대한〉 삼년상은 천하의 공통적인〔達〕 喪이다."라고 하였는데, 鄭玄이 "공통적〔達〕이라는 것은 天子부터 庶人까지를 말한다."라고 하였다. 〈≪효경≫의 이〉 注는 저것(〈三年問〉의 말)과 같으니, 다만 '喪'을 '禮'로 고쳤을 뿐이다.

〔使不肖企及 賢者俯從〕 살펴보건대 ≪禮記≫ 〈喪服四制〉에 "이 때문에 부모 喪을 3년으로 정하여, 어진 자는 넘지 못하게 하고, 不肖한 자는 도달하지 않을 수 없게 하였다."라고 하였고, ≪禮記≫ 〈檀弓〉에 "先王이 禮를 제정한 뜻은, 〈슬픔이〉 지나친 자는 감정을 억제하여〔俯〕 禮에 맞게 하고 못 미치는 자는 발돋움하여〔企〕 도달하게 한 것이다."라고 하였다. 〈≪효경≫의 이〉 注는 저 두 곳의 문장을 인용한 것으로, '중간을 들어 節度로 삼고자 했다.'〈라는 뜻이다.〉 발꿈치를 드는 것을 企라고 하고 머리를 숙이는 것을 俯라고 한다.

〔夫孝子有終身之憂 聖人以三年爲制〕 聖人이 비록 3년이라고 글을 쓰긴 했지만, 실은 25개월 만에 끝난다. 이 때문에 〈삼년문〉에 "만약 저 몸을 잘 수양한 군자를 따르자면, 〈그들은〉 삼년상이 25개월 만에 끝나는 것을 마치 駟馬가 작은 틈을 지나는 것처럼 순식간으로 여긴다. 그러하니 〈그들의 슬픔을〉 온전히 펴려 한다면 끝이 없게 된다. 이 때문에 先王이 알맞은 제도를 세워, 한결같이 文理(禮儀)를 충분히 이루면 脫喪할 수 있도록 하였다."라고 한 것이 이것이다.

〈상복사제〉에 "〈부모가〉 처음 돌아가신 뒤에 3일 동안 〈哭을〉 게을리하지 않고, 3개월 동안 〈哭하며 奠 올리기를〉 게을리하지 않으며, 1년 동안 슬퍼하고, 3년 동안 근심하는 것은 恩情이 〈시간이 흐름에 따라〉 점차 줄어들기 때문이다."라고 하였다. 그래서 孔子가 "자식이 태어나 3년이 지난 뒤에야 부모의 품을 벗어나므로 〈부모에 대한〉 삼년상은 천하에 공통적인 喪이다."라고 하였으니, 이 때문에 〈부모에 대한〉 喪은 반드시 3년을 禮制로 삼는다.

爲之棺槨衣衾而擧之하며

속널〔棺〕과 덧널〔槨〕 및 壽衣와 天衾(시신을 관에 넣고서 덮는 이불)을 만들어서, 〈시신을〉 들어 〈속널〔棺〕에 넣으며〉,

【注】 周尸爲棺이요 周棺爲椁이라 衣는 謂斂衣요 衾은 被也라 擧는 謂擧屍內(납)於棺也라

시신을 둘러싸는 것이 속널〔棺〕이고, 속널을 둘러싸는 것이 덧널〔槨〕이다. 衣(수의)는 殮襲할 때 입히는 옷이고, 衾(천금)은 이불이다. 擧는 시신을 들어 棺에 넣음을 말한다.

陳其簠簋而哀慼之하며

그 簠簋(祭器들)를 진설해놓고서 슬퍼하며,

【注】 簠簋는 祭器也라 陳奠素器호되 而不見親이라 故哀慼也라

簠와 簋는 祭器이다. 옻칠하지 않은 나무 그릇으로 奠을 진설하건만 어버이를 볼 수 없기 때문에 슬프다.

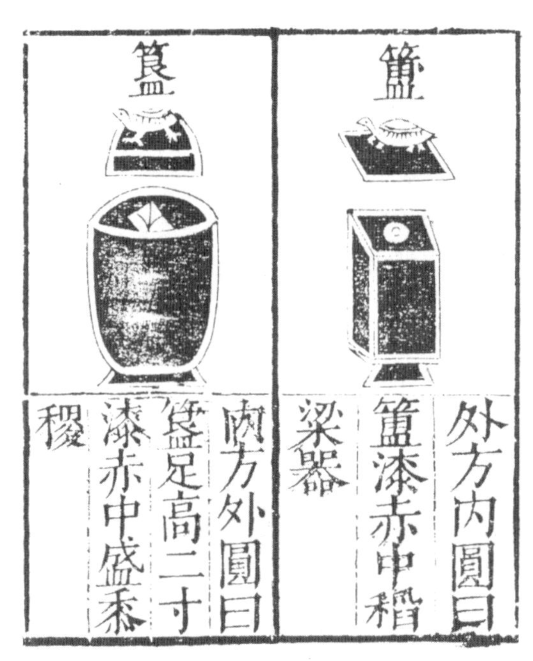

簠簋(宋板 六經圖)

擗踊哭泣하야 哀以送之하며

여자는 가슴을 치고 남자는 발을 구르며 곡하고 눈물을 흘리면서 슬퍼하며 보내고,

【注】 男踊女擗하야 祖載送之라

남자는 발을 구르고 여자는 가슴을 치면서 널을 상여에 싣고 祖奠(발인 전에 奠을 올려 영결을 고함)을 올려 葬送한다.

卜其宅兆而安措之하며

점을 쳐서 묏자리를 잡아 安葬하며,

【注】 宅은 墓穴也요 兆는 塋域也라 葬事大라 故卜之라

宅은 墓穴(무덤에서 시체가 놓이는 구덩이)이고, 兆는 墓域이다. 葬事는 중대하기 때문에 점을 쳐서 묏자리를 잡는다.

爲之宗廟하야 以鬼享[1]之하며

1) 享 : 고문본에는 '亯'으로 되어 있다. 이때 '亯'은 '享'의 통용자이다.

종묘를 만들어서 귀신을 섬기는 禮로 제향하며,

【注】 立廟祔祖[1]之後엔 則以鬼禮享之라

1) 祔祖 : 喪期가 끝난 신주를 종묘에 들이는 것으로, 卒哭 뒤에 祔祭(망자의 신주를 종묘에 들이기 위해 조상의 신주와 함께 모아 놓고 지내는 제사)를 지내고 나서 이루어진다.

사당을 세워 〈아버지 신주를〉 할아버지의 신주와 함께 모아 〈제사하고 종묘에 모신〉 뒤에는 귀신 섬기는 禮로 제향한다.

春秋祭祀하야 以時思之하나니라

봄가을로 제사하여 철 따라 생각한다.

【注】 寒暑變移에 益用增感하니 以時祭祀하야 展其孝思也라

더위와 추위가 바뀔 때에 느낌이 더욱 더하므로 철 따라 제사하여 孝心을 편다.

【疏】 '爲之'至'思之' ○正義曰 : 此言送終之禮及三年之後宗廟祭祀之事也. 言孝子送終, 須爲棺椁衣衾也. 大斂之時, 則用衾而擧尸, 內於棺中也. 陳設簠簋之奠, 而加哀感. 葬則男踊女擗, 哭泣哀號以送之. 親旣長依丘壟, 故卜選宅兆之地而安置之. 旣葬之後, 則爲宗廟, 以鬼神之禮享之. 三年之後, 感念於親, 春秋祭祀, 以時思之也.

經의 〔爲之〕부터 〔思之〕까지

○正義曰 : 이는 葬事 지내는 禮와 3년 뒤에 종묘에서 제사하는 일을 말한 것이다. '孝

子가 장사를 지낼 때는 속널과 덧널 및 수의와 天衾을 만들어야 한다. 大殮할 때 天衾으로 시신을 감싸 들어서 속널 안에 넣는다. 祭器로 奠을 진설하면서 더욱 슬퍼하고, 매장할 때면 남자는 발을 구르고 여자는 가슴을 치면서 눈물을 흘리며 哭하고 슬피 울부짖으며 葬送한다. 어버이가 이미 산소에 길이 의지〈해야 할 상황이〉 되었으므로 점을 쳐서 묏자리를 잡아 安葬한다. 매장한 뒤에는 종묘를 만들어 귀신을 섬기는 禮로 제향한다. 3년 뒤부터는 어버이가 그리워서 봄가을로 제사하여 철 따라 생각한다.'라는 말이다.

【疏】○注'周尸'至'棺也' ○正義曰：云"周尸爲棺 周棺爲椁"者, 此依鄭注也. 檀弓稱"葬也者, 藏也. 藏也者, 欲人之弗得見也. 是故衣足以飾身, 棺周於衣, 槨周於棺, 土周於槨." 注約彼文, 故言"周尸爲棺, 周棺爲槨"也. 白虎通云"棺之言, 完, 宜完密也. 槨之言, 廓, 謂開廓不使土侵棺也."[1] 易繫辭曰"古之葬者, 厚衣之以薪, 葬之中野, 不封不樹, 喪期無數. 後世聖人易之以棺槨." 案禮記云"有虞氏瓦棺. 夏后氏堲周. 殷人棺槨. 周人牆置翣." 則虞夏之時, 棺槨之初也. 云"衣 謂斂衣 衾 被也 擧 謂擧屍內於棺也"者, 此依孔傳也. 衣謂襲與大小斂之衣也. 衾謂單被覆尸·薦尸所用. 從初死至大斂, 凡三度加衣也. 一是襲也, 謂沐尸竟, 著衣也. 天子十二稱, 公九稱, 諸侯七稱, 大夫五稱, 士三稱. 襲皆有袍, 袍之上, 又有衣一通朝祭之服, 謂之一稱. 二是小斂之衣也, 天子至士, 皆十九稱, 不復用袍, 衣皆有絮也. 三是大斂也, 天子百二十稱, 公九十稱, 諸侯七十稱, 大夫五十稱, 士三十稱, 衣皆禪袷也. 喪大記云"布紟二衾, 君大夫士一也." 鄭玄云"二衾者, 或覆之, 或薦之, 是擧屍所用也." 棺槨之數, 貴賤不同. 皇侃據檀弓, 以"天子之棺四重", 謂"水·兕革棺·杝(이)棺一, 梓棺二. 最在內者水牛皮, 次外兕牛皮, 各厚三寸, 爲一重, 合厚六寸. 又有杝棺, 厚四寸, 謂之椑棺, 言漆之椑椑然[2]. 前三物爲二重, 合一尺. 外又有梓棺, 厚六寸, 謂之屬棺, 言連屬內外. 就前四物爲三重, 合厚一尺六寸. 外又有梓棺, 厚八寸, 謂之大棺, 言其最大, 在衆棺之外. 就前五物爲四重, 合厚二尺四寸也. 上公去水牛皮, 則三重, 合厚二尺一寸也. 侯·伯·子·男又去兕牛皮, 則二重, 合厚一尺八寸. 上大夫又去椑棺, 一重, 合厚一尺四寸. 下大夫亦一重, 但屬四寸, 大棺六寸, 合厚一尺. 士不重, 無屬, 唯大棺六寸. 庶人卽棺四寸." 案檀弓云"栢槨以端, 長六尺", 又喪大記曰"君松槨, 大夫栢槨, 士雜木槨", 是也.

1) 棺之言……謂開廓不使土侵棺也：지금 ≪白虎通≫ 권10 〈崩薨〉에는 "棺之爲言完 所以藏屍 令完全也 槨之爲言廓 所以開廓闢土 無令迫棺也"로 되어 있어 字句의 차이가

있다.

2) 漆之椑椑然 : ≪禮記≫ 〈檀弓 上〉에 "임금이 즉위하면 椑棺을 만들고 해마다 한 번씩 옻칠을 한다."라고 한 것에 따라 '옻칠을 했다'는 뜻으로 풀이하였다. 椑椑然은 옻칠을 한 모양이다.

○ 注의 〔周尸〕부터 〔棺也〕까지

○ 正義曰 : 〔周尸爲棺 周棺爲槨〕 이는 정현의 注를 따른 것이다. ≪禮記≫ 〈檀弓〉에 "葬은 藏(감춤)이니, 감추는 것은 사람들이 보지 못하게 하려는 것이다. 이 때문에 옷으로 충분히 몸을 가리고, 속널〔棺〕로 옷을 둘러싸고, 덧널〔槨〕로 속널을 둘러싸고, 흙으로 덧널을 둘러싼다."라고 하였다. 〈≪효경≫의 이〉 注는 저(〈단궁〉의) 글을 요약한 것이다. 이 때문에 "시신을 둘러싸는 것이 속널〔棺〕이고, 속널을 둘러싸는 것이 덧널〔槨〕이다."라고 하였다.

≪白虎通≫에는 "棺의 뜻은 完(완전함)이니, 완전하여 빈틈없어야 한다. 槨의 뜻은 廓(넓음, 텅 빔)이니, 빈 공간을 두어 흙이 속널에 닿지 않게 한다는 말이다."라고 하였다.

≪周易≫ 〈繫辭傳〉에는 "옛날에 葬事 지낼 때는 섶나무로 두껍게 둘러싸서 들 가운데 매장할 뿐 封墳도 만들지 않고 나무도 심지 않았으며 喪期에 일정한 기한이 없었는데, 후대의 聖人이 속널과 덧널을 사용하는 것으로 바꾸었다."라고 하였다.

살펴보건대 ≪禮記≫ 〈檀弓 上〉에 "虞나라(舜임금이 세운 나라) 때는 陶棺을 사용했고, 夏나라 때는 벽돌을 구워 陶棺 주위를 감쌌으며, 殷나라 사람들은 속널과 덧널을 사용했고, 周나라 사람들은 널〔靈柩〕 바깥에 柳衣(상여 위에 덮는 베 휘장)를 덮고 雲翣(靈柩 앞뒤에 세우는, 구름무늬를 그린 부채 모양의 널판)을 꽂았다."라고 하였다. 그렇다면 우나라 때 속널을 처음 사용하고 하나라 때 덧널을 처음 사용한 것이다.

〔衣 謂斂衣 衾 被也 擧 謂擧屍內於棺也〕 이는 공안국의 傳을 따른 것이다. 衣는 襲과 대렴・소렴에 사용하는 옷이고, 衾은 시신을 덮는 데와 시신 밑에 까는 데 사용하는 홑이불을 말한다. 막 사망했을 때부터 대렴까지 옷을 모두 세 번 덧입힌다.

첫째는 襲으로, 시신을 목욕시키고 나서 옷을 입힘을 말한다. 천자는 12稱, 公은 9칭, 제후는 7칭, 대부는 5칭, 士는 3칭이다. 襲할 때는 모두 袍(평상시에 입는 긴 옷)가 있는데, 袍 위에 또 1通의 朝服 또는 祭服이 있는 것을 1칭이라고 한다.

둘째는 小斂 때의 옷으로, 천자부터 士까지 모두 19칭이다. 이때는 더 이상 袍를 사용하지 않고, 옷에 모두 솜을 둔다.

셋째는 大斂으로, 천자는 120칭, 公은 90칭, 제후는 70칭, 대부는 50칭, 士는 30칭인데, 이때의 옷은 모두 솜을 두지 않은 홑옷이다.

≪禮記≫ 〈喪大記〉에 "삼베로 만든 홑이불 2개〈를 사용하는 것은〉 임금·대부·士가 똑같다."라고 하였는데, 정현이 "이불 2개 중 하나로는 시신을 덮고 나머지 하나는 시신 밑에 까는데, 이것이 시신을 들 때 〈이불을〉 사용한다는 것이다."라고 하였다.

속널과 덧널의 수는 신분에 따라 다르다. 皇侃은 ≪禮記≫ 〈檀弓〉에 의거하여 '천자의 속널 4重'에 대해 다음과 같이 말하였다.

"물소 가죽으로 만든 속널, 들소 가죽으로 만든 속널, 椸나무로 만든 속널 1개씩과 가래나무로 만든 속널 2개이다. 가장 안에 있는 것이 물소 가죽으로 만든 것이고, 그 다음 밖에 있는 것이 들소 가죽으로 만든 것인데, 두께가 각기 3치〔寸〕이다. 〈둘을 합한 것이〉 1重이 되는데 합한 두께가 6치이다.

또 椸나무로 만든 속널이 있는데, 두께가 4치이다. 椑棺이라고도 부르는데, 〈이는〉 옻칠을 했다는 뜻이다. 앞의 세 가지가 2重이 되는데, 합한 두께가 1자〔尺〕이다.

밖에 또 가래나무〔梓〕로 만든 속널이 있는데, 두께가 6치이다. 屬棺이라고도 부르는데, 이는 안팎을 잇는다는 뜻이다. 앞의 네 가지가 3重이 되는데, 합한 두께가 1자 6치이다.

밖에 또 가래나무로 만든 속널이 있는데, 두께가 8치이다. 大棺이라고도 부르는데, 〈이는 속널들 중에〉 가장 커서 여러 속널 밖에 있다는 뜻이다. 앞의 다섯 가지가 4重이 되는데, 합한 두께가 2자 4치이다.

上公은 물소 가죽으로 만든 속널을 제외하므로 3重이고 합한 두께가 2자 1치이다. 侯·伯·子·男은 〈여기에서〉 또 들소 가죽으로 만든 속널을 제외하므로 2重이고 합한 두께가 1자 8치이다. 上大夫는 〈여기에서〉 또 椑棺을 제외하므로 1重이고 합한 두께가 1자 4치이다. 下大夫도 1重이지만, 屬棺이 4치이고 大棺이 6치이므로 합한 두께가 1자이다. 士는 속널을 겹으로 하지 않아서 屬棺이 없고 오직 大棺 6치뿐이다. 서인은 속널 4치뿐이다."

살펴보건대 〈단궁〉에 "잣나무로 된 덧널〔槨〕은 밑동으로 만들고 길이가 6자이다."라고 한 것과, 또 〈상대기〉에 "임금은 소나무로 만든 덧널, 대부는 잣나무로 만든 덧널, 士는 잡목으로 만든 덧널〈을 사용한다.〉"라고 한 것이 이것(注에서 말한 덧널)이다.

【疏】 ○注'簠簋'至'慼也' ○正義曰："簠簋 祭器也"者, 周禮舍人職云 "凡祭祀, 供簠簋, 實之陳之." 是簠簋爲〔祭〕[1]器也. 故鄭玄云 "方曰簠, 圓曰簋, 盛黍稷稻粱[2]器." 云

"陳奠素器 而不見親 故哀慼也"者, 下[3]檀弓云 "奠以素器, 以生者有哀素之心也." 又案陳簠簋在"衣衾"之下, "哀以送"之上, 舊說以爲 "大斂祭是不見親, 故哀慼也."

1) 〔祭〕 : 저본에는 '祭'가 없으나, 浦鏜의 ≪十三經注疏正字≫에 의거하여 '祭'를 보충하였다.(阮元의 〈校勘記〉 참조)
2) 梁 : 粱과 통용되는 뜻으로 쓰였다.
3) 下 : 뒷문장의 '又案'과 함께 邢昺 疏의 일반적인 체재에 비추어 볼 때 '案'이 되어야 한다.

○ 注의 〔簠簋〕부터 〔慼也〕까지

○ 正義曰 : 〔簠簋 祭器也〕 ≪周禮≫ 〈舍人〉의 직무에 "모든 제사에 簠簋를 공급하여, 음식을 담아 진설하게 한다."라고 하였는데, 이 簠簋는 祭器이다. 이 때문에 정현이 "네모난 것을 簠라 하고, 둥근 것을 簋라 한다. 기장과 피〔稷〕, 벼와 메조를 담는 그릇이다."라고 하였다.

〔陳奠素器 而不見親 故哀慼也〕 살펴보건대 ≪예기≫ 〈檀弓〉에 "옻칠하지 않은 나무 그릇으로 奠을 올리는 것은, 살아있는 사람은 〈예의에 신경 쓸 겨를이 없이〉 몹시 슬픈 마음이 있기 때문이다."라고 하였다. 또 살펴보건대 '簠簋를 진설해놓는다'는 말이 '壽衣와 天衾을 만든다'는 말 뒤, '슬퍼하며 보낸다'는 말 앞에 있는데, 舊說에 "大斂을 행하고 지내는 제사에는 〈더 이상〉 어버이를 뵐 수 없기 때문에 슬프다."라고 하였다.

【疏】 ○ 注'男踊'至'送之' ○ 正義曰 : 案問喪云 "在牀曰尸, 在棺曰柩. 動尸擧柩, 哭踊無數. 惻怛之心, 痛疾之意, 悲哀志懣氣盛, 故(祖)〔袒〕[1]而踊之. 婦人不宜(祖)〔袒〕, 故發胸・擊心・爵踊・殷殷田田, 如壞牆[2]然." 則是女質不宜極踊, 故以擗言之. 據此女既有踊, 則男亦有擗, 是互文也. 云"祖載送之"者, 案既夕禮, 柩車遷祖, 質明設遷祖奠, 日側徹之, "乃載". 鄭注云 "乃擧柩郤下而載之." 又云, 商祝飾柩, 及陳器訖, "乃祖". 注云 "還柩鄕外, 爲行始." 又檀弓云 "曾子弔於負夏, 主人既祖." 鄭云 "祖謂移柩車去載處, 爲行始." 然則祖, 始也. 以生人將行而飮酒曰祖, 故柩車既載而設奠, 謂之祖奠. 是祖載送之之義也.

1) (祖)〔袒〕 : 저본에는 '祖'로 되어 있으나, 閩本・監本・毛本에 의거하여 '袒'으로 바로잡았다. 뒷구의 '(祖)〔袒〕'도 마찬가지이다.(阮元의 〈校勘記〉 참조)
2) 壞牆 : '壞'는 본디 '坏'였던 것이 잘못 옮겨진 것으로 판단된다. '坏'는 '坿'의 통가자로 쓰일 수 있고, '坿'는 '培'로 바꾸어 쓸 수 있으므로, '담장 밑에 흙을 북돋아 〈다진다〉'는 뜻

으로 이해된다.(王夢鷗 註譯, ≪禮記今註今譯≫, 臺灣商務印書館, 1998, pp.902~903)

○ 注의 〔男踊〕부터 〔送之〕까지

○ 正義曰 : 살펴보건대 ≪禮記≫ 〈問喪〉에 "〈죽은 이가〉 침상에 있는 것을 시신〔尸〕이라 하고, 속널〔棺〕에 들어 있는 것을 靈柩〔柩〕라고 한다. 시신을 움직이거나 영구를 들 때면 수없이 곡하고 발을 구른다. 측은한 마음과 애통한 생각으로 구슬픈 뜻과 기운이 가득하고 성하기 때문에 웃통의 한 쪽을 벗고 발을 구른다. 부인은 웃통의 한 쪽을 벗는 것이 적합하지 않다. 이 때문에 가슴을 펴 심장 부위를 두드리고 팔짝팔짝 뛰어 쿵쿵거리는 소리가 마치 담장에 흙을 북돋아 다지는 것 같이 한다."라고 하였다. 그렇다면 여자는 신체 조건 상 끝까지 발을 구르는 것이 적합하지 않기 때문에 가슴을 친다고〈만〉 말한 것이다. 이에 따르면 여자에게도 발을 구르는 행동이 있으므로 남자에게도 가슴을 치는 행위가 있다. 이는 互文(對가 되는 양쪽 글에서 한쪽씩 번갈아 드러냄으로써 숨겨진 부분을 유추하게 한 문장)이다.

〔祖載送之〕 살펴보건대 ≪儀禮≫ 〈旣夕禮〉에, 영구를 조상의 사당으로 옮기는 절차는, 날이 밝으려 할 때 遷祖奠을 배설하고 해가 기울기 시작할 때(未時) 거둔 다음 "비로소 상여에 영구를 싣는다."라고 하였는데, 정현의 주에 "비로소 영구를 들어 〈堂에서〉 내려와 〈상여에〉 싣는 것이다."라고 하였다.

〈〈기석례〉에〉 또 商祝(예법을 잘 알아서 제사를 주관하는 사람)이 영구를 꾸미고 明器(副葬品) 진설이 끝나면 "비로소 祖奠을 지내고"라고 하였는데, 注에 "영구의 방향을 돌려 밖으로 향하게 하여 길을 나서기 시작함〔始〕을 〈고하는〉 것이다."라고 하였다.

또 ≪예기≫ 〈단궁〉에 "曾子가 負夏(衛나라의 지방)에 가서 弔問했는데 주인이 이미 祖奠〔祖〕을 마치고"라고 하였다. 〈이에 대해〉 정현이 "祖는 상여를 옮겨, 영구를 실은 곳을 떠나 길을 나서기 시작함〔始〕을 〈고하는〉 것이다."라고 하였다.

그렇다면 祖는 始(시작함)이다. 산 사람이 길을 떠나려 할 때 술을 마시〈며 전송하〉는 것을 祖라고 한다. 이 때문에 상여에 영구를 실은 다음 설행하는 奠을 祖奠이라고 한다. 이것이 널을 상여에 싣고 祖奠을 올려 장송하는 의미이다.

【疏】 ○ 注'宅墓'至'卜之' ○ 正義曰 : 云"宅 墓穴也 兆 塋域也"者, 此依孔傳也. 案士喪禮"筮宅", 鄭云 "宅, 葬居也." 詩云 "臨其穴, 惴惴其慄." 鄭云 "穴謂冢壙中也." 故云"宅, 墓穴也." 案周禮冢人 "掌公墓之地, 辨其兆域." 則兆是塋域也. 云"葬事大 故卜之"者,此依鄭注也. 孔安國云 "恐其下有伏石, 涌水泉, 復爲市朝之地, 故卜之", 是也.

○ 注의 〔宅墓〕부터 〔卜之〕까지

○ 正義曰 : 〔宅 墓穴也 兆 塋域也〕 이는 공안국의 傳을 따른 것이다. 살펴보건대 ≪儀禮≫ 〈士喪禮〉에 "점을 쳐서 묏자리〔宅〕를 정한 다음"이라고 하였는데, 정현이 "宅은 매장할 곳이다."라고 하였다. ≪詩經≫ 〈秦風 黃鳥〉에 "그 구덩이〔穴〕에 임하여, 두려워 벌벌 떠는구나."라고 하였는데, 정현이 "穴은 무덤의 壙中(시체가 놓이는 구덩이)을 말한다."라고 하였다. 이 때문에 "宅은 墓穴(무덤에서 시체가 놓이는 구덩이)이고"라고 한 것이다.

살펴보건대 ≪周禮≫ 〈冢人〉에 "왕실의 묘지를 담당하여 그 墓域〔兆域〕〈의 범위〉를 변별한다."라고 하였다. 그렇다면 兆는 墓域이다.

〔葬事大 故卜之〕 이는 정현의 주를 따른 것이다. 공안국이 "그(묏자리) 아래에 바위가 묻혀 있거나 물이 솟거나 또는 사람들이 많이 모이는 번화한 곳이 될까 염려스럽기 때문에 점을 친다."라고 한 것이 이것이다.

【疏】 ○ 注'立廟'至'享之' ○ 正義曰 : 立廟者, 卽禮記祭法, 天子至士皆有宗廟, 云"王立七廟, 曰考廟・曰王考廟・曰皇考廟・曰顯考廟・曰祖考廟, 皆月祭之. 遠廟爲祧, 有二祧, 享嘗乃止[1]. 諸侯〔立〕[2]五廟, 曰考廟・曰王考廟・曰皇考廟, 皆月祭之. 顯考廟・祖考廟, 享嘗乃止. 大夫立三廟, 曰考廟・曰王考廟・曰皇考廟, 享嘗乃止. 適士二廟, 曰考廟・曰王考廟, 享嘗乃止. 官師一廟, 曰考廟. 庶人無廟."[3] 斯則立宗廟者, 爲能終於事親也. 舊解云 "宗, 尊也. 廟, 貌也. 言祭宗廟, 見先祖之尊貌也." 故祭義曰 "祭之日, 入室, 僾然必有見乎其位, 周還出戶, 〔肅然必有聞乎其容聲. 出戶而聽,〕[4] 愾然必有聞乎其歎息之聲", 是也. 祔祖, 謂以亡者之神, 祔之於祖也. 檀弓曰 "卒哭曰'成事'. 是日也, 以吉祭易喪祭. 明日, 祔祖父." 則是卒哭之明日而祔, 未卒哭之前皆喪祭也. 旣祔之後, 則以鬼禮享之. 然宗廟謂士以上, 則春秋祭祀兼於庶人也.

1) 享嘗乃止 : 嘗은 본디 가을 제사이지만, 여기서는 사계절의 제사를 대표하는 말로 쓰였다. 이 문단의 嘗은 모두 마찬가지이다.(≪禮記正義≫ 〈祭法〉)

2) 〔立〕 : 저본에는 '立'이 없으나, ≪禮記≫ 〈祭法〉과 浦鏜의 ≪十三經注疏正字≫에 의거하여 '立'을 보충하였다.(阮元의 〈校勘記〉 참조)

3) 王立七廟……庶人無廟 : ≪禮記≫ 〈祭法〉의 내용을 발췌 인용한 것이다. 七廟는 太祖의 사당과 三昭(태조의 사당을 중심으로 왼쪽의 2世・4세・6세)・三穆(오른쪽의 3세・5세・7세)을 합쳐 일곱이다.

4) 〔肅然必有聞乎其容聲 出戶而聽〕: 저본에는 이 13자가 없으나, ≪禮記≫ 〈祭義〉와 浦鏜의 ≪十三經注疏正字≫에 의거하여 보충하였다.(阮元의 〈校勘記〉 참조)

○ 注의 〔立廟〕부터 〔享之〕까지

○ 正義曰 : 사당을 세운다는 것은 곧 ≪禮記≫ 〈祭法〉에 天子부터 士까지 모두 宗廟가 있다고 한 것으로, 그 내용이 다음과 같다.

"천자는 7廟를 세우니, 아버지 사당, 할아버지 사당, 증조부 사당, 고조부 사당, 始祖의 사당에는 모두 매달 제사를 지내고, 먼 조상의 사당이 祧(장차 遞遷해야 할 신주를 모신 사당)인데, 두 개(昭와 穆)의 祧가 있으며 계절마다 제사하는 데 그친다.

제후는 5廟를 세우니, 아버지 사당, 할아버지 사당, 증조부 사당에는 모두 매달 제사를 지내고, 고조부 사당과 始祖의 사당에는 계절마다 제사하는 데 그친다.

대부는 3廟를 세우니, 아버지 사당, 할아버지 사당, 증조부 사당에 계절마다 제사하는 데 그친다.

適士(上士)는 2廟이니, 아버지 사당과 할아버지 사당에 계절마다 제사하는 데 그친다. 官師(일반 관원)는 1廟이니, 아버지 사당이다. 서인은 사당이 없다."

그렇다면 종묘를 세우는 것은 어버이 섬기기를 잘 마무리하기 위함이다.

옛 해설에 "宗은 尊(높음)이고, 廟는 貌(모습)이니, '宗廟에 제사하여 선조의 높은 모습을 뵙는다.'라는 말이다."라고 하였다.

≪禮記≫ 〈祭義〉에 "제사하는 날 〈신위가 있는〉 廟室에 들어가면 어버이의 모습이 어렴풋이 꼭 보이는 듯하고, 〈예를 행하고〉 문 밖으로 돌아 나올 때면 어버이의 말씀이 엄숙히 꼭 들리는 듯하고, 문을 나와서 들으면 어버이의 한숨 쉬는 소리가 꼭 들리는 듯하다."라고 한 것이 이것이다.

'祔祖'는 돌아가신 분(아버지)의 신주를 할아버지의 신주와 함께 모아 〈제사하고 종묘에 모시는〉 것을 말한다. ≪禮記≫ 〈檀弓〉에 "卒哭 때 축문에 '〈喪祭가 吉祭로 바뀌는 일이〉 완료되었다.〔成事〕'라고 쓴다. 이날 喪祭를 吉祭로 바꾸고, 이튿날 〈아버지 신주를〉 할아버지 신주와 함께 모아 〈제사하고 종묘에 모신다.〉"라고 하였다. 그렇다면 졸곡 다음날 할아버지 신주와 함께 모아 〈제사하고 종묘에 모시는〉 것으로, 졸곡 전에는 모두 喪祭인 것이다. 할아버지 신주와 함께 모아 〈제사하고 종묘에 모신〉 뒤로는 귀신 섬기는 예로 제향한다. 그러나 종묘는 士 이상에 대해 말한 것이고, 봄가을의 제사는 서인까지 아울러 말한 것이다.

【疏】○ 注'寒暑'至'思也' ○ 正義曰：案祭義云 "霜露既降, 君子履之, 必有悽愴之心, 非其寒之謂也[1]. 春, 雨露既濡, 君子履之, 必有怵惕之心, 如將見之", 是也.

1) 非其寒之謂也：가을에 서리와 이슬이 내린 것을 알고 서글픈 마음이 드는 것은 추워서가 아니라 돌아가신 부모님 생각이 간절하기 때문이라는 말이다. 다만, ≪陳氏禮記集說大全≫의 小註에 인용된 方氏(方慤)의 다음과 같은 풀이를 따르는 견해도 있음을 밝혀 둔다. "비와 이슬에 대해 '마치 돌아가신 어버이를 장차 〈다시〉 뵐 듯이 생각된다.'라고 하였으므로 서리와 이슬에 대해서는 '어버이를 장차 〈다시〉 잃을 듯이 생각된다.〔如將失之〕'라는 말이다. 봄여름은 도래하는 만물을 맞이하는 때이고, 가을겨울은 돌아가는 만물을 보내는 때이기 때문이다." 봄과 가을의 상황을 완전한 대구로 설명하기 위해, 이미 돌아가신 어버이를 '장차 〈다시〉 잃을 것처럼 여긴다.'고 다소 무리한 해설을 가한 것이다.

○ 注의 〔寒暑〕부터 〔思也〕까지

○ 正義曰：살펴보건대 ≪禮記≫ 〈祭義〉에 "〈가을에〉 서리와 이슬이 내려 군자가 그것을 밟고 반드시 서글픈 마음이 생기는데, 이는 춥다는 말이 아니〈라 돌아가신 부모님 생각이 간절하다는 말이〉다. 봄에 비와 이슬이 대지를 적시면 군자가 그것을 밟고 반드시 깜짝 놀라는 마음이 생겨 마치 돌아가신 어버이를 〈다시〉 뵐 듯이 생각된다."라고 한 것이 이것이다.

生事愛敬하고 死事哀慼이면 生民之本이 盡矣[1]요 死生之義가 備矣니 孝子之事親[2]이 終矣니라

1) 生民之本 盡矣：董鼎의 "生民之道 孝悌爲本 於此盡矣"라는 풀이가 참고 된다.(鄭太鉉 譯註, ≪孝經大義≫, 傳統文化研究會, 2009, 114쪽)

2) 親：고문본에는 이 글자가 없다. 이에 따르면 이 구는 '효자의 일이'라는 말이 된다.

살아계실 때는 사랑과 공경으로 섬기고 돌아가신 뒤에는 슬픔으로 섬기면 生民의 근본적인 도리(孝)가 극진하고 生死 간에 부모 섬기는 도리가 갖추어지니, 孝子가 어버이 섬기는 일이 〈여기에서〉 마무리된다."

【注】愛敬哀慼은 孝行之始終也니 備陳死生之義하야 以盡孝子之情이라

사랑·공경과 슬픔·설움은 효행의 처음과 끝이니, 生死 간에 〈부모 섬기는〉 도리를

다 펴서 효자의 衷情을 다한다.

【疏】 '生事'至'終矣' ○ 正義曰：此合結生死之義. 言親生則孝子事之, 盡於愛敬, 親死則孝子事之, 盡於哀慼, 生民之宗本盡矣, 死〔生〕[1]之義理備矣, 孝子之事親終矣. 言十八章, 具載有此義.

1) 〔生〕: 저본에는 '生'이 없으나, 浦鏜의 ≪十三經注疏正字≫에 의거하여 '生'을 보충하였다.(阮元의 〈校勘記〉 참조)

經의 〔生事〕부터 〔終矣〕까지

○ 正義曰 : 이는 생사 간에 〈부모 섬기는〉 도리를 합하여 마무리한 것이다. '어버이가 살아계실 때는 효자가 섬기면서 사랑과 공경을 극진히 하고, 어버이가 돌아가신 뒤에는 효자가 섬기면서 슬픔과 설움을 극진히 하면, 生民의 근본적인 도리(孝)가 극진하고 생사 간에 〈부모 섬기는〉 도리가 갖추어져서 孝子가 어버이 섬기는 일이 마무리된다.'라고 하였으니, 열여덟 章에 이러한 뜻이 모두 실려 있다는 말이다.

【疏】 ○ 注'愛敬'至'之情' ○ 正義曰：云"愛敬哀慼 孝行之(終始)〔始終〕[1]也"者, 愛敬是孝行之始也, 哀慼是孝行之終也. 云"備陳死生之義 以盡孝子之情"者, 言孝子之情無所不盡也.

1) (終始)〔始終〕: 저본에는 '終始'로 되어 있으나, 御注에 의거하여 '始終'으로 순서를 바로잡았다.(阮元의 〈校勘記〉 참조)

○ 注의 〔愛敬〕부터 〔之情〕까지

○ 正義曰 : 〔愛敬哀慼 孝行之終始也〕 사랑과 공경은 효행의 시작이고, 〈부모의 喪事에〉 슬픔과 설움〈을 극진히 하는 것〉은 효행의 끝이다.

〔備陳死生之義 以盡孝子之情〕 효자의 情을 다하지 않는 일이 없다는 말이다.

〔附錄 1〕

孝經注疏校勘記序

阮元撰 盧宣旬摘錄
阮元이 지음. 盧宣旬이 선택하여 기록함.

孝經은 有古文하고 有今文하며 有鄭注하고 有孔注라 孔注는 今不傳이라 近出於日本國者[1)]는 誕妄不可據니 要之컨대 孔注卽存이나 不過如尙書之僞傳[2)]이니 決非眞也니라 鄭注之僞는 唐劉知幾가 辨之甚詳[3)]나 而其書久不存이라 近日本國이 又撰一本하야 流入中國[4)]이나 此僞中之僞라 尤不可據者니라 孝經注之列於學宮者는 係唐(元)〔玄〕[5)]宗御注니 唐以前諸儒之說이 因藉捃摭하야 以僅存이라 而當時元行沖義疏는 經宋邢昺刪改나 亦尙未失其眞이라 學者舍是면 固無繇窺孝經之門徑也라 惟其訛字實繁일새 元舊有校本을 因更屬錢塘監生嚴杰[6)]하야 旁披各本과 幷文苑英華·唐會要諸書하야 或讐或校하야 務求其是하고 元復親酌定之하야 爲孝經校勘記三卷·釋文校勘記一卷[7)]하노라 阮元記하다

1) 近出於日本國者 : ≪古文孝經孔氏傳≫은 중국에서 유실되었다가 1732년 일본인 太宰純이 교정하고 音注와 序文을 달아 번각한 본을 중국이 역수입하였다. 鮑廷博(淸)의 ≪知不足齋叢書≫ 제1집에 수록된 것이 이를 저본으로 한 것이다.(胡平生, 〈孝經是怎樣的一本書〉 ≪孝經譯注≫, 中華書局, 2009, p.17)

2) 尙書之僞傳 : 東晉 때 梅賾이 구해 바쳤다는 ≪孔傳古文尙書≫를 말한다. 이 책은 隋·唐 때까지 尊信되다가 宋代 吳棫의 ≪書裨傳≫에서 僞作으로 의심되기 시작하여 淸代 閻若璩(1636~1704)의 ≪古文尙書疏證≫에서 위작임이 논증되었다.

3) 鄭注之僞……辨之甚詳 : 76~83쪽의 서문 내용 참조.

4) 近日本國……流入中國 : 1794년에 일본인 岡田挺之가 ≪群書治要≫에서 뽑아 輯佚한 ≪孝經鄭注≫가 중국에 역수입되어 청나라 錢侗이 판각하였다. ≪知不足齋叢書≫ 제21집

에 수록된 것이 이를 저본으로 삼은 것이다.(胡平生의 위 자료, p.17)

5) (元)〔玄〕: 49쪽 주 1) 참조.

6) 嚴杰 : 청나라 浙江 錢塘 사람으로 자는 厚民, 호는 鷗盟이며 國子監(국립대학) 학생의 신분으로 활동하였다. 經學을 깊이 연구하였고, 阮元의 ≪孝經注疏校勘記≫·≪經籍籑詁≫·≪皇淸經解≫ 편찬을 도왔으며, 저서로 ≪小爾雅疏證≫·≪蜀石經殘本≫·≪毛詩考證≫ 등이 있다.

7) 孝經校勘記三卷釋文校勘記一卷 : ≪효경교감기≫는 ≪효경≫ 경문에 대한 교감기이고, ≪석문교감기≫는 ≪효경≫의 注疏에 대한 교감기이다. 이 둘을 합친 것이 ≪효경주소교감기≫이다.

≪효경≫은 古文本이 있고 今文本이 있으며, 鄭玄의 注가 있고 孔安國의 注가 있다. 공안국의 주는 지금 전하지 않는다. 근래 日本에서 나온 것은 터무니없어 근거할 수 없다. 요컨대 공안국의 注가 존재하기는 하나 ≪尙書≫의 僞傳 같은 것에 지나지 않으니 결코 진짜가 아니다.

정현의 注가 위작이라는 것은 唐나라의 劉知幾가 매우 소상히 辨證했지만 책이 유실된 지 오래이다. 근래 일본에서 또 한 本을 지어 중국에 유입되었지만, 이는 위작 중의 위작이므로 더더욱 근거할 수 없다.

≪효경≫의 注 중에 學宮(국립학교)의 과목으로 채택된 것은 唐 玄宗이 지은 注인데, 唐 이전 여러 학자들의 설이 여기에 주워 모아져 가까스로 남아 있게 되었다. 그리고 당시 元行沖의 義疏(의미를 풀이한 疏)는 宋나라 邢昺의 刪削과 改定을 거쳤어도 원래 면모를 잃지 않았다. 배우는 사람이 이것(당 현종의 注와 형병의 疏)을 버린다면 실로 ≪효경≫ 〈이해의〉 실마리를 엿볼 방법이 없다.

이 책에는 잘못된 글자가 실로 많으므로 내(阮元)가 예전에 〈지어 간직해 온〉 교감본을 다시 錢塘의 監生 嚴杰에게 맡겨 ≪효경≫의 각 본과 ≪文苑英華≫·≪唐會要≫ 등의 책을 널리 참고하여 대조 교감하여 되도록 올바른 것을 찾게 하였다. 그리고 내가 다시 몸소 헤아리고 판정하여 ≪孝經校勘記≫ 3권과 ≪釋文校勘記≫ 1권을 만들었다.

완원이 씀.

〔附錄 2〕

引據各本目錄

唐石臺孝經[1] 四軸

1) 石臺孝經 : 唐나라 天寶 4년(745) 玄宗이 743년의 天寶重注本 ≪효경≫ 全文을 직접 필사하여 石臺에 새기게 한 것이다. 지금 陝西省 西安 碑林에 보존되어 있다.

唐나라의 ≪石臺孝經≫ 4軸

顧炎武金石文字記[1]云 "石刻孝經, 今在西安府儒學[2]. 前第二行題曰 '御製序幷注及書', 其下小字曰 '皇大子臣亨奉勅題額[3]', 後有'天寶四載九月一日, 銀靑光祿大夫[4] 國子祭酒 上柱國 臣李齊古上表'及(元)〔玄〕[5]宗御批大字草書三十八字, 其下有'特進 行尙書左僕射(야) 兼右相 吏部尙書 集賢院學士 修國史 上柱國 晉國公 臣林甫'等四十五人, 惟林甫以左僕射不書姓[6]. 經・序・注俱八分書, 其額曰 '大唐開元天寶聖文神武皇帝注孝經'. 臺中間人名下攙入'丁酉歲八月卄六日紀'九字, 是後人所添. 是歲乙酉, 非丁酉也. 又末二行[7], 官銜不書'臣', 亦可疑."

1) 顧炎武金石文字記 : 고염무(1613~1682)는 명말청초에 抗淸활동에 참가했다가 실패하자 평생 은거한 문인・학자이다. ≪金石文字記≫는 漢代 이후의 碑刻 300여 종을 수록하고 각 비각의 유래를 설명, 글자 오류를 지적한 총 6권의 저작이다.

2) 儒學 : 元・明・淸代에 지방의 각 府・州・縣에 설치하여 生員(입학 자격시험에 합격한 사람)을 가르치던 지방 학교이다.

3) 皇大子臣亨奉勅題額 : 唐 玄宗의 아들이자 당시 황태자였던 李亨(肅宗)의 글씨로 碑의 상단에 새긴 '大唐開元天寶聖文神武皇帝注孝經'이라는 15자의 篆書를 말한다.

4) 銀靑光祿大夫 : 魏晉 이후로 光祿大夫들이 대부분 '푸른색 끈이 달린 은색 인장〔銀章靑綬〕'을 지녔기 때문에 '銀靑'이라는 수식어가 관용적으로 붙게 되었다.

5) (元)〔玄〕 : 49쪽 주1) 참조.

6) 惟林甫以左僕射不書姓 : ≪舊唐書≫ 권179 〈王播列傳〉에 "左右僕射는 뭇 관원의 수장으로, 開元年間에는 左右丞相이라고 칭하였습니다. 좌우복야는 機務를 처리하지 않을 때에

도 뭇 관원을 통솔하므로 문서에 관직만 기록하고 姓은 기록하지 않습니다."라고 하였다.
7) 行 : ≪經義考≫ 권291 〈唐石臺孝經〉에는 '人'으로 되어 있다.

顧炎武의 ≪金石文字記≫에 다음과 같은 기록이 있다.

"石刻된 ≪효경≫이 지금 西安府 儒學에 있다. 앞면의 둘째 행에 '황제가 지은 序와 注 및 친필'이라고 쓰여 있고, 그 다음 행에 작은 글씨로 '황태자인 臣 亨(肅宗)이 칙명을 받들어 題額을 씀'이라고 되어 있으며, 뒷면에는 '天寶 4년(745) 9월 1일 銀青光祿大夫 國子祭酒 上柱國 臣 李齊古가 表를 올림'이라는 말과 큰 글씨의 草書 38자로 된 玄宗의 批答이 있다. 그 아래에 '特進 行尙書左僕射 兼 右相 吏部尙書 集賢院學士 修國史 上柱國 晉國公 臣 林甫' 등 45명〈의 직함과 성명이 기록되어〉 있는데, 유독 林甫만은 左僕射였기 때문에 姓을 쓰지 않았다.

經文과 序文과 注文이 모두 八分書(隸書 2分과 篆書 8分을 섞어 장식 효과를 낸 서체)로 되어 있고, 그 제액에 '大唐開元天寶聖文神武皇帝注孝經(唐나라 開元·天寶年間에 성스러운 文德과 신령한 武德을 겸비한 皇帝가 ≪孝經≫에 注를 내심)'이라고 하였다. 臺의 중간에 있는 人名 아래에 '丁酉歲八月廿六日紀(정유년 8월 26일에 기록함)'라는 9자가 새겨져 있는데, 이는 후대 사람이 보탠 것이다. 이해(745)는 을유년이지 정유년이 아니기 때문이다. 또 마지막 2행〈에 기록된 2명〉에는 관함 〈아래〉에 '臣'자를 쓰지 않았으니, 이 또한 의심스럽다."

唐石經孝經 一卷

唐나라의 ≪石經孝經≫ 1권

宋熙寧石刻孝經 一卷

宋나라 熙寧年間의 ≪石刻孝經≫ 1권

是本, 張南軒所書. 不分章, 每行十一字, 末題"熙寧壬子八月壬寅, 書付姪慥收. 時寓(阝)〔鄧〕[1]之廢寺, 居東齊. 南軒題."

1) (阝)〔鄧〕: 저본에는 '阝'로 되어 있으나, ≪兩浙金石志≫ 권6 '宋張南軒手書孝經碑(송나라 장남헌이 손수 필사한 ≪효경≫ 碑)'에 의거하여 '鄧'으로 바로잡았다. 누구의 이름자 때문에 피휘한 것인지는 상세하지 않다.

이 本은 張南軒(張栻, 1133~1180)이 필사한 것이다. 章을 나누지 않았고 行마다 11자씩이다. 말미에 "희령 임자년(1072) 8월 임인일에 필사하여 조카 慥에게 부쳐 보관하게 하였다. 이때 鄧州의 버려진 절에 우거하며 東齋에 거처하고 있었다. 南軒이 씀."이라고 쓰여 있다.

南宋相臺[1)]本孝經 一卷

1) 相臺 : 相州(지금의 하북성 臨漳縣)의 별칭이다. 州 안에 銅雀臺가 있기 때문에 붙은 명칭으로, 滑州(지금의 하남성 滑縣)에 測景臺가 있기 때문에 滑臺라고도 칭하는 것과 같은 例이다.

南宋의 相臺本 ≪孝經≫ 1권

宋岳珂[1)]刊. 每半葉八行, 行十七字, 注文雙行, 附音釋. 卷末有木刻亞形篆書"相臺岳氏刻梓荊溪家塾"印.[2)]

1) 岳珂 : 1183~1234. 송나라 相州 湯陰 사람으로, 관료·문인이자 ≪九經三傳沿革例≫ 등을 저술한 經學家이기도 하다.

2) 卷末有木刻亞形篆書相臺岳氏刻梓荊溪家塾印 : 아래 그림의 예와 같이 卷末에 10字가 새겨진 刊印이 찍혀 있다는 말이다. '亞形篆書'는 '亞자 형태(가로획은 수평, 세로획은 수직이며, 좌우대칭인 형태)의 篆書'라는 말인지, 아니면 大篆에 버금가는 篆書體라는 말인지는 분명치 않으나, 어쨌든 小篆(진 시황 때 李斯가 周代의 大篆을 간략하게 변형하여 만든 서체)을 일컬은 말로 판단된다.

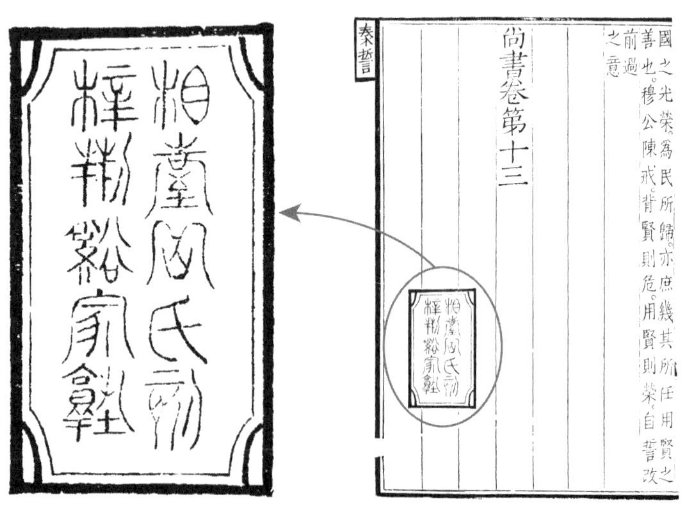

仿宋相臺岳氏本 ≪尚書≫

송나라 岳珂가 간행하였다. 半葉마다 8행씩이고, 행마다 17자씩이며, 注文은 쌍행이고, 音釋을 附記하였다. 권말에 나무에 亞形 篆書로 새긴 '相臺 岳氏가 荊溪의 家塾에서 판각함〔相臺岳氏刻梓荊溪家塾〕'이라는 문구의 도장이 찍혀 있다.

正德本孝經注疏 九卷

正德本 ≪효경주소≫ 9권

是本刊于明正德六年. 每半葉十行, 行十七字, 注疏每格雙行, 行廿三字. 經文下載注[1], 不標注字, 正義冠大疏字於上. 每葉之末上題篇識, 皆元泰定間刊本舊式. 錯字甚多, 今校正義, 無別本可據, 記中所稱此本者, 卽據是刻而言.

1) 經文下載注 : 처음에는 注疏가 경문과 따로 편집되었다가 뒤에야 경문 사이사이에 小字夾註로 배치되었다. 여기에 열거된 각본들 중에는 正德本이 처음으로 경문과 주소를 함께 배치하여 편집한 것이다.

이 本은 명나라 正德 6년(1511)에 간행되었다. 半葉마다 10행이고, 행마다 17자이며, 注와 疏는 칸마다 2행씩이고 행마다 23자씩이다. 경문 뒤에 注를 싣고 '注'자 표시는 하지 않았으며, 正義 앞에 큰 글씨의 '疏'자를 두었다. 매 葉 말미의 윗부분에 篇 표시를 한 것은 모두 元나라 泰定年間(1324~1327) 간행본의 옛 版式이다. 잘못된 글자가 매우 많지만, 지금 正義를 교감하면서 〈正德 연간의 간행본으로는〉 근거할 만한 다른 본이 없으므로, 교감기에 이 본을 일컬은 경우는 곧 이 刻本에 의거하여 말한 것이다.

閩[1]本孝經注疏九卷

1) 閩 : 福建省의 이칭이다. 省안에 閩江이 있기 때문에 복건성을 '閩'이라 한 것이다.

閩本 ≪효경주소≫ 9권

明嘉靖閩中御史李元陽[1]刻. 分卷同正德本, 每半葉九行, 每章首行廿一字, 餘低一格, 每行二十字. 注同正義雙行, 每行亦二十字. 詳春秋左傳注疏校勘記.[2]

1) 李元陽 : 1497~1580. 명나라 雲南 大理府 太和 사람으로 白族이다. 監察御史・荊州知府 등을 지냈다. 理學을 깊이 연구하여 ≪心性圖說≫ 등을 저술하였고, ≪大理府志≫・≪雲南通志≫ 등의 지방지와 ≪中溪漫稿≫・≪艷雪臺詩≫ 등의 시문집을 남겼

다. 嘉靖 15년(1536)에 御史로서 福建을 순찰했는데, 이때 任地에서 宋 10행본을 바탕으로 ≪십삼경주소≫를 다시 판각하였다.

2) 詳春秋左傳注疏校勘記 : ≪春秋左傳注疏≫의 '引據各本目錄(근거로 인용한 각본의 목록)'에 실린 閩本에 대한 다음과 같은 설명을 가리킨다. "注의 문장을 중간 크기의 글씨로 바꾸고 맨 앞에 '注'자를 표시하는 형식이 李氏(李元陽)에게서 시작되었다. 이는 宋板의 옛 형식이 아니다.……監本과 毛本에는 글자가 빠지거나 순서가 잘못되었는데 이 本은 잘못되지 않은 경우들이 있으니, 감본과 모본에 비해 우수하다."

명나라 嘉靖年間(1522~1566)에 閩中의 監察御史 李元陽이 판각하였다. 卷을 나눈 것은 正德本과 같고, 半葉마다 9행이며, 매장의 첫 행은 21자이고 나머지는 1칸을 낮추어 행마다 20자이다. 注와 正義는 모두 쌍행이고, 행마다 역시 20자이다. 〈나머지는〉 ≪春秋左氏傳注疏校勘記≫에 상세하다.

重修監本[1)]孝經注疏九卷

1) 重修監本 : 國子監에서 간행한 監本을 중수한 본이다.

重修한 監本 ≪효경주소≫ 9권

明萬曆十四年刊. 分卷同正德本. 詳春秋左傳注疏校勘記.[1)]

1) 詳春秋左傳注疏校勘記 : ≪春秋左傳注疏≫의 '引據各本目錄(근거로 인용한 각본의 목록)'에 실린 重修監本에 대한 다음과 같은 설명을 가리킨다. "매권 제3행에 '皇明朝列大夫 國子監祭酒 臣 吳士元과 承德郎 司業 仍加俸一級 臣 黃錦 등이 칙지를 받들어 중수함.'이라는 글귀가 새겨져 있고, 盛訥(중수하기 전의 원래 監本을 만든 國子監祭酒)의 직함이 행을 바꾸어 제2행에 열거되어 있다. 원본에 비해 잘못된 글자가 많다. 교감기에 인용된 문구가 원본과 동일한 경우는 모두 監本이라 칭하고, 다른 경우는 重修監本이라고 칭하였다."

명나라 萬曆 14년(1586)에 간행하였다. 卷을 나눈 것은 正德本과 같다. 〈나머지는〉 ≪春秋左氏傳注疏校勘記≫에 상세하다.

毛本孝經注疏九卷

毛本 ≪효경주소≫ 9권

明崇禎己巳常熟汲古閣毛晉[1)]刊. 分卷同正德本. 詳春秋左傳注疏校勘記.[2)]

1) 毛晉 : 1599~1659. 명나라 蘇州府 常熟(지금의 강소성 常熟市) 사람으로, 서적을 수집하여 소장하기를 좋아해서 장서루 汲古閣에 8만 4,000책의 서적을 소장하고, 十三經과 十七史, 諸子와 文集 등 100여 종을 飜刻하였다.

2) 詳春秋左傳注疏校勘記 : ≪春秋左傳注疏≫의 '引據各本目錄(근거로 인용한 각본의 목록)'에 실린 毛本에 대한 다음과 같은 설명을 가리킨다. "字數와 行數 등의 체재는 閩本과 일치한다. 이 본은 세상에 통행되면서 到處에 傳寫의 오류가 생겼다."

명나라 崇禎 己巳年(1629)에 常熟의 汲古閣 毛晉이 간행하였다. 卷을 나눈 것은 正德本과 같다. 〈나머지는〉 ≪春秋左氏傳注疏校勘記≫에 상세하다.

〔附錄 3〕

索 引

索引凡例

1. 색인 대상

1) 본 색인의 대상은 ≪譯註 孝經注疏≫의 모든 原文(欽定四庫全書總目 孝經正義 提要, 孝經注疏序, 御製序, 經, 注, 疏, 孝經注疏校勘記序, 引據各本目錄, 古文孝經 閨門章)이다. 단, 疏의 도입부에서 해설 대상을 지정하기 위해 經과 注의 문구에서 처음과 끝의 2~4글자를 따온 부분 및 도입부의 투식 '正義曰'은 제외하였다.

예) 【疏】'子曰'至'君者也' ○ 正義曰 : 此夫子述廣至德之義…….

※ '「子曰」至「君者也」'는 경문의 '子曰君子之教以孝也……所以敬天下之爲人君者也'를 해설 대상으로 지정한 말이며 '正義曰'은 투식이므로 색인 대상에서 제외함.

2) 原文이 校勘된 경우에 일반적으로는 교감 후의 글자만을 색인 대상으로 하되, 避諱한 글자를 校勘하여 復元한 경우는 교감 전후의 글자를 모두 색인 대상으로 하였다.

예) 元宗 → 唐玄宗 1(提), 2(提), 4(提), 5(提), 312(校序), 314(引)
玄宗 → 唐玄宗 1(提), 2(提), 4(提), 5(提), 26, 312(校序), 314(引)

3) 原文에 쓰인 人名·地名·官名·書名·篇名 등의 고유명사와 주요 概念語, 특수하게 사용된 語彙 등을 索引語로 잡아 추출하였다.

2. 색인 종류

〈綜合索引〉과 함께, 본서에 거론된 人物과 著述을 한눈에 살펴볼 수 있도록 〈人名索引〉·〈書名篇名索引〉을 작성하였다.

3. 색인 작성 방법

1) 색인 標題語

(1) 〈綜合索引〉의 標題語는 원문에서 추출한 索引語를 본래의 형태대로 노출하였다.

예) 唐書(新唐書) 1(提) ……………………표제어 '唐書', ( ) 안은 부가 정보
예) 劉季(漢高祖) 52 ……………………표제어 '劉季', ( ) 안은 부가 정보

(2) 〈人名索引〉·〈書名篇名索引〉의 標題語로는 인명과 서명의 完稱·通稱을 제시하였다.

예) 新唐書 ……………………표제어

唐書 1(提) ……………………표제어에 대한 종속 항목

예) 漢高祖 ……………………표제어

劉季 52 ……………………표제어에 대한 종속 항목

(3) 經文에 한하여 句 단위로 색인어를 추출하되 구성 단어들에서 해당 구를 참조할 수 있게 하였다.

예) 以孝治天下 64, 92, 211(疏, 經), 226(經, 疏), 321

治天下 72, 311

▻以孝治天下

孝 62, 64………335

▻以孝治天下

2) 索引語의 위치와 出處 표기

(1) 索引語의 위치는 面數를 아라비아 숫자로 표기하였다.

예) 廣至德 246, 247

(2) 索引語의 출처는 面數 뒤의 ( ) 속에 提(欽定四庫全書總目 孝經正義 提要), 疏序(孝經注疏序), 御序(御製序), 經, 注, 校序(孝經注疏校勘記序), 引(引據各本目錄) 등으로 표기하였다. 단, 가장 많은 부분을 차지하는 疏의 색인어에는 출처를 표기하지 않았다.

예) 欽定四庫全書總目 孝經正義 提要 : 制旨 1(提)

孝經注疏序 : 五教 7(疏序)

御製序 : 上古 40(御序)

經 : 先王 80(經)

注 : 曾子 81(注)

疏 : 公羊傳 82

孝經注疏校勘記序 : 日本國 312(校序)

引據各本目錄 : 音釋 316(引)

(3) 한 글자로 된 색인어는 검색의 편의를 위해 해당 글자가 포함된 구를 종속항목으로 노출한 다음 면수와 출처를 표기하였다. 이때 해당 글자는 '○'로 대체 표기하였다.

예) 嚴 ……………………표제어(한 글자로 된 색인어)

家法○也 70 ……………………해당 글자가 포함된 구와 면수

因○以教敬 92(御序) ……………………해당 글자가 포함된 구와 면수 및 출처

3) 한 글자로 된 標題語의 의미 구분

(1) 한 글자로 된 標題語의 의미가 모호할 경우 ( ) 안에 國·書·地·官 표시 또는 訓詁 등의 부가 정보를 표기하여 의미가 드러나게 하였다.

예) 明(國) 4(提)

虞(官) 50

友(友愛) 42

(2) 의미를 구분하여 추출한 同字異義의 색인어는 각 의미에 따라 標題語를 별도로 잡고 ( ) 안에 訓詁를 밝혀 구분하였다.

예) 理(理致, 義理, 條理) 10(疏序), 17, 23, 28, 35, 36, 62, 66(御序, 疏)

理(治) 18, 46(御序), 149, 150, 153, 162(注), 163(注), 167

4) 〈綜合索引〉의 상호 참조 관련 표기

(1) 단순 개념어에 다른 어구가 덧붙어 만들어진 합성 개념어를 추출한 경우, 단순 개념어에서 합성 개념어도 참조할 수 있게 하였다.

예) 廣至德 246, 247

廣至德章 72, 246(經)

至德 18, 84, 96, 237, 241, 246

▻至德要道, 廣至德, 廣至德章

至德要道 17, 72, 80(經), 82, 84, 95

(2) 人名·書名은 完稱·通稱을 대표색인어로 하여 異稱·略稱·別稱 등과 상호 참조할 수 있게 하였다.

예) 梁武帝 ← 梁王 1(提), 58, 77

梁王 → 梁武帝 97 131

예) 古文孝經孔傳 ← 古文孔安國注本 35

古文孔安國注本 → 古文孝經孔傳 65

(3) 原文에 人名·書名의 完稱·通稱이 쓰이지 않은 경우는 가장 近似한 색인어를 대표색인어로 잡고 표제어 위치 뒤의 ( ) 안에 完稱·通稱을 부가 정보로 제시하였다.

예) 唐書藝文志(新唐書藝文志) ← 唐志 1(提)

唐志 → 唐書藝文志 1(提)

(4) 人名·書名이 둘 이상 竝稱된 경우, 별도의 색인어로 잡고 各 人名·書名과 상호 참조할 수 있게 하였다.

예) 孔安國 3(提), 10(疏序), 58

▷孔鄭

孔鄭(孔安國, 鄭玄) 5(提)

鄭玄 3(提), 21, 28, 31, 36, 40, 56, 58, 59, 65

▷孔鄭

예) 詩書(詩經, 尙書) 9(疏序), 157

詩(詩經) 9(疏序), 31, 47, 50, 56

▷詩書

尙書 9(疏序), 31, 50, 67

▷詩書

(5) 원문에서 人名을 一般名辭로 代稱한 경우, 그 일반명사를 색인어로 잡고 지칭하는 바와 상호 참조할 수 있게 하였다.

예) 子 → 孔子 3(提), 36, 45(御序), 60, 67, 82(經), 93(經), 95, 148(經)

上 → 唐玄宗 1(提), 48, 49

上 → 武帝 56

5) 항목 배열

(1) 標題語의 배열은 가나다順으로 하였다. 첫 글자의 讀音이 동일한 경우에는 두 번째 글자의 독음 순서를 따르되, 첫 글자가 동일한 표제어들은 분산시키지 않고 연이어 배열하였다.

(2) 표제어의 독음이 같은 경우에는 漢字의 總劃數 순으로 배열하였으며, 漢字의 總劃數가 같은 경우에는 단국대학교 동양학연구소에서 編纂한 ≪漢韓大辭典≫ 〈部首索引〉의 순서를 따랐다.

(3) 〈綜合索引〉에는 모든 색인어를 표제어로 배열하였다.

(4) 〈人名索引〉·〈書名篇名索引〉에는 색인어의 完稱·通稱을 표제어로 배열하였다.

(5) 〈人名索引〉·〈書名篇名索引〉에서 異稱·略稱·別稱 등은 표제어에 속한 종속 항목으로 잡아 1단 들여쓰기를 하였다.

예) 曾子 9(疏序), 16, 18, 19, 20, 21, 22 ……………………표제어(通稱)

曾參 9(疏序), 13, 15, 16, 18 ……………………이하 1단 들여쓰기

參 15, 16, 18, 19, 20, 21, 22, 23, 67

예) 古文孝經孔傳 35 ……………………표제어(完稱)

古文孔安國注本 65 ……………………이하 1단 들여쓰기

孔安國注 57

孔傳 36

孔注 4(提), 10(疏序)

傳 36

(6) 〈書名篇名索引〉에서 篇名은 해당 書名에 속한 종속 항목으로 잡고 2단 들여쓰기를 하여 異稱·略稱·別稱 등과 구분하였다.

예) 新唐書 ……………………표제어(書名 完稱)

唐書 1(提) ……………………書名 略稱 1단 들여쓰기

唐書藝文志 1(提) …………이하 書名 소속 篇名 2단 들여쓰기

唐書元行沖傳 2(提)

唐志 2(提)

4. 색인에 사용한 부호

→ : 人名·書名의 상호 참조 시 해당 색인어에 대한 대표 색인어를 밝혀줌

← : 人名·書名의 상호 참조 시 해당 색인어(대표 색인어)가 이끄는 관련 색인어를 밝혀줌

▹ : 단순 개념어가 포함된 합성 개념어 또는 구를 밝혀줌

, : 한 표제어에 상호 참조 색인어가 둘 이상일 때 구분함

한 표제어에 위치를 나타내는 面數가 둘 이상일 때 구분함

한 표제어가 동일 面의 둘 이상의 출처에서 추출되었을 때 구분함

표제어의 의미 구분을 위해 훈고를 밝혀줄 때 둘 이상의 훈고 사이에 사용함

( ) : 색인어의 출처를 묶어 나타냄

원문에 人名·書名의 完稱·通稱이 쓰이지 않은 경우, 〈綜合索引〉에서 가장 近似한 색인어 뒤에 完稱·通稱을 묶어 나타냄

표제어 뒤에 國·書·地·官, 訓詁 등의 부가 정보를 묶어 나타냄

○ : 색인어의 위치를 구 단위로 노출할 때 해당 글자를 대체 표기함

綜合索引

【ㄴ】

【ㅁ】

【ㅂ】

【人】

【ㅇ】

【ㅈ】

【ㅌ】

【ㅍ】

【ㅎ】

書名篇名索引

【ㅊ】

人名索引

【ㅁ】

【ㅂ】

【ㅅ】

【ㅇ】

【ㅈ】

【ㅊ】

【ㅌ】

【ㅎ】

〔附錄 4〕

參考圖版 目錄 및 出處

(10) 龍逄諫死

(11) 孝經圖

責任飜譯者

鄭太鉉

慶北 尙州 化北 出生
止山 林聖武 先生과 鳳西 吳禹善 先生 師事
民族文化推進會 國譯硏修院 卒業
國譯部長, 國譯硏修院 敎授
韓國古典飜譯院 부설 고전번역교육원 名譽漢學敎授(現)
傳統文化硏究會 理事 겸 副會長(現)
국민훈장 모란장 受賞

論文 및 譯書

〈栗谷의 改革思想〉
譯書 ≪春秋左氏傳≫ ≪唐宋八大家文抄 韓愈≫
≪孝經大義≫ ≪同春堂集≫
共譯 ≪五洲衍文長箋散稿≫ ≪星湖僿說≫ ≪宋子大全≫
≪茶山詩文集≫ ≪陽村集≫ ≪高峯集≫ ≪寒水齋集≫
≪朝鮮王朝實錄≫ 등 多數

共同飜譯者

姜珉廷

濟州 涯月 於音 出生
서울大學校 師範大學 地球科學敎育科 卒業
民族文化推進會 附設 國譯硏修院 및 常任硏究部 卒業
成均館大學校 一般大學院 漢文古典飜譯協同課程 卒業
韓國古典飜譯院 專門委員
成均館大學校 大東文化硏究院 硏究員
韓國古典飜譯院 外部 飜譯委員(現)

論文 및 譯書와 校勘標點書

論文 〈九章術解의 연구와 역주〉(博士學位論文)
〈한문고전의 제목 번역과 작품 해제 작성에 대한 試論〉
〈算學書 번역의 현황과 과제〉
譯書 〈無名子集 1・2・9・10〉, 〈農巖集 5〉
共譯 〈七政算內篇〉, 〈四庫全書 이해의 첫걸음〉, 〈校勘學槪論〉,
〈注釋學槪論〉, 〈承政院日記(高宗・仁祖〉, 〈農巖集 6〉, 〈雪岫外史〉
校勘標點書 〈無名子集1・5〉

十三經注疏
譯註 孝經注疏 附 索引　　　　　　　　　정가 35,000원

2017년 12월 30일 초판 인쇄
2018년 03월 15일 초판 2쇄

御注 唐玄宗　疏 邢昺
責任飜譯 鄭太鉉
共同飜譯 姜珉廷
索　　引 姜珉廷
潤文校訂 田炳秀 朴勝珠 郭成龍
編　　輯 東洋古典飜譯編輯委員會
發 行 人 李啓晃
發 行 處 社團法人 傳統文化硏究會
서울시 종로구 삼일대로 428 낙원빌딩 411호
전화 : (02)762-8401　전송 : (02)747-0083
전자우편 : juntong@juntong.or.kr
홈페이지 : juntong.or.kr
사이버書堂 : cyberseodang.or.kr
온라인서점 : book.cyberseodang.or.kr
등록 : 1989. 7. 3. 제1-936호

인쇄처 : 한국법령정보주식회사(02-462-3860)
총　판 : 한국출판협동조합(070-7119-1750)

ISBN 979-11-5794-165-0 94140
978-89-91720-93-0(세트)

※ 이 책은 2017년도 교육부 고전문헌 국역지원사업 지원비에 의해 초판(비매품) 간행.